ARGA03

INTRODUCCIÓN AL DIBUJO 2D CON AUTOCAD

ARGA03

INTRODUCCIÓN AL DIBUJO 2D CON AUTOCAD

Castell Cebolla Cebolla

Jaime Santoro Recio

Ra-Ma®

La ley prohíbe
fotocopiar este libro

ARGA03 - INTRODUCCIÓN AL DIBUJO 2D CON AUTOCAD
© Castell Cebolla Cebolla, Jaime Santoro Recio
© De la edición: Ra-Ma 2024

Editado por:
RA-MA Editorial
Calle Jarama, 3A, Polígono Industrial Igarsa
28860 PARACUELLOS DE JARAMA, Madrid
Teléfono: 91 658 42 80
Fax: 91 662 81 39
Correo electrónico: *editorial@ra-ma.com*
Internet: *www.ra-ma.es* y *www.ra-ma.com*
ISBN: 978-84-1036-060-0
Depósito legal: M-19898-2024
Maquetación: Antonio García Tomé
Diseño de portada: Antonio García Tomé
Filmación e impresión: Safekat
Impreso en España en septiembre de 2024

ÍNDICE

PRÓLOGO 19

CAPÍTULO 1. INTRODUCCIÓN 21

  1.1   ACCESO AL PROGRAMA 21
        1.1.1   Ventana de bienvenida..22
  1.2   SERVICIO DE AYUDA 23
  1.3   PANTALLA DE TRABAJO 26
        1.3.1   Menú de la aplicación 26
        1.3.2   Barra de herramientas de acceso rápido 28
        1.3.3   Barra de menús...29
        1.3.4   Pestañas de navegación 30
        1.3.5   Nuevas pestañas de archivo..31
        1.3.6   Cinta de opciones 32
        1.3.7   Información de herramientas...33
        1.3.8   El área de dibujo..33
        1.3.9   Ventana de comandos 34
        1.3.10 Barra de comandos 36
        1.3.11 Barra de estado 38
        1.3.12 Barra de navegación 38
        1.3.13 Controles de la ventana gráfica 39
  1.4   INTRODUCIR ÓRDENES 40
  1.5   TECLAS DE FUNCIÓN Y DE MÉTODO ABREVIADO 40
  1.6   SELECCIONAR OBJETOS 42
        1.6.1   Seleccionar objetos similares 43
        1.6.2   Selección fuera de pantalla..44
  1.7   PERSONALIZACIÓN DE EFECTO DE SELECCIÓN 46
  1.8   DESELECCIONAR OBJETOS..48
  1.9   BOTONES DEL RATÓN 48

1.10   REPETIR LA ÚLTIMA ORDEN 49
1.11   MENÚS CONTEXTUALES 49
1.12   SALIR DEL PROGRAMA 50

CAPÍTULO 2. PRIMEROS DIBUJOS...51
2.1   DAR FORMATO AL TAMAÑO DE PAPEL..51
2.2   DAR FORMATO A LA REJILLA 53
2.3   AMPLIAR LA VISIÓN 54
2.4   OPCIÓN ORTO Y RASTREO POLAR 55
2.5   FORZAMIENTO DEL CURSOR 56
2.6   LÍNEA 57
2.7   BORRA Y ESC 58
2.8   GUARDAR UN DIBUJO..61
2.9   CREAR LÍNEAS DE CENTRO Y MARCAS DE CENTRO...........................62
2.10   CÍRCULO 65
2.11   MODO DE REFERENCIA A OBJETOS I..66
2.12   PARTIR...70
2.13   ABRIR 72
2.14   DESHACER Y REHACER 73
2.15   GUARDAR COMO...74
2.16   NUEVO...75

CAPÍTULO 3. INTRODUCCIÓN A LAS MEDIDAS 77
3.1   DIBUJAR CON MEDIDAS EN 2D...77
      3.1.1   Coordenadas absolutas cartesianas..77
      3.1.2   Coordenadas absolutas polares..79
      3.1.3   Coordenadas relativas cartesianas...79
      3.1.4   Coordenadas relativas polares 80
      3.1.5   Entrada dinámica relativa...81
      3.1.6   Entrada dinámica absoluta 83
      3.1.7   Entrada directa...84
3.2   MODO DE REFERENCIA A OBJETOS II 85
      3.2.1   Extensión..85
      3.2.2   Paralelo..85
      3.2.3   Filtros .x, .y 85
      3.2.4   Rastreo temporal 86
3.3   ZOOM EN TIEMPO REAL 86
3.4   INTRODUCIR VALORES A PARTIR DE LA ÚLTIMA COORDENADA.....86

CAPÍTULO 4. PRIMERAS ÓRDENES DE DIBUJO Y VISIÓN 87
4.1   ZOOM...87
4.2   ENCUADRE..89

4.3   ARCO 90

4.4   PUNTO 91

4.5   LÍNEA AUXILIAR 93

4.6   RAYO 94

4.7   SÓLIDOS BIDIMENSIONALES 94

4.8   ARANDELA 96

4.9   POLÍGONO 97

4.10   RECTÁNGULO 97

4.11   ELIPSE 98

4.12   REGENERAR Y REDIBUJAR LA PANTALLA 99

4.13   DIBUJAR A MANO ALZADA. BOCETO 100

CAPÍTULO 5. ÓRDENES DE MODIFICACIÓN I 101

5.1   DESPLAZAR 101

5.2   COPIAR 103

5.3   EMPALME 105

5.4   CHAFLÁN 106

5.5   DESFASE O EQUIDISTANCIA 108

5.6   ALARGAR 109

5.7   RECORTAR 109

5.8   ESCALAR 111

5.9   GIRAR 112

5.10   SIMETRÍA 112

5.11   ALINEAR 113

5.12   MODO DE REFERENCIA A OBJETOS III 113

        5.12.1   Referencia a objetos 3D 114

5.13   GRUPOS 114

CAPÍTULO 6. CAPAS, FILTROS Y CENTRO DE DISEÑO 117

6.1   INTRODUCCIÓN A LAS CAPAS 117

6.2   CAPAS 119

        6.2.1   Carácter comodín para los filtros 122

        6.2.2   Estado de las capas 123

        6.2.3   Propiedades principales 123

6.3   CAMBIAR LAS PROPIEDADES DE LOS OBJETOS 124

        6.3.1   Cambiar el color 127

        6.3.2   Cambiar el tipo de línea 127

        6.3.3   Cambiar el grosor de la línea 128

        6.3.4   Cambiar objetos de capa 128

6.4   IGUALAR LAS PROPIEDADES DE LAS ENTIDADES 128

6.5   FILTROS PARA MODIFICAR OBJETOS 129
6.6   CENTRO DE DISEÑO... 129
6.7   CONTENT EXPLORER 130
6.8   CONVERSOR DE CAPAS 131
6.9   NORMAS DE CAPAS... 131
6.10   HERRAMIENTAS DE CAPAS.. 132

CAPÍTULO 7. PERSONALIZAR EL ENTORNO DE TRABAJO........................ 135
7.1   INTRODUCCIÓN 135
7.2   CUADRO DE DIÁLOGO INICIAL 136
       7.2.1   Utilizar un asistente 136
7.3   CREAR UNA PLANTILLA.. 138
7.4   PALETA DE HERRAMIENTAS.. 139
7.5   BARRAS DE HERRAMIENTAS 139

CAPÍTULO 8. OBJETOS COMPLEJOS 141
8.1   POLILÍNEAS 141
       8.1.1   Editar la polilínea 143
8.2   SPLINES 145
       8.2.1   Editar spline... 146
8.3   LÍNEAS MÚLTIPLES... 148
       8.3.1   Estilo líneas múltiples 148
       8.3.2   Editar líneas múltiples 149
8.4   PINZAMIENTOS MULTIFUNCIONALES (ARCO Y SCP) 154
8.5   NUBE DE REVISIÓN... 158
8.6   COBERTURA.. 159

CAPÍTULO 9. ÓRDENES DE MODIFICACIÓN II.. 161
9.1   MATRIZ.. 161
       9.1.1   Matriz rectangular 161
       9.1.2   Matriz de camino 164
       9.1.3   Matriz polar 165
9.2   EDICIÓN DE MATRICES 166
       9.2.1   Editar la matriz rectangular 167
       9.2.2   Editar la matriz de camino... 168
       9.2.3   Editar la matriz polar 169
9.3   DIVIDE... 170
9.4   GRADÚA... 171
9.5   ESTIRA... 171
9.6   LONGITUD... 172
9.7   JUNTAR.. 172

CAPÍTULO 10. ÓRDENES DE TEXTO..**175**

10.1 CREAR UN ESTILO DE TEXTO 175

10.2 ESCRIBIR CON TEXTO EN UNA LÍNEA...............................176

10.3 ESCRIBIR TEXTO DE LÍNEAS MÚLTIPLES 178

10.4 MODIFICAR TEXTO 180

10.5 MODIFICAR TEXTO Y CARACTERÍSTICAS 180

10.6 TABLAS 181

10.7 CAMPOS 185

10.8 ALINEACIÓN DE NOTAS DE TEXTO 186

    10.8.1 Alineación de notas de texto mediante ángulo.................186

    10.8.2 Alineación de notas de texto mediante propiedades rápidas...............189

    10.8.3 Alineación de notas de texto mediante referencia............192

    10.8.4 Alineación de notas de texto mediante arco....................196

    10.8.5 La utilidad del igualar propiedades 199

CAPÍTULO 11. INSERTAR TRAMAS **203**

11.1 SOMBREADO 203

11.2 EDITAR EL SOMBREADO 209

11.3 CONTORNO 210

11.4 RELLENO POSTSCRIPT 211

11.5 PALETA DE HERRAMIENTAS..212

CAPÍTULO 12. ACOTAR PLANOS **213**

12.1 CONCEPTOS BÁSICOS 213

12.2 ACOTACIÓN LINEAL..214

12.3 ACOTACIÓN ALINEADA 215

12.4 ACOTACIÓN CON LÍNEA DE BASE.......................................216

12.5 ACOTACIÓN CONTINUA...217

12.6 ACOTAR LOS ÁNGULOS...217

12.7 ACOTAR LOS DIÁMETROS...218

12.8 ACOTAR LOS RADIOS 218

12.9 ACOTAR LA LONGITUD DE UN ARCO.................................218

12.10 ACOTAR CON RECODO..219

12.11 REASOCIAR COTAS 220

12.12 MARCAR EL CENTRO DE LA CIRCUNFERENCIA..............220

12.13 ACOTAR CON DIRECTRIZ 221

12.14 ACOTAR CON COORDENADAS..223

12.15 ACOTAR CON TOLERANCIA..224

12.16 ACOTAR CON OBLICUIDAD 226

12.17 ESTILOS DE ACOTACIÓN 226

12.17.1 Líneas 227

12.17.2 Símbolos y Flechas 228

12.17.3 Texto 230

12.17.4 Ajustar 231

12.17.5 Unidades principales 233

12.17.6 Unidades alternativas 234

12.17.7 Tolerancias 235

12.18 ALINEAR TEXTO 236

12.19 ACTUALIZAR ACOTACIÓN 238

12.20 REEMPLAZAR ACOTACIÓN 238

12.21 ACOTACIÓN RÁPIDA...239

12.22 ACOTACIÓN EN ESPACIO PAPEL 239

12.23 MODIFICAR ELEMENTOS DE COTA.......................................240

12.24 COTAS DE INSPECCIÓN 240

12.25 ESPACIADO DE COTAS 242

12.26 CORTE DE COTA...243

12.27 LINEAL CON RECODO 244

12.28 MONITOR DE ANOTACIÓN 244

12.29 ACOTACIÓN INTELIGENTE 245

CAPÍTULO 13. CREAR E INSERTAR BLOQUES 251

13.1   INTRODUCCIÓN 251

13.2   CREAR UN BLOQUE 251

13.3   INSERTAR UN BLOQUE..255

13.4   INSERTAR UN ARCHIVO 256

13.5   INSERTAR UN BLOQUE COMO MATRIZ................................256

13.6   INSERTAR UN BLOQUE CON DIVIDE O GRADÚA.................256

13.7   GUARDAR UN BLOQUE..257

13.8   CREAR UN PUNTO DE BASE 257

13.9   DESCOMPONER UN BLOQUE...257

13.10 XPLODE...258

13.11 DEFINIR ATRIBUTOS 259

13.12 VISUALIZAR ATRIBUTOS..260

13.13 MODIFICAR ATRIBUTOS 260

13.14 PALETA DE HERRAMIENTAS..261

13.15 VISUALIZAR OBJETOS SEGÚN SU POSICIÓN........................262

CAPÍTULO 14. DIBUJO PARAMÉTRICO 263

14.1   INTRODUCCIÓN 263

14.2   APLICACIÓN DE RESTRICCIONES 263

14.3 RESTRICCIÓN GEOMÉTRICA 264

    14.3.1 Restricción de coincidencia...265

    14.3.2 Restricción colineal 265

    14.3.3 Restricción concéntrica 266

    14.3.4 Restricción fija..266

    14.3.5 Restricción paralela 266

    14.3.6 Restricción perpendicular...266

    14.3.7 Restricción horizontal 267

    14.3.8 Restricción vertical...267

    14.3.9 Restricción de tangencia...267

    14.3.10 Restricción de suavizado 267

    14.3.11 Restricción simétrica..268

    14.3.12 Restricción de igualdad 268

    14.3.13 Aplicar varias restricciones geométricas a un objeto 268

    14.3.14 Establecer el orden de aplicación de varias restricciones en un objeto...269

14.4 VISUALIZACIÓN Y VERIFICACIÓN DE LAS RESTRICCIONES GEOMÉTRICAS 269

14.5 RESTRICCIÓN POR COTA..270

    14.5.1 Restricción por cota horizontal 271

    14.5.2 Restricción por cota vertical...271

    14.5.3 Restricción por cota alineada 272

    14.5.4 Restricción por cota angular...272

    14.5.5 Restricción por cota radial..272

    14.5.6 Restricción por cota de diámetro...273

    14.5.7 Convertir una restricción dinámica en una restricción por anotación..273

14.6 ADMINISTRADOR DE PARÁMETROS 274

14.7 SUPRIMIR RESTRICCIONES...276

CAPÍTULO 15. IMPRESIÓN Y PLOTEADO BÁSICOS...277

15.1 INTRODUCCIÓN 277

15.2 DIFERENCIAR CADA TIPO DE IMPRESIÓN 277

    15.2.1 A fichero 278

    15.2.2 A plotter..278

    15.2.3 A una impresora en blanco y negro...278

    15.2.4 A una impresora en color 278

15.3 CONFIGURAR LA IMPRESORA..279

15.4 IMPRIMIR UN PLANO..279

15.5 IMPRIMIR A ESCALA...283

    15.5.1 Dibujos 283

    15.5.2 Cajetines y formatos...284

    15.5.3 Altura de texto 285

    15.5.4 Dibujos a distinta escala en el mismo plano 286

15.6 CREAR UN ESTILO DE TRAZADO 286

15.6.1   Editor de tablas de estilo de trazado 287

15.6.2   Modificar un estilo de trazado 288

15.6.3   Borrar o renombrar un estilo de trazado 289

15.7   UTILIZAR LA PRESENTACIÓN PRELIMINAR 289

15.8   VISTAS Y VENTANAS GRÁFICAS 289

CAPÍTULO 16. PERSPECTIVAS 293

16.1   INTRODUCCIÓN 293

16.2   PERSPECTIVA ISOMÉTRICA..293

16.3   DIBUJAR CÍRCULOS EN MODO ISOMÉTRICO 294

16.4   ÓRDENES ISOMÉTRICAS ESPECIALES 294

16.5   ACOTAR EN ISOMÉTRICA..295

16.6   PERSPECTIVA CABALLERA...296

16.7   LOS CÍRCULOS EN PERSPECTIVA CABALLERA 296

16.8   ÓRDENES ESPECIALES..297

16.9   ACOTAR EN CABALLERA 297

16.10 INTRODUCCIÓN A LA PERSPECTIVA CÓNICA............................297

16.11 DIBUJAR CÍRCULOS EN PERSPECTIVA CÓNICA.......................297

CAPÍTULO 17. INICIO DE 3D CON SUPERFICIES 299

17.1   DIBUJAR EN 3D 299

17.2   CAMBIAR EL PUNTO DE VISTA 299

17.3   DAR ALTURA A LOS OBJETOS..302

17.4   ÓRDENES PARA SUPERFICIES 304

17.4.1   Malla 3D...305

17.4.2   Cara 3D 306

17.4.3   Superficie reglada 308

17.5   SOMBREAR Y OCULTAR LÍNEAS EN EL DIBUJO 311

17.6   CAMBIAR EL SISTEMA DE COORDENADAS (SCP)....................314

17.7   VER EL ICONO X, Y..316

17.8   SISTEMAS DE COORDENADAS PREDEFINIDOS 318

17.9   VER LA PLANTA DEL SCP...319

17.10 SUPERFICIE TABULADA...320

17.11 SUPERFICIE DEFINIDA POR LADOS 321

17.12 SUPERFICIE REVOLUCIONADA...322

17.13 OBJETOS 3D PREDEFINIDOS 323

CAPÍTULO 18. ÓRDENES PARA 3D..327

18.1   DIVIDIR LA PANTALLA EN VENTANAS 327

18.2   3D ORBIT...328

18.3   MATRIZ 3D..331

18.4 ALINEA 3D 332

18.5 GIRA 3D 332

18.6 SIMETRÍA 3D 333

18.7 POLILÍNEA 3D 334

18.8 HÉLICE 334

18.9 DESPLAZAMIENTO EN 3D 335

18.10 MODIFICACIONES PARA LAS MALLAS 335

18.10.1 Suavizar menos 337

18.10.2 Suavizar más 337

18.10.3 Refinar malla 338

18.10.4 Poner pliegue 338

18.10.5 Quitar pliegue 338

18.10.6 Dividir cara 339

18.10.7 Extrusión 340

18.11 EXTRACCIÓN DE CURVAS DE SUPERFICIE 340

18.12 ANÁLISIS DE SUPERFICIES 341

CAPÍTULO 19. TRAZADO AVANZADO 343

19.1 INTRODUCCIÓN 343

19.2 ESPACIO MODELO 343

19.3 CREAR UN DISEÑO PARA IMPRIMIR 344

19.4 USAR UNA PLANTILLA DE PRESENTACIÓN 344

19.5 VENTANAS FLOTANTES EN LA PRESENTACIÓN 345

19.5.1 Alinear las vistas en ventanas flotantes 346

19.5.2 Ocultar al trazar 346

19.5.3 Botón derecho 346

19.6 ESPACIO PAPEL 348

19.7 CALIBRAR TRAZADOR 348

19.8 ARCHIVOS PC3 349

19.8.1 Crear un archivo PC3 349

19.8.2 Asociar un archivo PMP a un archivo PC3 350

19.9 IMPORTAR ARCHIVOS PCP O PC2 350

19.10 ESCALA DE ANOTACIÓN 350

19.11 IMPRIMIR EN 3D 351

19.12 RENDIMIENTO GRÁFICO 3D 355

CAPÍTULO 20. 3D CON SÓLIDOS 357

20.1 CONCEPTOS BÁSICOS DE LOS SÓLIDOS 357

20.2 CONVERTIR ENTIDADES EN UNA REGIÓN 357

20.3 EXTRUIR UN OBJETO 358

20.4 REVOLUCIONAR UN OBJETO 361

20.5   CONSTRUIR UNA INTERSECCIÓN...362

20.6   CONSTRUIR UNA DIFERENCIA...363

20.7   CONSTRUIR UNA UNIÓN...363

20.8   CORTAR UN OBJETO 364

20.9   CONSTRUIR UNA INTERFERENCIA 365

20.10 HACER UNA SECCIÓN 365

20.11 CONSTRUIR UN PRISMA RECTO 365

20.12 CONSTRUIR UN CONO...366

20.13 CONSTRUIR UN CILINDRO 367

20.14 CONSTRUIR UNA ESFERA...367

20.15 CONSTRUIR UN TOROIDE...368

20.16 CONSTRUIR UNA CUÑA 368

20.17 CONSTRUIR UNA PIRÁMIDE 369

20.18 CONSTRUIR UN POLISÓLIDO...370

20.19 SUPERFICIES PLANAS 370

20.20 BARRER...371

20.21 SOLEVAR...372

20.22 LAS PROPIEDADES FÍSICAS DE UN OBJETO 374

20.23 ORDEN CHAFLÁN 375

20.24 ORDEN EMPALME...376

20.25 PULSAR Y TIRAR...376

CAPÍTULO 21. EDITAR SÓLIDOS 379

21.1   EDITAR CARAS...379

    21.1.1   Extruir caras 379

    21.1.2   Mover caras 380

    21.1.3   Desfase 380

    21.1.4   Girar caras 381

    21.1.5   Borrar caras 381

    21.1.6   Inclinar caras 382

    21.1.7   Color...382

    21.1.8   Copiar caras...383

21.2   EDITAR BORDES 383

    21.2.1   Color borde...383

    21.2.2   Copiar borde...383

21.3   MARCAR SÓLIDOS 384

21.4   SEPARAR SÓLIDOS 384

21.5   VACIAR SÓLIDOS 384

21.6   LIMPIAR SÓLIDOS 385

21.7   CHEQUEAR SÓLIDOS...385

21.8   EDITAR EN FUSIÓN 385

21.9   CONFIGURAR VISTAS 386

21.10   CONFIGURAR DIBUJO 386

21.11   CONFIGURAR PERFIL 387

21.12   ENGROSAR 387

21.13   CONVERTIR EN SÓLIDO 387

21.14   CONVERTIR EN SUPERFICIE 388

21.15   EXTRAER ARISTAS 389

21.16   VISTABASE 389

CAPÍTULO 22. RENDER, ANIMACIÓN Y CÁMARAS 393

22.1   BIBLIOTECA DE MATERIALES 393

    22.1.1   Elegir material 396

22.2   EDITOR DE MATERIALES 400

    22.2.1   Tipos de texturas 404

    22.2.2   Cuadros 405

    22.2.3   Degradado 405

    22.2.4   Mármol 406

    22.2.5   Ruido 406

    22.2.6   Moteado 406

    22.2.7   Azulejos 407

    22.2.8   Ondas 407

    22.2.9   Madera 407

22.3   MAPEADO 408

22.4   LUCES 409

    22.4.1   Luz ambiental 410

    22.4.2   Luz puntual 410

    22.4.3   Luz distante 411

    22.4.4   Foco 412

    22.4.5   Lista de luces 414

22.5   PROPIEDADES DEL SOL 414

    22.5.1   Sistema de georreferenciación 415

22.6   VER OPCIONES DE MODELIZADO 418

22.7   RENDERIZAR UN PROYECTO 423

    22.7.1   Ventana Render 424

22.8   ESTADÍSTICAS DE UNA RENDERIZACIÓN 426

22.9   APLICAR NIEBLA 426

22.10   PASEO Y VUELO 427

22.11   CÁMARAS 428

22.12   ANIMACIÓN 430

    22.12.1 Animación de vista preliminar 430

    22.12.2 Animación de trayectoria de movimiento 430

22.13 STEERINGWHEELS (RUEDAS) 432

22.14 VIEWCUBE 434

22.15 SHOWMOTION...435

    22.15.1 Crear una instantánea Estática..435

    22.15.2 Crear una instantánea Cinemática 436

    22.15.3 Crear una instantánea de paseo grabado............................437

    22.15.4 Modificar una instantánea 437

CAPÍTULO 23. ACOTAR EN 3D...439

23.1 PREPARAR LOS OBJETOS PARA ACOTAR................................439

23.2 CAMBIAR EL SCP 439

CAPÍTULO 24. UTILIDADES..441

24.1 REVISAR ARCHIVOS 441

24.2 COMPARATIVA DE DWG 441

24.3 RECUPERAR ARCHIVOS...445

24.4 MACRO DE ACCIONES..446

    24.4.1 Copiar una macro para crear otra nueva...........................449

    24.4.2 Insertar o borrar una acción..449

    24.4.3 Guardar una macro de acciones grabada............................450

    24.4.4 Preferencias de la grabadora de acciones 450

24.5 CONVERTIR AME 451

24.6 CONSULTAR ÁREA...451

24.7 CONSULTAR LA DISTANCIA ENTRE DOS PUNTOS...............452

24.8 IDENTIFICAR LAS COORDENADAS DE UN PUNTO 452

24.9 CONSULTAR LOS DATOS GEOMÉTRICOS 453

24.10 CONSULTAR EL ESTADO DE UN PLANO................................453

24.11 CONSULTAR EL TIEMPO DE EJECUCIÓN...............................454

24.12 CONFIGURAR EL TAMAÑO DE APERTURA...........................454

24.13 CONFIGURAR EL ARRASTRE 454

24.14 PREFERENCIAS DE CONFIGURACIÓN 455

24.15 LIMPIAR DIBUJOS..455

24.16 RENOMBRAR ELEMENTOS 455

24.17 CALCULADORA..456

24.18 CORREGIR LA ORTOGRAFÍA 459

24.19 VISTAS CON NOMBRE 460

CAPÍTULO 25. TRANSFERENCIA DE FICHEROS............................463

25.1 INTERCAMBIO DE FICHEROS 463

25.2 HERRAMIENTAS DE MIGRACIÓN (MEJORADO)...................463

25.3 REFERENCIAS EXTERNAS...463

25.4   IMPORTAR ARCHIVOS 468
    25.4.1   3D Studio...468
    25.4.2   Sólidos ACIS 469
    25.4.3   Intercambio binario de dibujos...469
    25.4.4   Metaarchivo de Windows 469
    25.4.5   Marcas de revisión 470
    25.4.6   Objetos OLE 470
    25.4.7   Imágenes de trama..470
    25.4.8   Diseño...471
    25.4.9   Hipervínculo...471
    25.4.10 Calco subyacente 471
    25.4.11 Importar archivos PDF 471
    25.4.12 Modelo de coordinacion mejorado......................................475
25.5   EXPORTAR ARCHIVOS 475
25.6   EXPORTAR PRESENTACIÓN A ESPACIO MODELO 477
25.7   EXPORTACIÓN A 'IMPRESSION' 480
25.8   GEOPLANA 480

CAPÍTULO 26. PERSONALIZACIÓN DEL PROGRAMA 483
26.1   CARGAR MENÚ 483
    26.1.1   Personalización de todos los archivos CUI 484
    26.1.2   Lista de comandos 484
26.2   PERSONALIZAR LAS BARRAS DE HERRAMIENTAS.............484
26.3   PERSONALIZACIÓN DE LA BARRA DE HERRAMIENTAS DE
       ACCESO RÁPIDO 486
26.4   NUEVOS TOOLSET..488
26.5   PERSONALIZACIÓN DE LA CINTA DE OPCIONES 489
26.6   PERSONALIZAR EL MENÚ 492
26.7   PERSONALIZACIÓN DE LA INFORMACIÓN DE HERRAMIENTAS 493
26.8   CREACIÓN DE FOTOTECAS 494
26.9   CONFIGURAR EL FICHERO ACAD.PGP 497
26.10 ARCHIVOS DE GUIÓN..497
26.11 INTRODUCCIÓN DE ÓRDENES 498
26.12 MONITOR DE VARIABLES DE SISTEMA.................................499

CAPÍTULO 27. CONJUNTO DE PLANOS 501
27.1   CONJUNTO DE PLANOS..501
27.2   CREAR UN CONJUNTO DE PLANOS 504

CAPÍTULO 28. PUBLICAR DIBUJOS 505
28.1   AUTOCAD WS 505
28.2   COMPARTIR ARCHIVOS...505

28.3   PROTECCIÓN DE ARCHIVOS 507

28.4   PUBLICAR ARCHIVOS 507

28.5   PUBLICAR ARCHIVOS EN UNA PÁGINA WEB 509

28.6   APLICACIÓN MOVIL AUTOCAD 360 510

     28.6.1   Acceso a la cuenta de Autodesk 360 511

     28.6.2   Aplicación de escritorio de Autodesk 512

28.7   APLICACIÓN WEB DE AUTOCAD 512

28.8   ALMACENAMIENTO EN LA VERSION WEB Y PARA LOS
      DISPOSITIVOS MÓVILES 514

28.9   COMPARTIR VISTAS DE DISEÑO 516

CAPÍTULO 29. CONFIGURACIÓN **517**

29.1   CONFIGURACIÓN DEL PROGRAMA 517

29.2   ARCHIVOS 518

29.3   VISUAL 518

29.4   ABRIR Y GUARDAR 521

29.5   TRAZAR Y PUBLICAR 523

29.6   SISTEMA 524

29.7   PREFERENCIAS DE USUARIO 525

29.8   DIBUJO 526

29.9   MODELADO 3D 527

29.10 SELECCIÓN 529

29.11 PERFIL 530

29.12 EN LÍNEA 531

29.13 ACTUALIZACION DEL FORMATO DWG 532

29.14 SEGURIDAD CIBERNÉTICA 532

CAPÍTULO 30. HERRAMIENTAS EXPRESS **533**

30.1   MENÚ EXPRESS 533

30.2   MODIFICAR EXPRESS 533

30.3   DIBUJO EXPRESS 534

30.4   TEXTO EXPRESS 534

30.5   ACOTAR EXPRESS 535

30.6   BLOQUE EXPRESS 536

30.7   DISEÑO EXPRESS 537

30.8   HERRAMIENTAS EXPRESS 538

30.9   WEB TOOLS EXPRESS 538

MATERIAL ADICIONAL **539**

ÍNDICE ALFABÉTICO **521**

PRÓLOGO

Este libro ha sido pensado para ser útil.

Los términos que se emplean, el método de trabajo que se aconseja, la gradación lógica de los temas que se explican con un aumento progresivo de la dificultad y sin dejar lagunas, la gran variedad de ejercicios... Todo va encaminado a que este manual sirva de ayuda a cualquier persona que quiera o deba trabajar con Diseño Asistido por Ordenador, sin necesidad de que tenga conocimientos previos de Informática ni de AutoCAD.

Cada capítulo incluye ejercicios explicados paso a paso y otros que se presentan como actividades de refuerzo para que se puedan aplicar los conocimientos adquiridos a lo largo de los temas. Este manual puede servir de ayuda a cualquier persona que quiera o deba trabajar en diseño asistido por ordenador, sin necesidad de que tenga conocimientos previos de informática ni de AutoCAD.

No puedo dejar de agradecer a Inés García Trobat las numerosas sugerencias que me ha brindado para que el libro que ahora tienes en tus manos fuera un poco más fácil de entender.

Castell

A mi familia y a todas aquellas personas que han creído en mí y me han apoyado en esta nueva aventura.

Jaime

A mi familia

Javier

INTRODUCCIÓN

1.1 ACCESO AL PROGRAMA

Podemos abrir el programa de las siguientes formas:

Desde el Escritorio de Windows:

1. Pulsando dos veces con el botón izquierdo del ratón sobre el icono de **AutoCAD**.

2. Situando el puntero del ratón sobre la siguiente secuencia de botones: **Inicio → Todos los programas → Autodesk → AutoCAD 2019 Español → AutoCAD 2019 Español**.

Desde el Explorador de Windows:

1. Haciendo clic con el botón izquierdo del ratón sobre cualquier archivo de dibujo de AutoCAD.

2. Haciendo clic con el botón izquierdo del ratón sobre el archivo de ejecución del programa, que estará dentro de la carpeta de archivos de instalación de AutoCAD.

3. Siempre que arrastremos un archivo de dibujo de AutoCAD hasta el icono del programa en el escritorio.

1.1.1 Ventana de bienvenida

La ventana de bienvenida a AutoCAD 2019 es un interfaz mucho más oscuro que en versiones anteriores. Desde esta pantalla se permiten abrir nuevos archivos, plantillas guardadas y el acceso directo a archivos abiertos recientemente. Al iniciar sesión en una cuenta de Autodesk Exchange APPS se pueden obtener recursos en línea, y con Autodesk 360, el acceso a los archivos almacenados en la nube y a la conexión con las redes sociales Facebook y Twitter.

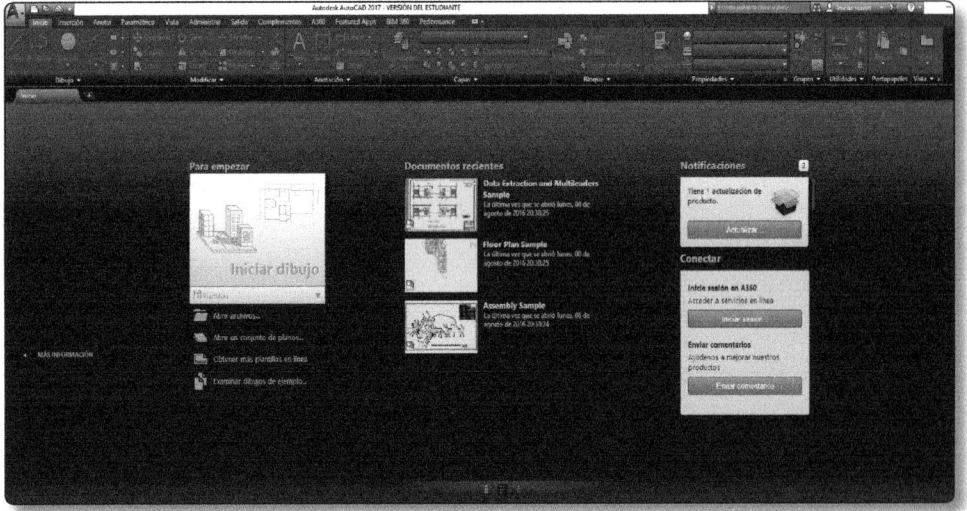

En la zona central aparecen distintas opciones con las que comenzar a trabajar, pudiendo seleccionar abrir un archivo nuevo, una plantilla o un archivo abierto recientemente.

En la parte superior izquierda aparece una barra de búsqueda (o pulsar **F1**). En esta barra se podrá escribir cualquier palabra clave y el buscador nos remitirá a sus enlaces de ayuda. Esta ayuda se podrá descargar desde el desplegable de la derecha, en la pestaña de **Descargar ayuda sin conexión**. Permitirá realizar cualquier tipo de consulta sin necesidad de estar conectado a Internet.

Para comenzar a trabajar podemos abrir un dibujo existente o empezar uno nuevo desde la pestaña **Crear**, o también desde el botón de la aplicación.

PRÁCTICA 1.1. ABRIR EL PROGRAMA

1. Situar el puntero del ratón sobre el botón de **Inicio** de Windows.

2. Desplazar el puntero del ratón hasta la opción **Todos los programas**. Se abre un nuevo menú a la derecha. Desplazaremos el puntero del ratón hasta situarnos sobre **Autodesk**.

3. Se abre el menú de **Autodesk**. Nos situaremos sobre **AutoCAD 2019 Español**. A continuación, haremos clic sobre **AutoCAD 2019**.

1.2 SERVICIO DE AYUDA

El sistema de ayuda de AutoCAD incluye una nueva manera de encontrar herramientas en la interfaz de usuario. Para ello pulsaremos sobre el icono que aparece indicando el comando que está vinculado con el icono de la cinta de opciones. Si desde la ayuda no podemos enlazar a la herramienta buscada es porque se encuentra oculta o en un panel, en este caso nos informará sobre en qué ficha de cinta y panel podemos encontrarlo.

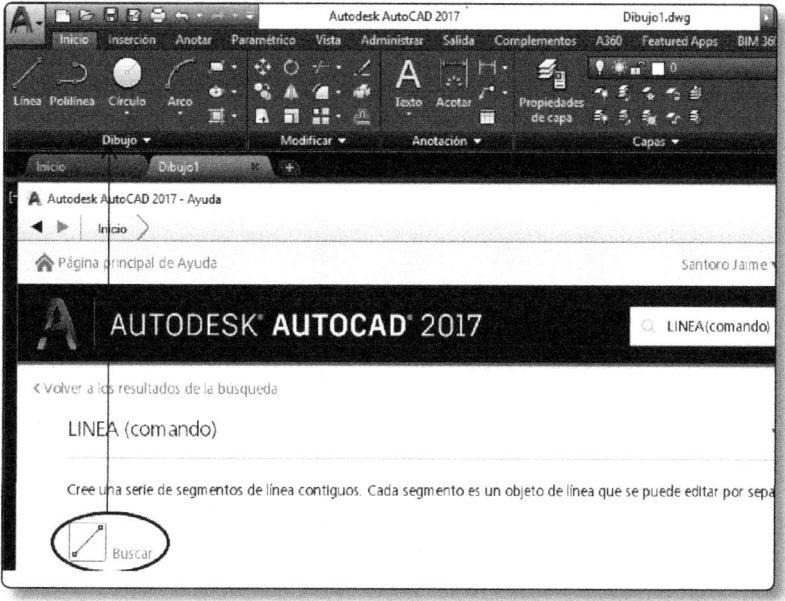

InfoCenter nos ayudará con:

- La búsqueda de información mediante palabras clave o frases.
- Acceder a actualizaciones, anuncios y ayuda mediante **Autodesk en línea**.
- El intercambio de información con la comunidad de AutoCAD.

Acceder a la **Ayuda** del programa.

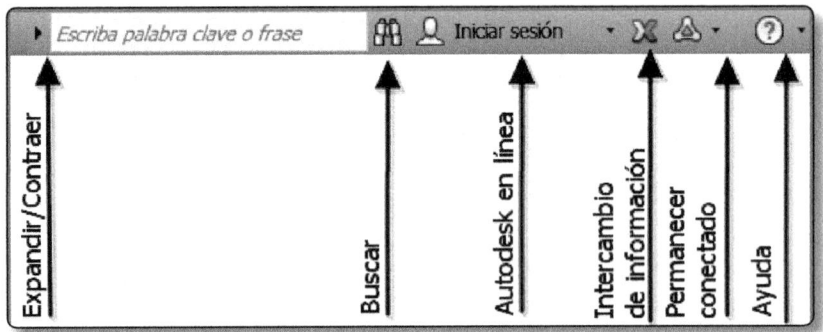

En el panel izquierdo tenemos el campo de búsqueda y en el de la derecha tenemos temas de ayuda en línea. Una vez seleccionada la entrada que queremos en el panel izquierdo, se desarrollará la ayuda de los temas seleccionados en el derecho. Si pulsamos la tecla **F1** desde un comando, o también desde un cuadro de diálogo, el programa nos muestra la ayuda del comando o el cuadro de diálogo en el que estamos. También podemos acceder para solicitar ayuda al sitio web de Autodesk: *http://www.autodesk.es*.

Con el comando "Ayuda" en la barra de comandos se abre la página de inicio de Ayuda. Desde la nueva versión se incluye una nueva opción llamada "¿Ha probado?"

Dentro de esta sección existen diferentes opciones y temas que el usuario aún no haya probado. Estas secciones incluyen ejercicios rápido que ayudan a aprender nuevos métodos para trabajar más rápidamente.

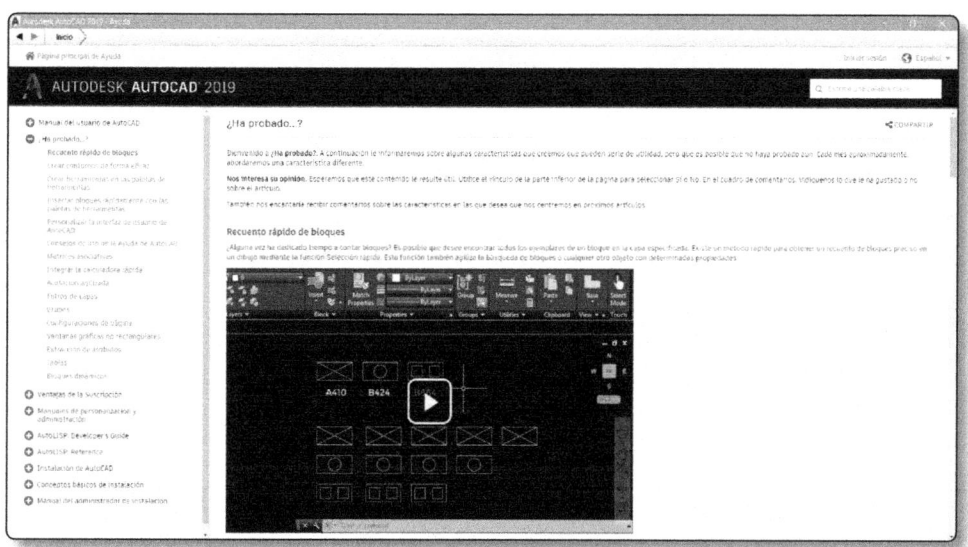

En la parte izquierda de la pantalla aparecerá un menú desplegable con varias opciones. Cada una de ellas es un método rápido de aprender algunos de los comandos de AutoCAD. Esta selección se ha hecho en base a las respuestas recibidas en "Ayuda" y en el foro de AutoCAD.

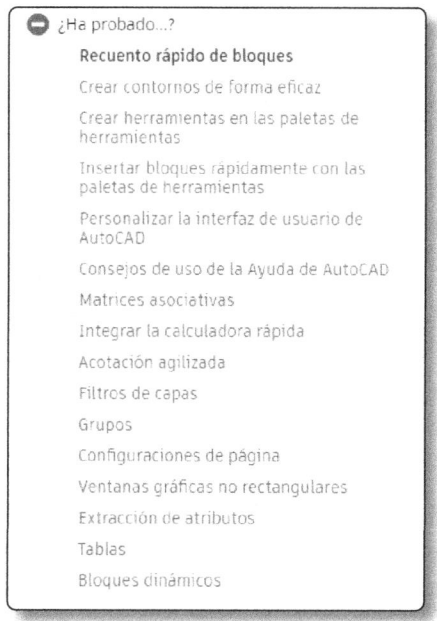

1.3 PANTALLA DE TRABAJO

La imagen que tenemos a continuación corresponde a la pantalla principal de AutoCAD.

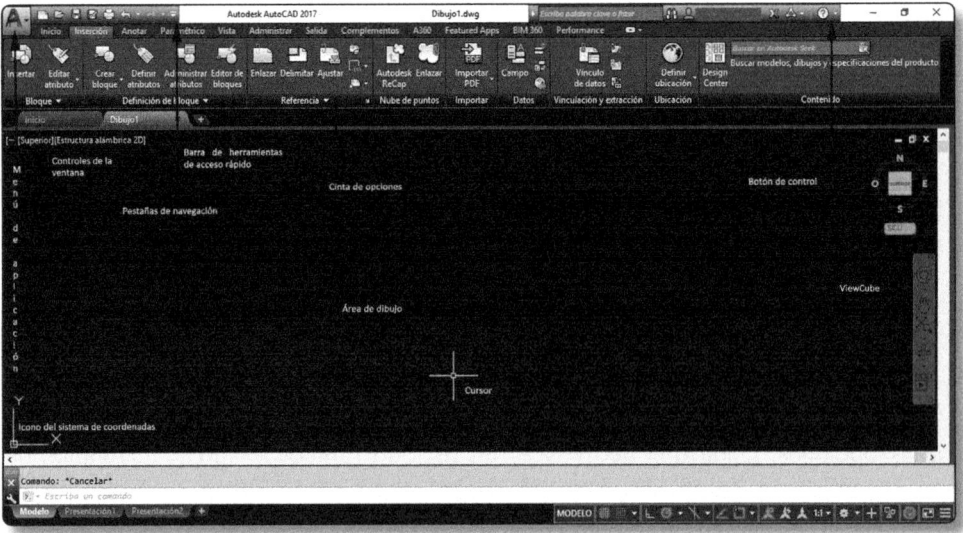

Como se puede observar, tiene elementos comunes a los programas que trabajan bajo entorno Windows, por lo que algunos elementos ya nos serán conocidos.

Vamos a describir a continuación los apartados principales.

1.3.1 Menú de la aplicación

El botón del menú de la aplicación se encuentra ubicado en la esquina superior izquierda de la ventana principal. Este menú es un explorador de archivos e imágenes que, además nos informa de sus propiedades. Por otro lado, también nos permite acceder a comandos y opciones de menús básicos, así como introducir palabras clave para buscar un elemento de menú o, para mostrar una vista preliminar de los archivos de dibujo abiertos recientemente.

Para acceder al menú pulsaremos con el botón izquierdo del ratón una vez sobre el botón y se abrirá el menú desplegable. Vamos a describir las distintas partes que componen dicha ventana.

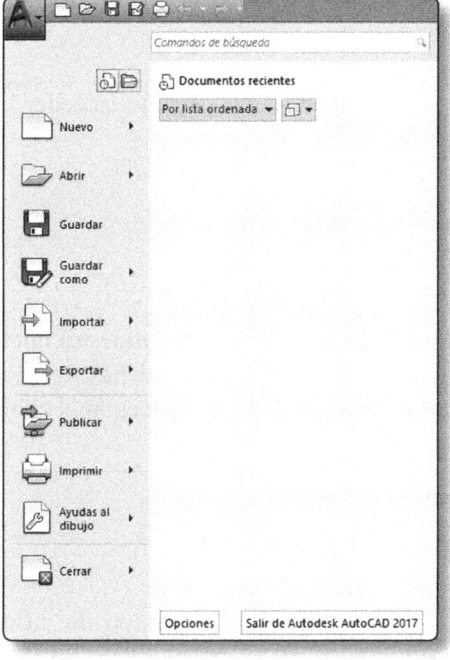 

Comenzaremos con la parte izquierda del explorador. Encontraremos un listado con distintos menús disponibles de la aplicación. Para acceder a cualquiera de ellos basta con situarnos con el ratón sobre su título unos segundos y obtendremos el menú desplegable con las distintas opciones que contiene.

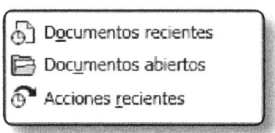

Parte superior

▶ **Documentos recientes** (⌖): nos permite ver en la ventana, a su derecha, un listado de los últimos archivos que hayamos guardado.

Podemos seleccionar la opción de **Previsualizar** los archivos mediante iconos pequeños o grandes, lo cual nos facilitará el reconocimiento de los mismos. Para ello, haremos clic en el icono ubicado en la esquina superior derecha de esta ventana (⌖).

Si queremos mantener un archivo en la lista, con independencia de aquellos que guardemos posteriormente, haremos clic en el icono con forma de alfiler (⌖) situado a la derecha del nombre. El archivo se mostrará en la lista de documentos recientes hasta que se desactive el icono anterior.

▼ **Documentos abiertos** (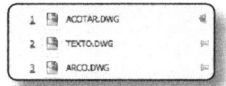): este icono nos permite acceder a los documentos que tenemos abiertos en este momento.

En la parte superior derecha del menú de la aplicación se muestra el campo de búsqueda; podremos buscar información de herramientas, cadenas de texto de solicitud de comando, etiquetas, comandos de menú… Podemos ejecutar el comando pulsando sobre el listado que nos muestra.

Si, por ejemplo, escribimos la palabra "línea" en el campo de búsqueda observaremos que aparecen de forma automática en el panel todas las órdenes relacionadas con la palabra introducida.

En la parte inferior se ubica el botón de **Opciones**.

Pulsando dicho botón se abrirá el cuadro de diálogo **Opciones**, que nos ofrece las distintas posibilidades de configuración del programa como, por ejemplo, ubicación de archivos, el aspecto visual de la ventana de trabajo, opciones del trazado de dibujos, etc. Más adelante explicaremos este menú, al que también podemos acceder desde la cinta.

1.3.2 Barra de herramientas de acceso rápido

La barra de herramientas de acceso rápido se encuentra ubicada en la parte superior izquierda de la ventana principal, justo a la derecha del botón del explorador de menús y muestra los comandos a los que accedemos con más frecuencia. Se puede personalizar y podemos incluir las herramientas que nosotros consideremos más comunes para nuestro trabajo.

Los comandos que nos muestra por defecto son:

▼ **Espacio de trabajo**: es importante tener la configuración del espacio de trabajo necesaria para cada tipo de trabajo, pues la cinta de opciones está predefinida y adecuada a cada espacio. Además, hay comandos que funcionan solo en el espacio de trabajo que les corresponde. Los espacios disponibles son los siguientes aunque, como se verá más adelante, podemos personalizarlos y crear nuevos.

El resto de opciones de esta barra son:

▼ **Nuevo** (⬜): abre una nueva plantilla de dibujo.

▼ **Abrir** (📂): abre archivos de dibujo existentes.

▼ **Guardar** (💾): salva el archivo de dibujo actual.

▼ **Guardar como** (💾): guarda el archivo actual permitiéndonos cambiar el nombre o el tipo de fichero de salida.

▼ **Deshacer** (↩): deshace la última acción realizada.

▼ **Rehacer** (↪): rehace la última acción realizada.

▼ **Imprimir** (🖨): imprime los dibujos.

▼ **Menú desplegable** (🔽): abre la siguiente ventana con menús.

1.3.3 Barra de menús

La barra de la aplicación no estará disponible por defecto ya que es más útil y rápido utilizar la cinta de opciones. Para visualizar la barra de menús en la pantalla de trabajo pulsaremos con el botón izquierdo del ratón sobre la flecha de la **Barra de herramientas de acceso rápido** y seleccionaremos **Mostrar barra de menús** o, si la queremos ocultar, **Ocultar barra de menús**.

Esta barra aparecerá ubicada justo debajo de la **Barra de título** y contendrá los distintos menús de la aplicación. De esta forma podremos acceder a todas las opciones que el programa nos ofrece.

Al situar el puntero del ratón sobre cualquiera de las opciones de la barra de menús se desplegarán las distintas órdenes que utilizaremos para realizar los dibujos. Solo tenemos que pulsar sobre la que necesitemos utilizar para activarla.

Si la opción del menú muestra una flecha a la derecha nos indica que, al situarnos sobre la misma, se desplegará un submenú en forma de cascada con las opciones disponibles.

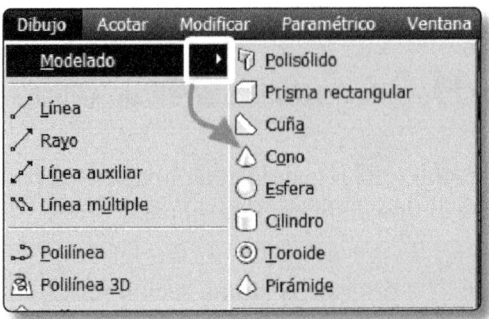

Si lo que aparece a la derecha del comando son puntos suspensivos nos indicarán que, al pulsar sobre dicha opción, se abrirá un cuadro de diálogo.

Si el texto contenido en el menú se muestra en gris, nos indicará que dicho menú no está activo, es decir, no se encuentra disponible.

A la derecha de algunas órdenes nos encontramos con palabras o letras que nos indican las teclas que podemos utilizar como método abreviado; puede ser una letra o una combinación de letras.

1.3.4 Pestañas de navegación

Las pestañas de navegación nos permitirán acceder con facilidad a todos los dibujos abiertos en la aplicación.

Como norma general nos mostrarán el nombre completo del archivo abierto. El botón con el signo + ubicado en el extremo derecho de las pestañas nos mostrará la pantalla principal y podremos **Seleccionar una plantilla para crear un dibujo nuevo**. Si nos muestra un asterisco es que el dibujo no está grabado. A la derecha unas flechitas muestran el listado de dibujos abiertos al pasar por encima.

Al situarnos sobre el nombre del dibujo se desplegará una vista previa del **Modelo** y de la **Presentación**. Si pulsamos con el botón derecho nos mostrará las siguientes opciones de la imagen, que nos permitirán abrir y cerrar dibujos, así como cerrar todos los dibujos, menos el que tenemos seleccionado.

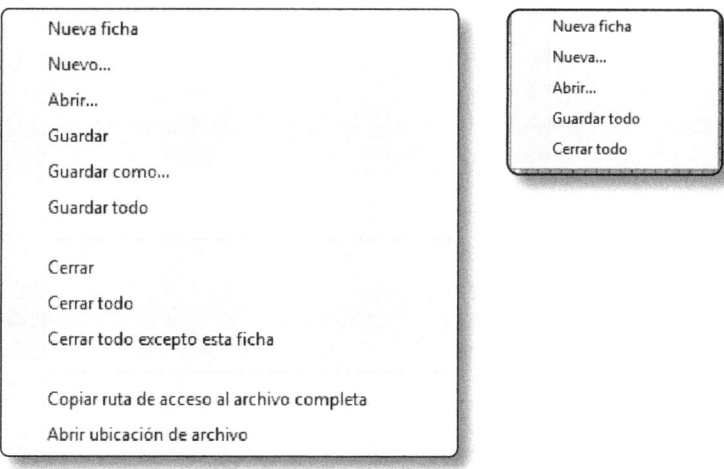

Si en vez de pulsar con el botón derecho sobre el nombre de la ficha lo hacemos sobre el espacio donde se sitúan las pestañas solo nos mostrará las siguientes opciones:

1.3.5 Nuevas pestañas de archivo

Las nuevas pestañas de archivo ofrecen una forma más visual y más rápida al trabajar con varios archivos a la vez, se parece a un navegador de Internet. Se pueden abrir nuevos archivos, borrar, copiar y mover.

1.3.6 Cinta de opciones

En la cinta de opciones se incluyen los comandos del programa donde se ubican los botones y controles de las órdenes de dibujo. La cinta de opciones se compone de fichas etiquetadas por tareas. Cada ficha contiene una serie de paneles donde están ubicados los iconos de las herramientas relativos a dichas fichas, así como los controles disponibles en las barras de herramientas y en los cuadros de diálogo.

La cinta de opciones horizontal se muestra por defecto en la parte superior de la ventana de dibujo, pero podemos ubicarla en cualquier zona de la misma. Para ello, nos situamos sobre cualquiera de los títulos de la cinta y, pulsando con el botón derecho del ratón, seleccionaremos **Desanclar**. A continuación ya podremos resituarla.

Una flecha en la esquina inferior derecha de un panel indica que este se podrá ampliar, mostrando así sus herramientas y controles adicionales. Por defecto, un panel ampliado se cierra automáticamente en cuanto el usuario abre otro panel. Para mantener un panel ampliado, deberá pulsar con el botón izquierdo del ratón sobre el icono con forma de alfiler ( ) en la esquina inferior derecha de dicho panel.

Si queremos reducir de nuevo el panel, volveremos a pulsar con el ratón sobre el icono .

También podemos mostrar la cinta de opciones de forma vertical, en este caso, cada ficha se identifica con un icono.

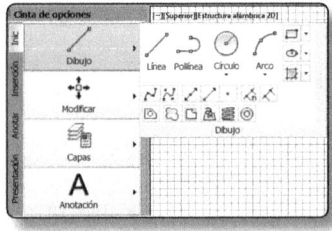

Si lo que deseamos es que desaparezca de la ventana principal la cinta de opciones que contiene las fichas y los paneles de herramientas, escribiremos en la línea de comandos el texto "CERRARCINTA". Para que aparezca de nuevo escribiremos "CINTA". En ambos casos sin comillas.

También podemos hacer que solamente aparezca en la ventana principal los títulos de los paneles. Para ello, pulsaremos una vez sobre el botón ⬛ . Si deseamos que los paneles que contienen los iconos de los comandos no estén visibles pulsaremos una segunda vez. También podemos añadir o quitar fichas y grupos pulsando con el botón derecho sobre la cinta de opciones.

Los botones con un pequeño triángulo negro en la esquina inferior derecha (⬛) representan barras de herramientas desplegables que, al pulsar con el botón izquierdo del ratón, mostrarán los comandos relacionados.

Para dibujar una línea usaremos el icono ⟋ del panel **Dibujo** de la ficha **Inicio** de la cinta de opciones.

1.3.7 Información de herramientas

Cuando situamos el ratón dos segundos sobre un icono nos aparecerá la ayuda sobre su uso, y si esperamos unos segundos más nos mostrará un ejemplo de dicho uso.

1.3.8 El área de dibujo

Es más oscura, se sitúa en la parte central de la pantalla principal y es donde podremos efectuar nuestros dibujos. El fondo de la ventana nos muestra una rejilla oscura que se subdivide en líneas un poco más claras formando cuadrados de diferentes tamaños. Con esto tenemos una ayuda importante para dibujar y encajar piezas de dibujo, ya que simula que estamos trabajando con papel milimetrado.

Los elementos que encontramos en ella son el cursor que adquiere forma de cruz filar y representa el "lápiz" con el que podremos dibujar. También nos encontramos dentro del área de dibujo con el icono SPC (Sistema de Coordenadas Personales), que nos muestra la dirección de los ejes X e Y.

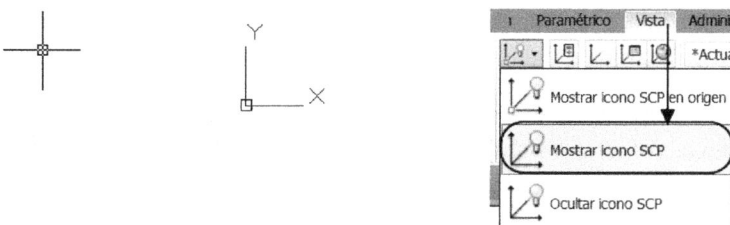

Podemos activarlo o desactivarlo desde la cinta de opciones y deberemos mostrar el grupo de coordenadas, ya que por defecto no aparece. Activaremos la ficha **Vista**, a continuación pulsaremos sobre ella con el botón derecho del ratón y seleccionaremos **Mostrar Grupos**, y después **Coordenadas**. Si trabajamos en el espacio de trabajo 3D la encontraremos en la ficha **Inicio**.

También disponemos de la opción **Vista → Icono SCP**. Escribiendo en la línea de comandos SIMBSCP y seleccionando P, podremos por medio de una ventana modificar las propiedades del SPC, como su estilo, tamaño o color, incluso podemos definir cada eje de un color diferente.

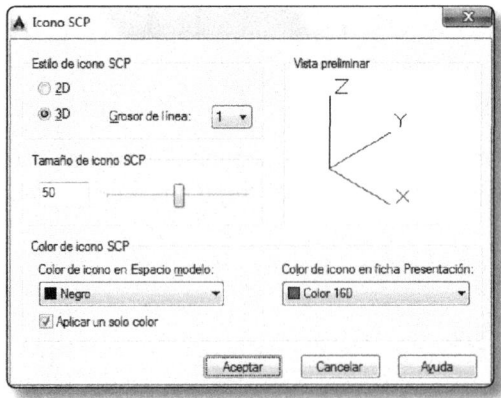

1.3.9 Ventana de comandos

Cambia la situación y los iconos. La ventana de comandos se encuentra ubicada en la parte inferior de la pantalla principal. En ella podremos introducir las órdenes de dibujo por medio del teclado. También podremos introducir los parámetros que se necesitan para ir creando el dibujo. Conforme vamos introduciendo las letras del comando, el programa muestra un listado cuyos prefijos coinciden con lo que ya ha escrito, cuyo contenido se puede examinar y seleccionar. Si nos situamos unos segundos sobre cualquiera de los comandos mostrados se abrirá una ventana que nos explicará la utilidad de dicho comando.

Para ocultar esta ventana pulsaremos las teclas **Control + 9**. Si la queremos abrir de nuevo, volveremos a pulsar **Control + 9**.

Al escribir en la ventana de comandos podemos cometer errores, para evitarlo tenemos correcciones automáticas y sinónimos que nos permiten acceder al resultado más fácilmente. También es posible encontrar distintos objetos del dibujo por su nombre como, por ejemplo, escribir el nombre de un patrón de sombreado y aplicarlo al diseño desde la misma línea de comando. Desde la **Cinta de opciones** → **Administrar** → **Grupo personalización** accederemos a la personalización de la corrección automática y de los sinónimos. Si pulsamos con el botón derecho del ratón sobre la zona de escritura de la ventana nos mostrará más opciones como comandos recientes, parámetros de entrada…

Podemos desanclar la ventana y situarla en cualquier lugar de la pantalla. Para ello pulsaremos sobre las barritas que están situadas sobre el aspa y se nos quedará la ventana sobre el área de dibujo.

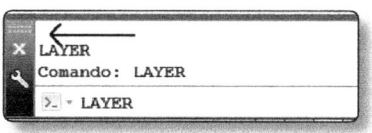

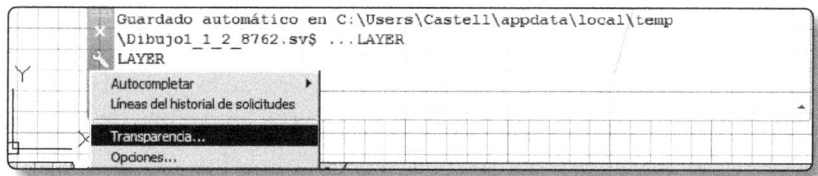

Una vez que tengamos la ventana flotante podemos ajustar su tamaño, arrastrándola desde el borde y también, su transparencia pulsando sobre la llave y seleccionando la entrada **Transparencia**. Para anclar de nuevo la ventana la arrastraremos hacia el borde inferior de la pantalla y se ajustará automáticamente.

En la barra de comando se pueden escribir todos aquellos comandos que se quieran, con la ventaja de que es más rápido que buscar el comando deseado en las ventanas de herramienta superiores.

Anteriormente, era necesario escribir la palabra entera del comando y pulsar enter para seleccionar la acción. Sin embargo, ahora, al comenzar a escribir el comando, aparecerá una lista de todos aquellos comandos que contengan esas letras, y con el ratón se podrá acceder a la lista para seleccionar el que se quiera, sin necesidad de escribir la palabra entera.

Por ejemplo, al escribir el comando texto, aparece una lista de comandos que contienen las letras que hemos escrito. De todos los comandos que aparecen se puede seleccionar con el ratón el que se desea.

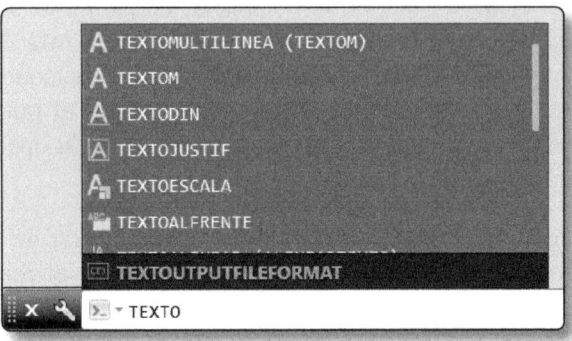

1.3.10 Barra de comandos

Al realizar una acción en el programa, esta quedará guardada en la parte inferior del mismo, en la Barra de comandos. Si se pulsa la tecla **Enter**, después de realizar un comando, ésta se realizará de nuevo. Esta barra de comandos por defecto aparecerá en la parte inferior de la pantalla, pero arrastrándola desde la zona de tres puntos se puede mover y colocar en cualquier otra parte de la pantalla de inicio. Esta nueva posición quedará prefijada cuando se abra un nuevo archivo de AutoCAD.

Al introducir en la barra de comandos cualquier acción, con la nueva versión de AutoCAD 2019, existe la función de **Autocompletar** que facilita una lista de palabras con esas letras, pudiendo hacer clic sobre las opciones que aparecen sin tener que escribir la orden entera.

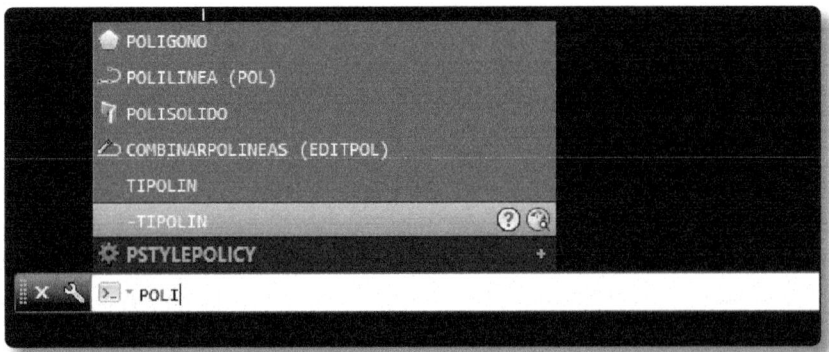

Esta versión de AutoCAD tiene otra nueva opción para la línea o barra de comandos: la opción de corrector. A pesar de que al teclear en la barra se mezclen letras o haya un error en alguna, el programa propone el orden correcto de la función que se está escribiendo.

La última de las nuevas mejoras es la búsqueda de sinónimos. Al escribir una orden en la barra de comandado, sin que se haya escrito de forma completa aparece junto a ella y entre paréntesis la palabra que se quiere buscar.

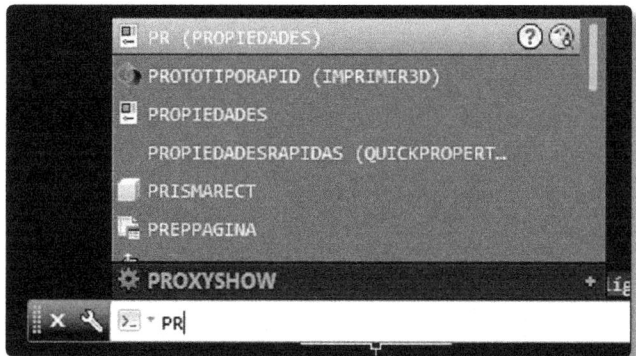

También se puede personalizar la búsqueda haciendo clic en el botón derecho en la línea de comandos y en parámetros de entrada.

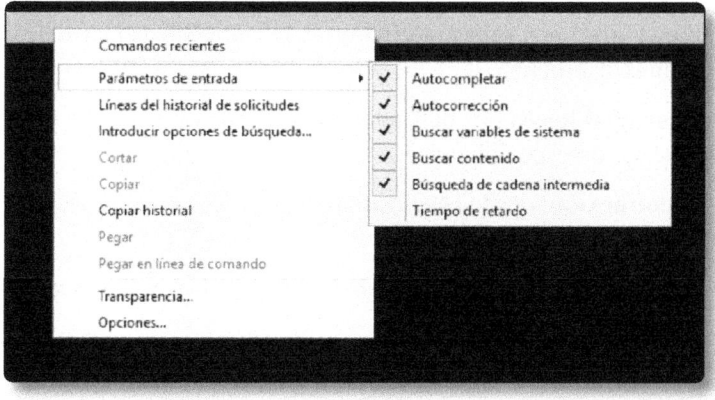

1.3.11 Barra de estado

La barra de estado cambia se encuentra ubicada en la parte inferior de la ventana principal. Con ella conocemos las opciones que tenemos activadas. Muestra los valores de las coordenadas del cursor, las herramientas de dibujo, las herramientas de navegación y las herramientas de vista rápida y escala de anotación.

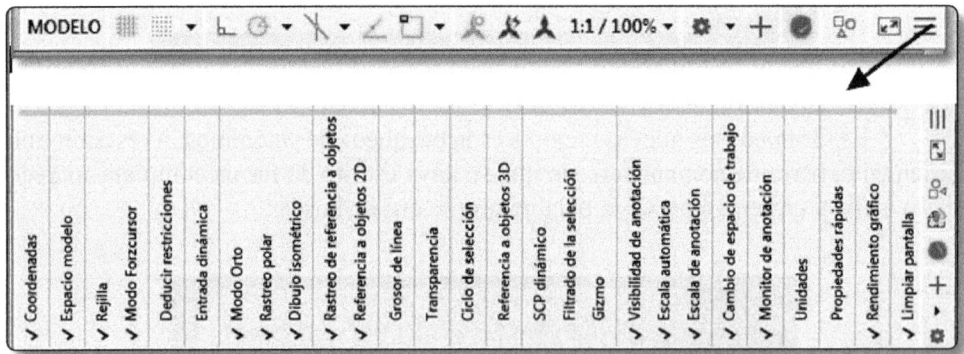

Por defecto, aparecerán solo algunos de los iconos de las herramientas, desplegando el icono de la parte derecha podremos activar o desactivar las opciones que queramos.

1.3.12 Barra de navegación

Al abrir el programa disponemos de las siguientes ayudas de navegación en la pantalla principal:

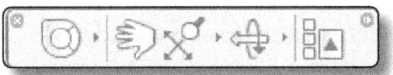

▶ **ViewCube**: nos muestra cuál es la orientación actual del dibujo y nos permite cambiarla.

▶ **SteeringWheels**: nos deja alternar de forma rápida entre herramientas de navegación especializadas.

▶ **3Dconnexion**: desde este icono podemos reorientar la vista actual con un ratón 3D de 3Dconnexion.

▶ **Encuadre**: mueve la vista actual en un plano paralelo a la pantalla.

▶ **Herramientas de zoom**: grupo de herramientas de navegación para aumentar o reducir la visión del dibujo.

▼ **Herramientas de órbita**: son herramientas de navegación que nos dejan girar la vista actual del dibujo.

▼ **ShowMotion**: esta opción nos permite crear y reproducir animaciones de cámara y así poder controlar mejor los diseños.

Podemos desactivarla o activarla desde el la ficha **Vista** dentro del grupo **Herramientas de ventana rápida**.

1.3.13 Controles de la ventana gráfica

Se muestran en la esquina superior izquierda de cada una de las ventanas y nos permiten, pulsando con el botón izquierdo del ratón sobre cada uno de ellos, cambiar las vistas, los estilos visuales y otros parámetros.

[−][Superior][Estructura alámbrica 2D]

En las etiquetas se muestran los parámetros actuales en la ventana. Si pulsamos sobre [−] restituiremos las ventanas, nos mostrará cuatro ventanas que el programa tiene asignadas por defecto, aunque se pueden cambiar si pulsamos sobre [+] podremos maximizar la ventana gráfica que tenemos seleccionada en ese momento. También podemos controlar la visualización de las herramientas de navegación.

Si pulsamos con el botón izquierdo del ratón sobre **Superior** podemos elegir entre varias vistas estándar y personalizadas. Si pulsamos **Estructura alámbrica 2D** podemos elegir otro estilo visual.

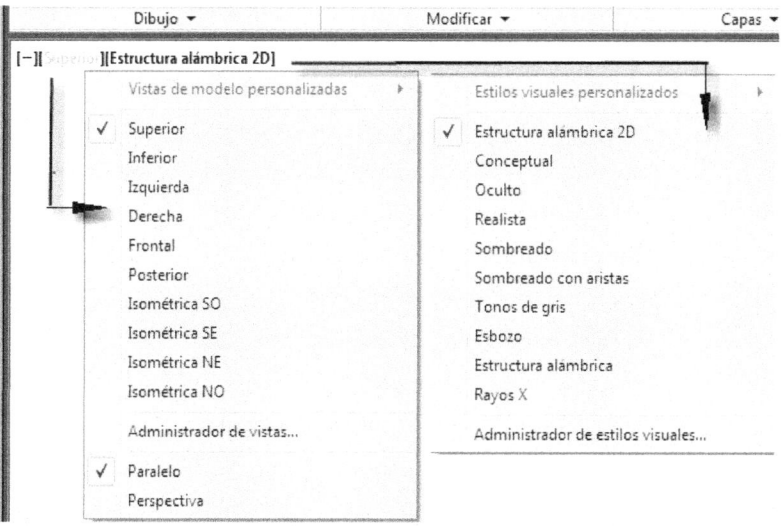

1.4 INTRODUCIR ÓRDENES

Hay tres formas básicas de introducir órdenes:

▸ **Teclado**: tecleamos el nombre de la orden en la ventana de comandos y pulsamos **Intro** o barra espaciadora. Si aún no hemos confirmado la orden con **Intro**, podemos anularla con la tecla **Escape**, que borra todo lo escrito. Si lo que queremos es modificar una parte de la palabra, usaremos la tecla de retroceso (**Borrar**).

▸ **Pantalla**: con los menús desplegables, con los menús contextuales, con las barras de herramientas y con la cinta de opciones.

▸ **Tablero**: es como el tablero de una mesa de dibujo, generalmente de un tamaño aproximado de DIN A-3, en el que están las órdenes escritas. Se seleccionan con un lápiz especial que tiene el tablero.

1.5 TECLAS DE FUNCIÓN Y DE MÉTODO ABREVIADO

TECLA	MÉTODO ABREVIADO
CTRL+0	Cambia el tipo de pantalla.
CTRL+1	Activa/desactiva la paleta Propiedades.
CTRL+2	Activa/desactiva DesignCenter.
CTRL+3	Activa/desactiva la ventana Paletas de herramientas.
CTRL+4	Activa/desactiva el Administrador de conjuntos de planos.
CTRL+5	Activa/desactiva la Paleta de información.
CTRL+6	Activa/desactiva el Administrador de Conexión BD.
CTRL+7	Activa/desactiva el Administrador de conjuntos de marcas de revisión.
CTRL+8	Activa/desactiva la Calculadora rápida.
CTRL+9	Activa/desactiva la ventana de comandos.
CTRL+A	Selecciona todos los objetos del dibujo.
CTRL+B	Activa/desactiva el modo Forzcursor.
CTRL+C	Copia objetos en el Portapapeles.
CTRL+D	Activa/desactiva la visualización de coordenadas.
CTRL+E	Activa/desactiva el modo Isoplano.

CTRL+F	Activa/desactiva la referencia implícita a objetos.
CTRL+G	Activa/desactiva la visualización de la rejilla.
CTRL+H	Activa/desactiva la selección de grupos sombreados asociativos.
CTRL+I	Activa/desactiva las coordenadas.
CTRL+J	Repite el último comando.
CTRL+L	Activa/desactiva el modo Orto.
CTRL+M	Repite el último comando.
CTRL+N	Crea un archivo de dibujo nuevo.
CTRL+O	Abre un dibujo existente.
CTRL+P	Imprime el dibujo actual.
CTRL+R	Recorre cíclicamente las ventanas de presentación.
CTRL+S	Guarda el dibujo actual.
CTRL+T	Activa/desactiva el Tablero.
CTRL+V	Pega los datos del Portapapeles.
CTRL+X	Corta objetos en el Portapapeles.
CTRL+Y	Cancela la acción Deshacer anterior.
CTRL+Z	Invierte la última acción.
CTRL+[	Cancela el comando actual.
CTRL+\	Cancela el comando actual.
F1	Abre la ayuda del programa.
F2	Conmuta la pantalla gráfica con la pantalla de texto.
F3	Activa/desactiva la referencia a objetos.
F4	Activa/desactiva el Tablero.
F5	Activa/desactiva el modo Isoplano.
F6	Activa/desactiva el Sistema de coordenadas dinámico.
F7	Activa/desactiva la visualización de la rejilla.
F8	Activa/desactiva el modo Orto.
F9	Activa/desactiva el modo Forzcursor.
F10	Activa/desactiva el rastreo polar.
F11	Activa/desactiva el rastreo de referencia a objetos.
F12	Activa/desactiva la entrada dinámica.
Alt+F11	Muestra el editor de Visual Basic.
Alt+F8	Muestra el cuadro de diálogo para la creación de macros.

1.6 SELECCIONAR OBJETOS

Hasta que aprendamos a personalizar la interfaz, cuando pasemos sobre un objeto este se resaltará y su color cambiará. Se pueden seleccionar entidades de las siguientes formas:

- Escribiendo "u" (de *Último*), selecciona la última entidad designada.
- Escribiendo la letra "b", se dibujará una línea que selecciona lo que toca (*Borde*).
- Escribiendo la letra "t", selecciona *Todo*.
- Marcando la entidad directamente.

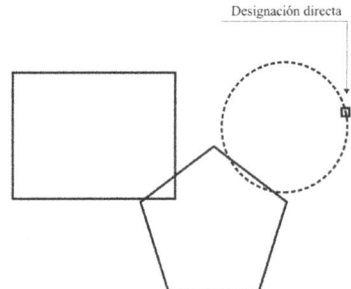

Para seleccionar una **Ventana**, pulsaremos el botón izquierdo del ratón y, desplazándolo en diagonal, volvemos a pulsarlo. Aparecerá un rectángulo. Dentro, deberán contenerse las entidades que queramos seleccionar. Si la dirección de esa diagonal es hacia la derecha, quedará seleccionado lo que queda dentro del rectángulo. Si es a la izquierda, quedará seleccionado lo que toca y lo que queda dentro.

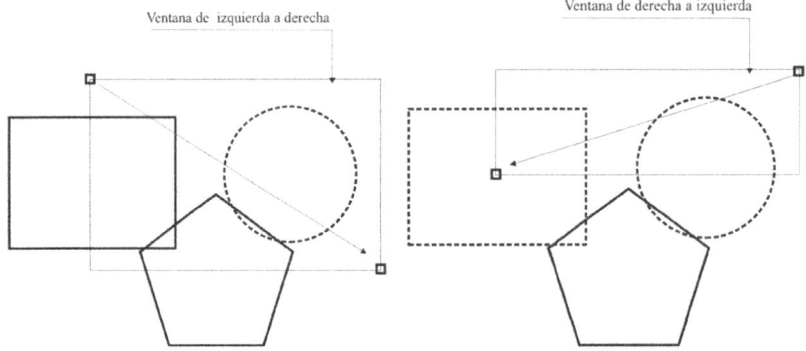

Otra opción parecida a **Ventana** es la de **Polígono**. Si seleccionamos **PolígonoV**, dibujaremos un polígono como selección y lo que esté completamente dentro del mismo quedará seleccionado. Si utilizamos **PolígonoC**, seleccionaremos lo que está dentro y lo que toca el polígono.

Si tenemos entidades superpuestas, pulsando la tecla **Control** pasaremos cíclicamente de unas a otras hasta que se resalte la que necesitemos. De todas formas, cuando el dispositivo señalador pasa sobre un objeto, este se resaltará, facilitándonos así que podamos verlo bien antes de seleccionarlo.

También tenemos la opción de selección poligonal para seleccionar objetos que no estén continuos. Después de elegir la opción de modificación seleccionaremos los objetos pulsando con el ratón pero arrastrándolo sin soltar su tecla izquierda.

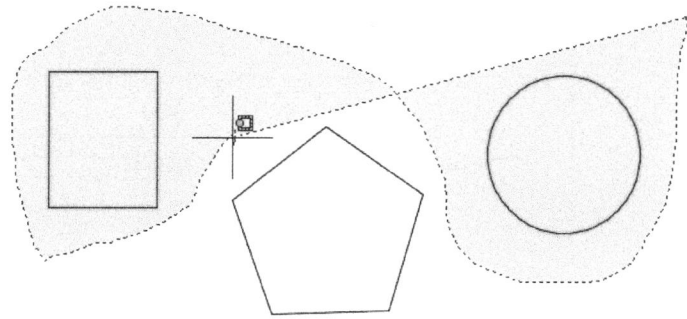

1.6.1 Seleccionar objetos similares

Permite seleccionar varios objetos a partir de algunas propiedades comunes.

Accedemos a este comando escribiendo "Selectsimilar". En la ventana de comando mostrará la siguiente solicitud:

▶ **Designe objetos o [Parámetros]**. Podemos designar objetos o escribir "PA" para configurar los parámetros que queremos que seleccione como similares. Las opciones son: Color, Capa, Tipo de línea, Escala de tipo de línea, Grosor de línea, Estilo de trazado, Estilo de objeto y Nombre.

1.6.2 Selección fuera de pantalla

El comando "SELECTIONOFFSCREEN" tiene tres opciones, cuando se activa (se coloca el valor 1), los objetos que quedan fuera de la pantalla cuando se ha hecho una selección, entran dentro de la selección final:

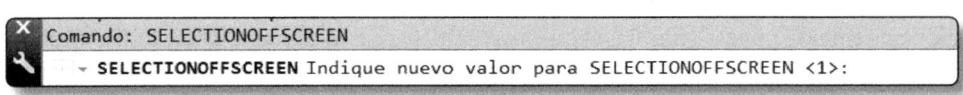

```
Comando: SELECTIONOFFSCREEN
  ▾ SELECTIONOFFSCREEN Indique nuevo valor para SELECTIONOFFSCREEN <1>:
```

La selección que se realiza, de derecha a izquierda, comprende unos determinados elementos.

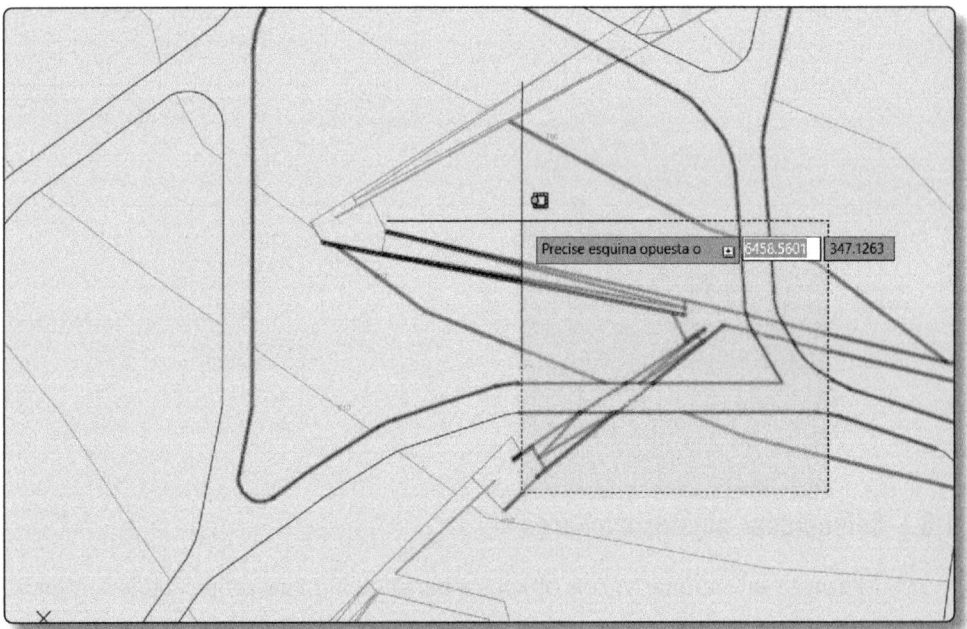

Con la selección ya hecha, en la versión anterior de AutoCAD, si se movía la pantalla y la selección que se había hecho ya no aparecía en la pantalla, ésta se eliminaba. Sin embargo, con la nueva versión, se puede mover la pantalla y seleccionar otros elementos que los anterior no se eliminan.

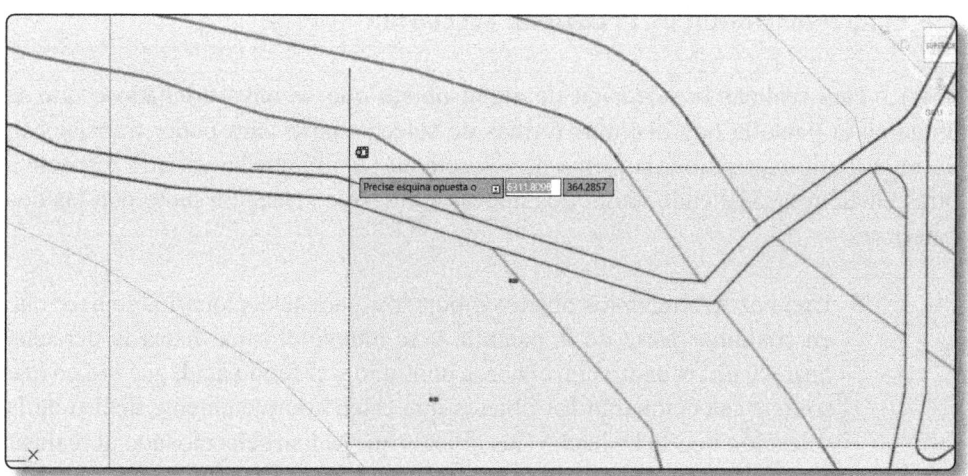

Selección final (incluye todos los elementos seleccionados antes de mover la pantalla):

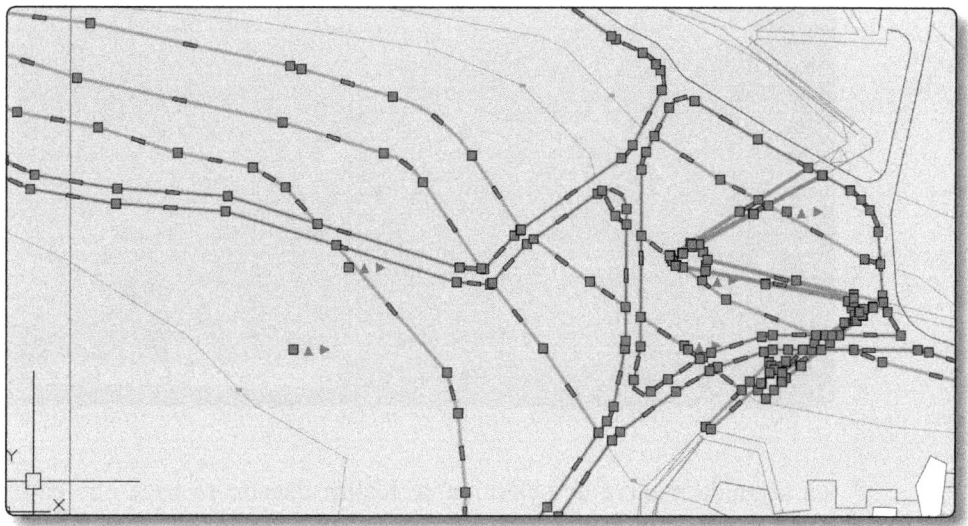

Si se desactiva la función (con el valor 0), las selecciones que se han hecho que se quedan fuera de la pantalla cuando esta se desplaza, no entran dentro de la selección final, como ocurría en las versiones anteriores.

1.7 PERSONALIZACIÓN DE EFECTO DE SELECCIÓN

Para realizar la selección de algún objeto que se haya dibujado o que se tenga en la pantalla hay distintas formas de seleccionarlo para poder trabajar con él. En esta última versión, la forma de seleccionar los objetos ha variado respecto a otras ediciones, existiendo ahora dos nuevas formas de selección junto con las dos anteriores:

- Una vez se tengan los objetos dibujados, para seleccionarlos se hace clic en cualquier parte de la pantalla y se mueve el ratón hacia la derecha, aparece un recuadro con el borde continuo y el fondo azul, que indica que solo se seleccionarán los objetos que estén completamente dentro de la selección que se ha hecho (los objetos que se han seleccionado al realizar este método aparecen de forma más gruesa). Si al realizar la selección una parte del objeto queda fuera de esta, éste no se selecciona.

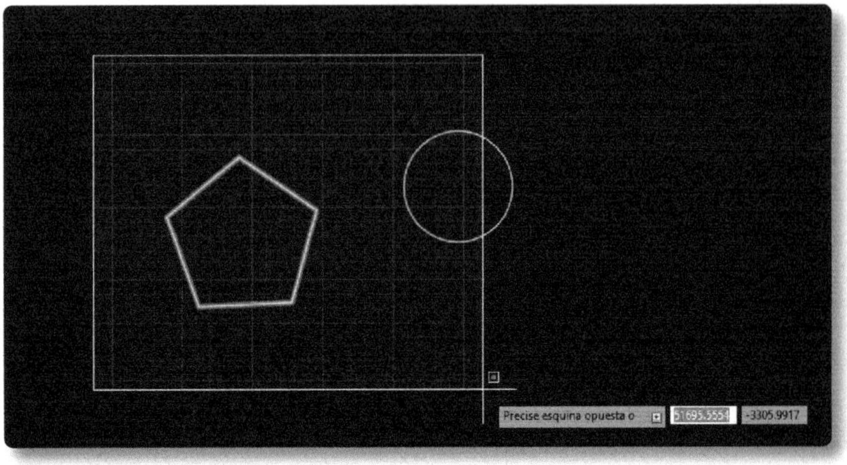

- La segunda manera de selección se realiza cuando se hace clic en el ratón fuera de los objetos y el cursor se mueve hacia la izquierda. En este caso el recuadro que aparece tiene el borde discontinuo y el fondo es de color verde, lo que indica que se seleccionará cualquier objeto que esté en contacto con la selección, sin necesidad de que esté dentro de ella totalmente. De nuevo, los objetos que se seleccionarán aparecerán remarcados con un grosor mayor.

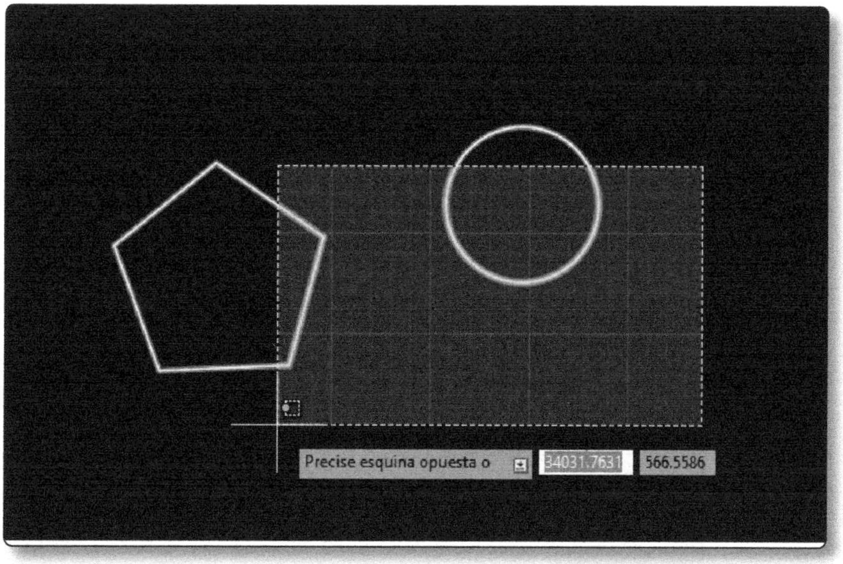

- Una de las nuevas formas de selección permite realizar selecciones no ortogonales, sino de manera más discontinua. Si se hace clic con el ratón fuera de los objetos, pero se mantiene el botón pulsado (a diferencia de los casos anteriores donde se hace clic y se suela el botón del ratón), la selección ya no será de forma rectangular, sino que seguirá la forma que se haga con el ratón. Si esta selección se realiza pulsando en la pantalla y arrastrando el ratón hacia la derecha, solo se seleccionarán los objetos que estén completamente dentro de la selección. Aparecerán marcados con un mayor grosor.

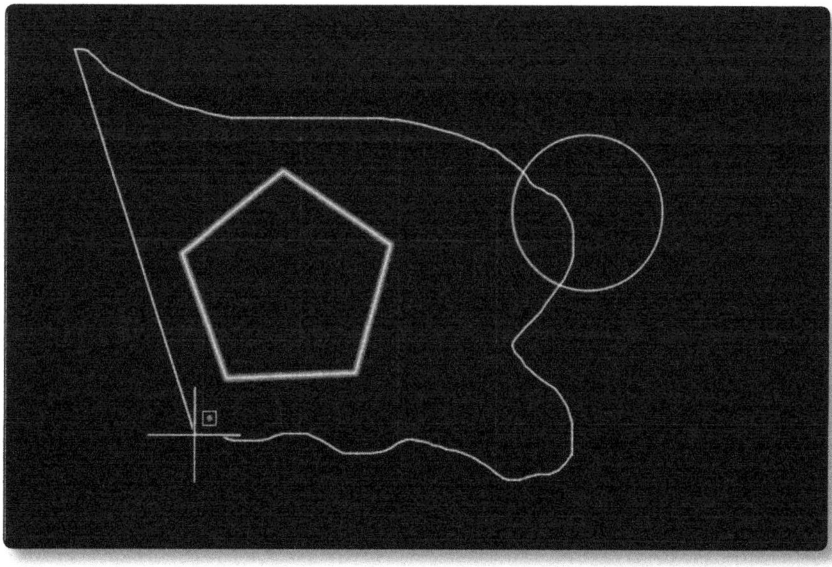

▼ Otra nueva forma y de igual manera que el apartado anterior, se realiza cuando se pulsa fuera de los objetos: se mantiene el botón del ratón pulsado y se desliza hacia la derecha. Se crea una selección con el borde discontinuo y el fondo verde, con la forma que sigue el ratón y que selecciona todos los objetos que tengan una parte dentro de la misma, sin necesidad de estar completamente dentro. Aparecerán remarcados con un mayor grosor.

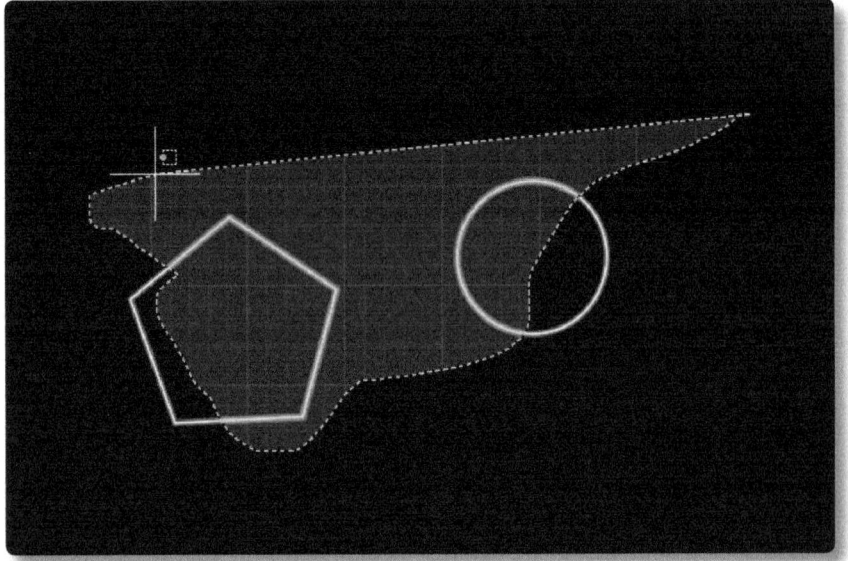

1.8 DESELECCIONAR OBJETOS

Pulsaremos la tecla ⇑ (**mayúsculas**) y seleccionaremos la entidad según las instrucciones del apartado anterior. En este caso, las entidades pulsadas se deseleccionarán.

1.9 BOTONES DEL RATÓN

▼ *Izquierdo*: es un botón de designación y se utiliza para precisar ubicaciones, designar objetos que queramos modificar y elegir opciones de menús y cuadros de diálogo.

▼ *Derecho*: depende del contexto en el que lo pulsemos. Lo podemos utilizar para terminar una orden, abrir un menú contextual, junto con la tecla mayúsculas para abrir la ventana de referencia a objetos y para mostrar las distintas barras de herramientas.

▼ *Central*: puede utilizarse para aumentar el *zoom*, girando la rueda hacia delante, o disminuirlo, girando la rueda hacia atrás. El *zoom* está definido en un 10%. Si pulsamos dos veces seguidas, se activará el **Zoom a extensión** y, si pulsamos y, sin soltar, arrastramos, se activará el **Encuadre**.

1.10   REPETIR LA ÚLTIMA ORDEN

Podemos hacer que se repita la última orden introducida pulsando la barra espaciadora, la tecla **Intro**, o bien, el menú contextual que aparece cuando pulsamos el botón derecho del ratón en el área de dibujo.

Podemos cambiar la orden asignada al botón derecho del ratón y así, al pulsarlo, efectuará la orden **Intro**. Para ello, entraremos en el **Menú de la aplicación** y elegiremos **Opciones**; después pulsaremos sobre la pestaña de **Preferencias de usuario** y, en el apartado **Comportamiento estándar de Windows**, pulsaremos sobre **Personalización del botón derecho**.

Dentro del apartado **Modo de comando** seleccionaremos **Intro** y pulsaremos **Aplicar y cerrar**. En esta misma ventana, también podemos elegir **Activar clic con el botón derecho sensible al tiempo**, con lo que si hacemos una pulsación rápida del botón derecho se activará la orden **Intro**, pero si la pulsación se mantiene más tiempo, aparecerá el menú contextual. El tiempo de espera se configura en esta misma ventana.

1.11 MENÚS CONTEXTUALES

Los menús contextuales nos permiten acceder más rápidamente a determinadas órdenes. Según la posición del puntero del ratón en la pantalla y pulsando su botón derecho, nos aparecerán los diferentes menús que tendrán relación con el objeto y la transformación que estamos realizando.

Hay cinco zonas:

▼ El área de dibujo.

▼ La ventana de comandos.

▼ Las fichas y grupos de herramientas. Nos muestra las distintas barras de herramientas del programa marcándonos las que tenemos activas.

▼ La barra de estado. Desde este menú podemos activarla, desactivarla y acceder a la ventana de parámetros del dibujo.

▼ Las pestañas de presentación.

Usualmente, los menús contextuales suelen incluir las siguientes opciones: Repetir el último comando, Cancelar la orden, las últimas órdenes introducidas, Cortar, Copiar y Pegar, Deshacer.

Podemos desactivar o activar la aparición de los menús contextuales. Para ello, entraremos en **Menú de la aplicación → Opciones → Preferencias de usuario → Comportamiento estándar de Windows** y deseleccionaremos o seleccionaremos la casilla **Menús contextuales del área de dibujo**.

1.12 SALIR DEL PROGRAMA

Cuando terminemos la sesión de AutoCAD y queramos cerrar el programa, utilizaremos el botón **Salir de AutoCAD** ubicado en la parte inferior derecha del menú de la aplicación. El método abreviado para este comando es **Control + Q**.

Al salir del programa, si no hemos grabado el dibujo, nos preguntará si lo queremos guardar. Podemos elegir que sí o que queremos cancelar la salida del programa.

2

PRIMEROS DIBUJOS

2.1 DAR FORMATO AL TAMAÑO DE PAPEL

Hasta que aprendamos a personalizar el programa, cuando entremos en AutoCAD, daremos por válidos los valores que tenga el programa por defecto.

A partir de ahora, para indicar que entramos en un menú desplegable, lo anotaremos como en el siguiente ejemplo: **Formato → Límites del dibujo**. Indicará que entramos en el menú **Formato** y en el submenú **Límites del dibujo**. O también desde la línea de comandos podemos escribir *Límites*.

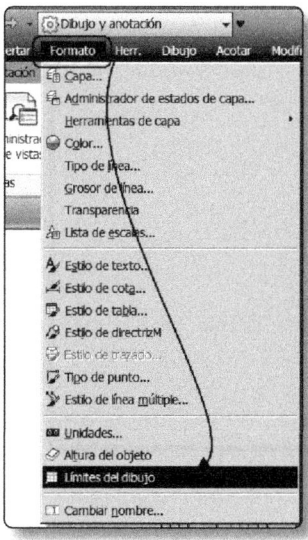

El programa, por defecto, trabaja en milímetros, por lo que, si queremos dibujar a tamaño real, deberemos tener en cuenta que, si vamos a dibujar una línea de 20 mm..., cuando nos pida la medida del objeto escribiremos 20. De todas formas, ya veremos que esta opción se puede cambiar; podemos indicar que queremos trabajar en metros y, por lo tanto, si escribimos 20, le estaremos indicando al programa que serán 20 metros.

Para indicar la medida del papel en el que vamos a dibujar, necesitaremos conocer el punto inferior izquierdo del mismo y el punto superior derecho. Con esta diagonal ficticia, el programa entiende dónde está situado y qué tamaño tiene. El tamaño del papel indicado no nos impide dibujar fuera de sus límites. Lo que nos indica es que la rejilla, que explicaremos en el punto siguiente, solo será visible en el área indicada.

PRÁCTICA 2.1. LÍMITES DEL DIBUJO

1. **Formato → Límites del dibujo**.

2. En la barra de comandos, nos pedirá la **Esquina inferior izquierda**. Escribiremos "0,0". Es decir, la esquina inferior izquierda estará en el punto x = 0, y = 0. Pulsaremos **Intro**.

3. A continuación, nos pedirá la **Esquina superior derecha**. Como vamos a darle los valores de un formato DIN A-4, escribiremos "210,297" (x = 210, y = 297).

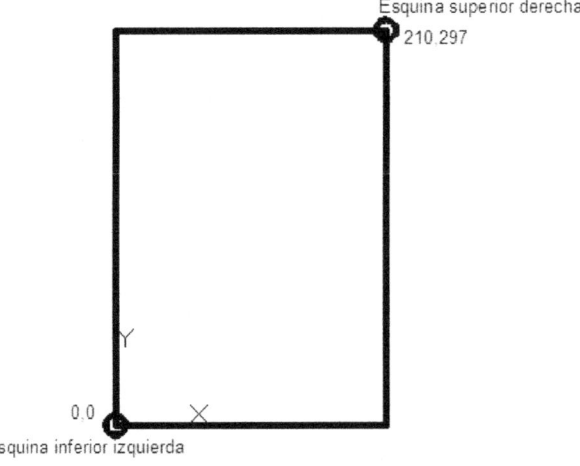

2.2 DAR FORMATO A LA REJILLA

La rejilla está formada por una serie de líneas, formando cuadrículas, distantes entre sí y una longitud X e Y que nosotros elegiremos y que se repetirá a lo largo de todo el tamaño del papel que hemos introducido en la opción **Límites de papel**. Estas líneas solo son visibles en la pantalla y no se imprimirán.

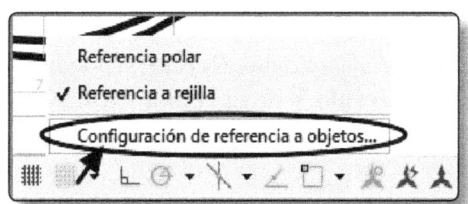

Dentro de esta pestaña, nos fijaremos en el apartado **Rejilla**. La distancia entre puntos la especificaremos en los apartados de **Intervalo X/Y de la rejilla**. Si activamos **Línea principal cada**, nos indica la frecuencia de las líneas principales con respecto a las secundarias. Si está activado **Distancia igual X e Y**, al cambiar el valor de X cambiará también el de Y; el programa presupone que queremos el mismo intervalo para los dos valores. Si quisiéramos que no fueran iguales, desactivaríamos la opción y después de escribir el valor de X, cambiaríamos el de Y.

En cuanto al apartado **Comportamiento de rejilla**, que controla sus características, tenemos las siguientes opciones:

- ▶ **Rejilla adaptativa**: nos permitirá limitar la densidad de la rejilla al reducirla con el *zoom*.

- ▶ **Permitir subdivisión bajo intervalo de rejilla**: genera líneas de rejilla cuando ampliamos la visión con el *zoom*. Su frecuencia depende de la de las líneas de rejilla principales.

- ▶ **Mostrar rejilla fuera de límites**: nos permitirá ver la rejilla más allá del espacio indicado con el comando *límites*.

- ▶ **Seguir SCP dinámico**: modifica el plano de la rejilla dependiendo del sistema de coordenadas personales.

Si los puntos de la rejilla estuvieran demasiado juntos, en la ventana de comandos leeríamos el siguiente mensaje: *Rejilla demasiado densa*. Por ello, deberemos aumentar la distancia entre líneas de la rejilla.

La tecla **F7** es un conmutador para ver la rejilla. Si pulsamos una vez, la activamos; la segunda vez que pulsemos la desactivaremos.

PRÁCTICA 2.2. RESOLUCIÓN Y REJILLA

1. En la barra de estado seleccionamos la configuración de referencia a objetos. Iremos al apartado **Rejilla** y pondremos **Intervalo X de la rejilla** = 10 e **Intervalo Y de la rejilla** = 10.

2. Aceptamos.

3. Para visualizar la rejilla pulsamos **F7**. Si volvemos a pulsarlo, la desactivamos. Tenemos que dejar la rejilla activa, de modo que la veamos, para ir realizando los ejercicios de este capítulo.

2.3 AMPLIAR LA VISIÓN

Vamos a ampliar la visión para que el DIN A-4 nos aparezca lo más grande posible. Podemos hacerlo de varias formas: abriendo en la cinta de opciones la ficha *Vistas* y el grupo *Navegar*. La otra forma la explicamos en los ejercicios propuestos de este capítulo.

PRÁCTICA 2.3. ZOOM

1. Escribir "z" en la línea de comandos.

2. Pulsar **Intro**.

3. Escribir "t", de todo.

4. Volver a pulsar **Intro**. Con esta orden le estamos indicando que se vea toda la rejilla lo más grande que quepa en la pantalla. Ya tenemos el papel preparado para dibujar. A continuación, tenemos que indicar cómo queremos hacerlo.

2.4 OPCIÓN ORTO Y RASTREO POLAR

Cuando la opción **Orto** está activada, nos permite hacer líneas en sentido X e Y o en la dirección de un ángulo previamente definido por nosotros en el apartado de rastreo polar.

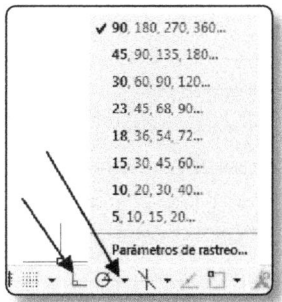

Pulsaremos en la barra de estado sobre el icono **Orto** o el icono **Polar** para activarlos, o bien, pulsando sobre la flecha **Polar** y seleccionando **Parámetros de rastreo**.

Elegiremos entre dibujar ortogonalmente o introducir valores para los ángulos y entre introducir los valores angulares de forma absoluta o los relativos al último segmento introducido. Con **F10** activaremos o desactivaremos el rastreo polar. Con esta opción, podemos elegir qué valor angular o qué múltiplos de un valor angular queremos que nos marque el programa. Nos aparecerá al pasar el puntero del ratón por dichos valores una línea a trazos que nos indicará la dirección del ángulo. Con **Incrementar ángulo** podemos elegir uno de los que hay predefinidos. Si el ángulo que necesitamos no está en el listado, activaremos **Ángulos adicionales** y pulsaremos sobre el botón **Nuevo** para añadirlo. Si queremos borrar alguno, lo seleccionaremos y pulsaremos **Suprimir**.

PRÁCTICA 2.4. ORTO

1. Pulsamos la tecla **F8** para activar **Orto**. En la barra de estado aparecerá **Orto** en bajorrelieve.

2. Para desactivarlo, bastará con volver a pulsar la tecla **F8**. Tenemos que dejar activada la opción **Orto**.

2.5 FORZAMIENTO DEL CURSOR

El forzamiento del cursor nos permite hacer que vaya de un punto a otro de la rejilla o de un punto a otro definido por nosotros. Pulsaremos sobre el icono de forzamiento en la barra de estado, y si pulsamos sobre la flecha a su derecha podemos seleccionar **Configuración de referencia a objetos...** para personalizarlos.

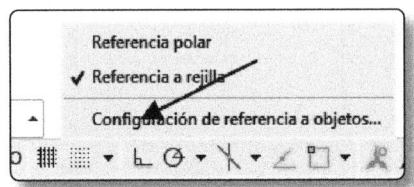

En el apartado **Resolución activada**, escribiremos las distancias a las que queremos que se mueva el cursor. Después, debemos activarlo en esa misma pantalla o pulsando la tecla **F9**. Además, podemos indicar la inclinación del movimiento del cursor y el punto de origen de las coordenadas. Si está activado **Distancia igual X e Y**, al cambiar el valor de X cambiará también el de Y: el programa presupone que queremos el mismo intervalo para los dos valores. Si quisiéramos que no fueran iguales, desactivaríamos la opción y después de escribir el valor de X, cambiaríamos el de Y.

PRÁCTICA 2.5. RESOLUCIÓN

---

1. Seleccionaremos **Configuración de referencia a objetos**. En la pestaña **Resolución y rejilla** y dentro del apartado **Resolución activada**, pondremos en **Distancia resolución X e Y** el valor 10, en cada apartado. En el apartado **Tipo y estilo de resolución**, pondremos **Rectangular**. Aceptamos.

2. Pulsando la tecla **F9** activamos el forzamiento del cursor.

3. Volviendo a pulsar **F9**, lo desactivamos. Tenemos que dejar activado el forzamiento del cursor.

Para saber si está activada o desactivada cualquiera de las órdenes que hemos explicado, miraremos la barra de estado. Si están en azul es que está activado.

2.6 LÍNEA

La visión de los objetos, líneas, círculos…, es continua. Ya no se ven como líneas dentadas, siempre que está activado en aceleración de hardware "suavizar visualización de líneas".

Esta orden dibuja líneas como entidades individuales, es decir, que aunque las creemos una detrás de otra, cada línea es un objeto independiente, cada tramo dibujado es un segmento de línea

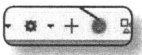

Menú	Icono	Barra de comandos
Dibujo → Línea		Letra: l

Ficha Inicio. Grupo Dibujo.

Los comandos que se utilizan en AutoCAD pueden ser solicitados de distintas formas. En la tabla anterior las mostramos; podemos utilizar la que mejor se acomode a nuestras necesidades.

Si pulsamos directamente la letra "l" o cualquier otra letra que identifique una orden, aun no estando situados sobre la zona de comandos, AutoCAD nos ofrecerá un cuadro situado al lado del cursor donde escribiremos la orden deseada. Seguidamente, pulsaremos **Intro** y se ejecutará la orden dada.

Una vez solicitada la orden con cualquiera de los métodos descritos, miraremos en la ventana de comandos qué necesita el programa para ejecutarla y es lo siguiente: **Precise primer punto**. Por lo tanto, en la ventana de dibujo, pulsaremos con el botón izquierdo del ratón en el lugar en el que queramos empezar la línea y soltaremos. A continuación, nos pedirá: **Precise punto siguiente o [desHacer]**, es decir, vamos a indicarle la posición del otro extremo de la línea. Si en el momento en que estamos introduciendo la línea nos equivocamos antes de terminarla, no hará falta cortar la orden y borrar, ya que pulsando la tecla **H** en la ventana de comandos e **Intro** se deshará el último punto introducido.

Para finalizar la orden, pulsaremos **Intro**, el botón derecho del ratón o bien la barra espaciadora.

Vemos que a la hora de situar los puntos para generar las líneas nos aparece indicada su posición. De este modo, tenemos la posibilidad de escribirlo directamente en la pantalla. Aunque esta ayuda es muy interesante, de momento vamos a ir introduciendo puntos sin medida, solo sirviéndonos de las ayudas. Más adelante, ya explicaremos esta posibilidad. De todas formas, ya adelantamos que podemos desactivar esta opción pulsando la tecla **F12**, que actúa como conmutador, o sea, si la opción está activada la desactiva, pero si está desactivada, la activa.

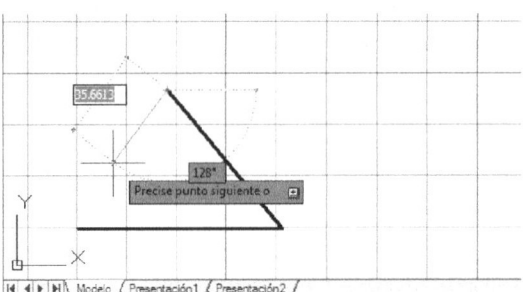

2.7 BORRA Y ESC

Si nos hemos equivocado en algún tramo de línea, pero ya hemos terminado la orden, podremos borrarlo con la orden *Borrar* y seleccionando la o las líneas erróneas.

Menú	Cinta de Opciones	Icono	Barra de comandos
Modificar → Borrar			Letra: b
Ficha Inicio. Grupo Modificar.			

En la zona de comandos nos indica **Designe objetos...** seleccionaremos los objetos que queremos borrar. En la ventana de comandos nos va indicando el número total de objetos seleccionados; cuando los tengamos todos, pulsaremos **Intro**.

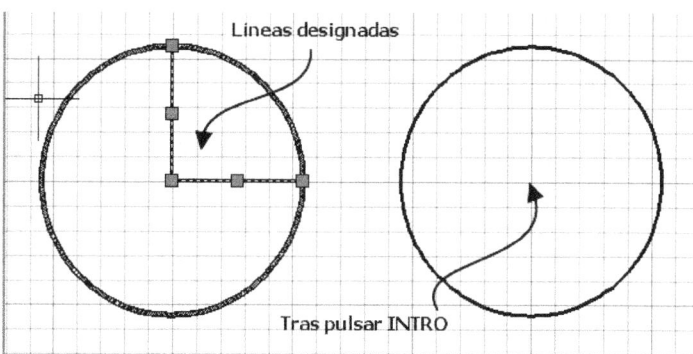

Líneas designadas

Tras pulsar INTRO

PRÁCTICA 2.6

1. Primero definiremos los límites del dibujo. En la barra de comandos nos pedirá la **Esquina inferior izquierda**. Escribiremos "0,0". Es decir, la esquina inferior izquierda de los límites estará en el punto x = 0, y = 0. Pulsaremos **Intro**. A continuación, nos pedirá **Esquina superior derecha**. Como vamos a darle los valores de un formato DIN A-3, escribiremos "420,297" (x = 420, y = 297).

2. En la barra de estado seleccionamos la configuración de referencia a objetos. Iremos al apartado **Rejilla** y pondremos **Intervalo X de la rejilla** = 10 e **Intervalo Y de la rejilla** = 10. Para activarla, es decir, para verla, pulsaremos **F7**.

3. Pulsaremos en ficha **Vistas** y el grupo **Navegar** para acceder al *zoom*.

4. A continuación, definiremos y activaremos el forzamiento del cursor para que nos ayude en el dibujo. En la pestaña **Resolución y rejilla** y dentro del apartado **Resolución activada**, pondremos en **Distancia resolución X e Y** el valor 10, en cada apartado. En el apartado **Tipo y estilo de resolución**, pondremos **Rectangular**. Aceptaremos.

5. Pulsando la tecla **F9**, activamos el forzamiento del cursor.

6. Ya tenemos el dibujo preparado. Vamos a empezar a dibujar. Debemos recordar que estamos trabajando en milímetros.

7. Entraremos en el comando **Línea** que nos pedirá: **Precise primer punto...**, es decir, desde dónde vamos a empezar el dibujo.

8. Situaremos el cursor en la zona inferior izquierda sobre un punto de la rejilla y pulsaremos el botón izquierdo del ratón.

9. Nos pedirá, en la línea de comando, **Precise punto siguiente...** Deberemos indicarle hasta dónde va esa línea. Situaremos el cursor hacia la derecha y contando el número de puntos de la rejilla, nos situaremos a 10 puntos y pulsaremos el botón izquierdo del ratón.

10. En la línea de comandos, nos seguirá pidiendo que precisemos el siguiente punto; situaremos el ratón hacia arriba 1 punto y volveremos a pulsar, después hacia la derecha 20 puntos y volvemos a pulsar. Así, iremos dibujando el resto de la figura.

11. Al final, pulsaremos **Intro**. Con esta acción, indicamos que hemos terminado con la orden **Línea**.

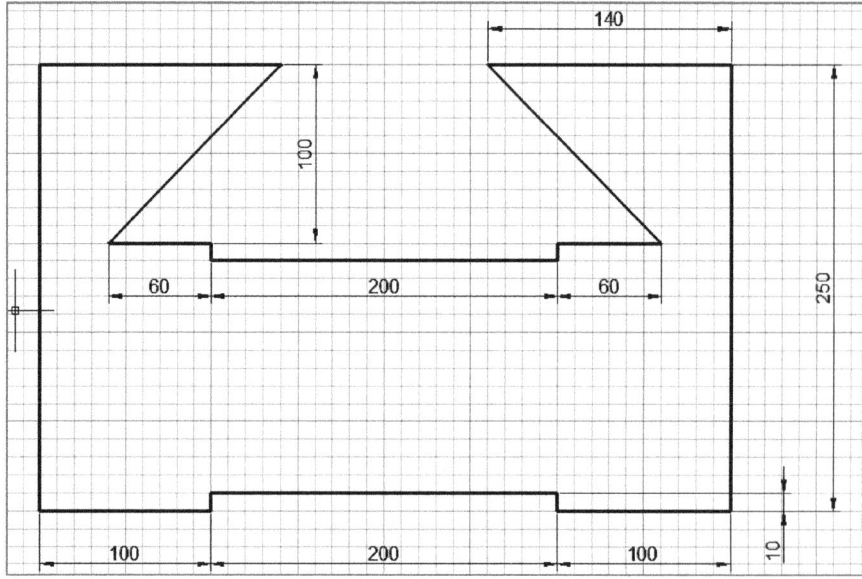

2.8 GUARDAR UN DIBUJO

Si ya hemos terminado el dibujo, podremos guardarlo para seguir trabajando en otro momento, o por precaución.

Menú	Icono	Acceso mediante teclado
Archivo → Guardar	💾	Control + S

Aparece el siguiente cuadro de diálogo y, donde pone nombre, escribiremos el nombre del dibujo y pulsaremos **Guardar**.

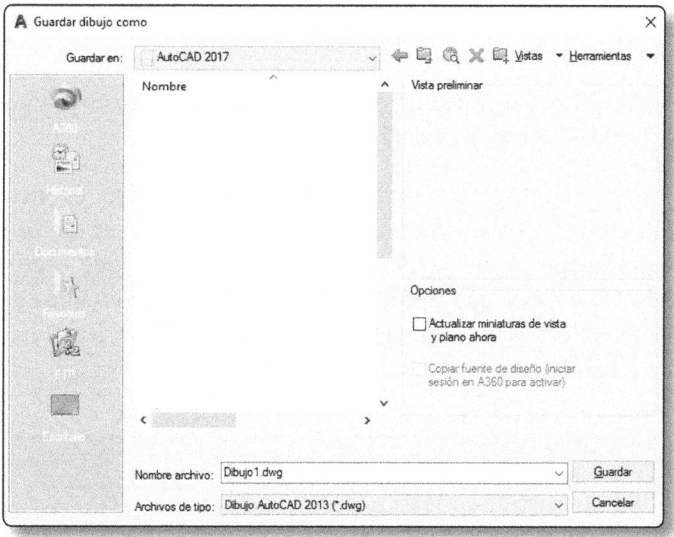

En la zona de la izquierda de la imagen, tenemos la **Lista de ubicaciones**, que nos va a proporcionar acceso rápido a las carpetas predefinidas. Podemos arrastrar una carpeta de la lista de archivos a la lista de ubicaciones para añadir un nuevo icono. También podemos añadirlo pulsando con el botón derecho sobre un icono existente y seleccionando **Añadir**. De esta última forma, también podemos eliminar y modificar iconos, excepto **Buzzsaw**, que permite alojar proyectos en Internet dentro del mercado del diseño. El icono **Historial** muestra a los que hayamos accedido últimamente desde el cuadro de diálogo.

En la zona superior, nos indica **Buscar en...**, que muestra la carpeta en la que vamos a guardar los dibujos. La flecha a la izquierda vuelve a la ubicación anterior. El siguiente icono es **Subir un nivel** y nos permite desplazarnos a un nivel superior en el árbol de rutas actual. El siguiente icono es **Buscar en la web**. Los siguientes iconos son típicos de Windows: eliminar un archivo, crear una carpeta nueva, tipos de vistas para los archivos y herramientas. Esta última nos permite buscar archivos utilizando filtros. También nos permite agregar y modificar ubicaciones FTP, añadir una carpeta en la lista de ubicaciones y añadir a la carpeta favoritos. Además, nos proporciona opciones para los cuadros de diálogo de selección de archivos y para obtener firmas digitales y contraseñas en el momento de guardar un archivo.

En la zona inferior de la imagen, tenemos el apartado **Nombre**, para indicar el nombre del dibujo y el **Tipo de archivo**, es decir, con qué formato queremos guardarlo. También disponemos de la opción **Actualizar miniaturas de vista y plano ahora**. Si desactivamos esta casilla, se guardará el archivo sin actualizar la miniatura.

2.9 CREAR LÍNEAS DE CENTRO Y MARCAS DE CENTRO

AutoCAD 2019 permite crear y editar líneas de centro en polígonos y marcas de centro en círculos, de forma más rápida e intuitiva.

Para la creación de las líneas de centro, primero es necesario haber realizado algún dibujo o forma geométrica, que tendrá que ser de forma poligonal. Una vez se haya hecho, sobre la barra de comando habrá que escribir la palabra "LINEACENTRO" y habrá que seleccionar las dos líneas de las que queremos hallar su centro. Son dos líneas que serán paralelas a la línea de centro que queramos hacer y que estarán a cada lado de ella.

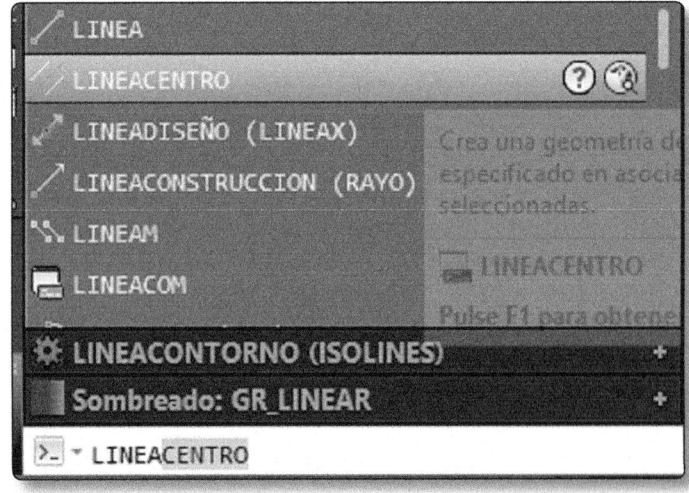

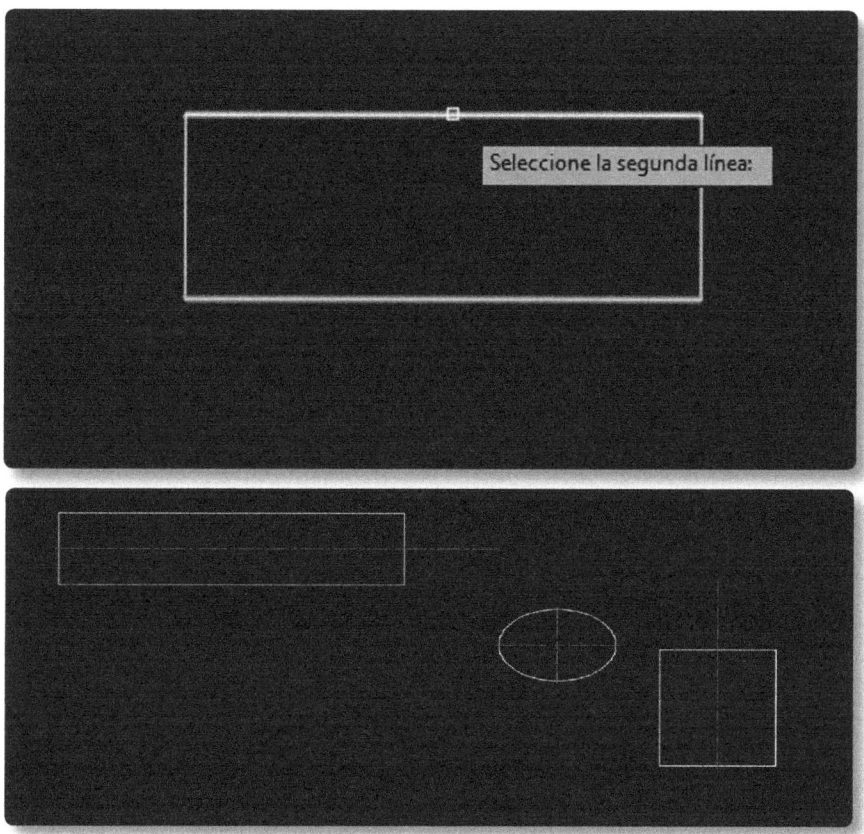

Para realizar marcas de centro es muy parecido; sin embargo, las figuras geométricas sobre las que se puede marcar el centro son los círculos. Para ello hay que escribir en la barra de comandos "MARCACENTRO" y seleccionar el círculo sobre el que queremos realizar la marca.

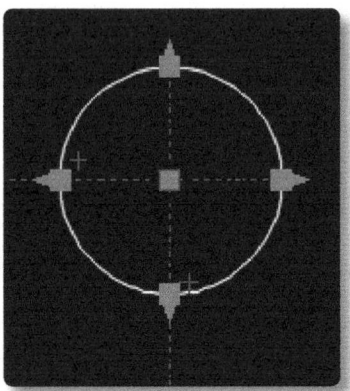

Al mover los objetos asociados, las líneas centrales y marcas de centro se actualizan de manera instantánea.

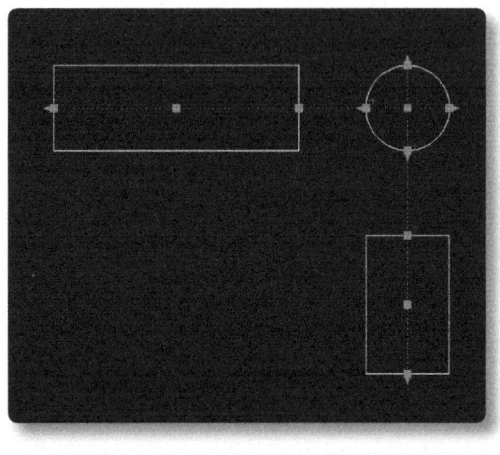

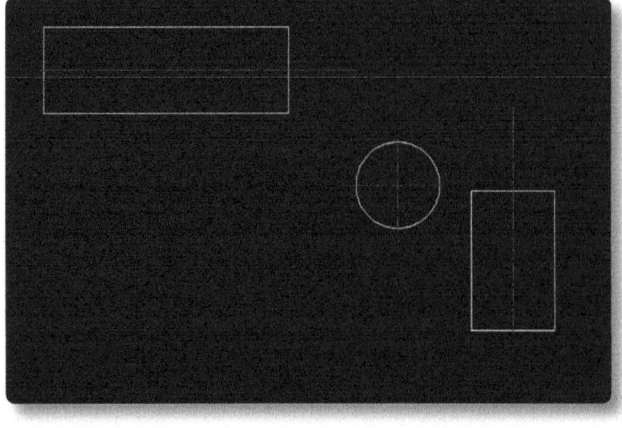

2.10 CÍRCULO

Menú	Icono	Barra de comandos
Dibujo → Círculo → Elegir opción	⊘	Letra: c
Ficha Inicio. Grupo Dibujo.		

Esta orden nos permite dibujar círculos. Para dibujar un círculo elegiremos una de las siguientes opciones: conocer su centro y su radio, su centro y su diámetro, 2 puntos por donde pasa el círculo, 3 puntos del mismo, 2 puntos tangentes a otros dos por donde pasa el círculo y, además, su radio, o bien, 3 puntos tangentes al círculo. Una vez que hemos seleccionado la opción, deberemos fijarnos en la ventana de comandos donde nos pedirá los valores o puntos que necesita para crear el círculo.

Para hacer este ejercicio, debemos haber preparado antes el dibujo siguiendo las prácticas descritas en este capítulo.

PRÁCTICA 2.7

1. **Dibujo** → **Círculo** → **Centro, radio**. En la línea de comandos nos pedirá que situemos el **Centro**. Situaremos el cursor sobre un punto de la rejilla, que en el dibujo es el punto 1, y pulsaremos el botón izquierdo del ratón. Veremos que, al mover el ratón, el círculo se hace más grande o más pequeño, según la dirección en que lo movamos. Ello es debido a que en la zona de comandos nos está preguntando el valor del radio.

2. Pulsamos con el botón izquierdo del ratón sobre un punto de la rejilla más a la derecha de donde está su centro, o sea, el punto 2. Con esta operación, le hemos indicado el radio. Ya tenemos el primer círculo.

3. Siguiendo el mismo sistema se pueden terminar todos los círculos. Para facilitar el trabajo, hemos designado con números los puntos básicos para hacer el ejercicio.

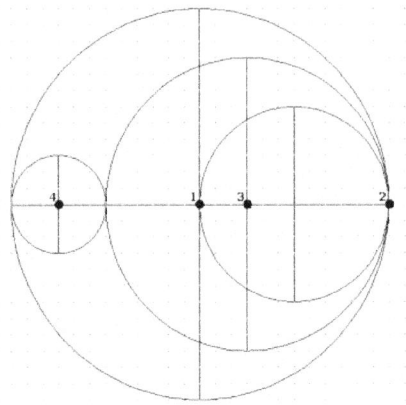

2.11 MODO DE REFERENCIA A OBJETOS I

El modo de referencia a objetos nos permite dibujar de manera exacta. Es decir, en vez de indicar un punto mediante coordenadas, podemos ayudarnos de las referencias a objetos utilizando puntos que nos interesen y estén disponibles y que pertenezcan a objetos que estén en el dibujo. Si dibujamos un círculo y queremos dibujar una línea que parta desde el centro del mismo, cuando el comando nos pregunte...**Desde dónde...**, con la opción de referencia a objetos, le diremos que desde el centro del círculo ya dibujado.

▼ **Intersección**: dibujará desde o hasta la intersección seleccionada.

▼ **Punto final**: dibujará desde o hasta el punto final seleccionado.

▼ **Centro**: dibujará desde o hasta el centro de un círculo o un arco seleccionado.

▼ **Punto medio**: dibujará desde o hasta el punto medio del elemento seleccionado.

▼ **Tangente**: dibujará tangente al elemento seleccionado.

▼ **Cuadrante**: señalará el cuadrante de un círculo para poder dibujar desde o hasta él.

▼ **Perpendicular**: se activan los puntos perpendiculares.

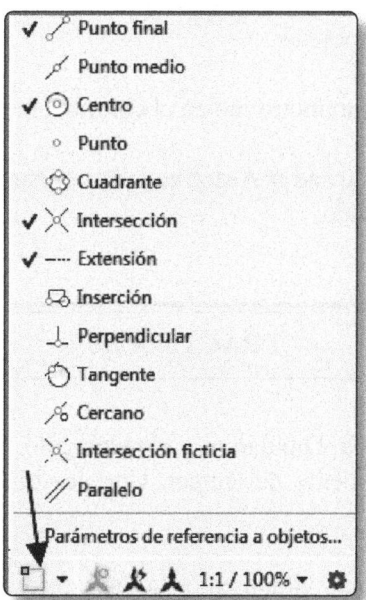

Activaremos estas opciones desde la barra de estado. Si seleccionamos **Parámetros de referencia a objetos...** podemos personalizar color, tamaño...

Al seleccionar una referencia aparecerá un icono en forma de cuadrado, de aspa, etc., dependiendo de la que hayamos activado o, si hay varias, de la más cercana. En la figura de la ventana de parámetros de dibujo, a la izquierda del nombre, la referencia nos muestra la forma del icono. Si hay varias referencias activadas, con la tecla **Tabulador** pasaremos de una a otra hasta que veamos la que queremos. La referencia a objetos solo puede utilizarse con objetos visibles y después de que el programa nos solicite un punto.

También podemos cambiar directamente el tamaño, el color... de estos iconos en **Menú de la aplicación** → **Opciones** → **Dibujo** → **Parámetros de AutoSnap**.

▼ **Marcador**: activa o desactiva la visualización del marcador geométrico del cursor.

▼ **Atracción**: activa o desactiva la atracción del puntero en cruz que lo bloquea en el punto de referencia más próximo.

▼ **Mostrar información de herramienta AutoSnap**: muestra la información de la herramienta de referencia a objetos.

▼ **Mostrar mira para referencia AutoSnap**: activa o desactiva el recuadro de referencia a objetos.

▼ **Colores**: este parámetro indica el color del marcador.

▼ **Tamaño del marcador AutoSnap**: nos mostrará el tamaño que tendrá el marcador activado.

PRÁCTICA 2.8

1. **Dibujo** → **Línea**. Dibujaremos el rectángulo, con la ayuda de los límites, rejilla y forzamiento del cursor. Una vez dibujado, desactivaremos las ayudas.

2. **Dibujo** → **Línea**. Dibujaremos la línea desde el punto 1 al 2.

3. Para ello nos pide…**Desde el punto...** Manteniendo pulsada la tecla **Mayúsculas**, y con el botón derecho del ratón, nos aparecerá un menú desplegable que corresponde al modo de referencia a objetos. Ya podemos

soltar los botones. Con el puntero del ratón seleccionaremos **Punto final**. En la línea de comandos nos pedirá **Desde dónde punto final de**. Nos falta decirle cuál es el punto final. Seleccionamos el punto 1.

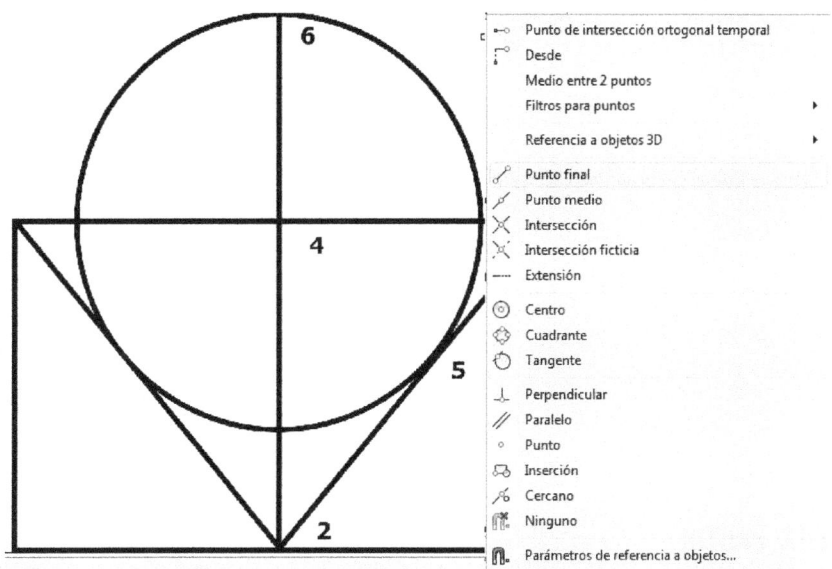

4. Nos pregunta **Al punto....**, es decir, dónde termina la línea. Del mismo modo que antes, seleccionamos ahora la referencia a objetos **Punto medio** y pulsamos sobre el punto 2.

5. Siguiendo el mismo método, haremos la otra diagonal hasta el punto 3.

6. Vamos a dibujar el círculo. **Dibujo → Círculo → Centro, radio**.

7. Nos pide el centro del círculo. Como modo de referencia a objetos, seleccionamos **Punto medio**, que será el punto 4.

8. Nos pide radio. Seleccionamos **Tangente** en modo de referencia a objetos y con el botón izquierdo del ratón, pulsamos sobre el punto 5.

9. Nos falta dibujar la última línea. **Dibujo → Línea**. Con la opción de referencia a objetos, pulsaremos para seleccionar **Cuadrante**; así nos acercaremos al punto 6 del dibujo y pulsaremos con el botón izquierdo del ratón, y el punto final de esta línea será el 2. Como podemos comprobar en este punto, podremos utilizar tanto el punto medio como la intersección.

10. Guardamos el dibujo.

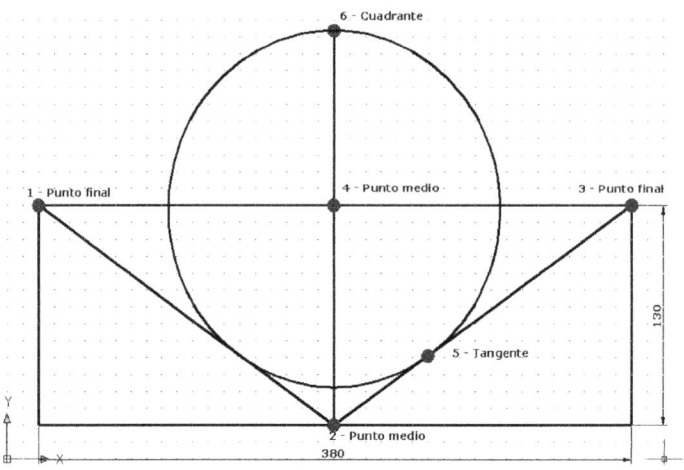

2.12 PARTIR

Podemos previsualizar el resultado de algunos comandos de modificación como recorte, alargar, longitud, partir, empalme, chaflán y desfase seleccionándolo y situándonos sobre el objeto a modificar.

Esta orden nos permite partir un objeto por un punto o eliminar un trozo. Por ejemplo, supongamos que necesitáramos partir el segmento AB eliminando un trozo de su parte central.

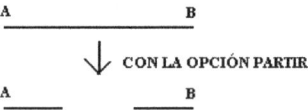

En las circunferencias, se eliminan los trazos indicando los puntos en el sentido contrario a las agujas del reloj.

Menú	Icono	Barra de comandos
Modificar → Partir		Letra: p
Ficha Inicio. Grupo Modificar.		

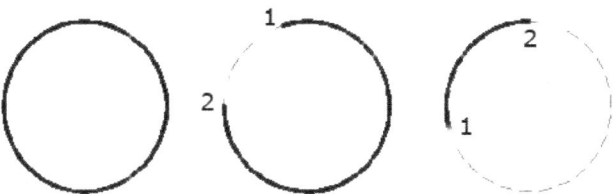

Seleccionamos el objeto, después tenemos dos opciones:

1. Si queremos que el punto donde hemos designado el objeto sea el primer punto de ruptura (es decir, a partir del cual se va a eliminar un trazo), solo nos quedará pulsar en el segundo punto.

2. Si, por el contrario, el punto de designación no tiene nada que ver con el de ruptura, lo deberemos indicar en la línea de comandos, "P", para decir que vamos a designar el primer punto. A continuación, lo designaremos en el objeto y, para terminar, pulsaremos para indicar el segundo punto. Designando el primer y el segundo punto, estamos indicando el trazo que desaparecerá.

Para hacer este ejercicio, debemos haber preparado antes el dibujo siguiendo las prácticas descritas en este capítulo.

PRÁCTICA 2.9

1. Dibujaremos todas las del dibujo del ejercicio.

2. Desactivaremos la rejilla (**F7**) y el forzamiento del cursor (**F9**).

3. Vamos a eliminar los trazos que nos sobran para que la figura quede como la de la derecha. Seleccionaremos **Partir**. Nos pide que designemos el objeto que queremos partir. Con el ratón pulsaremos sobre la línea indicada en la figura.

4. A continuación, debemos indicarle que queremos que nos pida los dos puntos de ruptura, por lo que escribiremos "P" en la ventana de comandos y pulsaremos **Intro**.

5. Nos pide que designemos el primer punto: pulsaremos sobre el punto de intersección indicado como 1 en la figura de la izquierda. Automáticamente, nos pedirá el segundo punto y pulsaremos sobre la intersección indicada como punto 2 en la figura de la izquierda.

6. Estos mismos pasos los seguiremos para, eliminando los trazos que sobran, terminar el ejercicio y que quede como la segunda figura.

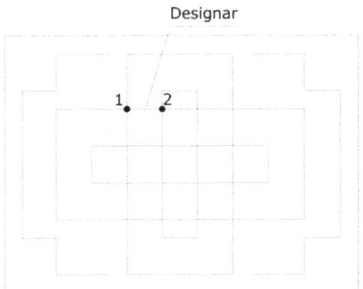

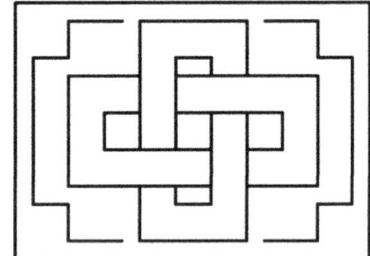

2.13 ABRIR

Si hemos guardado un dibujo sin terminar o un dibujo acabado que queremos ver podemos abrir el archivo para recuperarlo.

Menú	Icono	Acceso mediante teclado
Menú de la aplicación → Abrir	📂	Control + O

Tenemos varias opciones a elegir al abrir un dibujo:

▸ **Herramientas → Buscar archivo**: podemos examinar los archivos del directorio elegido o bien buscarlo por nombre.

▸ **Herramientas → Localizar**: podemos buscar en varios directorios el archivo que necesitamos abrir.

También nos permite agregar y modificar ubicaciones FTP, añadir una carpeta en la lista de ubicaciones y añadir a la carpeta favoritos. Además, nos proporciona opciones para los cuadros de diálogo de selección de archivos y para obtener firmas digitales y contraseñas en el momento de guardar un archivo.

Archivo → Abrir → Abrir parcialmente: con esta orden podremos abrir partes de un dibujo. Seleccionaremos la geometría que queremos cargar y pulsaremos **Abrir**. Una vez que tengamos abiertas las partes de la geometría que necesitemos, podremos seguir añadiendo más con **Archivo → Carga parcial**.

También podemos abrir varios dibujos en una misma sesión: **Archivo → Abrir** y, a continuación, seleccionar varios dibujos y **Aceptar**.

La zona superior y la izquierda de esta ventana son iguales a la ventana del comando **Guardar**. Cumplen la misma función, pero para abrir dibujos.

En la zona de la izquierda de la imagen, tenemos la **Lista de ubicaciones**, que nos va a proporcionar acceso rápido a las carpetas predefinidas. Podemos arrastrar una carpeta de la lista de archivos a la **Lista de ubicaciones** para añadir un nuevo icono. También podemos añadirlo pulsando con el botón derecho sobre un icono existente y seleccionando **Añadir**. De esta última forma, también podemos eliminar y modificar iconos, excepto **Buzzsaw**, que permite alojar proyectos en Internet dentro del mercado del diseño. El icono **Historial** muestra aquellos a los que hayamos accedido últimamente desde el cuadro de diálogo.

En la zona superior nos indica **Buscar en...**, que muestra la carpeta en la que vamos a buscar los dibujos para abrirlos. La flecha a la izquierda vuelve a la ubicación anterior. El siguiente icono es **Subir un nivel** y nos permite desplazarnos a un nivel superior en el árbol de rutas actual. El siguiente es **Buscar en la web**. Los siguientes iconos son típicos de Windows: eliminar un archivo, crear una carpeta nueva, tipos de vistas para los archivos y herramientas. Esta última nos permite buscar archivos utilizando filtros.

En la zona inferior de la imagen, tenemos el apartado **Nombre**, para indicar el nombre del dibujo, y el tipo de archivo, es decir, qué tipo de formato queremos abrir. También disponemos de la opción **Actualizar miniaturas de vista y plano ahora**. Si desactivamos esta casilla se guardará el archivo sin actualizar la miniatura.

2.14 DESHACER Y REHACER

Menú	Icono	Acceso mediante teclado
Herramientas rápidas → Deshacer	↩	Control + Z

Con este comando deshacemos las últimas órdenes que le hemos dado a AutoCAD. Podremos revocar varias órdenes, pero AutoCAD lo hará en sentido inverso al que se ha hecho. La última orden introducida será la primera en deshacerse.

Menú	Icono	Acceso mediante teclado
Herramientas rápidas → Rehacer		Control + Y

También podemos rehacer algo que hemos revocado. Es decir, que podemos recuperar comandos anteriormente ejecutados. El orden para rehacer será el inverso al de deshacer. Si desde la ventana de comandos ejecutamos la orden *MREHACER* podemos recuperar varios comandos al mismo tiempo.

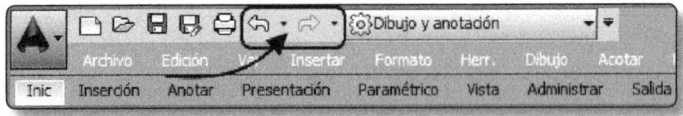

2.15 GUARDAR COMO

Con esta orden, podemos almacenar un dibujo con un nombre diferente al puesto en un principio. Además, lo utilizaremos también para guardar dibujos que tengamos que abrir en versiones anteriores.

Menú	Icono	Acceso mediante teclado
Menú de la aplicación → Guardar como		Control + Mayúsculas + S

En la zona de la izquierda de la imagen, tenemos la **Lista de ubicaciones**, que nos va a proporcionar acceso rápido a las carpetas predefinidas. Podemos arrastrar una carpeta de la lista de archivos a la lista de ubicaciones para añadir un nuevo icono. También podemos añadirlo pulsando con el botón derecho sobre un icono existente y seleccionando **Añadir**. De esta última forma, también podemos eliminar y modificar iconos, excepto **Buzzsaw** que, como ya hemos explicado, permite alojar proyectos en Internet dentro del mercado del diseño. El icono **Historial** muestra aquellos a los que hayamos accedido últimamente desde el cuadro de diálogo.

En la zona superior, nos indica **Buscar en...**, que muestra la posición de la carpeta en la que vamos a guardar los dibujos. La flecha a la izquierda vuelve a la ubicación anterior. El siguiente icono es **Subir un nivel** y nos permite desplazarnos a un nivel superior en el árbol de rutas actual. El siguiente es **Buscar en la web**.

Los siguientes iconos son típicos de Windows: eliminar un archivo, crear una carpeta nueva, tipos de vistas para los archivos y herramientas. Esta última nos permite buscar archivos utilizando filtros. En la zona inferior de la imagen tenemos el apartado nombre, para indicar el nombre del dibujo, y el tipo de archivo, es decir, con qué formato queremos guardarlo.

2.16 NUEVO

Menú	Icono	Acceso mediante teclado
Menú de la aplicación → Nuevo		Control + N

Con esta orden, abrimos un dibujo en blanco con los valores que tiene por defecto la plantilla que designaremos, ya que, al invocar esta orden, nos pedirá el nombre de la plantilla que queremos utilizar. Por defecto, esta designará *acadiso. dwt*, que es la que iremos utilizando hasta que sepamos crear plantillas.

Si no queremos que nos pida el nombre de la plantilla podemos escribir en la línea de comandos "*nuevo*".

Podemos elegir que, al iniciar un nuevo dibujo con esta orden, no aparezca un cuadro de diálogo de configuración, que veremos en el capítulo 7, *Personalizar el entorno de trabajo*. Para ello debemos tener las dos variables que controlan la aparición de la ventana de configuración definidas con el valor 1. Estas variables son: **Startup** y **Filedia**.

3

INTRODUCCIÓN A LAS MEDIDAS

3.1 DIBUJAR CON MEDIDAS EN 2D

Hasta ahora, hemos dibujado sin tener en cuenta las medidas, solo ayudándonos de la referencia a objetos y de las teclas de función F7, F8 y F9. A partir de ahora, utilizaremos las medidas para conseguir dibujos precisos y exactos. Podemos indicar la situación de un punto mediante el dispositivo señalador o bien introduciendo los valores desde la línea de comandos. También podemos escribir los valores del punto desde el área de trabajo, junto al dispositivo señalador si la entrada dinámica está activada.

Hay seis modos básicos de introducir valores para un punto:

▶ Por coordenadas absolutas cartesianas.
▶ Por coordenadas absolutas polares.
▶ Por coordenadas relativas cartesianas.
▶ Por coordenadas relativas polares.
▶ Por entrada dinámica.
▶ Por entrada directa.

3.1.1 Coordenadas absolutas cartesianas

Las coordenadas absolutas están referidas al punto X = 0 e Y = 0 de la pantalla del programa. Este punto se sitúa en su esquina inferior izquierda, en el momento de abrir un nuevo archivo, donde se sitúa el icono de coordenadas. Luego, para introducir los valores X e Y del dibujo que queremos hacer, nos tenemos que referir a este punto.

Para dibujar objetos por medio de coordenadas absolutas, primero le indicaremos la orden, por ejemplo **Dibujo → Línea**. A continuación, la ventana de comandos nos irá pidiendo los datos que necesitamos, por lo tanto, iremos introduciendo los valores de los puntos restantes que formarán el dibujo, según el formato valor de X, valor de Y. Por ejemplo: 10,50.

PRÁCTICA 3.1

1. **Dibujo → Línea**.

2. **Precise primer punto...** Nos pide que introduzcamos el primer punto de la línea. Introducimos el valor 30,30 para el punto 1.

3. **Precise punto siguiente...** 60,30 para el punto 2.

4. **Precise punto siguiente...** 60,50 para el punto 3.

5. **Precise punto siguiente...** 30,50 para el punto 4.

6. **Precise punto siguiente...** Aquí tenemos que volver al punto 1, para lo cual escribiremos "C" (para cerrar el rectángulo).

7. **Intro**. Como podemos comprobar, cada punto está referido al 0,0 de la pantalla.

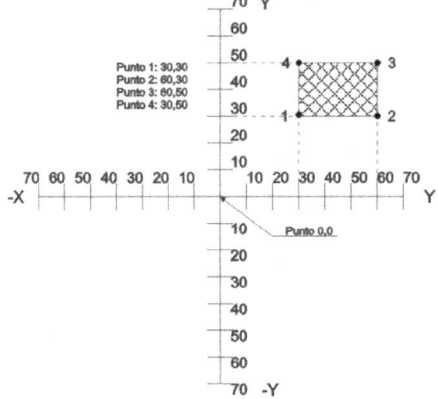

En la esquina inferior izquierda, en la barra de estado, nos muestra siempre la posición del cursor.

4942.3289, 2120.6769, 0.0000   MODELO ▦ ▦ ▾ ⌐

3.1.2 Coordenadas absolutas polares

Las coordenadas absolutas polares también están referidas al punto X = 0 e Y = 0 de la pantalla del programa. Pero para introducir los puntos en este tipo de coordenadas, debemos hacerlo a partir de la longitud de la línea y su ángulo con respecto al punto 0,0 origen de las coordenadas.

Por defecto, los ángulos son positivos en sentido contrario a las agujas del reloj y negativos en el sentido de las agujas del reloj, partiendo del eje X positivo.

Para utilizar esta forma, deberemos indicarle, primero, la orden, por ejemplo, **Dibujo → Línea**. Y, a continuación, su longitud y el ángulo, teniendo en cuenta que su notación es *Distancia < Ángulo*.

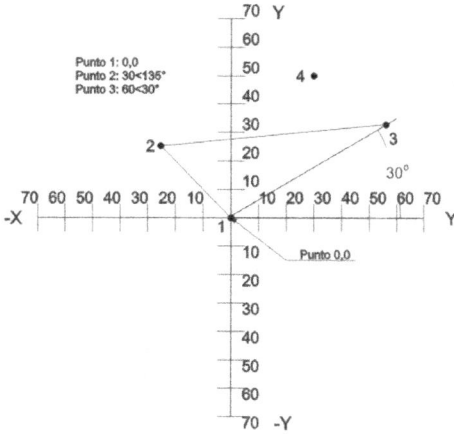

3.1.3 Coordenadas relativas cartesianas

Estas coordenadas están referidas al último punto introducido. El formato es el siguiente: @ valor de X, valor de Y. Por ejemplo, @24,34.

Es decir, cuando vayamos a introducir las coordenadas de un punto, solo debemos conocer la distancia en X y la distancia en Y respecto al punto anterior.

PRÁCTICA 3.2

1. **Dibujo → Línea**.

2. **Precise primer punto...** Aquí pulsamos en cualquier zona de la parte inferior izquierda de la pantalla para obtener el punto 1.

3. **Precise punto siguiente...** A continuación, tenemos que asignarle los valores que tiene el punto 2 respecto del punto 1, con el formato indicado antes: @30,0. En X varía 30 unidades en positivo, mientras que en Y no varía. **Intro**.

4. **Precise punto siguiente...** @0,20 para el punto 3. **Intro**.

5. **Precise punto siguiente...** @-30,0 para el punto 4. **Intro**.

6. **Precise punto siguiente...** Aquí tenemos que volver al punto 1, para lo cual escribiremos "C" (para cerrar el rectángulo). **Intro**.

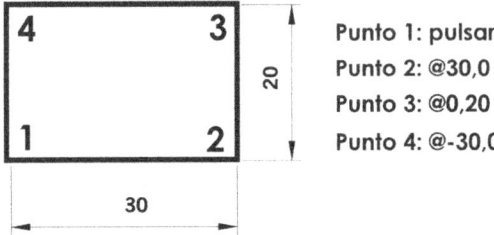

Punto 1: pulsar
Punto 2: @30,0
Punto 3: @0,20
Punto 4: @-30,0

3.1.4 Coordenadas relativas polares

Estas coordenadas están referidas al último punto introducido, pero daremos la distancia y el ángulo que forman partiendo del valor 0° del círculo trigonométrico. El formato será @ *Distancia < Ángulo*.

También podemos introducir coordenadas indicando, después de la orden, el ángulo precedido de <. A continuación, pulsaremos **Intro** y, después, introduciremos la longitud de la línea.

PRÁCTICA 3.3

1. **Dibujo → Línea**.

2. **Precise primer punto...** Aquí pulsamos en la zona inferior izquierda de la pantalla para obtener el punto 1.

3. **Precise punto siguiente...** A continuación, tenemos que asignarle los valores que tiene el punto 2 respecto del punto 1, con el formato indicado antes: @30<0. La distancia es de 30 unidades y el ángulo no varía. **Intro**.

4. **Precise punto siguiente...** @0<20 para el punto 3. **Intro**.

5. **Precise punto siguiente...** @30<180 para el punto 4. **Intro**.

6. **Precise punto siguiente...** Aquí tenemos que volver al punto 1, para lo cual escribiremos "C" (para cerrar el rectángulo). **Intro**.

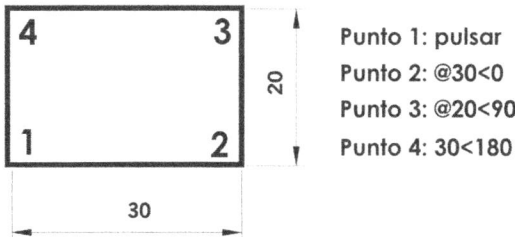

Punto 1: pulsar
Punto 2: @30<0
Punto 3: @20<90
Punto 4: 30<180

3.1.5 Entrada dinámica relativa

Esta entrada de datos es muy útil. Hasta ahora, cuando introducíamos los valores de los puntos, teníamos que estar continuamente mirando la ventana de comandos, pues desde ella nos los solicitaba y en ella los teníamos que anotar.

La entrada dinámica nos muestra cerca del cursor los valores del punto que vamos a introducir, con la posibilidad de cambiarlos escribiéndolos en ese mismo lugar, es decir, no desviamos nuestra atención del editor de dibujo. Nos muestra los valores de los puntos mientras creamos o editamos el objeto. Podemos cambiar los de uno o los de otro pulsando la tecla **Tabulador**. Por defecto, la entrada dinámica trabaja en coordenadas relativas al último valor introducido.

Con la tecla **F12**, activamos o desactivamos la función de entrada dinámica.

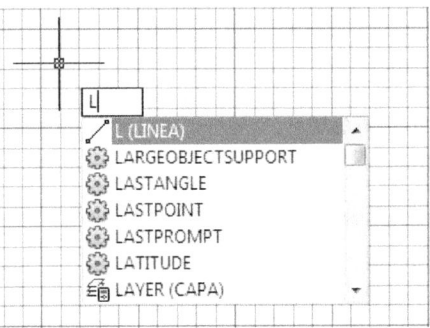

PRÁCTICA 3.4

1. **Dibujo → Línea**.

2. **Precise primer punto...** Aquí pulsamos en la zona inferior izquierda de la pantalla para obtener el punto 1.

3. **Precise punto siguiente...** A continuación, tenemos que asignarle los valores que tiene el punto 2 respecto del punto 1, con el formato indicado antes: @30<0. La distancia es de 30 unidades y el ángulo no varía. **Intro**.

4. **Precise punto siguiente...** @0<20 para el punto 3. **Intro**.

5. **Precise punto siguiente...** @30<180 para el punto 4. **Intro**.

6. **Precise punto siguiente...** Aquí tenemos que volver al punto 1, para lo cual escribiremos "C" (para cerrar el rectángulo). **Intro**.

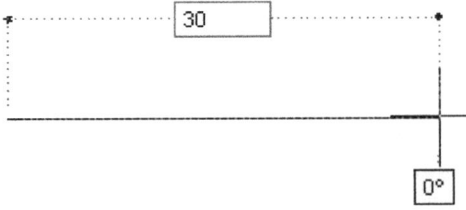

Podemos configurarla desde la barra de estado seleccionando cualquiera de las flechas de opción las opciones de rastreo polar, referencia a objetos… y abriremos la pestaña de **Entrada dinámica**.

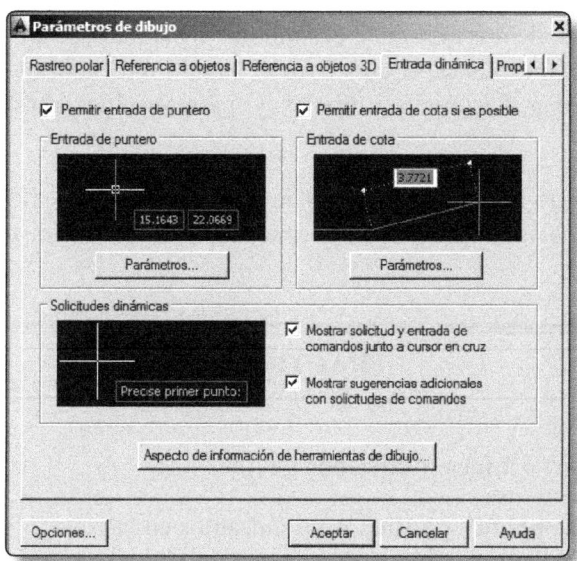

Activando **Permitir entrada de puntero**, activamos la opción. En caso de activar **Permitir entrada de cota si es posible**, al mismo tiempo que nos permite editar los valores, nos los muestra en forma de cota.

En ambos casos, tenemos el botón de **Parámetros** para cambiar la configuración de las entradas.

En el apartado **Solicitudes dinámicas** podemos elegir que las solicitudes que el programa hacía hasta ahora en la ventana de comandos se muestren a partir de esta versión junto al cursor.

Pulsando sobre **Aspecto de información de herramientas de dibujo…** podemos personalizar el aspecto de la solicitud de la entrada dinámica, como el tamaño, el color o la transparencia.

3.1.6 Entrada dinámica absoluta

Si queremos introducir valores tomando como origen el punto 0,0 de la pantalla, tan solo deberemos escribir delante de la cifra el símbolo "#".

3.1.7 Entrada directa

Esta opción podemos utilizarla para medidas ortogonales, es decir, deberemos tener activada la tecla de función **F8** (orto).

También podemos introducir el símbolo "<" seguido de un valor angular para bloquear, momentáneamente, el cursor en el ángulo indicado, después pulsaremos **Intro**, y la distancia del objeto a dibujar, y, para terminar, pulsaremos de nuevo **Intro**.

Hemos visto las distintas formas de introducción de medidas, pero debemos saber que podemos utilizarlas en una misma orden de forma indistinta.

PRÁCTICA 3.5

1. **Dibujo → Línea**. Activamos **F8**.

2. **Precise primer punto...** Aquí pulsamos en la zona inferior izquierda de la pantalla para obtener el punto 1.

3. **Precise punto siguiente...** Movemos el ratón hacia la derecha (hacia el punto 2 del dibujo del ejercicio) y escribimos en la línea de comandos "30", la longitud de la línea. **Intro**.

4. **Precise punto siguiente...** Situamos el ratón hacia arriba (hacia el punto 3) y escribimos "20". **Intro**.

5. **Precise punto siguiente...** Situamos el ratón hacia la izquierda (hacia el punto 4) y escribimos "30". **Intro**.

6. **Precise punto siguiente...** Aquí tenemos que volver al punto 1, para lo cual escribiremos "C" (para cerrar el rectángulo). **Intro**.

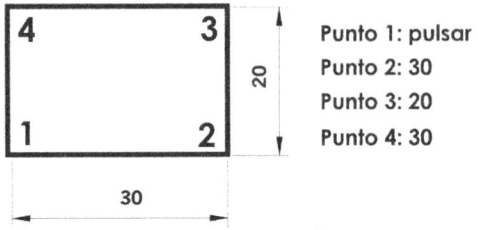

3.2 MODO DE REFERENCIA A OBJETOS II

3.2.1 Extensión

Nos va a servir para obtener un punto siguiendo la trayectoria de una línea o de un arco.

Se activará si tenemos seleccionada esta opción en **Herramientas** → **Parámetros del dibujo** → **Referencia a objetos**. Primero, debemos indicar el comando que queremos ejecutar y cuando nos pida el punto de inicio, nos acercaremos al punto final de la entidad que queramos tomar como base y, sin pulsar, movemos el ratón en la dirección en la que queramos situar el punto. AutoCAD mostrará una línea a trazos en la dirección en que nos movamos. A continuación, solo nos quedará darle el valor numérico adecuado.

3.2.2 Paralelo

Con esta referencia a objetos podremos dibujar líneas paralelas a una existente. Además de activar esta opción en **Referencia a objetos**, debemos acercarnos a la línea de la cual queremos hacer una paralela y, en el momento en que aparezca el icono de paralelo, moveremos el ratón en una dirección paralela aproximada a la línea base y se activará este modo de referencia a objetos.

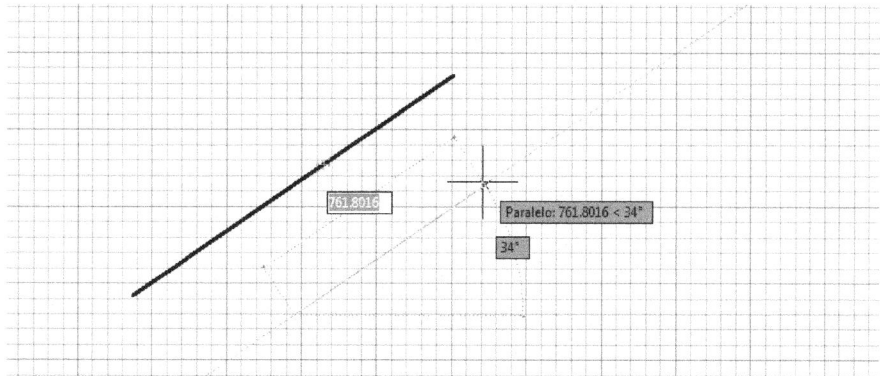

3.2.3 Filtros .x, .y

Los filtros se utilizan para dar a un punto un valor X o Y igual a otro punto que ya tenemos definido. Para 3 dimensiones podremos utilizar los filtros .XY, .XZ, .YZ, de la misma forma que para 2 dimensiones.

Cuando solicite un punto escribiremos .X, por ejemplo, y el programa nos demandará el eje o los ejes que faltan.

3.2.4 Rastreo temporal

Lo utilizaremos junto a otras referencias a objetos. Primero, activamos el rastreo (**F11**) y, a continuación, moveremos el ratón desde el punto a partir del cual vamos a dibujar, lentamente, en la dirección deseada. Nos mostrará una línea a trazos temporal y, en ese momento, podemos introducir una medida directamente desde el teclado.

3.3 ZOOM EN TIEMPO REAL

Menú	Icono	Barra de comandos
Ver → Zoom → Tiempo real	🔍	Letra: z
Ficha Vista. Grupo Navegar.		

Veremos en la pantalla una lupa con un signo + en la zona superior y un signo - en la zona inferior. Deberemos pulsar el botón izquierdo y, manteniéndolo pulsado, arrastrarlo en un sentido o en otro.

Con esta operación, aumentará o disminuirá la visión. Después, con las barras deslizantes, centraremos el dibujo.

Para salir de esta orden, pulsaremos **Escape**. También se puede activar si a mitad de una orden pulsamos el botón derecho del ratón y la seleccionamos.

3.4 INTRODUCIR VALORES A PARTIR DE LA ÚLTIMA COORDENADA

Después de haber dibujado cualquier objeto, línea, círculo, rectángulo… podemos utilizar como valor de referencia el último que hemos indicado.

Para ello, daremos la orden de dibujo y, cuando nos pida la primera coordenada, escribiremos en la ventana de comandos "@" y, a continuación, **Intro**. Con esta indicación, iniciaremos el nuevo objeto en el último punto introducido.

4

PRIMERAS ÓRDENES DE DIBUJO Y VISIÓN

4.1 ZOOM

El propósito de esta orden es adaptar la visibilidad del dibujo de manera que podamos trabajar de la forma más cómoda posible, ampliando o reduciendo la totalidad del mismo o un área definida por el usuario. Amplía o reduce la visibilidad de las entidades existentes pero sin variar el tamaño de las mismas.

Menú	Icono	Barra de comando
Ver → Zoom	$Q^{\pm}$	Letra: z (zoom)
Ficha Vista. Grupo Navegar.		

▼ **Previo**: vuelve a la visualización anterior.

▼ **Ventana**: seleccionado por el usuario mediante una ventana. Pulsamos el primer y el segundo puntos. Se ampliará la visión al tamaño del rectángulo que hemos definido con los dos puntos.

▼ **Dinámico**: aparece todo el dibujo, con el rectángulo punteado donde estábamos antes. Muestra un recuadro con una cruz, que pondremos en el centro de lo que queremos ver y desplazaremos mediante el ratón hasta donde queramos visualizar. Pulsamos el botón derecho y movemos a izquierda o derecha para ampliar o reducir. Pulsamos de nuevo el botón derecho.

▼ **Escala**: de ampliación relativa al tamaño original. Si indicamos 1, vemos la totalidad del dibujo. Con 2, el doble del dibujo. Con 0,5, la mitad. De ampliación relativa a la visualización actual. Ampliamos o reducimos el tamaño respecto a lo que estamos viendo en pantalla. Indicamos un valor seguido de X. Por ejemplo: con .5x visualizamos la mitad.

▼ **Centro**: indicamos el centro de lo que queremos ampliar o reducir. A menor número, mayor ampliación. Señalamos el **Factor de ampliación** o la **Altura**. Un valor más pequeño aumentará la ampliación; un valor más grande, la reducirá.

▼ **Objeto**: amplía la visualización tomando como referencia el objeto o los objetos seleccionados.

▼ **Ampliar**: se amplía la visión el doble.

▼ **Reducir**: se reduce la visión la mitad.

▼ **Todo**: muestra la totalidad del dibujo (límites), siempre que los objetos dibujados no sobrepasen los límites; si lo hacen, esta orden es igual a *zoom* extensión.

▼ **Extensión**: muestra la extensión del dibujo.

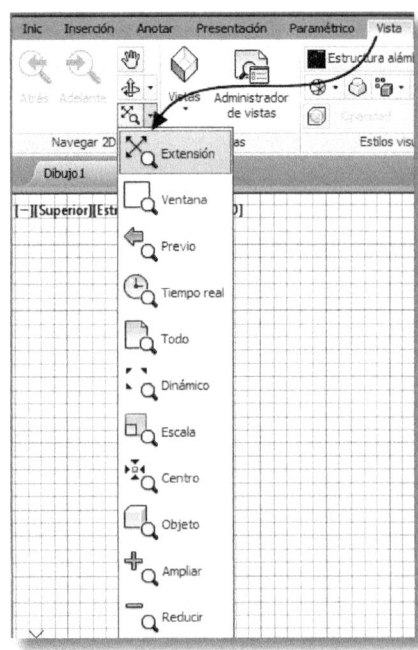

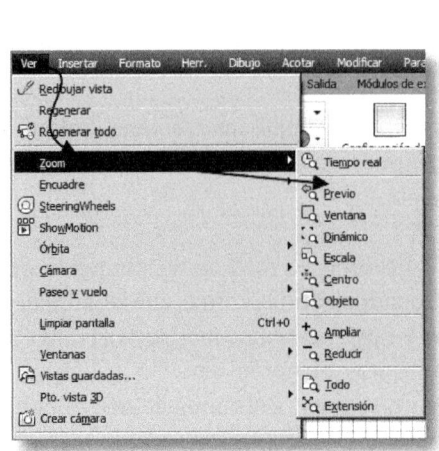

Si queremos utilizar la orden **Zoom** desde la línea de comandos, escribiremos "z" y pulsaremos **Intro**. En ese momento, nos mostrará las opciones disponibles que son las siguientes: **Precise esquina de ventana, Indique un factor de escala (nX o nXP)** o **[Todo/Centro/Dinámico/Extensión/Previo/Factor de escala/Ventana/ Objeto] <tiempo real>**.

Sin indicar nada más, la orden está disponible para que le indiquemos con el ratón una ventana y hacer un **Zoom ventana** o bien, que introduzcamos un factor de escala. Si pulsamos otra vez **Intro**, tendremos disponible el **Zoom en tiempo real**. El resto de opciones debemos solicitarlas escribiendo la letra mayúscula que se incluye en el nombre de la orden. Por ejemplo, para **Zoom previo**, escribiremos "P".

4.2 ENCUADRE

Mueve el papel en cualquier dirección. Cuando solicitamos esta orden, el cursor se transforma en una mano.

Menú	Icono	Barra de comandos
Ver → Encuadre	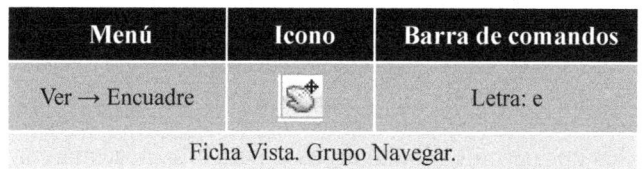	Letra: e
Ficha Vista. Grupo Navegar.		

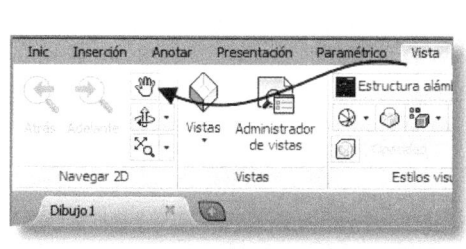
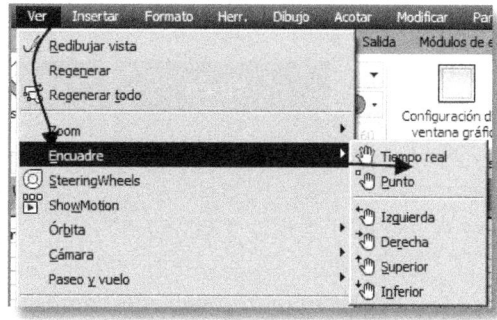

Al solicitar la orden, desde el menú nos mostrará las siguientes opciones:

▶ **Tiempo Real**: movemos el papel en tiempo real. Pulsamos el botón izquierdo del ratón y, sin soltarlo, lo desplazamos en la dirección en la que queremos desplazar el papel y soltamos el botón.

▼ **Punto**: en este caso, deberemos indicar dos puntos: el primero, la posición actual y el segundo, el lugar al que queremos desplazarnos. Podemos indicarlos por medio de coordenadas.

▼ **Izquierda**: desplaza el papel a la izquierda.

▼ **Derecha**: desplaza el papel hacia la derecha.

▼ **Superior**: desplaza el papel hacia la zona superior.

▼ **Inferior**: desplaza el papel hacia la zona inferior.

También se puede activar si en cualquier momento pulsamos el botón central del ratón y, sin soltarlo, nos movemos por el plano.

Tanto la orden **Encuadre** como la orden **Zoom**, las podemos solicitar de forma transparente, es decir, si en medio de un comando pulsamos sobre cualquiera de sus iconos, este no se interrumpe: se ejecutará el *zoom* o el encuadre y seguiremos con la orden principal.

4.3 ARCO

Esta orden nos permite dibujar arcos y, para ello, necesitaremos conocer tres puntos del mismo. Los arcos por defecto se dibujan siguiendo el sentido contrario a las agujas del reloj pero si pulsamos la tecla **Control** mientras arrastramos para dibujar, podemos cambiar el sentido.

Menú	Icono	Barra de comandos
Dibujo → Arco		Letra: a
Ficha Inicio. Grupo Dibujo.		

Los tres puntos que necesitamos pueden ser los siguientes:

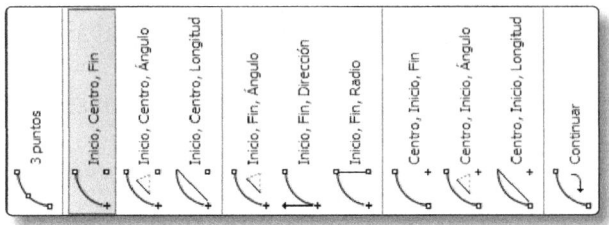

El orden de introducción de los puntos será el que seleccionemos en el menú.

Podemos usar la tecla abreviada para la orden **Arco** (a). Después, en la línea de comandos nos mostrará las siguientes opciones: **Precise punto inicial del arco o [Centro]**: introduciremos el punto desde donde iniciaremos el arco o, si lo indicamos, su centro.

PRÁCTICA 4.1

1. Dibujaremos una línea de 16 unidades y la continuaremos un total de 5 veces.

2. A 16 unidades en Y, dibujaremos las mismas líneas.

3. Activaremos la **Referencia a objetos punto final**, si no la tenemos activada.

4. **Dibujo** → **Arco** → **Inicio, Centro, Fin**. Nos irá pidiendo estos tres puntos. Nos iremos situando en el punto final correspondiente para dibujar el ejercicio.

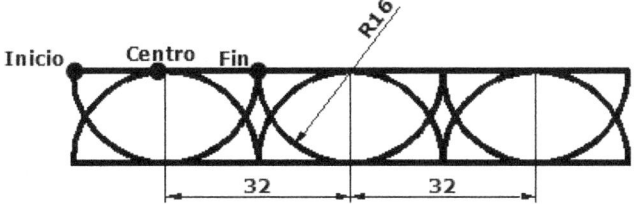

4.4 PUNTO

Esta orden nos permite insertar un punto en cualquier zona del dibujo. Este elemento geométrico nos puede ser útil como nodo o como punto de referencia para modificar o crear otros objetos.

Primero, debemos elegir el tipo de punto y, para ello, entraremos en: **Formato** → **Tipo de punto**. Con el ratón pulsamos sobre el tipo de punto que queremos seleccionar y aceptamos.

Las opciones de esta ventana son las siguientes:

▼ **Tamaño del punto**: indica el tamaño de visualización de los puntos.

▼ **Establecer tamaño relativo a pantalla**: el tamaño indicado está calculado con un porcentaje a partir del tamaño de la pantalla.

▼ **Establecer tamaño en unidades absolutas**: el tamaño es fijo y está indicado en unidades.

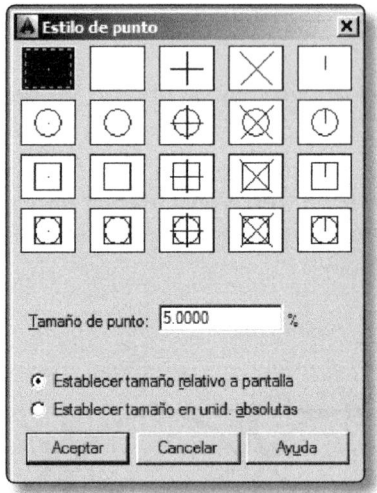

Para insertar un punto, haremos lo siguiente:

Menú	Icono	Barra de comandos
Dibujo → Punto → Punto	▫	Letra: pu
Ficha Inicio. Grupo Dibujo.		

Mediante las órdenes anteriores dibujaremos un punto en el lugar donde pulsamos con el ratón. Para insertar varios puntos sin necesidad de repetir cada vez la orden, haremos: **Dibujo** → **Varios puntos**. Pulsamos con el ratón e irá dibujando puntos hasta que pulsemos la tecla **Intro**.

4.5 LÍNEA AUXILIAR

Crea una línea infinita. Este tipo de línea se utiliza como objeto de referencia para crear o modificar otras.

Menú	Icono	Barra de comando
Dibujo → Línea Auxiliar		Letras: xl
Ficha Inicio. Grupo Dibujo.		

Lo primero que nos pide es que precisemos un punto para situar la línea auxiliar o que elijamos entre las siguientes opciones:

▶ **Horizontal**: línea horizontal infinita que pasa por el punto designado con el botón izquierdo del ratón.

▶ **Vertical**: línea vertical infinita que pasa por el punto designado con el botón izquierdo del ratón.

▶ **Ángulo**: le damos el punto y el ángulo con el botón izquierdo del ratón.

▶ **Bisectriz**: con el botón izquierdo del ratón le damos el punto de vértice. Nos pide el **Primer punto** del ángulo y el **Segundo punto** del ángulo.

▶ **Desfasar**: paralela a una existente. Primero, le diremos a qué distancia la necesitamos y, a continuación, el objeto o entidad a la que tiene que ser paralela y a qué lado la queremos dibujar.

La extensión de esta línea no tiene efecto en el *zoom* aunque sí que la podemos desplazar, girar y copiar.

4.6 RAYO

Dibuja una línea semiinfinita a partir de un punto. También este comando nos será útil como línea de referencia.

Menú	Icono	Barra de comandos
Dibujo → Rayo	↗	Texto: rayo
Ficha Inicio. Grupo Dibujo.		

En la línea de comandos nos pedirá **Desde el punto...** en que queremos dibujarla y el punto a atravesar (que será la dirección en la que se dibujará el rayo). A continuación, le daremos a **Intro**.

Al igual que la línea auxiliar, esta línea no tiene efecto en el *zoom* aunque sí que la podemos desplazar, girar y copiar.

4.7 SÓLIDOS BIDIMENSIONALES

Esta orden nos permite rellenar una entidad. Puede estar en desuso puesto que se puede utilizar la orden **Sombreado**, a partir de la versión 2000, para rellenar cualquier objeto y con cualquier forma, pero es interesante conocerla por si trabajamos con un dibujo anterior a esta versión.

Icono	Barra de comandos
▽	Texto: sólido

Hay que tener cuidado con el orden en el que le indiquemos los puntos. Para que se rellene completamente, se introducirán de forma cruzada, como en el dibujo A. Si se introducen como en el dibujo B, es decir, en el sentido de las agujas del reloj, solo se rellenarán dos triángulos cruzados.

En caso de querer rellenar triángulos, no importa el orden de introducción de los puntos. En las figuras siguientes indicamos el orden de introducción y el resultado.

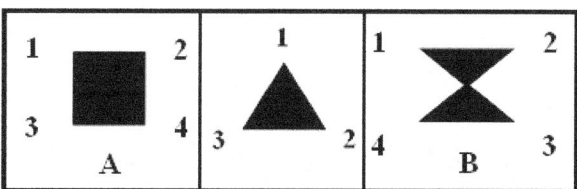

Si queremos que el rendimiento en el dibujo sea mayor, más rápido, podemos desactivar el relleno. Para ello, entraremos en **Herramientas** → **Opciones** → **Visualización**. Desactivaremos **Aplicar relleno sólido**. Después, deberemos regenerar el dibujo con **Ver** → **Regenerar**.

PRÁCTICA 4.2

1. **Dibujo** → **Línea**. Dibujaremos el rectángulo con las medidas que queramos.

2. En línea de comandos escribiremos "Sólido".

3. Primer punto. Con **Referencia a objetos** igual a **Intersección**, pulsaremos sobre el punto 1. Como necesitamos que los cuatro puntos que le vamos a dar sean **Referencia a objetos** igual a **Intersección**, vamos a hacer que por defecto nos aparezca intersección sin necesidad de seleccionarlo cada vez. Para ello...

4. ...pulsaremos en la barra de estado con el botón izquierdo del ratón y, dos veces seguidas, sobre la palabra **Refent**. Nos aparecerá el cuadro del diálogo de **Referencia a objetos**. Pulsamos sobre el cuadrado de **Intersección** y aceptamos.

5. Segundo punto. Como ya tenemos activada la intersección, pulsaremos sobre el 2.

6. Tercer punto. Pulsaremos sobre el 3.

7. Cuarto punto. Pulsamos sobre el 4.

8. A continuación, nos pide el **Tercer punto de nuevo**, y seguirá pidiendo el **Cuarto punto**. Así sucesivamente hasta que pulsemos **Intro**.

4.8 ARANDELA

Nos permite dibujar coronas circulares sólidas y círculos rellenos.

Menú	Icono	Barra de comandos
Dibujo → Arandela	◎	Letra: ar
Ficha Inicio. Grupo Dibujo.		

Nos pedirá el **Diámetro interior** y el **Diámetro exterior**. A continuación, nos pide el **Centro**, es decir, dónde va a situarse la arandela. Si el diámetro interior es 0, se dibujará un círculo relleno. Debemos cortar la orden con **Intro**. Hasta que no lo hagamos podremos seguir insertando arandelas.

PRÁCTICA 4.3

1. **Dibujo → Arandela**.

2. Cuando nos pregunte **Precise diámetro interior** escribiremos "5" y pulsamos **Intro** y cuando nos pida el **Diámetro exterior** escribiremos "10" y pulsaremos **Intro**.

3. Si miramos el cursor, veremos que la arandela está justo en su centro. Debemos pulsar para situarla. Podemos utilizar, para ello, cualquier referencia a objeto. Para terminar con la orden, pulsaremos **Intro**.

4. Dibujaremos otra arandela con diámetro interior 0 y diámetro exterior 10.

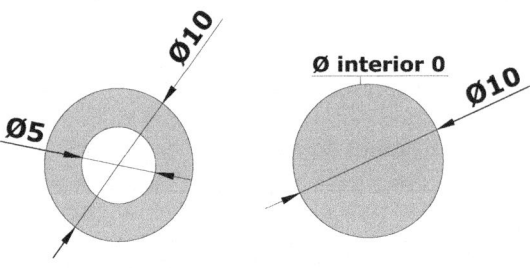

4.9 POLÍGONO

Con esta orden, dibujaremos polígonos desde 3 hasta 1.024 lados.

Menú	Icono	Barra de comandos
Dibujo → Polígono	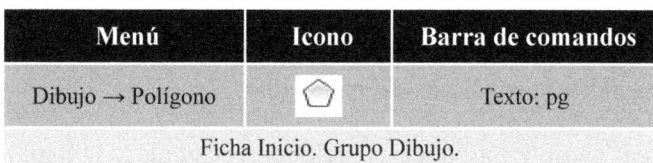	Texto: pg
Ficha Inicio. Grupo Dibujo.		

Primero nos pedirá el **Nº de lados**, a continuación, que seleccionemos la **Longitud del lado o el centro del polígono**. Si le damos el centro, nos pedirá que le indiquemos si el polígono es **Inscrito** o **Circunscrito** en una circunferencia y el **Radio** de esta.

En los polígonos, todas las líneas forman parte de un solo objeto, que se llama polilínea. Si necesitamos convertir el polígono en líneas simples, lo tendremos que descomponer con la orden **Modificar → Descomponer**. Y, a continuación, seleccionaremos el objeto.

4.10 RECTÁNGULO

Menú	Icono	Barra de comandos
Dibujo → Rectángulo	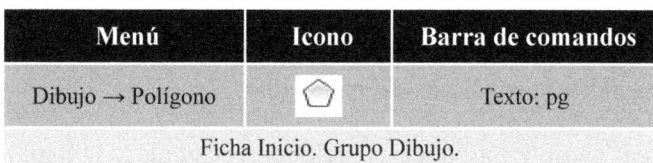	Texto: _rectang
Ficha Inicio. Grupo Dibujo.		

Nos pide **1ª esquina** y **2ª esquina**, es decir, la diagonal del rectángulo. Podemos introducir los valores con el formato @ X, Y. Después de pulsar para indicar el primer punto, podemos elegir:

▼ **Cotas**: con las que indicaremos el valor de cada lado del rectángulo en la ventana de comandos y, después, en la ventana de dibujo, pulsaremos para indicar la posición del rectángulo.

▼ **Área**: permite introducir el área del rectángulo y la longitud de uno de sus lados.

▼ **Rotación**: podemos crear el rectángulo introduciendo el valor de un ángulo de rotación o dos puntos.

▼ **Chaflán**: para achaflanar las cuatro esquinas. Nos pedirá los valores.

▼ **Elevación**: para darle la altura a la que se dibujará el rectángulo. Es para 3D.

▼ **Empalme**: puede transformar las esquinas del rectángulo en arcos dándole la medida del radio.

▼ **Altura del objeto**: especificaremos la altura del rectángulo. Para 3D.

▼ **Grosor**: con esta opción le indicaremos el grosor de la polilínea que dibuja el rectángulo.

Como el polígono, el rectángulo también es una polilínea, por lo tanto, se puede descomponer en líneas simples.

4.11 ELIPSE

Con esta orden se dibuja una elipse. Una elipse se crea, generalmente, a partir de sus dos ejes, uno llamado eje mayor y el otro eje menor. En esta orden, tenemos tres opciones para crearla: **Arco**, **Ejes-fin** y **Centro**.

Menú	Icono	Barra de comandos
Dibujo → Elipse	⬯	Letras: el
Ficha Inicio. Grupo Dibujo.		

▼ **Ejes-fin**: para construirlo, indicaremos los dos puntos finales de uno de sus ejes y un punto final del otro. Los podemos indicar con referencia a objetos o con valores numéricos. Si después de indicar el primer eje elegimos la opción **Rotación**, creará la elipse como si fuera un círculo que gira alrededor del primer eje.

▼ **Arco**: crea un arco elíptico. Nos pedirá que le indiquemos los puntos finales del primer eje. A continuación, la distancia que indicará la mitad de la longitud del segundo eje. Para seguir debemos especificar cuál es el ángulo inicial y, para terminar, le indicaremos el final del ángulo. Las indicaciones siempre siguen el sentido contrario a las agujas del reloj.

▼ **Centro**: crea la elipse a partir de su centro y de los puntos finales de sus ejes.

4.12 REGENERAR Y REDIBUJAR LA PANTALLA

AutoCAD nos permite actualizar la información del dibujo de formas diferentes.

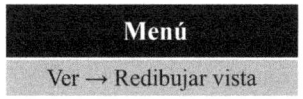

Menú
Ver → Redibujar vista

Esta opción la vamos a utilizar para que el programa recalcule todos los puntos de la pantalla que estén en la vista activa.

Menú	Barra de comandos
Ver → Regenerar	Texto: rg

Con esta opción el programa recalcula todos los puntos del dibujo.

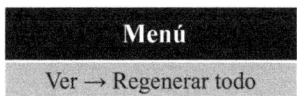

Menú
Ver → Regenerar todo

Con esta otra opción el programa recalcula todos los puntos de todas las vistas que tengamos en el dibujo. Como se puede suponer, el comando **Regenerar** necesitará más tiempo para ejecutarse, sobre todo si el dibujo contiene mucha información.

En las órdenes **Zoom, Encuadre** y **Zoom en tiempo real** hay veces que intentamos movernos y parece que hemos llegado al límite del dibujo, porque no podemos movernos más allá de donde estamos. Esto es debido a que los datos que tiene el programa sobre nuestro dibujo tienen este límite. Para solucionarlo, habrá que recalcular de nuevo los datos del dibujo regenerándolos. Por otro lado, nos encontramos, a veces, con que algunas líneas parecen estar mal dibujadas, sobre todo cuando se trata de círculos o arcos, ya que parece que sean polígonos. Este problema lo solucionaremos redibujándolo.

4.13 DIBUJAR A MANO ALZADA. BOCETO

Utilizaremos esta opción para poder dibujar mapas topográficos o dibujos artísticos a mano alzada. Escribiremos en la línea de comandos **Boceto** y con el ratón o con el dispositivo señalador del tablero dibujaremos como si se tratara de un lápiz. Al terminar pulsaremos **Intro**.

En la ventana de comandos podemos personalizar las siguientes opciones antes de dibujar el boceto: **Tipo de objeto (línea, polilínea** o **spline),** el **Incremento,** que define la longitud de cada segmento que dibujamos y la **Tolerancia** que indica en qué medida ajustaremos la curva de la spline a la del boceto dibujado.

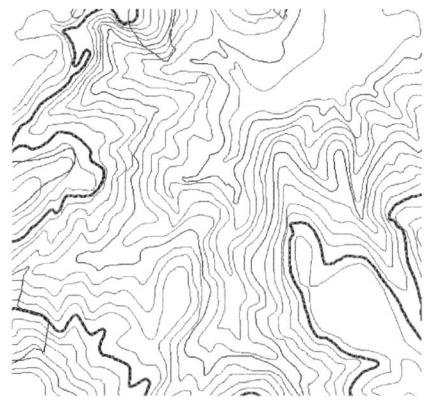

En los siguientes ejercicios el sombreado lo haremos con sólido 2D y arandelas.

ÓRDENES DE MODIFICACIÓN I

Antes de nada, vamos a ver las órdenes que muestra el menú desplegable **Modificar** y el grupo **Modificar** dentro de las fichas de la cinta de opciones.

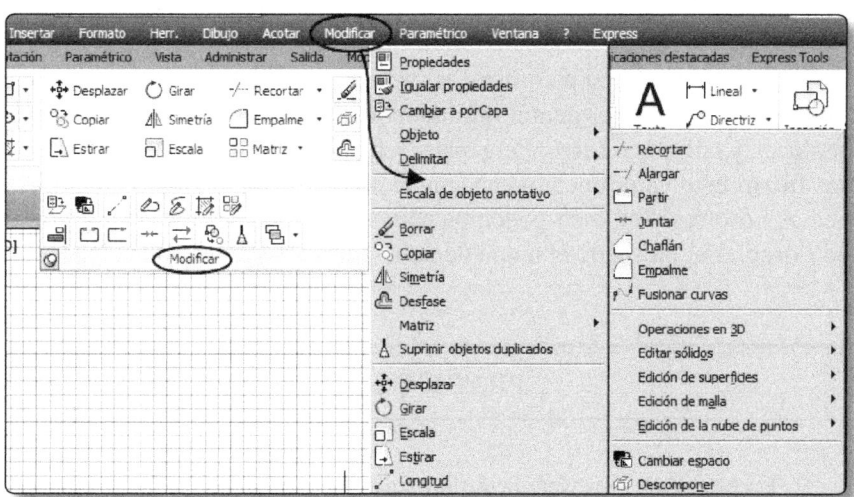

5.1 DESPLAZAR

Si hemos dibujado un objeto o un conjunto de objetos en el sitio no deseado, podremos cambiarlos de lugar mediante este comando. Podemos desplazar objetos sin modificar su orientación ni su tamaño, utilizando coordenadas y también las referencias a objetos.

Menú	Icono	Barra de comandos
Modificar → Desplazar	✥	Letra: d
Ficha Inicio. Grupo Modificar.		

Al seleccionar la orden, se nos pide **Designe objetos...** Designamos los objetos a desplazar de una de las formas indicadas en el apartado *Seleccionar entidades*. Después, pulsaremos **Intro**. A continuación, nos pedirá el **Punto de base o desplazamiento**, es decir, desde qué punto vamos a desplazar el objeto. Para terminar, nos pedirá el **2º punto de desplazamiento**, esto es, dónde queremos situar el objeto.

Si en vez de seleccionar el primer punto de base pulsamos **Intro**, el programa entenderá que queremos usar como primer punto de desplazamiento el punto 0,0 de la pantalla. Pero si al solicitar el primer punto de base introducimos un valor x y otro valor y, separados por una coma, por ejemplo 4,6, el programa entiende que es esta la distancia a la que queremos desplazar el objeto con respecto a su posición actual.

Tenemos otra forma de utilizar la orden. Una vez seleccionado el objeto, al pedirnos el valor del primer punto, introducimos los valores de desplazamiento, sin el símbolo @, y pulsamos **Intro**. Para que se efectúe el movimiento, debemos volver a pulsar **Intro**. Este valor queda almacenado durante toda la sesión, mientras no lo cambiemos nosotros. También podemos activar la orden seleccionando primero la entidad a desplazar, pulsando el botón derecho del ratón y seleccionando **Desplazar**.

PRÁCTICA 5.1

1. En este ejercicio, desplazaremos el sillón desde el punto de intersección 1 hasta el punto medio 2.

2. Pulsaremos sobre el icono **Desplazar**. Cuando nos pida **Designar objetos**, seleccionaremos todas las líneas que forman el sillón.

3. Como punto de base, seleccionaremos la intersección marcada como punto de base. Recordemos que la intersección la activaremos con la **Referencia a objetos**.

4. Como punto de desplazamiento, seleccionaremos, con **Referencia a objetos**, la intersección marcada como punto de desplazamiento.

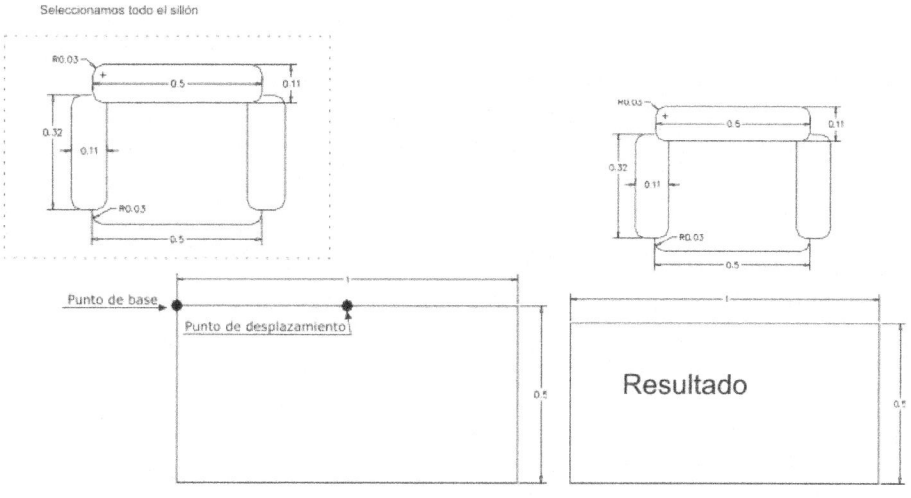

5.2 COPIAR

Es similar al anterior, pero el resultado no será desplazar un conjunto de objetos a otro lugar del espacio sino emplazar una réplica de ellos en el lugar de destino.

Menú	Icono	Barra de comandos
Modificar → Copiar		Texto: cp
Ficha Inicio. Grupo Modificar.		

Nos pide **Designe objetos...** Designamos los objetos a copiar de una de las formas indicadas en el apartado *Seleccionar entidades*. A continuación, nos pedirá el **Punto de base o desplazamiento**, es decir, desde qué punto vamos a desplazar el objeto. Para terminar, nos pedirá el **2º punto de desplazamiento**, o sea, dónde queremos situar el objeto. Mientras no pulsemos **Intro**, el objeto seleccionado seguirá copiándose ya que, por defecto, está activada la copia múltiple.

Si queremos que haga solo una copia cada vez, al seleccionar la orden escribiremos en la ventana de comandos "O", de mOdo, y escogeremos **Simple**.

Antes de designar el segundo punto de desplazamiento podemos elegir que cree una matriz a partir de la copia. Debemos escribir "M" de matriz y, a continuación el número de elementos de la misma, así como la distancia a la que queremos los objetos.

Si en vez de seleccionar el primer punto de base pulsamos **Intro**, el programa entenderá que queremos usar como primer punto de desplazamiento el punto 0,0 de la pantalla. Pero si al solicitar el primer punto de base introducimos un valor x y otro valor y, separados por una coma, por ejemplo 4,6, el programa entiende que es esta la distancia a la que queremos desplazar el objeto con respecto a su posición actual.

Tenemos otra forma de utilizar la orden. Una vez seleccionado el objeto, al pedirnos el valor del primer punto, introducimos los valores de copia, sin el símbolo @, y pulsamos **Intro**. Para que se efectúe la misma, debemos volver a pulsar **Intro**. Este valor queda almacenado durante toda la sesión, mientras no lo cambiemos nosotros.

Una vez dentro de la orden, podemos deshacer las copias pulsando **D**.

También podemos activar la orden seleccionando la entidad a copiar, pulsando el botón derecho del ratón y seleccionando **Copiar selección**.

PRÁCTICA 5.2

1. Haremos una copia de la cama, indicando como punto de base la intersección indicada como punto 1. El segundo punto de desplazamiento lo indicaremos con coordenadas relativas; @0,1.5. Es decir, en X no se mueve, pero en Y el punto 1 y toda la cama se moverán 1,5 unidades. Pulsaremos **Intro** ya que solo queremos hacer una copia.

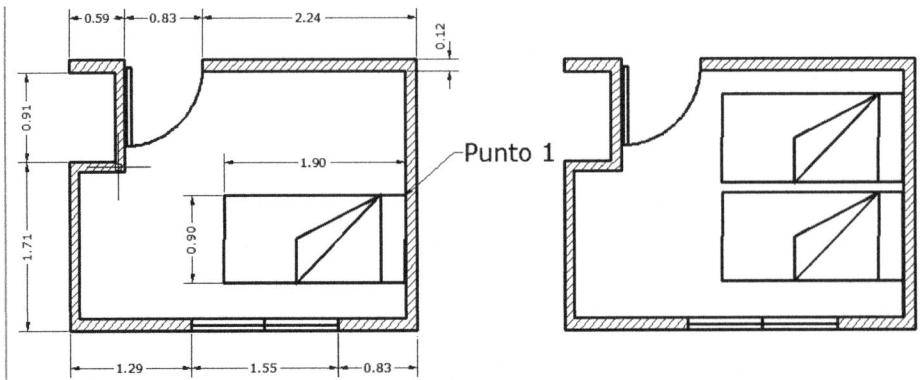

5.3 EMPALME

Permite unir o redondear dos líneas, arcos, círculos, elipses y arcos elípticos, polilíneas, rayos, splines y líneas auxiliares, con arcos de un radio concreto.

Así mismo, si seleccionamos primero un extremo y luego el otro de una polilínea, al hacer el empalme, creará una polilínea cerrada.

Menú	Icono	Barra de comandos
Modificar → Empalme		Texto: mp

Ficha Inicio. Grupo Modificar.

Al entrar en este comando nos aparecerán las siguientes opciones:

▼ **Polilínea (redondea toda la polilínea)**: en el capítulo de polilíneas ya se verá esta opción, pero podemos adelantar que los objetos geométricos complejos se consideran polilíneas, por ejemplo, los polígonos. Por lo tanto, si designamos cualquiera de estos objetos para redondear y seleccionamos polilínea, redondearemos todos los vértices del mismo.

▼ **Radio de empalme**: para introducir el valor del radio.

▼ La opción **Recortar**, si está activada, nos permite eliminar las líneas sobrantes.

▼ La opción **Múltiple** nos permitirá redondear varios objetos sin abandonar la orden.

▼ **Deshacer**: nos permite anular una operación en mitad de la orden.

Lo primero que nos indica es el radio actual, en la ventana de comandos. Si es el que queremos, solo nos queda designar los dos objetos que formarán el empalme. Si no lo es, debemos escribir "Ra" para introducirlo. Después, ya se seleccionarán los objetos.

Debemos tener en cuenta una utilidad muy importante de esta orden: si el radio es 0, hará uniones en ángulo recto.

Podemos hacer un ángulo recto, sea cual sea el valor del radio, si seleccionamos las líneas pulsando la tecla **Mayúsculas**.

5.4 CHAFLÁN

Genera una línea entre dos no paralelas. Necesitamos dos distancias para generar el chaflán. Así mismo, si seleccionamos primero un extremo y luego el otro de la polilínea al hacer el chaflán creará una polilínea cerrada.

Menú	Icono	Barra de comandos
Modificar → Chaflán		Texto: ch
Ficha Inicio. Grupo Modificar.		

Al entrar en este comando nos aparecerán las siguientes opciones:

▼ **Polilínea**: en el capítulo de polilíneas ya se verá esta opción, pero podemos adelantar que los objetos geométricos complejos se consideran polilíneas, por ejemplo, los polígonos. Por lo tanto, si designamos cualquiera de estos objetos para realizar un chaflán y seleccionamos **Polilínea**, se modificarán todos los vértices del mismo.

▼ **Distancia**: nos pide la primera distancia del chaflán.

▼ **Indique la segunda distancia del chaflán**: nos pide la segunda distancia para hacer el chaflán.

▼ **Ángulo**: si en vez de dos distancias queremos darle longitud y ángulo respecto a la 1ª línea, utilizaremos esta opción.

▼ La opción **Recortar** nos permite eliminar las líneas sobrantes.

▼ La opción **Múltiple** nos permitirá achaflanar varios objetos sin abandonar la orden.

▼ **Método**: le tenemos que indicar si le damos **Distancias** o **Ángulo**.

▼ **Deshacer**: nos permite anular una operación en mitad de la orden.

En la ventana de comandos aparecerán las distancias actuales. Si son las que queremos, solo nos queda designar los dos objetos que formarán el chaflán. Si no lo son, debemos escribir "D" para introducirlas. Después, ya se seleccionarán los objetos. Debemos tener en cuenta una utilidad muy importante de esta orden: si la distancia es 0, hará uniones en ángulo recto. Podemos hacer un ángulo recto, sea cual sea el valor de la distancia, si seleccionamos las líneas pulsando la tecla **Mayúsculas**.

PRÁCTICA 5.3

1. **Dibujo → Línea**. Dibujaremos el número que en el ejercicio está a la izquierda.

2. **Modificar → Chaflán**. Primero le tenemos que indicar las medidas del chaflán, así que en la línea de comandos escribiremos "D" (de distancia). **Intro**.

3. Nos pedirá la primera distancia y escribiremos "20". **Intro**.

4. Nos pedirá la segunda distancia y escribiremos "20". **Intro**.

5. **Modificar → Chaflán**. Ahora le tenemos que indicar la primera línea del chaflán. Pulsaremos sobre la línea superior izquierda vertical. Nos pide la segunda línea del chaflán y pulsaremos sobre la línea superior horizontal.

6. Siguiendo el mismo método, haremos el resto de los chaflanes.

7. Vamos a hacer los empalmes. **Modificar → Empalme**. Primero, le tenemos que dar el radio del empalme, por lo que en la línea de comandos escribiremos "Ra" (de radio). **Intro**. A continuación, escribiremos el **Radio**, que en este caso es de 20 para todos los empalmes. **Intro**.

8. Nos pide **Designar el primer objeto**. Pulsaremos sobre cualquier línea vertical interior. **Designar el segundo objeto**. Pulsaremos sobre la línea adyacente a la anterior.

9. Podemos, con la opción **Múltiple**, terminar los empalmes.

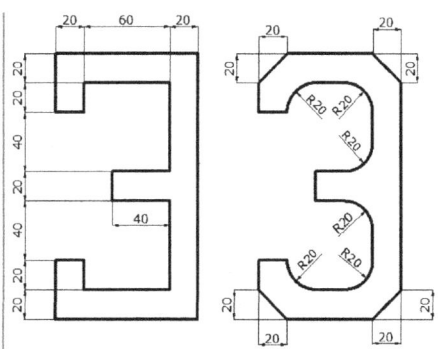

5.5 DESFASE O EQUIDISTANCIA

Nos va a servir para generar un objeto paralelo a otro existente, ya sea una línea, un arco o un círculo.

Menú	Icono	Barra de comandos
Modificar → Desfase	⚓	Texto: eq
Ficha Inicio. Grupo Modificar.		

Nos preguntará en la línea de comandos la distancia a la que queremos que se sitúe el objeto nuevo. La podemos introducir en la ventana de comandos manualmente o bien indicándola con dos puntos con el ratón. A continuación, seleccionaremos el objeto a transponer, en este momento tendremos en la pantalla una previsualización de la orden dada, por último, el lado en el que queremos situar la copia. Nos seguirá pidiendo el objeto a transponer y el lado a copiar hasta que pulsemos **Intro**.

Las otras opciones que aparecen al entrar en la orden son: **Borrar**, que borrará el objeto original después del desfase, y **Capa**, con la que indicaremos si el objeto que desfasamos se quedará en la capa actual o en la del objeto origen.

PRÁCTICA 5.4

---

1. **Dibujo** → **Línea**. Dibujaremos las líneas que nos marcarán el centro de los círculos.

2. **Dibujo** → **Círculo**. Dibujaremos los círculos indicando como centros las intersecciones de las líneas.

3. **Modificar** → **Desfase**. Le indicamos la distancia, "0,1" y el lado que le debemos indicar es hacia el interior.

4. Dejaremos este ejercicio preparado para eliminar lo sobrante cuando expliquemos la orden **Recortar**, en este mismo capítulo.

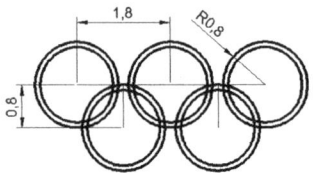

5.6 ALARGAR

Alarga un objeto hasta un límite.

Menú	Icono	Barra de comandos
Modificar → Alargar	-–/	Texto: al
Ficha Inicio. Grupo Modificar.		

Primero, nos pedirá que **Designemos los límites** (hasta dónde queremos alargar). Seleccionamos el objeto u objetos límite. Después, nos pedirá los objetos que se desean alargar. Podemos utilizar también los límites como objetos a alargar. Si pulsamos la tecla **Mayúsculas** en el momento en que vamos a alargar, el comando se convierte en **Recortar**. En la línea de comandos podemos elegir entre otras opciones:

▶ **Borde**: con esta opción seleccionaremos todos los objetos que se crucen con una línea ficticia que nosotros crearemos al acceder a esta orden.

▶ **Captura**: seleccionamos los objetos que estén incluidos total o parcialmente en un área rectangular definida por dos puntos.

▶ **Proyección**: es el modo que utilizaremos para extender. Con **Ninguna**, solo se alargarán si las aristas intersectan en el mismo plano. Con **SCP**, alargamos los objetos según el plano X,Y del sistema de coordenadas personal que se verá en 3D, o sea que, aunque no sean coplanares, los modificará. Con **Vista**, según el punto de vista actual (el punto de vista también se verá en 3D).

▶ **Arista**: determinamos si alargamos la entidad hasta la primera intersección, aunque sea ficticia, o hasta la intersección real.

▶ **Deshacer**: deshace la última acción realizada dentro de la orden.

5.7 RECORTAR

Hasta ahora utilizábamos **Parte** o **Borra**. Con esta orden, también eliminamos partes de objetos.

Menú	Icono	Barra de comandos
Modificar → Recortar	-/---	Texto: rr
Ficha Inicio. Grupo Modificar.		

Nos pedirá **Designar aristas de corte**, esto es, los límites y, después, **Objetos a recortar**. Podemos utilizar también los límites como objetos a recortar.

En el momento en que vamos a recortar, si pulsamos la tecla **Mayúsculas**, el comando se convierte en **Alargar**. En la línea de comandos podemos elegir entre otras opciones:

▶ **Borde**: con esta opción seleccionaremos todos los objetos que se crucen con una línea ficticia que nosotros crearemos al acceder a esta orden.

▶ **Captura**: seleccionamos los objetos que estén incluidos total o parcialmente en un área rectangular definida por dos puntos.

▶ **Proyección**: es el modo que utilizaremos para recortar. Con **Ninguna**, solo se recortará si las aristas intersectan en el mismo plano. Con **SCP**, recorta los objetos según el plano X,Y del sistema de coordenadas personal que se verá en 3D, o sea que, aunque no sean coplanares, los modificará. Con **Vista**, recorta según el punto de vista actual (el punto de vista también se verá en 3D).

▶ **Arista**: determinamos si recortamos la entidad hasta la primera intersección, aunque sea ficticia, o hasta la intersección real.

▶ **Deshacer**: deshace la última acción realizada dentro de la orden.

PRÁCTICA 5.5

1. Retomamos el último ejercicio planteado. **Modificar → Recortar**. Seleccionamos las aristas de corte (en la imagen están seleccionados los dos círculos de la izquierda). **Intro**.

2. A continuación vamos a seleccionar los tramos de los objetos que nos sobran. Iremos seleccionando aristas cortantes y tramos a recortar en todos los círculos.

5.8 ESCALAR

Por medio de esta orden podremos cambiar el tamaño de los objetos.

Menú	Icono	Barra de comandos
Modificar → Escala		Texto: ec
Ficha Inicio. Grupo Modificar.		

Primero, nos pide **Designar objetos** y, a continuación, nos pregunta el **Punto base**; es decir, el punto fijo a partir del cual se va a escalar el dibujo. Podemos elegir:

▶ **Factor escala**: hay que tener en cuenta que un valor entre 0 y 1 reduce, mientras que si es mayor que 1, amplía. Por ejemplo, si escribimos 2, será el doble y si ponemos 0,5, será la mitad.

▶ **Referencia**: cambia el tamaño según las medidas que le indiquemos. **Longitud de Referencia** = 1 es la medida de base. **Nueva longitud** = 2 es la medida que queremos que tenga ahora. En este supuesto, hará el doble de grande el objeto. Si elegimos puntos, podemos elegir mediante dos puntos cuya longitud indicaremos nosotros.

▶ **Copiar**: nos permite copiar el objeto a la vez que lo escalamos.

5.9 GIRAR

Por medio de este comando podremos girar objetos.

Menú	Icono	Barra de comandos
Modificar → Girar	↻	Texto: gira
Ficha Inicio. Grupo Modificar.		

Primero, nos pedirá **Designar objetos**, o sea, qué objetos deseamos girar. El **Punto de base** será el punto fijo a partir del cual girará el objeto.

Nos pedirá el **Ángulo de Rotación**; es decir, los grados que queremos que gire a partir de su posición actual. La dirección de los grados positivos va en sentido antihorario.

También podemos activar la orden seleccionando primero la entidad a girar. A continuación, pulsaremos el botón derecho del ratón y seleccionaremos **Girar**.

En la línea de comandos, podemos elegir la opción **Referencia** para indicarle el ángulo a partir del cual queremos que gire el objeto y, a continuación, los grados que gira. **Copiar** nos permite copiar el objeto a la vez que lo giramos.

5.10 SIMETRÍA

Es una copia reflejada de algunas entidades que nosotros seleccionamos.

Menú	Icono	Barra de comandos
Modificar → Simetría	◢◣	Texto: simetría
Ficha Inicio. Grupo Modificar.		

Nos pedirá **Designar objetos** y, a continuación, **Primer punto del eje de simetría** y **Segundo punto del eje de simetría**, es decir, la línea sobre la que vamos a efectuar el reflejo del objeto. Después nos preguntará **¿Borrar objetos originales?**, por si queremos que quede solo el objeto reflejado.

Si la simetría incluye texto, deberemos tener en cuenta si queremos que este quede reflejado. Esta posibilidad la controlaremos con la variable *Mirrtext*. Si vale 0, el texto quedará en la posición simétrica pero sin reflejarse. Si el valor es 1, se reflejará.

5.11 ALINEAR

Esta orden incluye el desplazamiento, giro y escala, pero con una sola orden.

Menú	Icono	Barra de comandos
Modificar → Operación 3D → Alinear		Texto: alinear
Ficha Inicio. Grupo Modificar.		

Pide que designemos el **Objeto a alinear**. Después, 3 pares de puntos. Hay que darle los puntos de la siguiente forma, siempre siguiendo este orden: primer punto del objeto a alinear al que llama origen; a continuación, primer punto del objeto con el que se alinea, al que llama punto de mira y así hasta completar la alineación.

5.12 MODO DE REFERENCIA A OBJETOS III

A continuación explicaremos algunas referencias a objetos más. Recordamos que activaremos estas opciones desde el menú **Herramientas** → **Parámetros de dibujo** → **Referencia a objetos**. O, también, desde la barra de estado como ya se explicó anteriormente.

▼ **Intersección ficticia**: resaltará la intersección entre la proyección de dos objetos, que no se tocan. Para ello, después de seleccionarla, pulsaremos sobre uno de los objetos que la formarán, al acercarnos al otro objeto se activará automáticamente la intersección ficticia.

▼ **Inserción**: al seleccionar esta referencia a objetos, se seleccionarán los puntos de inserción de los bloques, atributos o textos.

▼ **Cercano**: en este caso, se activará cualquier punto cercano al objeto por donde pase el cursor.

▼ **Punto**: resalta los puntos introducidos con la orden **Punto**.

5.12.1 Referencia a objetos 3D

Funciona como la referencia a objetos en 2D, pero aplicándola a puntos en 3D. Activaremos estas opciones desde el menú **Herramientas → Parámetros de dibujo → Referencia a objetos 3D**. O, también, desde la barra de estado como ya se explicó anteriormente. Las referencias disponibles son:

- ▼ **Vértice**: fuerza el cursor al vértice más cercano de un objeto 3D.
- ▼ **Punto medio de arista**: fuerza el cursor al punto medio de una arista de cara.
- ▼ **Centro de cara**: fuerza el cursor al centro de una cara.
- ▼ **Nudo**: fuerza el cursor a un nodo de una spline.
- ▼ **Perpendicular**: fuerza el cursor a un punto perpendicular a una cara.
- ▼ **Cercano a cara**: fuerza el cursor al punto más cercano a una cara de un objeto 3D.
- ▼ **Seleccionar todo**: activa la referencia a objetos 3D.
- ▼ **Deseleccionar**: desactiva la referencia a objetos 3D.

5.13 GRUPOS

Podemos crear agrupaciones de objetos y ponerles un nombre para identificarlos. A la hora de transformarlos o modificarlos, podemos llamarlos por su nombre y se seleccionarán todos los elementos del grupo. Para crear un grupo de objetos primero los seleccionaremos y, después, desde la cinta de opciones seleccionaremos **Inicio → Grupo**. Esta orden crea un grupo de objetos pero sin nombre.

Desde la misma pestaña de la cinta de opciones podemos acceder a los siguientes comandos:

- ▼ **Desagrupar**: descompone un grupo creado.

- ▼ **Editar grupo**: permite añadir o eliminar electos de un grupo ya creado.

- ▼ **Selección de grupos**: si se activa cada vez que seleccionemos un elemento del grupo se seleccionarán todos, mientras que si está desactivado no se seleccionará el grupo. Si no está activada la opción **Selección de grupos** a la hora de seleccionarlo haremos lo siguiente: cuando en la ventana de comandos nos pida que designemos los objetos a modificar, escribiremos "Grupo". Después, nos pedirá el nombre. Al escribirlo y pulsar **Intro**, quedará seleccionado dicho grupo.

▸ **Administrador de grupos**: nos aparecerá la siguiente ventana:

▸ En el apartado **Identificación de grupo**, pondremos el nombre y pulsaremos sobre **Nuevo**. El programa nos devuelve a la ventana de trabajo y podremos seleccionar los objetos que queramos que formen parte del grupo. Pulsaremos **Intro** y aceptaremos. Si queremos borrarlo, en la misma ventana lo seleccionaremos y pulsaremos **Eliminar**. Con el botón **Añadir**, podremos agregar objetos a un grupo ya formado. **Cambiar nombre** nos da la opción de modificar el nombre del grupo. **Reordenar** nos permitirá cambiar el orden de los objetos del grupo. **Descripción** nos permite introducir una breve descripción para el grupo o los objetos. **Descomponer** separa el grupo y deja los objetos como objetos independientes. **Seleccionable**, si no está activado, nos permite seleccionar los objetos independientemente del grupo, es decir, si un grupo tiene activada la opción **Seleccionable**, solo podrá seleccionarse como grupo.

▸ **Cuadro delimitador de grupo**: si lo activamos nos mostrará un recuadro alrededor del grupo seleccionado.

6

CAPAS, FILTROS Y CENTRO DE DISEÑO

6.1 INTRODUCCIÓN A LAS CAPAS

Si dibujamos manualmente un proyecto de arquitectura, tendremos que hacer varios planos: la planta de distribución, la planta de electricidad, etc. Para cada uno de ellos, se deben dibujar cada vez elementos comunes: paredes, muros, puertas…

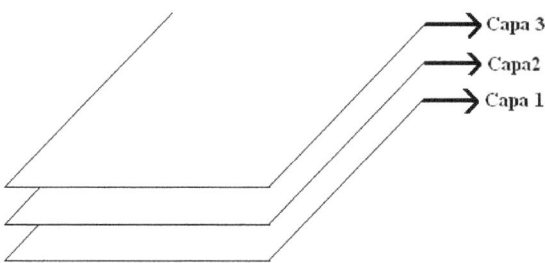

Con las **Capas** de AutoCAD, evitaremos esta repetición. Las capas son papeles transparentes que se superponen. Podemos tener una capa donde dibujaremos las partes comunes, otra donde dibujaremos los muebles, etc. AutoCAD permite trabajar con un número ilimitado de capas, asignando un nombre, color y un tipo de línea por defecto, es decir, si no se indica lo contrario, las entidades que se creen o dibujen en una capa tendrán las características predefinidas en la misma. La longitud del nombre puede ser de hasta 255 caracteres. No podemos insertar espacios en blanco pero sí el símbolo de dólar ($), el guión (-) y el subrayado (_).

Por defecto, se crea la capa 0, que no se puede eliminar ni renombrar. Es de color blanco o negro, según el color de fondo, y el tipo de línea es el *Continuous* (continua).

En la barra de herramientas de propiedades, en la barra de herramientas de capas, y, también en la cinta de opciones **Capas**, se nos informa de las características de la capa en la que estamos trabajando. En la barra de herramientas de capas también disponemos de un icono de **Capa previa**, que deshace los últimos cambios de los parámetros de las capas, y otro de **Administrador de los estados de Capas**, que nos mostrará un listado con los estados de las capas.

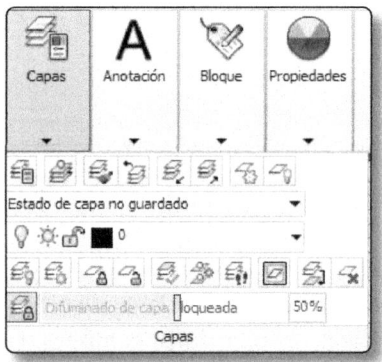

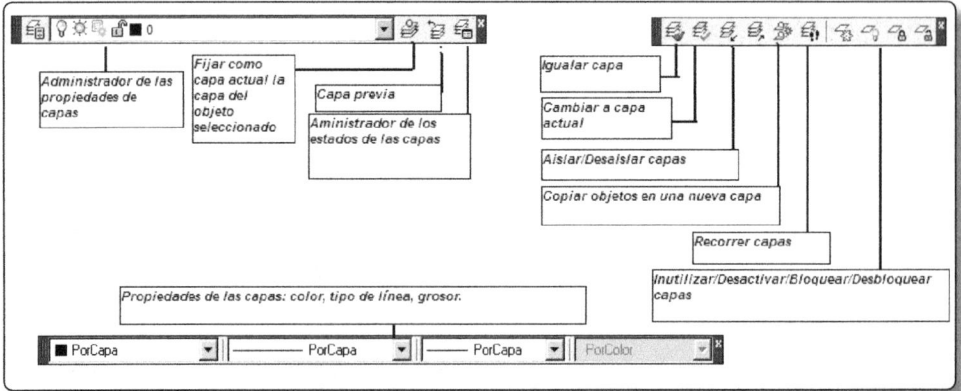

En el siguiente ejemplo veremos un caso real:

1. En una planta de arquitectura crearemos tres capas: paredes, cotas y sanitarios.

2. Si deseamos realizar la planta de sanitarios, no tendremos que dibujar las paredes.

3. Indicaremos que las visualizamos, pero las dibujaremos en la capa *Sanitarios*.

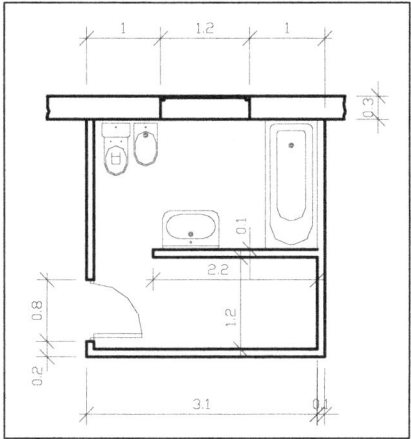

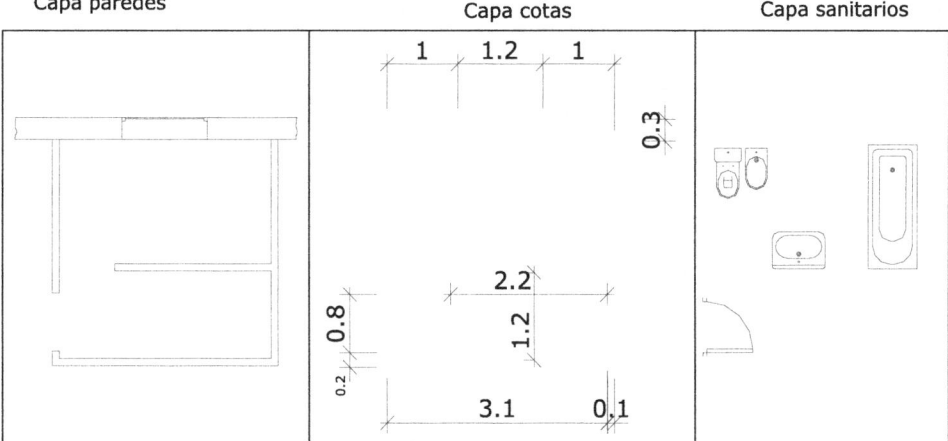

Capa paredes   Capa cotas   Capa sanitarios

6.2 CAPAS

Menú	Icono	Barra de comandos
Formato → Capa		Texto: capa
Ficha Inicio. Grupo Capas.		

A continuación mostramos las opciones disponibles en la ventana **Filtros y administración del estado de las capas**.

▼ **Filtros de capas**: con esta opción, podemos utilizar filtros para elegir las capas que queremos que aparezcan en el listado capas activadas, bloqueadas o con los nombres designados. Podemos utilizar comodines para ordenar o filtrar las capas.

▼ **Filtro de propiedades**: indicaremos los criterios de selección para que nos muestre las capas que los cumplen.

▼ **Nombre de filtro**: indicaremos un nombre para poder utilizarlo o modificarlo en otras ocasiones.

▼ **Mostrar ejemplo**: muestra dos ejemplos de actuación sobre los filtros de capas.

▼ **Definición de filtro**: seleccionaremos en cada apartado las propiedades que tienen las capas que queremos mostrar.

▼ **Vista preliminar de filtro**: muestra el resultado de la aplicación, es decir, las capas que cumplen los filtros definitivos.

▼ **Filtro de grupos**: actúa sobre un grupo de capas que nosotros seleccionamos. **Administrador del estado de las capas**: guarda, restaura y administra los estados de capas guardados.

▼ **Nuevo**: indicaremos el nombre para que guarde el estado actual de las capas. Utiliza la ordenación de lenguaje natural para la lista de capas, de manera que los números se ordenen en función de sus valores.

▼ **Suprimir**: elimina el estado de capa guardado que hayamos seleccionado.

▼ **Importar**: importa estados de capas guardados con anterioridad.

▼ **Exportar**: exporta estados de capas.

▼ **Parámetros de capa para restaurar**: indicaremos qué parámetros queremos restaurar. Podemos **Seleccionar todo** o **Borrar todo**.

PRÁCTICA 6.1

1. **Inicio → Capa**. Seleccionaremos **Nueva capa** . Crearemos cuatro capas nuevas y las llamaremos: **muros**, **puertas exteriores**, **puertas interiores** y **ventanas**.

2. Seleccionaremos **Nuevo filtro de propiedades** . En la ventana que nos aparece podemos indicar el nombre del filtro.

3. En la parte inferior del nombre escribiremos el texto para filtrar y el estado en que deben estar las capas para que el filtro las muestre. Seleccionaremos capas activas y en **Nombre** escribiremos "puerta".

4. Veremos que en la parte inferior nos aparecerán todas las capas que estén activas y que su nombre incluya el texto "puerta".

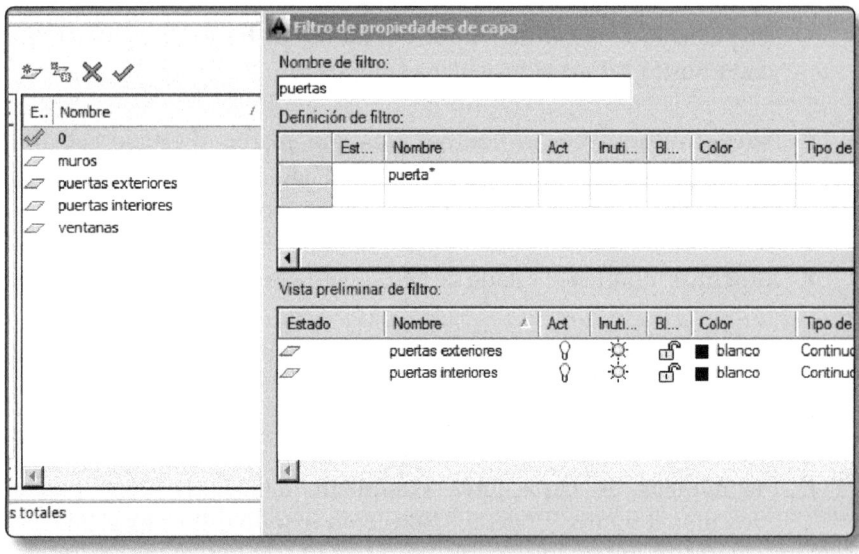

6.2.1 Carácter comodín para los filtros

Carácter	Definición
# (Almohadilla)	Equivale a cualquier número.
@ (Arroba)	Equivale a cualquier carácter alfabético.
. (Punto)	Equivale a cualquier carácter no alfanumérico.
* (Asterisco)	Equivale a cualquier cadena y puede ser utilizado en cualquier lugar de la cadena de búsqueda.
? (Signo de interrogación)	Equivale a cualquier carácter. Por ejemplo, ?BC equivale a ABC, 3BC, etc.
~ (Tilde)	Equivale a cualquier cosa que no sea lo precisado. Por ejemplo, ~*AB* equivale a todas las cadenas que no incluyan AB.
[ ]	Equivale a uno cualquiera de los caracteres delimitados por corchetes. Por ejemplo, [AB]C es igual a AC y BC.
[~]	Equivale a cualquier carácter que no sean los delimitados por corchetes. Por ejemplo, [~AB]C puede ser XC pero nunca AC.
[-]	Precisa un intervalo. Por ejemplo, [A-G]C es igual a AC, BC, etc., hasta GC, pero no HC.
`(Acento grave)	La cadena siguiente se toma literalmente. Por ejemplo, `*AB es igual a *AB.

6.2.2 Estado de las capas

▼ **Nueva**: nos va a servir para crear una capa nueva, pulsando **Nueva**. Tendrá los valores por defecto si no tenemos una capa seleccionada; en este caso, copiará los valores de la capa seleccionada. Pulsaremos sobre el apartado **Color** y seleccionaremos uno. Pulsaremos sobre el apartado **Tipo de línea** y la seleccionaremos.

▼ **Suprimir**: elimina una capa si no hay objetos dibujados.

▼ **Actual**: es la capa en la que estamos trabajando, es decir, en la que se dibujarán las entidades. Para dibujar las entidades directamente en una capa, primero la seleccionaremos y, después, pulsamos sobre **Actual**. Nos preguntará qué entidad va a fijar la capa actual.

6.2.3 Propiedades principales

Desde **Inicio** → **Capa** accedemos al **Administrador de Propiedades de capa**, las más importantes son:

▼ **Activar/desactivar**: activamos para ver lo que hay dibujado en la capa y desactivamos para no verlo. Si desactivamos una capa y movemos los objetos que están a la vista, los de la capa desactivada no se moverán. Si ponemos una capa desactivada como capa **Actual**, no podremos ver lo que estamos dibujando.

▼ **Inutilizar/reutilizar**: igual al anterior, pero cuando se regenera el dibujo, solo regenera lo que vemos. La inutilización o reutilización de capas lleva más tiempo que la activación o desactivación. No se puede poner una capa **Inutilizada** como **Actual**.

▼ **Bloquear/desbloquear**: permite ver la capa pero no modificarla.

▼ **Tipo línea**: aparecen los tipos de línea por defecto. Si queremos otro tipo, pulsaremos sobre **Cargar** y seleccionaremos el tipo de línea que necesitemos. Aceptaremos.

▼ **Grosor línea**: podemos elegir el grosor de la línea.

▼ **Transparencia**: nos permite elegir el grado de transparencia de los objetos que contiene la capa.

▼ **Estilo trazado**: para utilizar los colores por defecto del trazador o un estilo de trazado definido previamente.

▼ **Trazar**: con esta opción, podemos elegir qué capas queremos imprimir.

▼ **Inutilizar en las ventanas nuevas**: inutilizamos la capa designada en las ventanas nuevas.

▼ **Descripción**: cambia la descripción en el dibujo.

Estas propiedades las podemos activar y desactivar pulsando con el botón derecho sobre una o varias de las capas.

También podemos fusionar con este método dos o más capas. Para ello las seleccionaremos y pulsando sobre el nombre de una de ellas con el botón derecho del ratón entraremos en **Fusionar las capas seleccionadas en…**, nos aparecerá una ventana en la que tendremos que seleccionar el nombre de la capa con la que se fusionarán, tomando las características de esta última.

6.3 CAMBIAR LAS PROPIEDADES DE LOS OBJETOS

Altera características de las entidades designadas. Todos los objetos que integran un dibujo tienen propiedades. Algunas son generales y otras son particulares. A algunas características se puede acceder por medio de órdenes propias desde el menú, como **Formato** → **Color**, o por medio de la orden.

Menú	Icono	Barra de comandos
Modificar → Propiedades	🖳	Texto: propiedades
Inicio → Capas		

Podemos cambiarles el color, la capa en la que se encuentran, el tipo de línea, la escala del tipo de línea (tamaño de los trazos), la altura del objeto (es para tres dimensiones), el grosor, los datos geométricos...

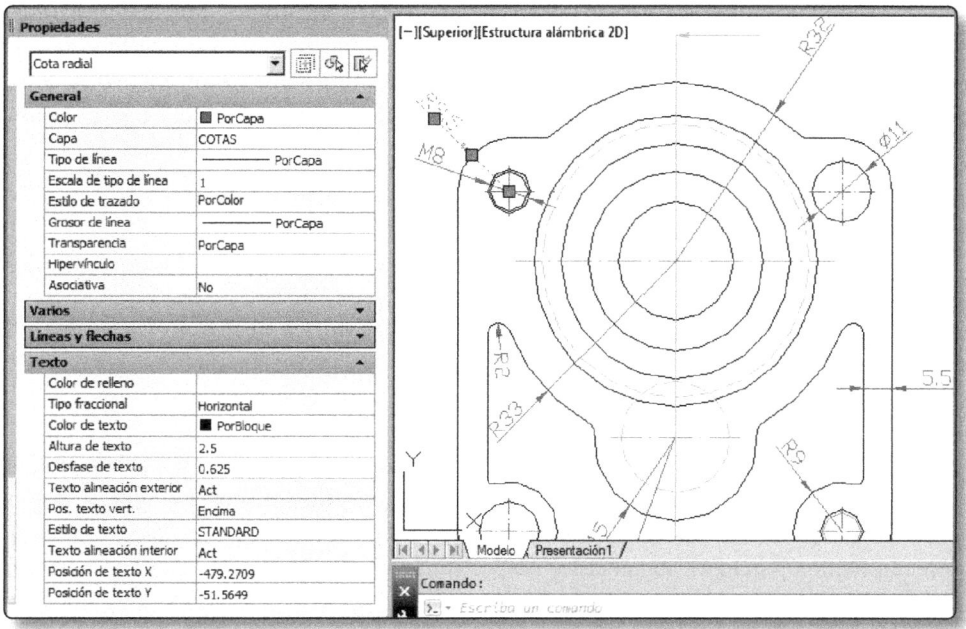

Una vez dentro de la orden, podemos designar un objeto, varios o ninguno. En cada caso, nos aparecerán en la ventana de modificación unos datos diferentes: si designamos un objeto, mostrará los datos referentes al mismo; si designamos varios, los datos comunes y si no designamos ninguno, tendremos datos generales del plano que una vez cambiados se aplicarán a los objetos que dibujemos a partir de ese momento. Al seleccionar cualquier cambio, color, tipo de línea… antes de aplicarlo se previsualizará sobre el objeto.

Si seleccionamos un objeto o varios y pulsamos el botón derecho del ratón, también podemos acceder a sus propiedades para poderlas cambiar seleccionando la opción **Propiedades**. Otra forma de acceder a ellas es pulsando dos veces seguidas sobre un objeto.

En la paleta de **Propiedades**, podemos modificar algunos valores. En la parte inferior izquierda de la misma, tenemos el botón de **Ocultar automáticamente**. Su forma es una doble flecha que cambiará a una flecha única en el momento de pulsarla. Esto nos permite tener la paleta en la ventana de trabajo pero ocupando menos espacio. Cuando nos situemos sobre el título, se abrirá de nuevo. Para cerrarla, pulsaremos el botón de **Cerrar** (x) situado en la parte superior izquierda de la misma. También podemos cambiar las propiedades de los elementos por medio de la barra de herramientas de **Propiedades**.

Podemos utilizar también desde el menú **Herramientas** → **Selección rápida**, o desde Ficha Inicio Grupo Utilidades para seleccionar una o varias entidades con características definidas y, después, transformar o modificar sus propiedades. Esta selección rápida también la podemos activar pulsando sobre el objeto con el botón derecho del ratón y elegir **Selección rápida**.

Debemos elegir:

- ▶ Si la selección la aplicaremos a un conjunto de objetos o a todo el dibujo.
- ▶ Qué tipos de objeto queremos seleccionar.
- ▶ Las propiedades que debe tener la selección.
- ▶ Si deben ser iguales o no a los valores definidos.
- ▶ El modo de aplicación.

Con la orden **Agregar selección** podemos crear un objeto partiendo de las características del que tengamos seleccionado. Para ello pulsaremos con el botón derecho del ratón sobre el objeto que tenga las propiedades que necesitamos y seleccionamos **Agregar selección** y empezamos a crearlo. Los objetos que permite este comando son:

Tipo de objeto	Propiedades admitidas
Degradado	Nombre de degradado, Color 1, Color 2, Ángulo de degradado, Centrado
Texto, TextoM, Definición de atributo	Estilo de texto, Altura
Cotas (lineales, alineadas, radiales, diamétricas, angulares, de longitud del arco y por coordenadas)	Estilo de cota, Escala de cota
Tolerancia	Estilo de cota
Directriz	Estilo de cota, Escala de cota
Directriz múltiple	Estilo de directriz múltiple, Escala general
Tabla	Estilo de tabla
Sombreado	Patrón, Escala, Rotación
Referencia a bloque, Referencia externa	Nombre
Calcos subyacentes (DWF, DGN, imagen y PDF)	Nombre

También podemos utilizar el comando **Selecciones similares**, que lo obtendremos pulsando con el botón derecho del ratón sobre el objeto que tenga las propiedades que necesitamos y seleccionando **Selecciones similares**.

Este comando selecciona objetos del mismo tipo basándose en propiedades coincidentes, como el color o el nombre de bloque.

6.3.1 Cambiar el color

Debemos tener en cuenta que, por defecto, todos los objetos adquieren las propiedades de la capa en la que están, pero si queremos, se puede cambiar esta característica.

Para cambiar el color de los objetos, podemos seleccionarlo y hacerlo en la barra de propiedades, o en la paleta **Seleccionar el color**. Pero también lo podemos hacer desde el menú **Formato** → **Color** o en la cinta de opciones **Inicio** → **Propiedades**. Nos muestra tres pestañas: **Índice**, **Verdadero** y **Libros**.

▶ **Color de índice**: muestra el índice de colores de AutoCAD, del 1 al 255; al seleccionar un color, su número aparece en el cuadro **Número**. Rojo, verde, azul indican el valor de color **RGB** para el color seleccionado. Si seleccionamos por capa, los objetos tomarán el color de la capa.

▶ **Color verdadero**: en este caso, podemos utilizar el modelo de color tonalidad, saturación y luminosidad (**HSL**) o el modelo de color rojo, verde y azul (**RGB**). Al utilizar color verdadero existen más de 16 millones de colores disponibles.

▶ **Libros de colores**: utilizaremos libros de colores definidos por otros fabricantes o por el usuario.

6.3.2 Cambiar el tipo de línea

Podemos cambiar el tipo de línea de los objetos seleccionándolo en la barra de propiedades o seleccionándolo en la paleta. También lo podemos hacer desde el menú **Formato** → **Tipo de línea** o en la cinta de opciones **Inicio** → **Propiedades**.

Factor de escala global es el tamaño de los trazos para todas las líneas creadas y para las que creemos a partir de este momento, mientras que la **Escala del objeto actual** se aplica a los objetos dibujados a partir del momento en que se cambie este factor. Si cambiamos el **Factor de escala** del objeto actual primero y después el **Factor global**, este último influiría en todos los objetos que tengan cambiada la escala actual. Cuanto menor sea la escala, más se repetirá el patrón.

Si queremos cambiar una línea individualmente, lo podremos hacer desde la orden **Modificar** → **Propiedades**.

Podemos elegir filtros para mostrar los tipos que tenemos en el dibujo actual. Con **Cargar**, podemos añadir en el dibujo los tipos de línea seleccionados en el archivo *acad.lin* y añadirlos a la lista de tipos de línea.

6.3.3 Cambiar el grosor de la línea

Podemos cambiar el grosor de la línea de los objetos seleccionándolos en la barra de propiedades. También lo podemos hacer desde el menú **Formato → Grosor de línea** o en la cinta de opciones **Inicio → Propiedades**.

Nos muestra los grosores definidos, las unidades y si queremos que en la pantalla se muestre el grosor.

6.3.4 Cambiar objetos de capa

Como ya hemos comentado, cuando creamos un objeto aparece en la capa que tenemos como actual, pero podemos hacerlo en cualquier otra y, después, distribuirlo según sus características de las siguientes dos formas:

Seleccionamos el objeto a cambiar, pulsamos el botón derecho del ratón y designamos **Propiedades**. En el apartado **Capa**, seleccionamos la capa de destino. En ese momento, se ha cambiado el objeto de capa. Para finalizar, pulsaremos dos veces la tecla **Escape** para deseleccionar el objeto y cerraremos la paleta de **Propiedades**.

Seleccionamos el objeto. En la barra de herramientas de **Capas** desplegamos la flecha que contiene el nombre y las propiedades y seleccionamos la capa destino. Para finalizar, pulsaremos dos veces la tecla **Escape** para deseleccionar el objeto.

6.4 IGUALAR LAS PROPIEDADES DE LAS ENTIDADES

Iguala propiedades de una entidad original con otra u otras.

Menú	Icono	Barra de comandos
Modificar → Igualar propiedades		Texto: igualarprop
Ficha Inicio. Grupo Propiedades		

Primero, designaremos el **Objeto original** (del cual queremos copiar las propiedades). A continuación, designaremos objetos de destino.

6.5 FILTROS PARA MODIFICAR OBJETOS

Lo que conseguimos con esta orden es seleccionar una serie de entidades que cumplen una característica común.

Primero, le daremos una orden de modificación, por ejemplo, **Borrar**. Nos pedirá designar objetos (queremos borrar todos los círculos del dibujo). Escribiremos "Fi" o "Filter". En la ventana que se abre, desplegaremos la lista de tipos de objetos que se pueden filtrar. Para elegir entre algunas propiedades, podemos utilizar el botón de selección que, en algunos casos, tendrá una lista de valores. Después de seleccionar la **Propiedad** y el **Valor**, pulsaremos **Añadir a la lista** y **Aplicar**. Si queremos eliminar un filtro, pulsaremos sobre **Suprimir**. Para editar su contenido, sobre **Editar**. Para cambiar el contenido, sobre **Sustituir** y para guardar una selección de propiedades, seleccionaremos **Nombre** y **Guardar como**.

6.6 CENTRO DE DISEÑO

El **Centro de diseño** tiene el mismo funcionamiento que el explorador de Windows, es decir, nos permite navegar por todos los elementos que componen un dibujo. Este puede encontrarse en nuestro ordenador personal, en una unidad de red o, incluso, en una página web. Su propósito es la reutilización de dichos elementos en nuevos proyectos.

Menú	Icono	Barra de comandos
Herramientas → Paletas → DesignCenter		Texto: adcenter
Ficha Vista. Grupo Paletas		

Por defecto, nos muestra los datos del dibujo actual y, mediante los botones superiores de esta ventana, podemos abrir cualquier dibujo, como, por ejemplo, una imagen o una referencia externa, para utilizar sus elementos (como estilos de texto, de acotación, bloques) en otro dibujo y copiarlos solamente seleccionándolos y arrastrando y pegando.

A la izquierda de la ventana, tenemos la vista estándar del explorador, y, a su derecha, un área que nos muestra el contenido de lo que hemos seleccionado. Desde el área de la derecha es desde donde podemos seleccionar un elemento y, arrastrándolo, pegarlo en nuestro dibujo actual. En la zona inferior derecha, tenemos una vista preliminar y una descripción del elemento seleccionado. La parte superior nos muestra una barra de herramientas con las opciones para cambiar el tamaño, la posición y el aspecto de este explorador.

Si queremos cambiar el tamaño, arrastraremos con el ratón sobre el borde de la ventana. Si pulsamos el botón del ratón dos veces seguidas sobre la barra de título del **Centro de diseño**, este se anclará en un borde de la ventana de AutoCAD.

En la zona inferior izquierda hay un icono que, pulsándolo, nos proporciona la opción de ocultar la ventana automáticamente, y, debajo de este, tenemos el icono de **Propiedades**. Tenemos cuatro tipos diferentes de pestañas para buscar los dibujos que necesitamos:

▶ **Carpetas**: muestra la forma clásica del explorador para acceder a cualquier carpeta que esté en la misma o en otra unidad de disco, incluso en la red.

▶ **Dibujos abiertos**: aparecen los dibujos que en ese momento tenemos abiertos.

▶ **Historial**: despliega un listado de los últimos dibujos en los que hemos trabajado.

▶ **DC On-line**: ofrece páginas web *on-line*.

La descripción de los iconos de la parte superior es, de izquierda a derecha, la siguiente: **Cargar**, cualquier tipo de dibujo, patrón, imagen, etc.; **Atrás**, ir a los últimos dibujos visitados; **Adelante**, **Superior**, ir a un nivel superior; **Buscar**, **Favoritos**, **Inicio**, **Vista en árbol**, **Vista preliminar**, **Descripción** y **Tipos de vista**.

Si pulsamos con el botón derecho del ratón sobre la ventana en árbol o desde la ventana de la derecha, tendremos la posibilidad de acceder también a las diferentes opciones que ya hemos descrito.

6.7 CONTENT EXPLORER

Administrador de contenidos nos permite, por medio de la indexación, acceder más rápidamente al contenido del diseño. Accedemos desde la cinta de opciones ficha complementos grupo contenido, busca se mostrará de forma flotante, pero como las otras ventanas del programa se puede anclar. Podemos configurar la transparencia y contraerla.

6.8 CONVERSOR DE CAPAS

Podemos cambiar la denominación de las capas del dibujo actual para que se ajusten a unas normas ya establecidas por nosotros y que coincidan siempre en todos los dibujos.

En **Convertir desde** nos aparecerán las capas del dibujo actual; en **Convertir a**, las capas que tenemos normalizadas. Podemos insertarlas con **Cargar** desde una plantilla u otro dibujo o creándolas nuevas.

Menú
Herramientas → Normas de CAD → Conversor de capas
Ficha Administrar. Grupo Normas de CAD.

Si pulsamos sobre **Mismo mapa**, todas las capas que tengan el mismo nombre en los dos lados se unificarán, mientras que si seleccionamos una capa en el lado izquierdo y otra en el derecho, la primera se convertirá en la segunda. En la zona inferior de la ventana se nos irán indicando los cambios producidos.

6.9 NORMAS DE CAPAS

Podemos establecer una serie de normas para que nuestros dibujos tengan siempre los mismos parámetros, las propiedades de las capas, los estilos de cota, los tipos de línea y los estilos de texto.

Para crear un archivo de normas, lo primero que haremos será, en un archivo nuevo, crear las capas, estilos de cota, tipos de línea y tipos de texto que deseemos incluir como normas. Después en **Archivo**, elegimos **Guardar como**. Escribiremos un nombre y, en la lista **Tipo de archivos**, seleccionaremos **Normas de dibujo de AutoCAD** (*.dws). Pulsaremos **Guardar**.

Para asociar un archivo de normas al dibujo actual y poder comprobarlo, entraremos en **Herramientas** → **Normas de CAD** → **Configurar**. Y desde la cinta de opciones Ficha Administrar. Grupo Normas de capa. En la ficha **Normas**, seleccionaremos el botón +. Seleccionaremos el archivo de normas y lo abriremos y pulsaremos **Aceptar**.

Por último, podemos verificar si nuestro dibujo cumple las normas. Entraremos en **Herramientas** → **Normas de CAD** → **Comprobar**. Y desde la cinta de opciones Ficha Administrar. Grupo Normas de capa. Nos aparece una ventana que nos muestra las discrepancias entre archivos y sus posibles soluciones: corregir, ignorar el problema...

6.10 HERRAMIENTAS DE CAPAS

Para utilizar las herramientas de capas, que nos serán muy útiles, entraremos en el menú **Formato** → **Herramientas de capa** o desde la cinta de opciones Ficha Inicio Grupo Capas.

Las opciones disponibles son:

- **Fijar como actual la capa del objeto**: al seleccionar un objeto, la capa a la que pertenece quedará fijada como actual.

- **Capa previa**: deshace las últimas acciones realizadas sobre la configuración de las capas.

- **Recorrer las capas**: nos muestra un listado de las capas a las que pertenecen los objetos seleccionados.

- **Igualar capa**: cambia los objetos de capa. Primero, seleccionaremos el objeto que queremos cambiar y, a continuación, un objeto que esté en la capa a la que queremos cambiarlo.

- **Cambiar a capa actual**: después de entrar en esta orden, los objetos que se seleccionan cambiarán a la capa que tenemos como actual.

- **Copiar objetos en una nueva capa**: copia los objetos que seleccionamos en una nueva capa designada por nosotros.

- **Aislar capas**: desactiva todas las capas de las que no hayamos seleccionado ningún objeto.

- **Aislar capa en ventana gráfica actual**: desactiva todas las capas de las que no hayamos seleccionado ningún objeto en las ventanas de presentación.

▼ **Desaislar capas**: activa las capas que hayamos desactivado con la orden **Aislar capas**.

▼ **Desactivar capas**: desactiva la capa del objeto seleccionado.

▼ **Activar todas**: activa todas las capas.

▼ **Inutilizar capas**: inutiliza las capas de los objetos que hayamos seleccionado.

▼ **Reutilizar todas las capas**: reutiliza todas las capas.

▼ **Bloquear capa**: bloquea la capa del objeto seleccionado.

▼ **Desbloquear capa**: desbloquea la capa del objeto seleccionado.

▼ **Fusionar capa**: envía los objetos seleccionados a la capa que se selecciona en segundo lugar. La capa del primer objeto seleccionado queda suprimida.

▼ **Suprimir capa**: suprime la capa y los objetos que en ella se encuentran.

PERSONALIZAR EL ENTORNO DE TRABAJO

7.1 INTRODUCCIÓN

Cuando abrimos AutoCAD o empezamos un nuevo dibujo desde la orden **Archivo → Nuevo**, o menú de la aplicación normalmente nos aparecerá una ventana para que elijamos la plantilla a partir de la cual crearemos el plano. Si queremos que nos aparezca el cuadro de diálogo de **Inicio**, deberemos activarlo, pues por defecto, se encuentra desactivado. Para ello escribiremos en la ventana de comandos la variable "STARTUP", seguidamente AutoCAD nos solicitará: **Indique nuevo valor**. Introduciremos el valor 1, si no lo tiene ya, pulsaremos **Intro**. Además de la variable anterior, también debemos tener la variable *FILEDIA*, con el valor 1.

A partir de este momento, cada vez que accedamos a AutoCAD o iniciemos un nuevo dibujo (**Archivo → Nuevo**) se mostrará el cuadro de diálogo inicial. En el caso de que queramos restablecer los parámetros por defecto que tiene AutoCAD haremos lo siguiente, con el programa cerrado entraremos en el menú inicio de Windows → todos los programas → Autodesk → AutoCAD 2019 y seleccionaremos restablecer parámetros por defecto. Aceptaremos la opción que nos interese.

7.2 CUADRO DE DIÁLOGO INICIAL

En la parte superior izquierda de la ventana del cuadro de diálogo inicial, tenemos cuatro iconos que describimos a continuación:

▼ **Abrir dibujo**: nos muestra la ventana de **Archivo** → **Abrir**.

▼ **Valores por defecto**: solo nos pide que elijamos entre el sistema **Métrico** o el **Imperial**, es decir, el inglés.

▼ **Utilizar una plantilla**: esta opción permite utilizar un formato ya establecido, creado por AutoCAD o por nosotros. Podemos emplear la plantilla *Acad.dwt* para dibujar en pulgadas. El límite del papel es de 12 × 9 pulgadas. La plantilla *Acadiso.dwt* tiene los valores por defecto en milímetros y su límite es de 420 × 297, es decir, un DIN A-3.

7.2.1 Utilizar un asistente

Si utilizamos un asistente tenemos las siguientes opciones:

▼ **Configuración rápida** → **Aceptar**.
▼ **Unidades y precisión**:

● Decimal: para unidades decimales.
● Pies y pulgadas I: para pies y pulgadas decimales.
● Pies y pulgadas II: para pies y pulgadas fraccionarias.
● Fraccionarias: muestra las medidas con enteros y fracciones.
● Científicas: para notación científica.

▼ **Área**: es el tamaño del papel y de la rejilla.
▼ **Configuración avanzada** → **Aceptar**.

▶ **Unidades y precisión**:

- Decimal: para unidades decimales.
- Pies y pulgadas I: para pies y pulgadas decimales.
- Pies y pulgadas II: para pies y pulgadas fraccionarias.
- Fraccionarias: muestra las medidas con enteros y fracciones.
- Científicas: para notación científica.

▶ **Ángulo y precisión**:

- Grados decimales: muestra grados decimales.
- Gra/Min/Seg: muestra los grados en minutos y segundos.
- Grados centesimales: muestra los grados centesimales.
- Radianes: muestra los grados en radianes.
- Topográfico: muestra los grados en unidades topográficas.

▶ **Medida de ángulo**: indica la posición del ángulo 0.

▶ **Dirección del ángulo**: es el sentido en que van a rotar los ángulos, es decir, en sentido horario o antihorario.

▶ **Área**: es el tamaño del papel y de la rejilla.

En el menú **Formato** → **Unidades**, podremos establecer también el valor de las unidades de trabajo.

En la ventana anterior disponemos de cuatro apartados:

▶ **Longitud**: para indicar el tipo y precisión de las unidades lineales. Tenemos que elegir entre científico, decimal, pies y pulgadas I, pies y pulgadas II o fraccionarias. Y la precisión.

▶ **Ángulo**: debemos elegir el tipo y la precisión de unidades angulares entre grados decimales, grados/minutos/segundos, radianes y unidades topográficas. También debemos indicar el sentido positivo del ángulo: en dirección horaria o antihoraria. Deberemos indicar la precisión deseada. En la parte inferior, tenemos que definir la posición del grado 0 pulsando sobre el botón **Dirección**.

▶ **Escala de inserción**: este valor controla el factor de escala que se utilizará al importar bloques para asegurarnos de que, cuando importemos un bloque que ha sido creado en metros, por ejemplo, a un dibujo creado en milímetros, se ajusten ambos.

▼ **Iluminación**: por medio del menú desplegable podremos seleccionar las unidades de iluminación para crear y utilizar luces fotométricas (empleadas en los dibujos en 3D). Es necesario establecer una unidad distinta de la genérica en la lista de opciones.

7.3 CREAR UNA PLANTILLA

Dibujamos el formato que necesitamos con las variables requeridas: capas, tipos de línea... A continuación, vamos al menú **Archivo** → **Guardar como** → **Tipo de archivo** y elegimos **Plantilla de dibujo de AutoCAD**. Damos el nombre y aceptamos.

PRÁCTICA 7.1

1. Crear una plantilla.

2. **Archivo** → **Nuevo**.

3. **Valores por defecto** → **Métrico**.

4. **Dibujo** → **Línea**. Dibujamos un rectángulo con las medidas de un A4 (21 x 29,7).

5. **Formato** → **Capa**. Creamos una capa de **Ejes de color rojo** con el tipo de línea **Trazo y punto**, y otra capa de **Ocultas de color azul** con el tipo de línea **Líneas ocultas**. Utilizaremos la capa 0 para las líneas principales.

6. **Archivo** → **Guardar como**. En **Tipo de archivo**, seleccionamos **Plantilla**. En nombre pondremos "E-1", seleccionaremos la carpeta **Template** y lo guardaremos allí. Aceptaremos.

7.4 PALETA DE HERRAMIENTAS

Las paletas de herramientas nos permiten organizar, compartir e insertar bloques y sombreados en el dibujo que tenemos abierto, además de tener un acceso rápido a distintas órdenes. Disponemos de las siguientes paletas por defecto:

- ▶ Bloques dinámicos.
- ▶ Muestras.
- ▶ Creación 3D.
- ▶ Materiales.
- ▶ Biblioteca de materiales.
- ▶ Luces cámaras.
- ▶ Estilos visuales.

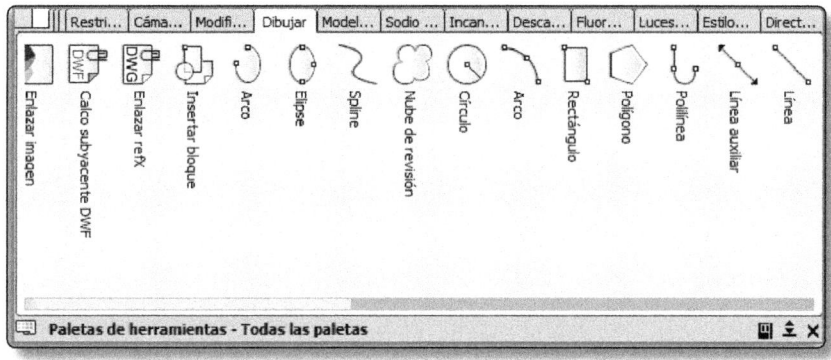

Por ejemplo, dentro de la paleta de **Creación 3D**, tenemos las herramientas de modelado, entre las que podemos destacar la creación de hélices cilíndricas: espirales en 2D, cilindros elípticos… Dentro de **Materiales**, tenemos distintos tipos de hormigón, materiales para suelo, para maderas…

7.5 BARRAS DE HERRAMIENTAS

Al iniciar el programa, por defecto, nos aparecerán las siguientes barras de herramientas: estándar, propiedades de los objetos, dibujo, modificar, estilos y capas. Para añadir o quitar herramientas, entraremos en el menú: **Ver → Barra de herramientas**.

En el cuadro de diálogo, aparece la lista de los elementos que podemos personalizar. Pulsaremos dos veces sobre **Barras de herramientas** y se despliega un listado de todas las barras de herramientas predeterminadas del programa.

Si pulsamos sobre el nombre de una de las barras, nos mostrará a la derecha sus propiedades, entre las que destaca si está activada o no. Pulsando sobre la flecha que aparecerá cuando estemos situados sobre la opción, podremos cambiar su situación.

AutoCAD proporciona las barras de herramientas para acceder a las órdenes más frecuentes de forma rápida.

Para hacer los siguientes ejercicios abriremos la plantilla creada en la práctica.

8

OBJETOS COMPLEJOS

8.1 POLILÍNEAS

Menú	Icono	Barra de comandos
Dibujo → Polilínea		Letra: pol
Ficha Inicio. Grupo Dibujo.		

Tanto los polígonos como los rectángulos son objetos de polilínea. Las polilíneas son también objetos que permiten indicar un grosor inicial y otro final, que pueden ser iguales o diferentes, y, además, podemos unir elementos rectilíneos con arcos formando toda clase de figuras compuestas. Lo que les diferencia de los objetos simples (líneas, arcos…) es que, las polilíneas, forman una entidad única. Para dibujarlas hay que especificar el **Punto inicial** y, a continuación, si no elegimos cualquier otra opción, irá preguntándonos por el **Punto siguiente...**

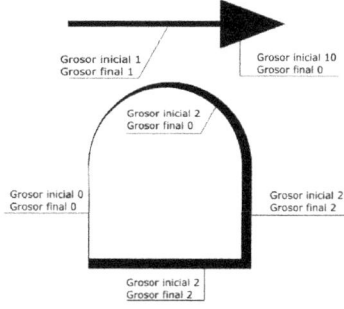

Entraremos en **Inicio o Dibujo** → **Polilínea**. En la línea de comandos, aparecen las siguientes opciones:

▼ **Grosor**: es el grosor de la polilínea. Nos pedirá el inicial y el final.

▼ **Mitad grosor**: por si queremos darle la mitad del valor del grosor.

▼ **Cerrar**: es igual al comando cerrar de línea.

▼ **Deshacer**: deshace la última orden introducida.

▼ **Longitud**: crea una línea de la longitud que le indiquemos, en la misma dirección y ángulo que la línea anterior. Si es un arco, será tangente.

▼ **Arco**: dibuja un arco. Tiene las siguientes opciones:

- Ángulo, en sentido trigonométrico.
- Centro.
- Radio.
- Segundo punto.
- Dirección: es la dirección del arco. Solo le tendremos que indicar su punto final.
- Radio: del arco.
- Cerrar: es igual al comando cerrar de línea.
- Deshacer: deshace la última orden introducida.
- Línea: vuelve al menú de línea.

Menú	Icono	Barra de comandos
Dibujo → Contorno		Texto: contorno
Ficha Inicio. Grupo Dibujo.		

Genera una polilínea a partir de un punto en su interior designado por nosotros sobre una entidad dibujada.

▼ **Tipo de objeto**: elegiremos entre polilínea o región, que es un área cerrada.

▼ **Designar punto**: se evidencia el contorno de la polilínea, que debe estar cerrada.

▼ **Detección de islas**: indica si se deben tener en cuenta objetos internos cerrados en el conjunto o no.

▼ **Conjunto de contornos**: en este apartado, indicamos los objetos que se deben tener en cuenta para la creación del contorno.

8.1.1 Editar la polilínea

Menú	Icono	Barra de comandos
Modificar → Objeto → Polilínea		Texto: Editpol
Ficha Inicio. Grupo Modificar.		

Lo primero que nos pedirá es **Designar polilínea** y en caso de que no sea polilínea, nos preguntará si la queremos transformar en una. Si contestamos que no, seguirá pidiéndonos que designemos una. Si la queremos transformar, o bien, el objeto designado ya es una polilínea, aparecerán en la línea de comandos las siguientes opciones:

▼ **Cerrar/Abrir**: para cerrar o abrir la polilínea.

▼ **Juntar**: une varias entidades como una única polilínea. Para ello, hay que designarlas.

▼ **Grosor**: cambia el grosor de la polilínea.

▼ **Editar vértices**: edita los vértices para ser modificados. Las opciones que aparecen son: siguiente, precedente, cortar, insertar (hay que emplazar el nuevo vértice), desplazar y alisar (elimina los vértices entre dos designados).

▼ **Curvar/Spline**: transforma la polilínea en uno de estos objetos.

▼ **Estado previo curva**: suprime los vértices que considera que le sobran.

▼ **GenerarTl**: genera el tipo de línea a partir de los vértices de la polilínea. Si se desactiva esta opción, se generará empezando y acabando con un trazo en cada vértice.

▼ **Invertir**: cambia el orden que tienen los vértices.

▼ **Deshacer**: deshace la última acción.

▼ **Salir**: salimos de esta orden.

También tenemos la opción de editar polilíneas de forma interactiva, utilizando el botón derecho del ratón.

Podemos seleccionar **Polilínea** y simplemente situarnos sobre un vértice dejando unos segundos el ratón sin moverlo, nos mostrará las siguientes opciones: **Estirar vértice**, **Añadir vértice** y **Eliminar vértice**.

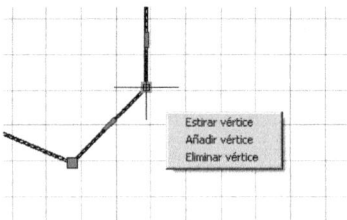

Si, en vez de situarnos sobre el vértice, nos situamos sobre un punto de control las opciones serán: **Estirar**, **Añadir vértice** y **Convertir en arco**.

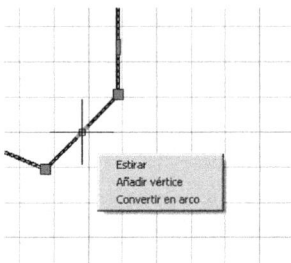

En cualquier caso seleccionaremos la opción que necesitamos y veremos como el puntero del ratón queda acoplado a la polilínea, en espera de ejecutar la orden.

Si seleccionamos la polilínea que queremos modificar y pulsamos sobre ella con el botón derecho del ratón nos aparecerán las siguientes opciones, que son las mismas que aparecen cuando seleccionamos la orden de edición desde el menú:

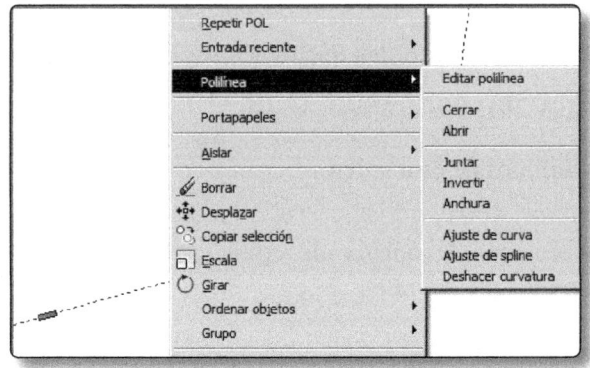

PRÁCTICA 8.1

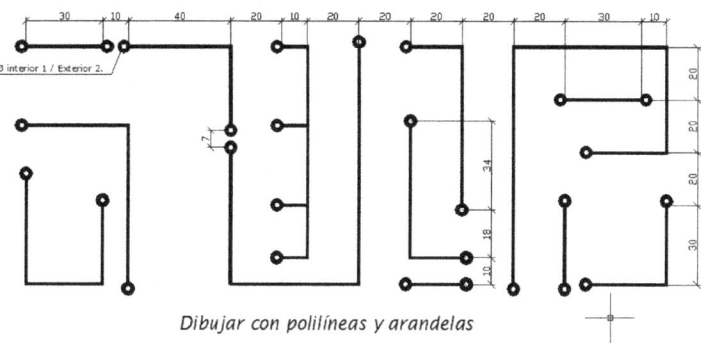

Dibujar con polilíneas y arandelas

8.2 SPLINES

Permite dibujar curvas, que tienen más puntos de control y, por lo tanto, son más manejables, a partir de una secuencia de puntos.

Menú	Icono	Barra de comandos
Dibujo → Spline		Texto: spline
Ficha Inicio. Grupo Dibuja.		

Le indicamos los puntos por donde pasará la spline que, al mismo tiempo, serán los de control para modificarla. Las opciones de las que disponemos son:

▼ **Primer punto**: se van definiendo puntos hasta acabar.
▼ **Cerrar**: cierra la spline.
▼ **Ajustar tolerancia**: si es 0, la línea pasa por los puntos de ajuste.
▼ **Objeto**: convierte polilíneas curva B en spline.

8.2.1 Editar spline

Menú	Icono	Barra de comandos
Modificar → Objeto → Spline	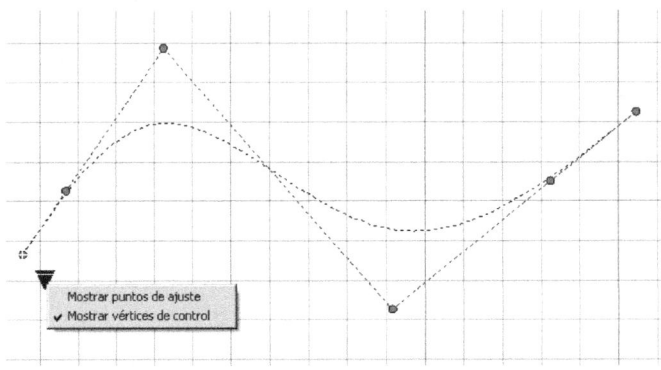	Texto: editspline
Ficha Inicio. Grupo Modificar		

Nos pedirá, como siempre, **Seleccionar spline**: aparecen los puntos de control.

▸ **Ajustar datos**: edita datos de ajuste. Se pueden modificar.
▸ **Añadir**: añade un punto.
▸ **Cerrar/Abrir**: cierra o abre la spline.
▸ **Desplazar vértices**: desplaza los puntos de control y modifica la forma de la spline.
▸ **Suprimir**: suprime un punto.
▸ **Precisar**: ajusta la definición de la spline.
▸ **Invertir**: invierte el orden de los puntos de la spline.
▸ **Convertir en polilínea**: convierte la spline en una polilínea.
▸ **Deshacer**: deshace la última acción.
▸ **Salir**: salimos de la orden.

Podemos también editar la spline desde el menú contextual en la pantalla. Lo haremos de la siguiente forma, una vez seleccionada la spline deberemos acercarnos al punto de control en forma de flecha y allí indicar qué tipo de puntos queremos ver. Si mostramos los vértices de control seleccionamos uno de ellos y movemos el ratón para modificar la curvatura de la spline.

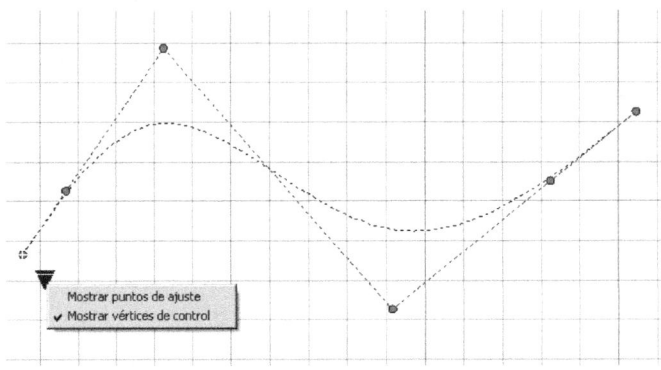

Si seleccionamos los puntos de ajuste, las opciones que nos mostrará para modificar son diferentes dependiendo de si utilizamos el punto inicial o final o, por el contrario, son puntos intermedios. La diferencia estará en que en los puntos inicial y final aparecerá la opción **Dirección de tangente** mientras que en los intermedios no. El resto de opciones son: **Estirar punto de ajuste**, que permite modificar la curva, **Añadir punto de ajuste** y **Eliminar punto de ajuste**.

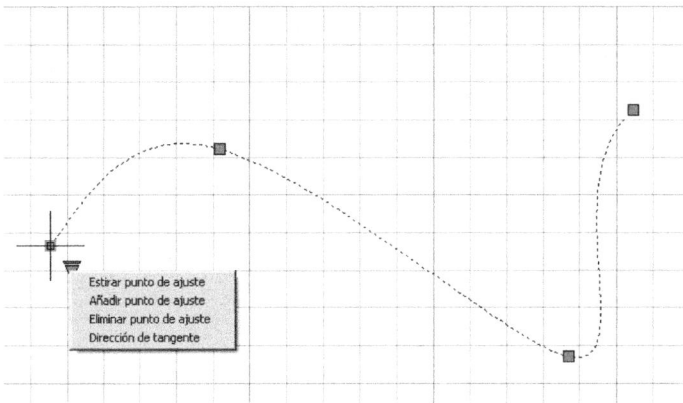

PRÁCTICA 8.2

---

1. El ejercicio que realizaremos a continuación lo dibujaremos con splines.

8.3 LÍNEAS MÚLTIPLES

Las líneas múltiples son objetos formados por segmentos paralelos. Este comando nos permite dibujar varias líneas al mismo tiempo, lo que nos puede resultar muy útil por ejemplo para dibujar circuitos, carreteras, calles, tabiques de viviendas, etc.

Menú	Icono	Barra de comandos
Dibujo → Línea múltiple		Texto: lineam
Ficha Inicio. Grupo Dibujo.		

El acceso a esta opción nos solicitará el punto inicial o una de las siguientes opciones en la línea de comandos:

▼ **Cerrar**, **Deshacer**, **Al punto**.
▼ **Escala**: multiplica la anchura de la línea por el valor introducido en escala.
▼ **Justificar**:

- Max: dibuja por debajo del cursor.
- Cer: en cursor centrado.
- Min: encima del cursor.
- Estilo: dibuja con un estilo de línea múltiple ya definido en el siguiente apartado.

8.3.1 Estilo líneas múltiples

Menú
Formato → Estilo línea múltiple

Nos aparece el listado de los tipos de líneas múltiples creadas, además de las siguientes opciones:

▼ **Definir actual**: indicaremos que la línea seleccionada será la que se aplique al entrar en el dibujo de líneas múltiples.
▼ **Nuevo**: crearemos un tipo de línea nuevo.
▼ **Modificar**: modificamos el tipo de línea seleccionado.

▸ **Cambiar nombre**: nos permite cambiar el nombre de la línea seleccionada.

▸ **Suprimir**: elimina la línea seleccionada.

▸ **Cargar**: importa tipos de línea ya creados y guardados.

▸ **Guardar**: guarda los tipos de línea indicados en archivos que podremos cargar en otros ordenadores.

Si pulsamos sobre **Nuevo**, le debemos indicar el nombre que queremos para la línea. A partir de aquí, entramos en la ventana de creación y modificación de líneas.

▸ **Elementos**: en este apartado, designamos la distancia entre líneas, el color y los tipos de línea.

▸ **Extremos**: indicaremos cómo son los extremos de la línea y si va rellena.

▸ **Mostrar juntas**: controla la visualización de las juntas de los vértices de cada segmento.

8.3.2 Editar líneas múltiples

Menú	Barra de comandos
Modificar → Objeto → Línea múltiple	Texto: editarlm

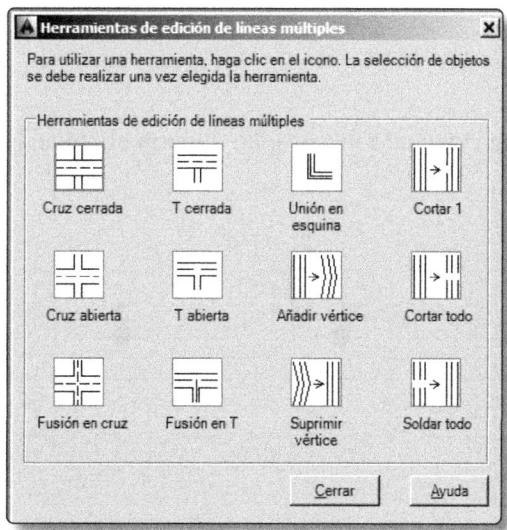

A partir de una línea múltiple de base, podemos modificar las uniones o crearlas nuevas. Las posibilidades de modificación son de arriba hacia abajo y de izquierda a derecha, según la figura siguiente:

▶ **Cruz cerrada**: la primera línea que designemos será la que se situará por debajo de la segunda.

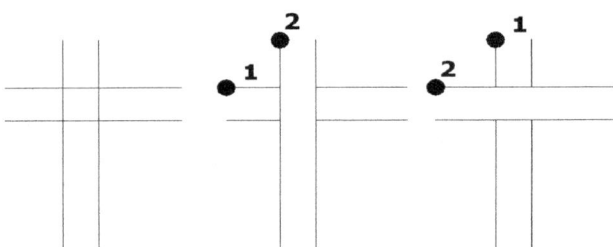

▶ **Cruz abierta**: en este caso, el orden de designación afectará al eje.

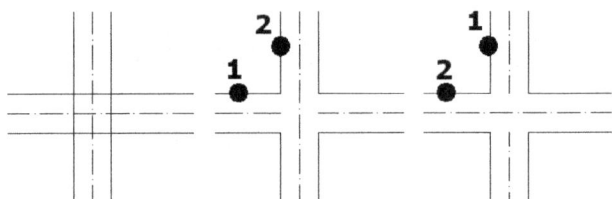

▶ **Fusión en cruz**: en este caso, no importa el orden de designación.

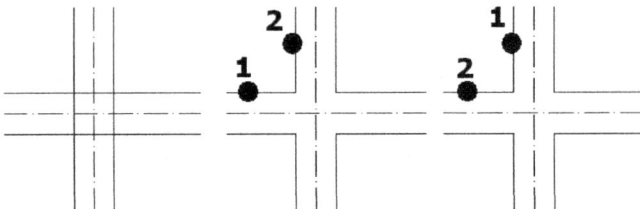

▟ **T cerrada**.

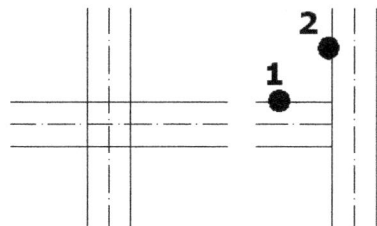 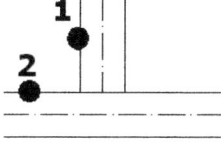

▟ **T abierta**.

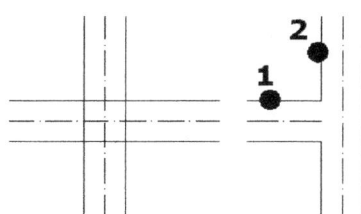 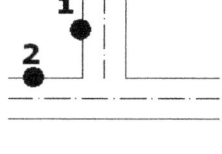

▟ **Fusión en T**.

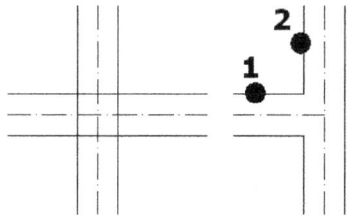 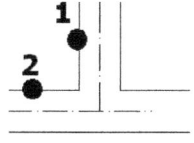

▼ **Unión en esquina**: nos pedirá que designemos primero una y después la otra esquina. No importa el orden de selección.

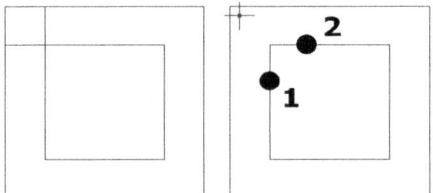

▼ **Añadir vértice**.

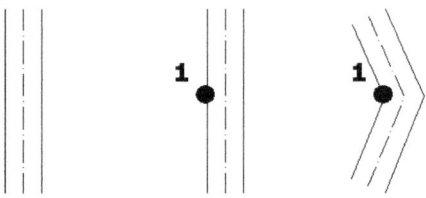

▼ **Eliminar vértice**.

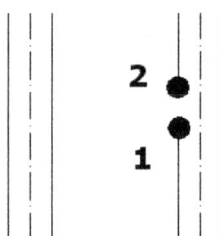

▼ **Cortar 1**.

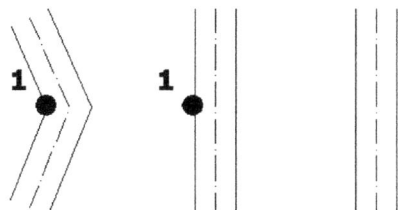

▼ **Cortar todo**.

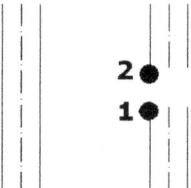

▼ **Soldar todo**.

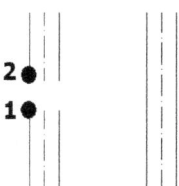

PRÁCTICA 8.3

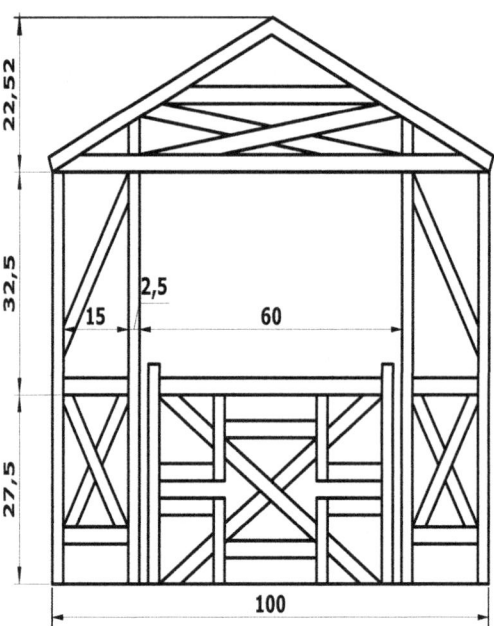

8.4 PINZAMIENTOS MULTIFUNCIONALES (ARCO Y SCP)

Para realizar este comando lo primero de todo es dibujar un arco, para lo que hay que seleccionar el comando de dibujo **ARCO**. Los arcos están formados por varios pinzamientos, o puntos de anclaje, que dan la forma definitiva al arco.

Los pinzamientos de los extremos permiten modificar la longitud del arco cambiando su centro. Para ello habrá que seleccionar el arco y aparecerán marcados con unos cuadrados azules los pinzamientos que se pueden modificar. Seleccionando los pinzamientos de los extremos, se permite mover los puntos finales del arco por lo que podemos cambiar la forma y la posición del arco dibujado.

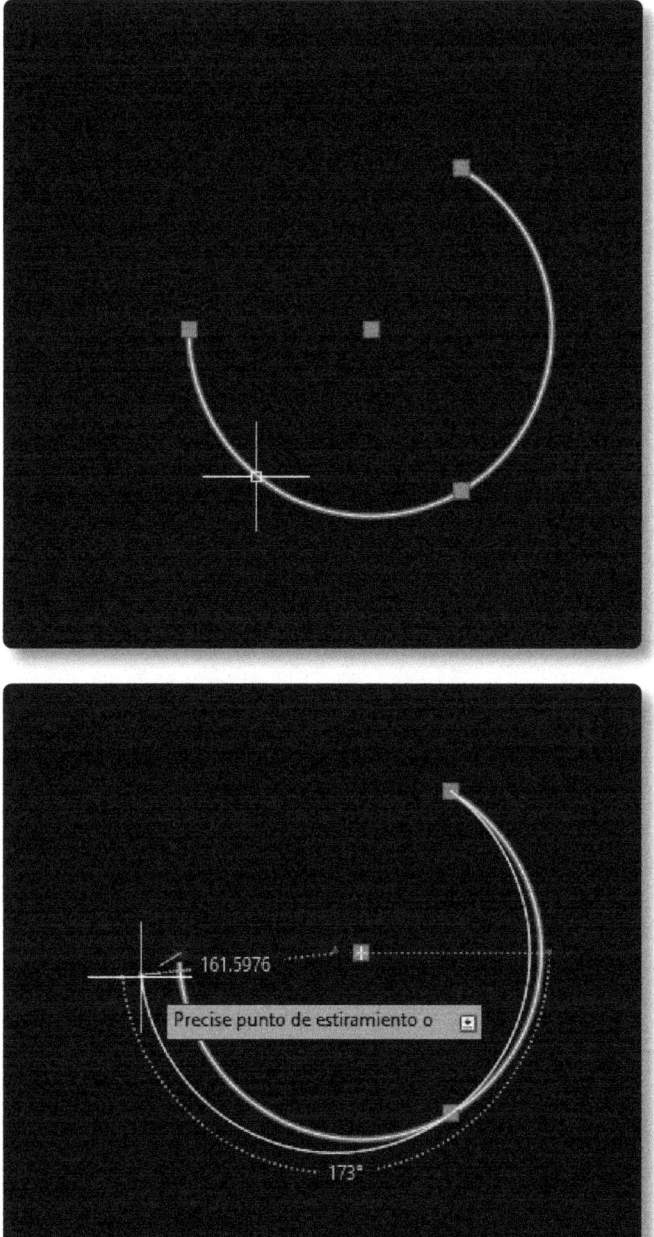

El pinzamiento central permite cambiar el radio del arco. Para realizarlo hay que seleccionar el pinzamiento que se encuentra en el centro del arco, lo que permitirá cambiar el radio del arco sin desplazar ni el origen ni el final del mismo.

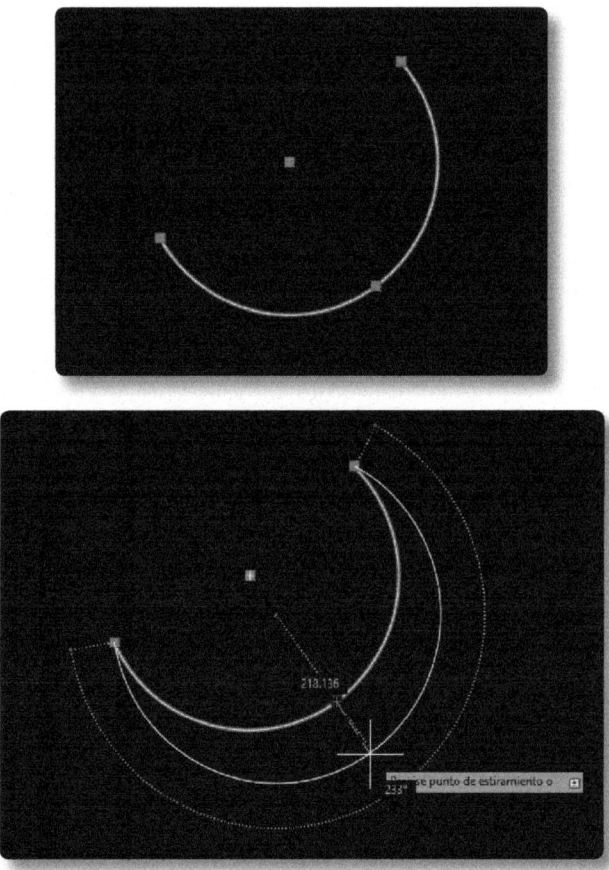

El pinzamiento que aparece en el centro del arco (no de la línea del arco), si se selecciona, es el que permite el desplazamiento del arco manteniendo las características con las que se ha dibujado.

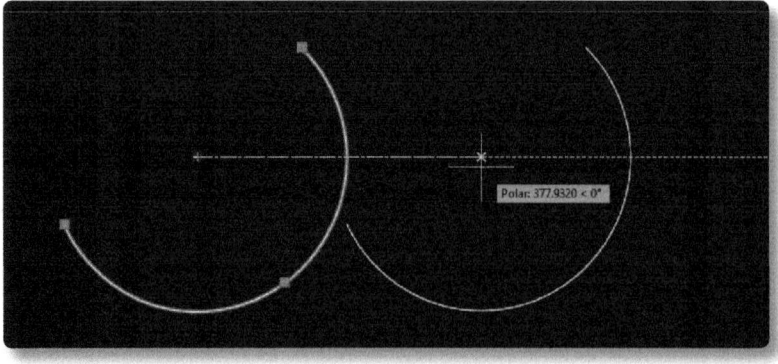

Estas opciones pueden realizarse tanto con el cursor a mano alzada o mediante introducción numérica.

El icono SCP es el origen de referencia de todos los dibujos que se realizan en AutoCAD, por defecto viene definido por un eje horizontal (eje X) y uno vertical (eje Y). Este origen de coordenada se puede modificar y colocar en cualquier otra parte.

Pulsando en el icono SCP (origen y ejes de coordenadas) aparecen unos pinzamientos en los extremos de los ejes (circular) y en el centro (cuadrado). Si se pulsa en el centro, origen de coordenadas y pinzamiento cuadrado, se permite desplazar el origen de coordenadas al punto que se quiera; para ello habrá que arrastrar el cursor hasta el punto donde se desee colocar el nuevo origen de coordenadas.

Para volver a colocar el icono SCP en el lugar por defecto hay que pulsar en el pinzamiento del origen, pinzamiento cuadrado, y seleccionar la opción de **Universal**.

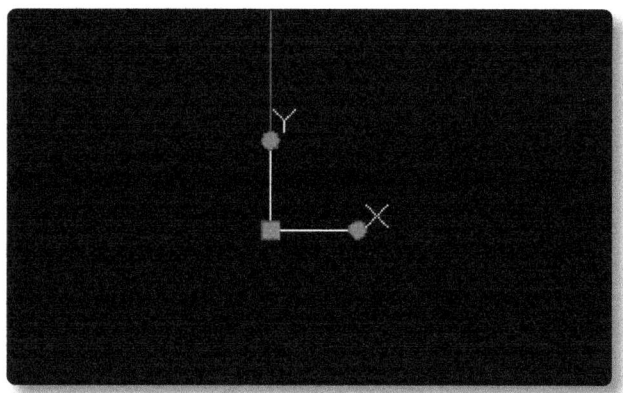

El pinzamiento SCP también permite modificar la orientación de los ejes principales del dibujo, permitiendo colocarlos con una determinada inclinación. Al pulsar en los pinzamientos de los extremos (pinzamientos circulares), se puede cambiar la dirección de los ejes y colocarlos en la dirección que se quiera. Si el dibujo es en tres dimensiones, al seleccionar el pinzamiento, además de poder cambiar la dirección, se puede rotar cualquier eje alrededor de los otros dos.

Para volver al origen por defecto realizar la misma operación que en el apartado anterior.

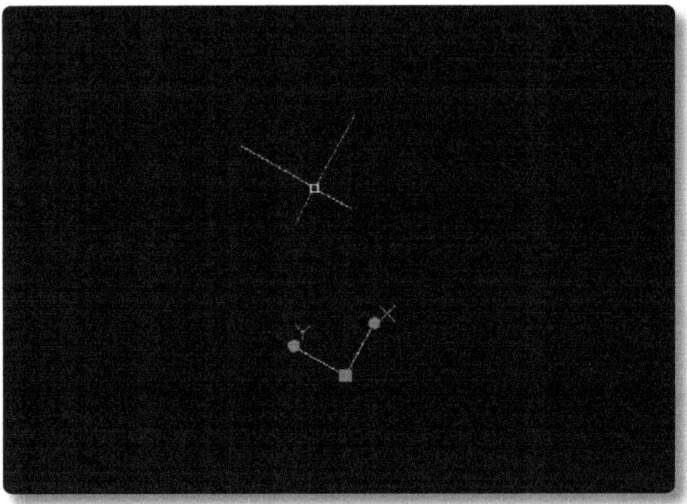

8.5 NUBE DE REVISIÓN

Dibuja arcos, que si los cerramos se pueden convertir en una nube. Nos servirá para marcar entidades que tengamos que revisar, pues es fácil de identificar y reconocer. Entraremos en la orden con **Dibujo → Nube de revisión**. Después, solo tendremos que ir pulsando y soltando con el ratón hasta que pulsamos **Intro** para terminar.

Menú	Icono	Barra de comandos
Dibujo → Nube de revisión	✿	Texto: Nuberev
Ficha Inicio. Grupo Dibujo.		

Disponemos de las siguientes opciones:

▼ **Longitud de arco**: para indicar el tamaño del arco.
▼ **Objeto**: nos permite seleccionar un objeto para convertirlo en una nube de revisión.
▼ **Estilo**: para que la línea dibujada tenga forma caligráfica o normal.

También tenemos disponibles las mismas opciones de edición interactiva que para las polilíneas.

8.6 COBERTURA

Con esta orden, conseguiremos ocultar uno o varios objetos mediante un polígono. En la opción **Marca**, elegiremos si queremos que los bordes de la cobertura sean visibles o no. Encontraremos la orden en **Dibujo → Cobertura**.

Menú	Icono	Barra de comandos
Dibujo → Cobertura		Texto: Cobertura
Ficha Inicio. Grupo Dibujo.		

9

ÓRDENES DE MODIFICACIÓN II

9.1 MATRIZ

Si queremos realizar una copia múltiple ya sea rectangular, polar (circular) o a lo largo de una trayectoria, utilizaremos esta orden siempre que la distancia entre los elementos sea constante.

Menú	Icono	Barra de comandos
Modificar → Matriz		Texto: Matriz
Ficha Inicio. Grupo Modificar.		

Al pulsar sobre la flecha del icono de matriz se despliegan tres opciones: **Matriz rectangular**, **Matriz de camino** y **Matriz polar**.

Una vez que hemos seleccionado el comando **Matriz** y después de seleccionar el objeto, la cinta de opciones nos muestra todo lo necesario para crear la matriz al mismo tiempo que se está visualizando.

9.1.1 Matriz rectangular

Una matriz rectangular crea copias de objetos por filas, columnas y/o niveles. Lo primero que nos pide, al elegir este comando, es que seleccionemos los objetos a partir de los cuales crearemos la matriz. Pueden ser uno o varios. Para crear la matriz tenemos dos opciones:

▼ **Crearla interactivamente**: al mover el ratón en cualquier dirección veremos que se van añadiendo filas y columnas, la primera pulsación del botón izquierdo del ratón fijará el número de elementos y, la segunda fijará la distancia entre ellos. Para finalizar pulsaremos **Intro**.

▼ **O, una vez seleccionados los elementos de la matriz, pulsaremos Intro**. A continuación nos muestra, en la ventana de comandos, las siguientes opciones: **Precise la esquina opuesta para el número de elementos o [punto Base/Ángulo/Total] <Total>**. Debemos escoger una opción o bien pulsar **Intro**.

Las opciones disponibles son:

▼ **Punto base**: determina el punto de inicio para crear la matriz.
▼ **Ángulo**: indicaremos el ángulo de rotación o giro del eje de la matriz.
▼ **Total**: indica la distancia entre el primer elemento y el último.

Si pulsamos **Intro** debemos indicar el número de filas, que podemos hacerlo mediante el teclado o interactivamente moviendo el ratón, y volveremos a pulsar **Intro**, el número de columnas, que también podemos hacerlo mediante el teclado o interactivamente moviendo el ratón, de nuevo pulsaremos **Intro** y, a continuación nos pedirá: **Precise la esquina opuesta para espaciar elementos o [Espaciado] <Espaciado>**: espera que indiquemos la distancia entre filas y columnas interactivamente. Si pulsamos **Intro** nos pedirá **Indique la distancia entre filas o [Expresión] <30>**: y, a continuación **Indique la distancia entre columnas o [Expresión] <30>**: este valor puede ser positivo o negativo; si el valor de filas es negativo, estas se copiarán hacia abajo; si el valor de columnas es negativo, se copiarán hacia la izquierda. Al pulsar **Intro** la matriz queda realizada, pero antes de pulsarlo podemos elegir alguna de las siguientes opciones **[Asociativa/Punto Base/Filas/Columnas/Niveles/Salir]**. Por defecto todas las matrices son asociativas, es decir, que los elementos de la misma no son independientes. Para cambiarlo, en las últimas opciones de la creación de matrices elegiremos **Asociativa** y escribiremos **No**.

PRÁCTICA 9.1

1. Dibujaremos con **Línea** el cuadrado de 10 x 10.

2. **Cinta de opciones** → **Inicio** → **Modificar** → **Matriz rectangular**. Seleccionaremos el cuadrado como objeto que vamos a copiar. **Intro**.

3. Seleccionaremos **Filas** = 7, **Columnas** = 6. Pulsamos **Intro** para definir las distancias: **Distancia entre filas** = 15, entre **Columnas** = 15. **Intro**.

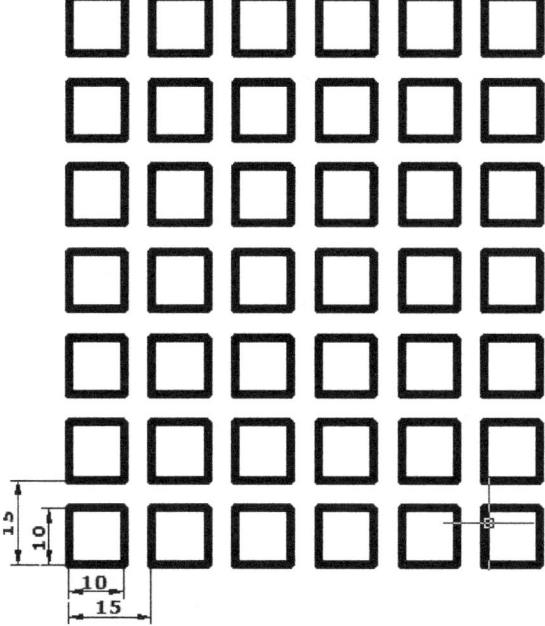

PRÁCTICA 9.2

1. En el siguiente ejercicio tendremos en cuenta el ángulo para los orificios que forman la matriz.

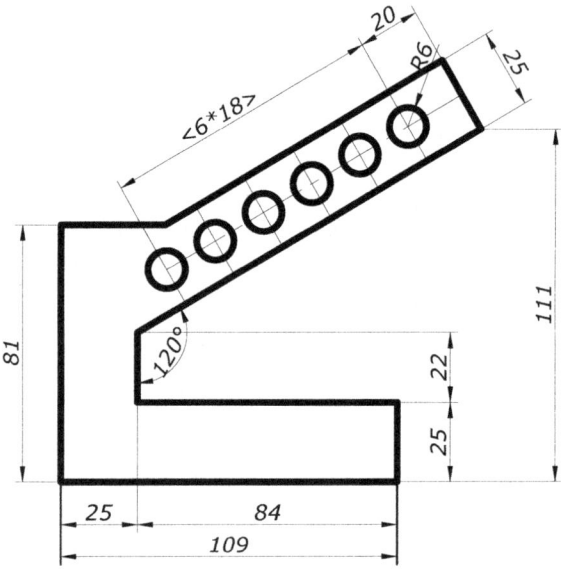

9.1.2 Matriz de camino

La matriz de camino realiza copias, distribuyéndolas uniformemente, de uno o varios objetos a lo largo de una trayectoria. La trayectoria puede ser una línea, una polilínea, una polilínea 3D, una spline, una hélice, un arco, un círculo o una elipse. Primero dibujaremos los objetos y la trayectoria. Después entraremos en la orden. A continuación nos pedirá que designemos los objetos que formarán la matriz y la curva de la trayectoria. Una vez seleccionados, en la cinta de opciones podemos elegir el número de elementos, distancias...

PRÁCTICA 9.3

---

1. Dibujaremos el sofá de la imagen y un arco que utilizaremos como trayectoria para crear la matriz.

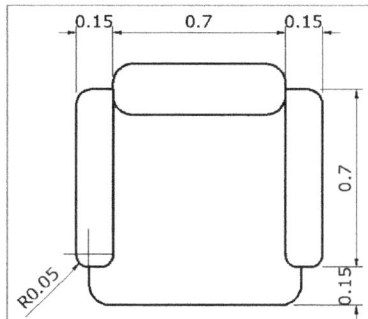

2. Entraremos en **Cinta de opciones** → **Inicio** → **Modificar** → **Matriz de camino**. Seleccionaremos el sofá y, después, la trayectoria. Seleccionaremos los valores. Y para finalizar, pulsaremos **Intro**.

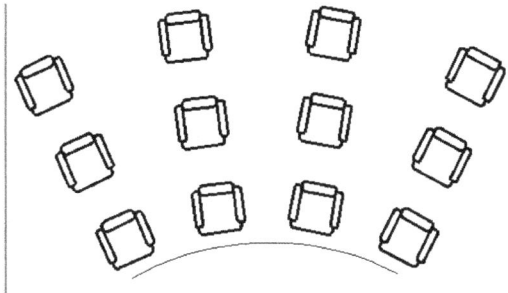

9.1.3 Matriz polar

Una matriz polar crea copias de los objetos alrededor de un punto central. Debemos seleccionar el o los objetos, a continuación indicaremos el **Centro de la matriz** y el **Número de elementos**, contando el original. Después el número de **Grados cubiertos**, es decir, en cuántos grados se van a distribuir los objetos. Si escribimos "0", deberemos poner el **Ángulo** entre elementos. Y por último, si hay que girar los objetos a medida que se copian.

PRÁCTICA 9.4

1. Dibujaremos el orificio central superior del rodamiento, según la imagen.

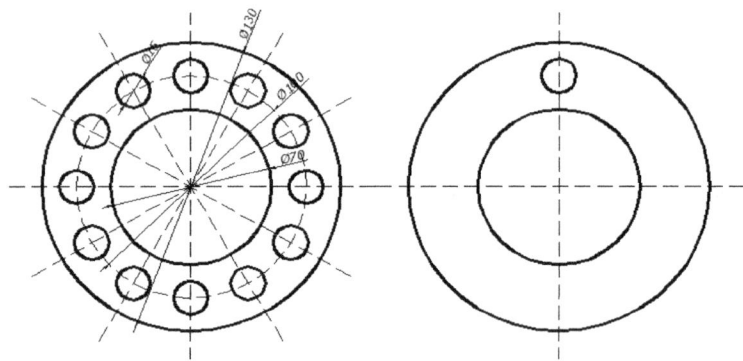

2. A continuación entraremos en **Cinta de opciones** → **Inicio** → **Modificar** → **Matriz polar**, y seleccionaremos el círculo pequeño. Como centro de la matriz seleccionaremos la intersección de los ejes, que es el centro de los círculos mayores.

3. El número de elementos será 12. Pulsaremos **Intro**. Y los grados que queremos rellenar serán 360°. De nuevo pulsaremos **Intro** dos veces para terminar.

9.2 EDICIÓN DE MATRICES

Podemos editar y, por lo tanto, modificar las matrices asociativas desde el **Inicio** → **Modificar** → **Propiedades**, desde la cinta de opciones, ya que al seleccionar la matriz, la cinta de opciones cambia automáticamente al apartado de modificación de matrices, y también podemos modificarlas desde los pinzamientos.

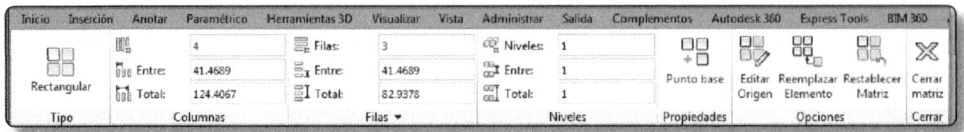

9.2.1 Editar la matriz rectangular

▼ **Tipo**: nos muestra el tipo de matriz que tenemos seleccionada.

▼ **Columnas**: nos muestra el número de columnas, el espaciado entre columnas y la distancia entre la primera columna y la última.

▼ **Filas**: nos muestra el número de filas, el espaciado entre las filas y la distancia entre la primera fila y la última.

▼ **Niveles**: nos muestra el número de niveles, el espaciado entre los distintos niveles y la distancia entre el primer nivel y el último.

▼ **Propiedades**: permite cambiar el punto de base de la matriz.

▼ **Opciones**: **Editar origen** permite modificar un elemento seleccionado que pertenezca a los objetos originales de la matriz, para terminar con la edición debemos guardar o descartar los cambios. **Reemplazar elemento** reemplaza uno o varios objetos de la matriz por otro que seleccionemos. Al entrar en esta modificación deberemos indicar, primero el objeto que queremos incluir en la matriz, después, el punto de inserción de dicho objeto y, para finalizar, qué elementos de la matriz serán sustituidos. **Restablecer Matriz** restablece los elementos borrados.

A partir de los pinzamientos tenemos las siguientes opciones:

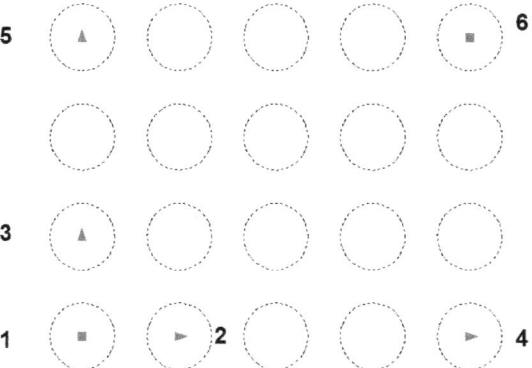

1. Pulsando y arrastrando permite modificar el punto de base.

2. Cambia la distancia entre columnas.

3. Cambia la distancia entre filas.

4. Aumenta o disminuye el número de columnas.

5. Aumenta o disminuye el número de filas

6. Aumenta o disminuye el número de filas y columnas.

9.2.2 Editar la matriz de camino

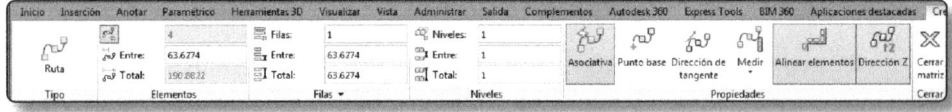

▶ **Tipo**: nos muestra el tipo de matriz que tenemos seleccionada.

▶ **Elementos**: nos muestra el número de elementos, el espaciado entre elementos y la distancia entre el primer elemento y el último.

▶ **Filas**: nos muestra el número de filas, el espaciado entre las filas y la distancia entre la primera fila y la última.

▶ **Niveles**: nos muestra el número de niveles, el espaciado entre los distintos niveles y la distancia entre el primer nivel y el último.

▶ **Propiedades**: **Punto de base** permite cambiar el punto de base de la matriz. **Dividir** separa los elementos de forma uniforme a lo largo de la trayectoria. **Alinear elementos** permite elegir la orientación original o reorientarlos. **Dirección Z** controla si se debe mantener la dirección z original o si se debe peraltar a lo largo de la trayectoria.

▶ **Opciones**: **Editar origen** permite modificar un elemento seleccionado que pertenezca a los objetos originales de la matriz, para terminar con la edición debemos guardar o descartar los cambios. **Reemplazar elemento** reemplaza uno o varios objetos de la matriz por otro que seleccionemos. Al entrar en esta modificación deberemos indicar, primero el objeto que queremos incluir en la matriz, después, el punto de inserción de dicho objeto y, para finalizar, qué elementos de la matriz serán sustituidos. **Restablecer Matriz** restablece los elementos borrados.

A partir de los pinzamientos tenemos las siguientes opciones:

1. Pulsando y arrastrando permite modificar el punto de base.

2. Cambia la distancia entre elementos.

3. Aumenta o disminuye el número de elementos.

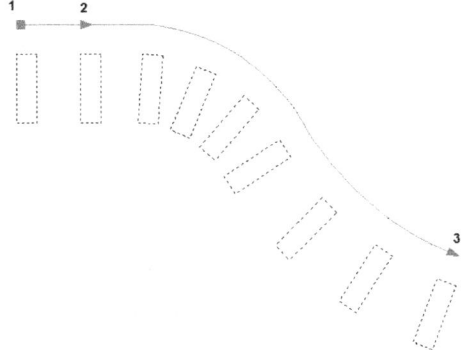

9.2.3 Editar la matriz polar

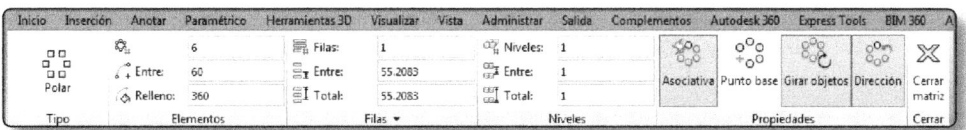

▸ **Tipo**: nos muestra el tipo de matriz que tenemos seleccionada.

▸ **Elementos**: nos muestra el número de elementos, el espaciado entre elementos y la distancia entre el primer elemento y el último.

▸ **Filas**: nos muestra el número de filas, el espaciado entre las filas y la distancia entre la primera fila y la última.

▸ **Niveles**: nos muestra el número de niveles, el espaciado entre los distintos niveles y la distancia entre el primer nivel y el último.

▸ **Propiedades**: **Punto de base** permite cambiar el punto de base de la matriz. **Girar objetos** controla si los objetos de la matriz deben girarse, con respecto al origen, a medida que se copian.

▶ **Opciones**: **Editar origen** permite modificar un elemento seleccionado que pertenezca a los objetos originales de la matriz, para terminar con la edición debemos guardar o descartar los cambios. **Reemplazar elemento** reemplaza uno o varios objetos de la matriz por otro que seleccionemos. Al entrar en esta modificación deberemos indicar, primero el objeto que queremos incluir en la matriz, después, el punto de inserción de dicho objeto y, para finalizar, qué elementos de la matriz serán sustituidos. **Restablecer Matriz** restablece los elementos borrados.

A partir de los pinzamientos tenemos las siguientes opciones:

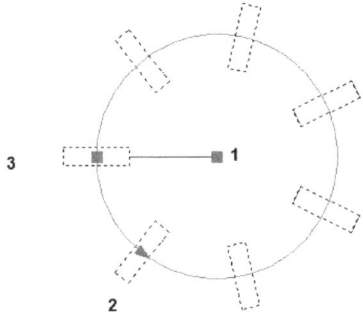

1. Pulsando y arrastrando permite modificar el punto de base.

2. Cambia el ángulo entre elementos.

3. Aumenta o disminuye el radio de la matriz.

9.3 DIVIDE

Son marcas de referencia evidenciadas por un punto; hay que recordar que es posible que tengamos que cambiar el Tipo de punto. Divide una entidad en un número concreto de partes

Menú	Icono	Barra de comandos
Dibujo → Punto → Dividir		Texto: Dividir
Ficha Inicio. Grupo Dibujo.		

Nos pide **Designar objeto**; una vez designado, podemos indicar con "B" que lo que queremos insertar como marca de división es un bloque (véase el capítulo 13); también nos pedirá, en caso de insertar un bloque, si queremos alinearlo y, al final, el **Número de segmentos** que deseamos.

9.4 GRADÚA

Es igual a la anterior pero le indicaremos la distancia entre los segmentos en vez del número de divisiones. Parte del punto final más próximo al indicado.

Menú	Icono	Barra de comandos
Dibujo → Punto → Graduar		Texto: Graduar
Ficha Inicio. Grupo Dibujo.		

Nos pedirá **Designar objeto**; una vez designado, podemos indicar con "B" que lo que queremos insertar como marca de división es un bloque (véase el capítulo 13); también nos pedirá, en caso de insertar un bloque, si queremos alinearlo y, al final, la **Longitud del segmento**.

9.5 ESTIRA

Estira una parte de las entidades designadas a un nuevo emplazamiento.

Menú	Icono	Barra de comandos
Modificar → Estirar		Texto: Estira
Ficha Inicio. Grupo Modificar.		

Primero, hay que **Designar el objeto** con **Ventana**. A continuación, nos pedirá el **Punto de base** y, por último, el **Punto de desplazamiento**, que es hasta dónde queremos estirarlo.

Tenemos otra forma de utilizar la orden. Una vez seleccionado el objeto, al pedirnos el valor del primer punto, introducimos los valores de desplazamiento, sin el símbolo @, y pulsamos **Intro**. Para que se efectúe el estiramiento, debemos volver a pulsar **Intro**. Este valor queda almacenado durante toda la sesión, mientras no lo cambiemos nosotros.

9.6 LONGITUD

Cambia la longitud de las líneas y de los arcos.

Menú	Icono	Barra de comandos
Modificar → Longitud		Texto: Longitud
Ficha Inicio. Grupo Modificar.		

Podemos elegir una de las siguientes opciones:

▸ **Incremento**: aumentará su longitud a partir del punto final más cercano del señalado.
▸ **Porcentaje**: aumenta la longitud en tanto por cien.
▸ **Total**: será la longitud total de la entidad.
▸ **Dinámica**: se le dará la longitud de forma dinámica.
▸ Al **Designar objeto**, informa de los datos actuales.

9.7 JUNTAR

Menú	Icono	Barra de comandos
Modificar → Juntar	⇥⇤	Texto: Unir
Ficha Inicio. Grupo Modificar.		

Esta orden combina varios objetos seleccionados quedando como un solo elemento. Los objetos deben estar situados en el mismo plano.

Dependiendo del objeto que seleccionemos para unir, dispondremos de las siguientes opciones:

- ▼ **Línea**: seleccionaremos la línea de origen y seguidamente las líneas que queremos unir. Aunque haya huecos entre ellas, las podrá unir.

- ▼ **Polilínea**: seleccionaremos la línea de origen y seguidamente las líneas que queremos unir. Si hay huecos entre ellas, no las podrá unir. Los objetos pueden ser líneas, polilíneas o arcos.

- ▼ **Arco**: seleccionaremos el arco de origen y seguidamente el resto de arcos que queremos unir. Aunque haya huecos entre ellos, los podrá unir. Tendremos en cuenta que se unirán en sentido contrario a las agujas del reloj empezando por el objeto de origen.

- ▼ **Arco elíptico**: seleccionaremos el arco de origen y seguidamente el resto de arcos que queremos unir. Aunque haya huecos entre ellos, los podrá unir.

- ▼ **Spline**: seleccionaremos la spline de origen y seguidamente las que queremos unir. Deben ser contiguas.

- ▼ **Hélice**: seleccionaremos la hélice de origen y seguidamente las que queremos unir. Deben ser continuas.

10

ÓRDENES DE TEXTO

10.1 CREAR UN ESTILO DE TEXTO

Menú	Icono	Barra de comandos
Formato → Estilo texto		Texto: Estilo
Ficha Inicio. Grupo Anotación.		

Altera las características del estilo existente. Primero, seleccionamos las opciones que queremos para el nuevo estilo y luego pulsamos sobre el botón **Nuevo** y escribimos el nombre. Podemos renombrar el tipo de letra y también suprimirlo, pulsando sobre el botón correspondiente.

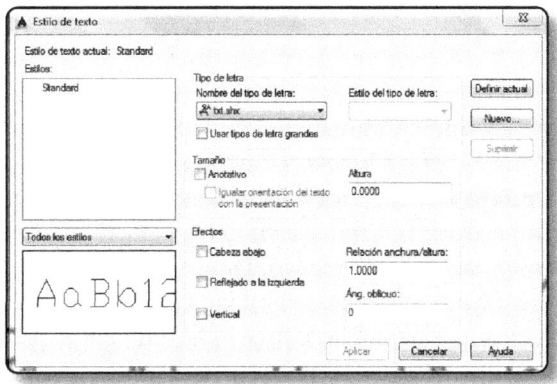

En el apartado **Tipo de letra**, tenemos las siguientes opciones:

▸ **Tipo de letra**: para elegir la fuente actual.
▸ **Estilo del tipo de letra**: elegiremos el formato normal, cursiva…
▸ **Altura Usar tipos grandes**: es la altura del texto que vamos a utilizar, permite elegir un archivo de tipo de letra grande.

En el apartado **Tamaño** especificaremos la altura del texto. Si activamos **Anotativo** asociamos esta propiedad al texto. Las propiedades anotativas se explican en el capítulo 19.

En el apartado **Efectos**, podemos elegir las siguientes opciones:

▸ **Reflejado a la izquierda**.
▸ **Cabeza abajo**.
▸ **Vertical**.
▸ **Relación de anchura/altura**: para comprimir las letras o ensancharlas.
▸ **Ángulo de oblicuidad**: para darle inclinación a las letras.

En la ventana de **Vista preliminar**, tendremos una previsualización del estilo de texto elegido.

10.2 ESCRIBIR CON TEXTO EN UNA LÍNEA

Menú	Icono	Barra de comandos
Dibujo → Texto → Texto en una línea	AI	Texto: Estilo
Ficha Inicio. Grupo Anotación.		

Nos muestra las siguientes opciones en la línea de comandos:

▸ **Precise punto inicial**: para indicar dónde comenzaremos a escribir. Pero antes de hacerlo, podemos cambiar el ajuste o el estilo simplemente escribiendo en la línea de comandos la letra mayúscula asociada a cada orden. Si no deseamos cambiar nada, pulsaremos con el ratón y, a continuación, nos pedirá la **Altura** indicándonos la que tiene actualmente. Si no queremos cambiarla, pulsaremos **Intro**.

▶ Después, nos pedirá el **Ángulo de Rotación**, que es el ángulo con el que escribiremos la frase. A continuación, podemos empezar a escribir. Si pulsamos una vez **Intro**, seguiremos escribiendo en la línea siguiente.

▶ Para terminar, pulsaremos dos veces **Intro**. Aunque hayamos escrito en varias líneas, el resultado final es que cada línea está separada del resto.

▶ **Justificar**: se refiere al ajuste del texto.

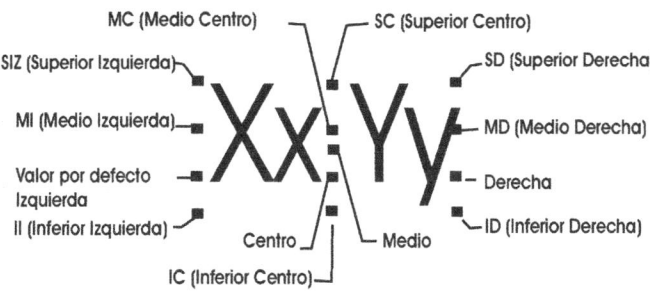

Ajuste	Descripción
Alinear	Sitúa el texto entre los dos puntos que indiquemos, variando la altura.
Ajustar	Se ajusta con dos puntos y una altura.
Centro	Sitúa el texto respecto al punto central inferior del mismo.
Izquierda	Sitúa el texto a la izquierda de la línea de base.
Derecha	Le indicamos el punto derecho de la línea de base.
SIZ	Texto ajustado por la parte superior izquierda.
SC	Texto centrado en la parte superior.
SD	Texto ajustado en la parte superior derecha.
MI	Texto ajustado en la zona central izquierda.
MC	Texto centrado horizontal y verticalmente en la zona central, tomando como referencia las letras mayúsculas.
MD	Texto centrado en la zona central derecha.
II	Texto ajustado en la parte inferior izquierda.
IC	Texto centrado en la parte inferior.
ID	Texto ajustado en la parte inferior derecha.

▶ **Estilo**: podemos cambiar el estilo por otro nuevo que ya esté creado.

10.3 ESCRIBIR TEXTO DE LÍNEAS MÚLTIPLES

Menú	Icono	Barra de comandos
Dibujo → Texto → Texto de líneas múltiples	**A**	Texto: Textom
Ficha Inicio. Grupo Anotación.		

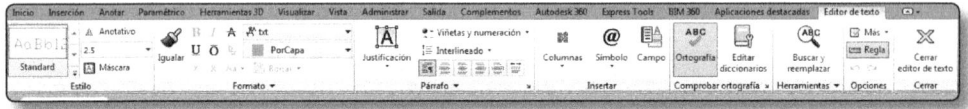

Tenemos nuevas opciones en el texto múltiple. Por ejemplo se ha modificado el corrector, podremos corregir las mayúsculas después de un punto seguido, pulsando con el botón derecho sobre el texto nos permite cambiar el color de fondo.

Escribiremos dentro de un rectángulo. Podemos cambiar el formato de las palabras individualmente en el editor que aparece en esta orden. También podemos desplazar el texto, girarlo, hacer simetría… Primero, nos pedirá que indiquemos la **Primera esquina del rectángulo** y, a continuación, nos ofrece las siguientes opciones en la línea de comandos:

- ▼ **Altura**: informándonos de la que tienen actualmente. Si no queremos cambiarla, pulsaremos **Intro**.
- ▼ **Justificar**: corresponde a ajustar el texto. Estas opciones son las mismas que las de la orden **Texto en una línea**.
- ▼ **Interlineado**: es el valor entre líneas.
- ▼ **Rotación**: ángulo de rotación o giro del párrafo.
- ▼ **Estilo**: del texto.
- ▼ **Anchura**: del rectángulo.
- ▼ **Columnas**: podemos insertar texto en columnas estáticas o dinámicas.

Una vez marcado el rectángulo en el que vamos a insertar el texto, la cinta de opciones cambiará y mostrará el editor de texto, para que tengamos diversas posibilidades para darle formato.

- ▼ **Panel Estilo**: nos permite elegir estilos de texto diferentes. Por defecto está seleccionado el estilo **Standard**. El botón **Anotativo** activa o desactiva este valor. **Altura de texto** nos permite cambiar la altura de los caracteres.

▼ **Panel Formato**: en este apartado cambiaremos las propiedades del texto, como negrita, tachado, color, tipo de letra…

▼ **Panel Párrafo**: da formato a los párrafos.

▼ **Panel Insertar**: nos permite insertar campos, símbolos y columnas. Para insertar columnas, una vez escrito el texto seleccionamos en la cinta de opciones **Insertar → Columnas** y seleccionamos la opción que queramos. Podemos indicar el ancho de columna en **Parámetros de columna**.

Los símbolos incluidos son:

Cadenas UNICODE y códigos de control		
Códigos de control	**Cadenas UNICODE**	**Resultado**
%%d	\U+00B0	Símbolo de grado (°)
%%p	\U+00B1	Símbolo de tolerancia (±)
%%c	\U+2205	Símbolo de diámetro (Ø)

Símbolos de texto y cadenas UNICODE		
Nombre	**Símbolo**	**Cadena UNICODE**
Casi igual	≈	\U+2248
Ángulo	∠	\U+2220
Línea de contorno	฿	\U+E100
Línea de centro	₵	\U+2104
Incremento	Δ	\U+0394
Fase eléctrica	φ	\U+0278
Línea de flujo	℉	\U+E101
Identidad	≡	\U+2261
Longitud inicial	⟳	\U+E200
Línea de monumento	ℳ	\U+E102
No es igual a	≠	\U+2260
Ohmio	Ω	\U+2126
Omega	Ω	\U+03A9
Línea de placa/propiedad	℞	\U+214A
Subíndice 2	$_2$	\U+2082
Elevado al cuadrado	^{2}	\U+00B2
Elevado al cubo	^{3}	\U+00B3

▸ **Panel Comprobar ortografía**: comprueba y corrige la ortografía.
▸ **Panel Herramientas**: busca y reemplaza los textos.
▸ **Panel Opciones**: muestra una lista de opciones y caracteres adicionales.
▸ **Panel Cerrar**: cierra el editor de líneas múltiples.

10.4 MODIFICAR TEXTO

Menú	Icono
Modificar → Objeto → Texto	A.

▸ **Editar**: designamos el texto que queremos modificar. Se edita y podemos cambiarlo.

▸ **Escala**: modificaremos la escala del texto indicando una altura diferente.

▸ **Factor escala**: hay que tener en cuenta que de 0 a 1 reduce, mientras que si es mayor que 1, amplía. Por ejemplo, si escribimos 2, será el doble y si ponemos 0,5, será la mitad.

▸ **Referencias**: **Longitud de Referencia** = 1; **Nueva longitud** = 2 (lo hará el doble de grande).

▸ **Justificar**: para cambiar la justificación o alineación del texto.

10.5 MODIFICAR TEXTO Y CARACTERÍSTICAS

Menú	Icono	Barra de comandos
Modificar → Propiedades		Texto: Propiedades
Ficha Inicio. Grupo Propiedades.		

▸ **Designar objeto**: con esta opción, podemos modificar las propiedades del texto.

Una vez dentro de la orden, podemos designar un texto, varios o ninguno.

En cada caso, nos aparecerán en la ventana de modificación unos datos diferentes. Si designamos un solo texto, nos aparecerán los datos referentes al mismo. Si designamos varios, nos aparecerán los datos comunes a ellos, y si no designamos ninguno, tendremos datos generales del plano que una vez cambiados se aplicarán a partir de ese momento.

Si seleccionamos algún texto o varios y pulsamos el botón derecho del ratón, podemos acceder a sus propiedades para poderlas cambiar seleccionando la opción **Propiedades**.

También podemos cambiar las propiedades de los elementos por medio de la barra de herramientas de **Propiedades**.

Podemos utilizar también **Herramientas → Selección rápida** para seleccionar una o varias entidades con características definidas y, después, modificarlas o modificar sus propiedades.

El texto, como es un objeto de AutoCAD, también puede ser desplazado, copiado... con las órdenes habituales.

Si la simetría incluye texto, deberemos tener en cuenta si queremos que este quede reflejado o que se mantenga sin reflejar. Esta posibilidad la controlaremos con la variable **Mirtext**: si vale 0, el texto quedará en la posición simétrica pero sin reflejarse; si el valor es 1, el texto también se reflejará.

Si queremos aumentar el rendimiento del trabajo, podemos desactivar la visualización del texto. Para ello, entraremos en **Herramientas → Opciones → Visualización**. Activaremos **Mostrar solo marco de contorno de texto**. Con ello, en vez de ver el texto, veremos un rectángulo. Después de esta activación, deberemos regenerar el dibujo con **Ver → Regenerar**.

10.6 TABLAS

Con esta opción, crearemos una agrupación de datos ordenados en filas y columnas.

Menú	Icono	Barra de comandos
Dibujo → Tabla		Texto: Tabla

Ficha Anotar. Grupo Tablas.

Nada más entrar en la orden, nos aparece la ventana para introducir las propiedades de la tabla que queremos crear. Están divididas en diferentes apartados.

Parámetros de estilo de tabla:

▶ **Nombre estilo de tabla**: para indicar el estilo de la tabla que queremos aplicar. El estilo por defecto es **Standard**.

▶ **Opciones de inserción**: especificaremos el modo en el que podemos insertar una tabla, a partir de las siguientes opciones:

  ● Iniciar a partir de tabla vacía.
  ● Crea una tabla vacía que se puede rellenar manualmente con datos.
  ● Iniciar a partir de un vínculo de datos.
  ● Crea una tabla a partir de datos en una hoja de cálculo externa.
  ● Iniciar a partir de un vínculo de datos.
  ● Inicia el asistente **Extracción de datos**.

▶ **Vista preliminar**: nos muestra un ejemplo del estilo de tabla actual.

▶ **Tipo de inserción**: indicaremos la forma que queremos para la ubicación de la tabla.

▶ **Precisar punto de inserción**: debemos indicar la esquina superior izquierda de la tabla.

▶ **Precisar ventana**: debemos indicar dos puntos que serán la diagonal de la tabla. Con esta opción, está el número de columnas y filas, la anchura de columna y la altura de fila dependen del tamaño de la ventana y de los parámetros de las columnas y las filas.

▶ **Parámetros de columna y fila**: le indicamos el número y el tamaño de las columnas y las filas.

▶ **Definir estilos de celda**: indicaremos el estilo para las celdas nuevas.

  ● **Estilo de celda de primera fila**: especifica un estilo de celda para la primera fila de la tabla. Se utiliza por defecto el estilo de la celda **Título**.

  ● **Estilo de celda de segunda fila**: especifica un estilo de celda para la segunda fila de la tabla. Se utiliza por defecto el estilo de la celda **Encabezamiento**.

- **Estilos de celda de las demás filas**: especifica un estilo de celda para las demás filas de la tabla. Se utiliza por defecto el estilo de la celda **Datos**.

Si pulsamos en el botón que tenemos a la derecha del nombre del estilo de tabla, nos aparecerá la ventana de **Creación y modificación de estilos**. Esta misma ventana aparece si entramos directamente en el menú **Formato** → **Estilo de tabla**.

▶ **Definir actual**: fija el estilo de tabla seleccionado como predeterminado.
▶ **Nuevo**: crea un nuevo estilo.
▶ **Modificar**: modifica un estilo existente.
▶ **Suprimir**: elimina un estilo de tabla.

Si creamos un nuevo estilo de tabla, lo primero que nos pide es que indiquemos el nombre y que digamos en qué estilo nos basaremos para crearlo. Pulsaremos **Continuar** para seguir y nos aparece la ventana de **Creación** que tiene tres pestañas. Los apartados son los mismos para todas, solo cambiarán los valores **Datos**, **Encabezamientos de columna** y **Título**.

▶ **Propiedades de celda**: define el aspecto de las celdas.

▶ **Estilo de texto**: nos muestra un listado de los estilos de texto que tenemos en el dibujo. El botón [...] muestra el cuadro de diálogo **Estilo de texto** para crear un nuevo estilo de texto.

▶ **Altura texto**: definiremos la altura del texto.

▶ **Color de texto**: especificaremos el color del texto.

▶ **Color de relleno**: especificaremos el color del fondo de la celda.

▶ **Alineación**: definiremos la justificación y la alineación del texto en la celda de la tabla.

▶ **Propiedades del borde**: define el aspecto de los bordes de las celdas.

▸ **Todos los bordes**: aplicará las propiedades que designemos a todos los bordes.

▸ **Bordes exteriores**, **interiores**, **sin bordes**, **inferior**: definiremos, respectivamente, los valores para cada apartado.

▸ **Grosor de línea de rejilla**: especificaremos el grosor para el borde seleccionado.

▸ **Color de rejilla**: especificaremos el color de la rejilla seleccionada.

▸ **Vista preliminar**: en este apartado, tendremos una previsualización de la tabla.

▸ **General**: podemos elegir la dirección de la tabla, hacia abajo o hacia arriba.

▸ **Márgenes de celda**: indica la distancia entre el borde de la celda y el contenido en la dirección horizontal y en la vertical.

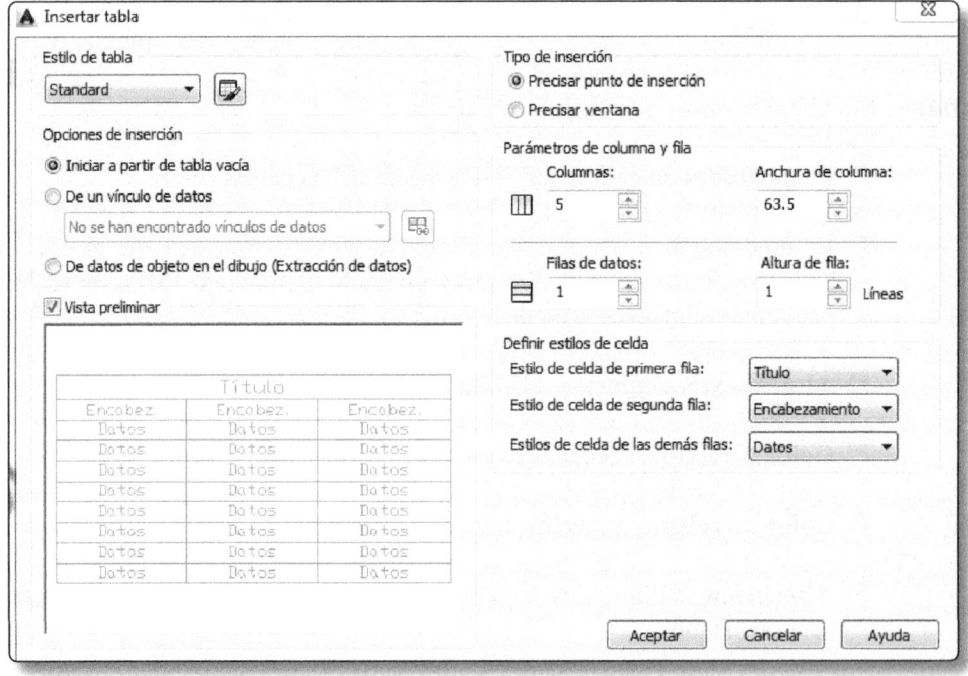

Si pulsamos **Modificar**, nos aparecerán los valores de la tabla seleccionada y dispuestos para modificarlos. Nos aparecerá una ventana igual a la que hemos visto para la creación de nuevas tablas y que también tiene tres pestañas: **Datos**, **Encabezamientos de columna** y **Título**. Si seleccionamos una tabla y pulsamos el botón derecho del ratón, tendremos acceso a las demás opciones.

Podemos exportar los datos de una tabla con el comando *exportatabla*. Se creará un archivo del tipo *.csv*, que convertirá la tabla de AutoCAD en un archivo de texto en el que los campos estarán separados por comas.

10.7 CAMPOS

Los campos son grupos de texto que contienen información predefinida, como la fecha de guardado, fecha de trazado, nombre del archivo… Se pueden insertar como si fueran bloques e incluso formar parte de un bloque.

Para crear un campo, entraremos en:

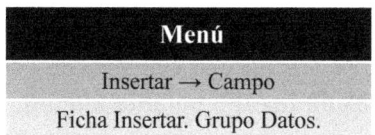

Menú
Insertar → Campo
Ficha Insertar. Grupo Datos.

Elegiremos la categoría, el nombre y el formato. Cuando aceptemos, tendremos que situar el campo en el dibujo.

Podemos actualizar los campos desde:

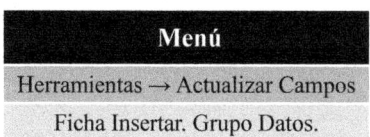

Menú
Herramientas → Actualizar Campos
Ficha Insertar. Grupo Datos.

Después de entrar en el menú de la orden, seleccionaremos el campo o los campos que queremos actualizar.

10.8 ALINEACIÓN DE NOTAS DE TEXTO

Una de las labores más tediosas en todo programa de dibujo asistido es la de alinear las notas de texto generadas en cualquier dibujo; puesto que no siempre nos valemos de un eje cartesiano en el que replantear nuestro dibujo, nos vemos en la necesidad de ajustar la alineación del texto insertado a una disposición existente, obligándonos a adaptarnos a una configuración ya establecida. Es por ello, que aprenderemos varias de las posibilidades que el software de AutoCAD nos permite en el campo de alineación de notas de texto, ayudándonos a crear un aspecto profesional en nuestros dibujos.

En éste capítulo, alineará las notas de texto del archivo existente, no importando si se trata de *Texto de líneas múltiples*, o bien, *Una línea*. En el proceso, iremos explorando las diferentes alternativas que las herramientas del software AutoCAD nos proporciona para conseguir nuestro propósito.

Una vez disponga de las notas de texto de su dibujo correctamente alineados, podrá ubicarlas en el espacio más adecuado para complementar e informar detalladamente de los aspectos necesarios de su dibujo.

10.8.1 Alineación de notas de texto mediante ángulo

Para el siguiente ejercicio, deberá agregar una nota de texto a un dibujo, que actualmente, no disponga de ninguno. Por ejemplo, "Rotación a 45°".

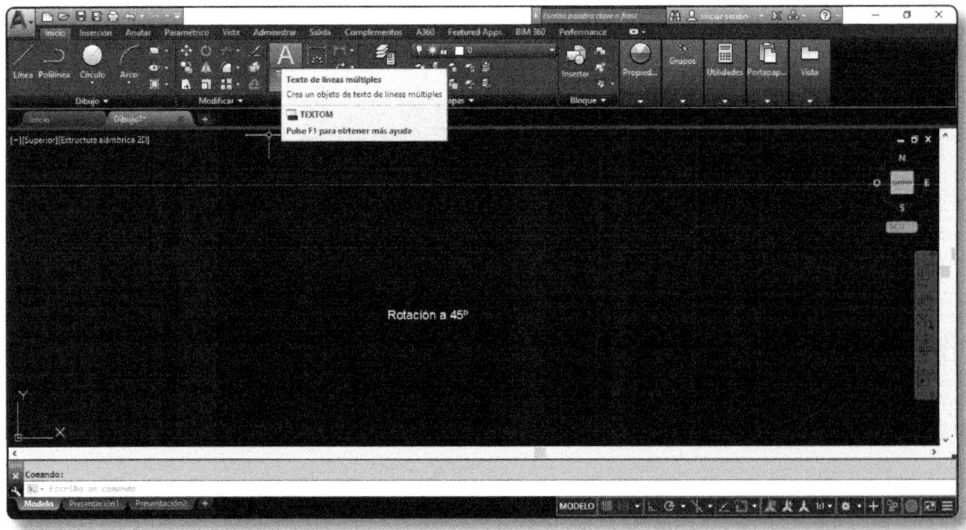

1. Comenzará seleccionando el comando *Girar* del grupo de herramientas *Modificar*.

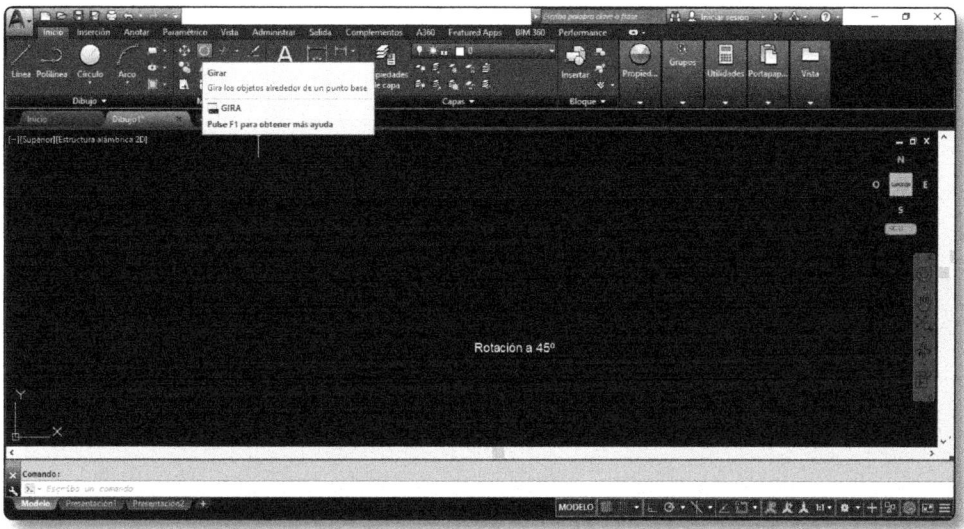

2. A continuación, la interfaz de AutoCAD le indica que deberá designar los objetos que quedarán incluidos dentro de la orden de giro que acaba de ejecutar. En éste caso, seleccionará la nota de texto que contiene inscrito "Rotación a 45°" y pulsaremos Enter.

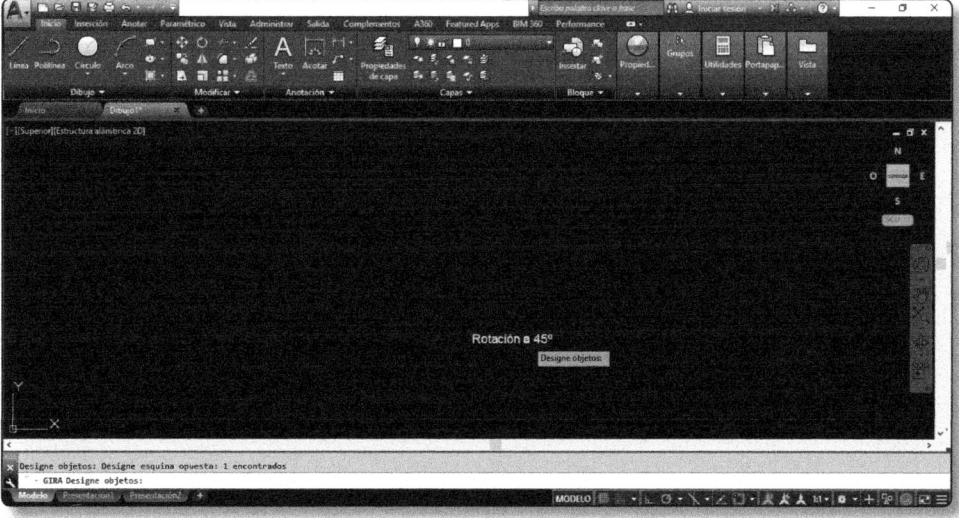

3. El comando le solicita ahora que le indique el punto de referencia sobre el cual considerará el punto de partida de la rotación. En el presente caso, deberá establecer el origen del giro en el punto de inserción de la nota de texto (el programa le informará de la ubicación del punto de inserción mediante una referencia a objetos – OSNAP), para ello pulsará el botón izquierdo del ratón sobre el indicador puntual anteriormente reseñado.

4. Finalmente, deberá precisar el ángulo de rotación que quiera atribuir a la nota de texto seleccionada. Lo indicará mediante el teclado numérico y confirmará la orden. En éste primer ejemplo, se propone 45º de rotación sobre el origen definido.

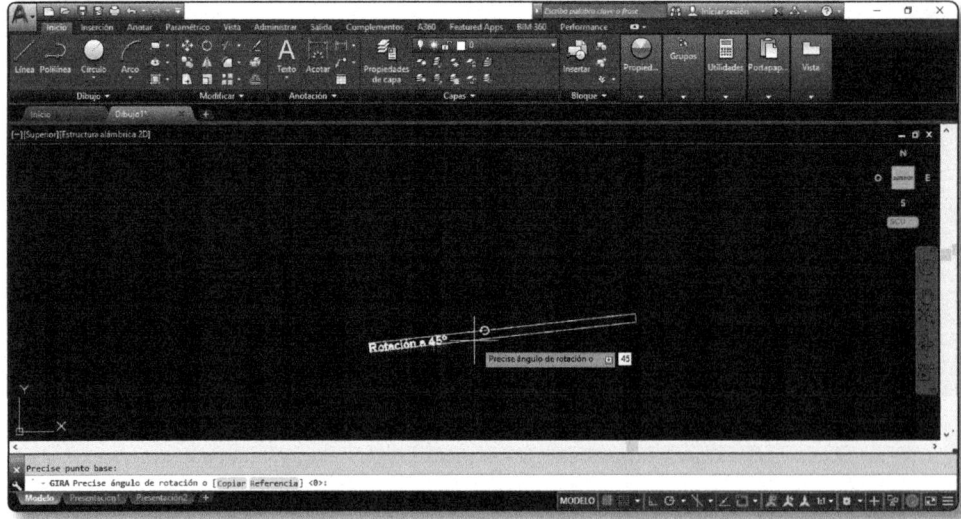

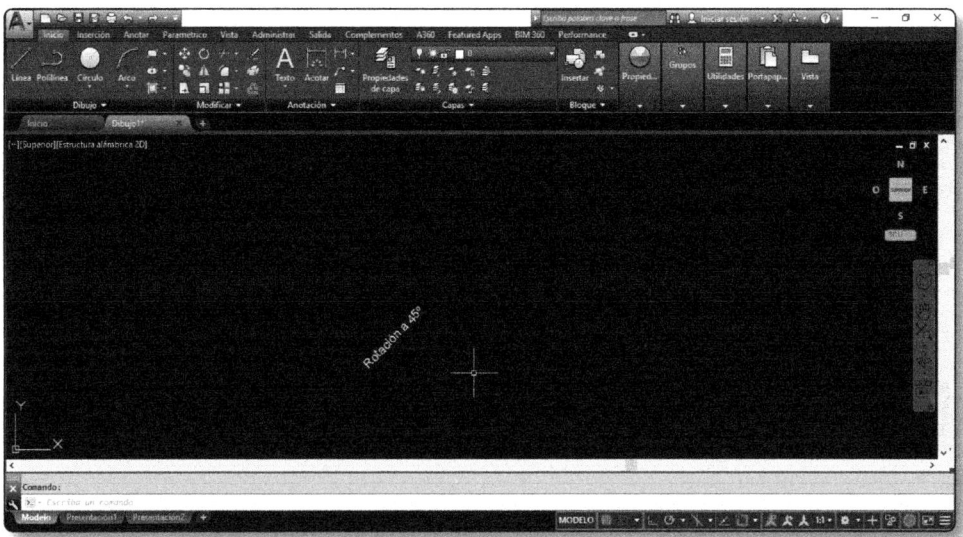

> **ⓘ NOTA**
>
> Debemos tener en cuenta que el software AutoCAD emplea inicialmente el sistema sexagesimal, pudiendo indicarle los grados, minutos y segundos. Además, el programa tomará como ejes (x,y,z) los especificados en el SCP Universal, establecido por defecto al instalar el software. En caso de que el eje de coordenadas difiera del SCP Universal, las unidades tomarán como referencia los ejes dispuestos.

10.8.2 Alineación de notas de texto mediante propiedades rápidas

Se propone una alineación utilizando las *Propiedades rápidas* de AutoCAD. Para el siguiente ejemplo, dispondrá de 3 notas de texto que alinearemos con sus respectivas líneas de referencia. Cada una de ellas se alineará con su línea de referencia mediante el uso de las propiedades rápidas y el desplazamiento simple. Por ejemplo, "N.T.1","N.T.2" y "N.T.3".

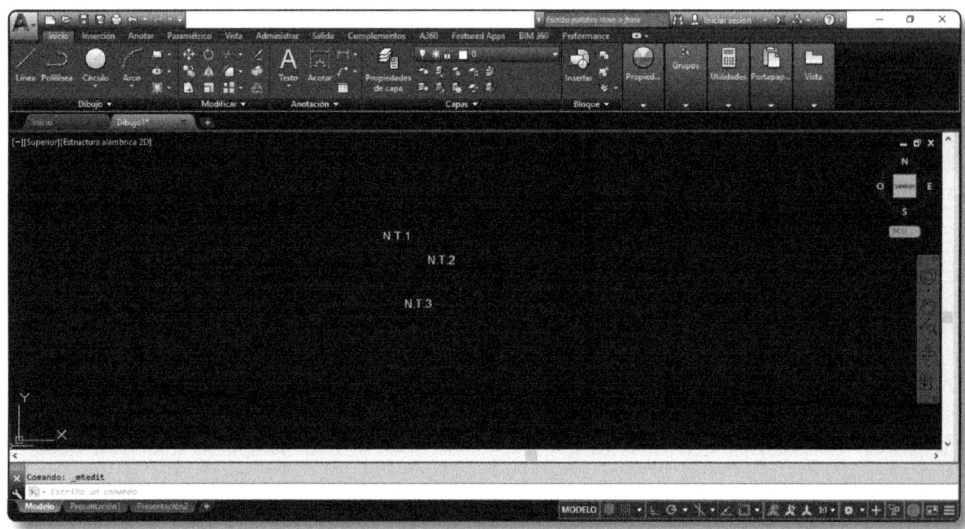

1. Inicialmente, seleccionará con el botón izquierdo del ratón la nota de texto cuyo contenido sea "N.T.1", y seguidamente, pulsaremos el botón derecho del ratón para que el programa despliegue el Menú contextual del elemento.

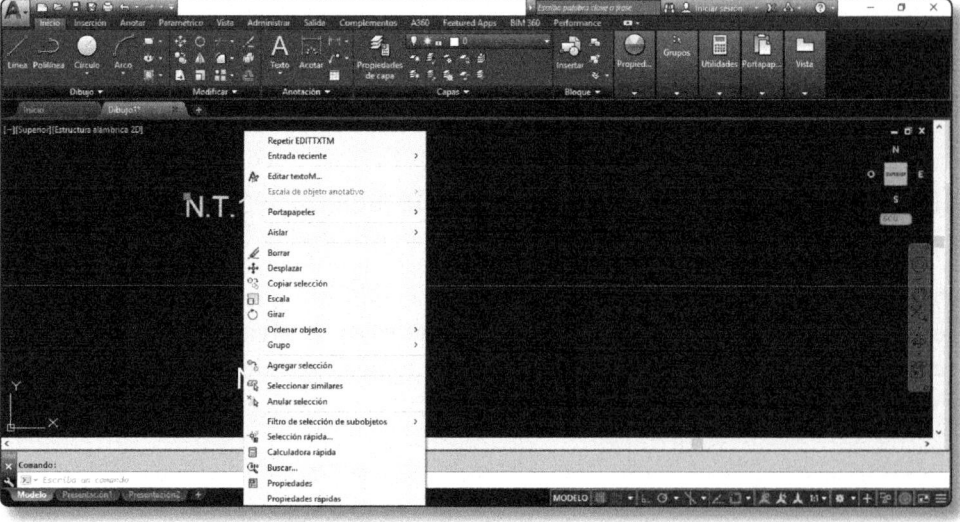

2. Seleccionaremos la pestaña de Propiedades rápidas y el programa le arrojará un cuadro flotante de los atributos relativos a la nota de texto que ha seleccionado.

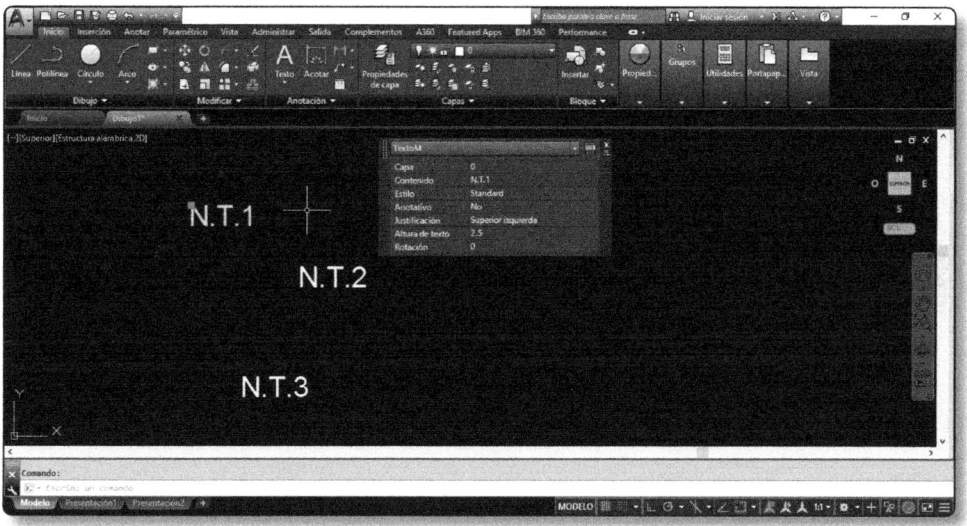

3. En el apartado de *Rotación* deberá disponer el grado de giro que prevea para el elemento seleccionado. Introducirá, mediante el teclado numérico, 36º (ángulo fijado por la línea de referencia para "N.T.1" a la que se pretende alinear el texto) y pulsaremos Entrar.

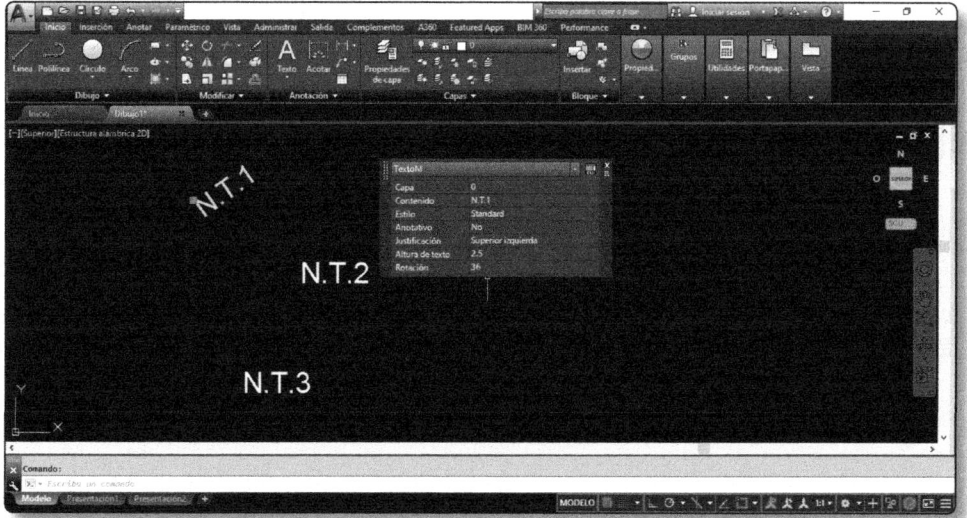

4. Continuará, mediante el mismo procedimiento, la rotación de las notas de texto restantes.

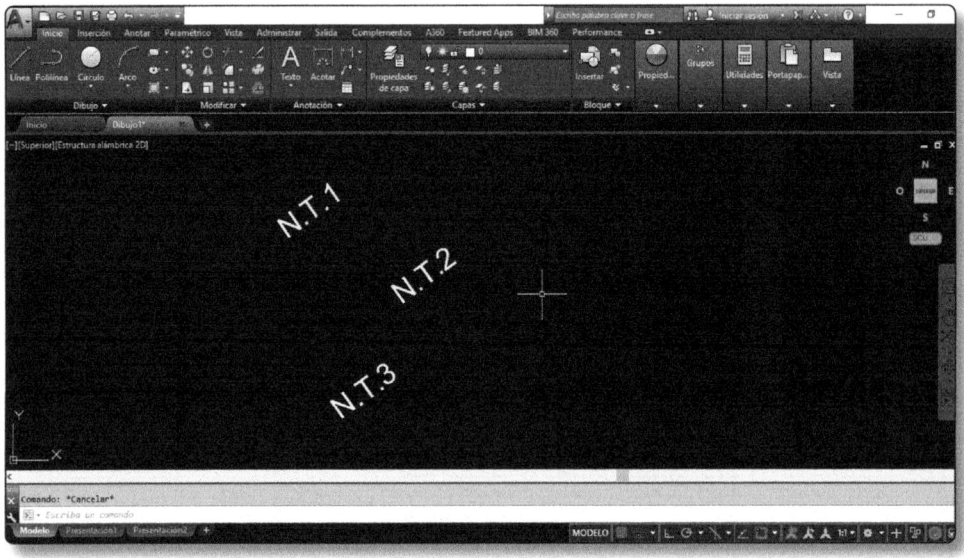

ⓘ **NOTA**

Este procedimiento toma como origen de rotación el punto de inserción de la nota de texto. El elemento queda girado en su totalidad mediante los ejes de giro.

10.8.3 Alineación de notas de texto mediante referencia

Para alinear una nota de texto mediante una referencia gráfica, el dibujo deberá contener, al menos, una nota de texto y una línea representada en el espacio. El proceso es similar al anteriormente desarrollado "x.1.- Alineación de notas de texto mediante ángulo", con la salvedad de que podrá proporcionarle una orientación de rotación de forma gráfica.

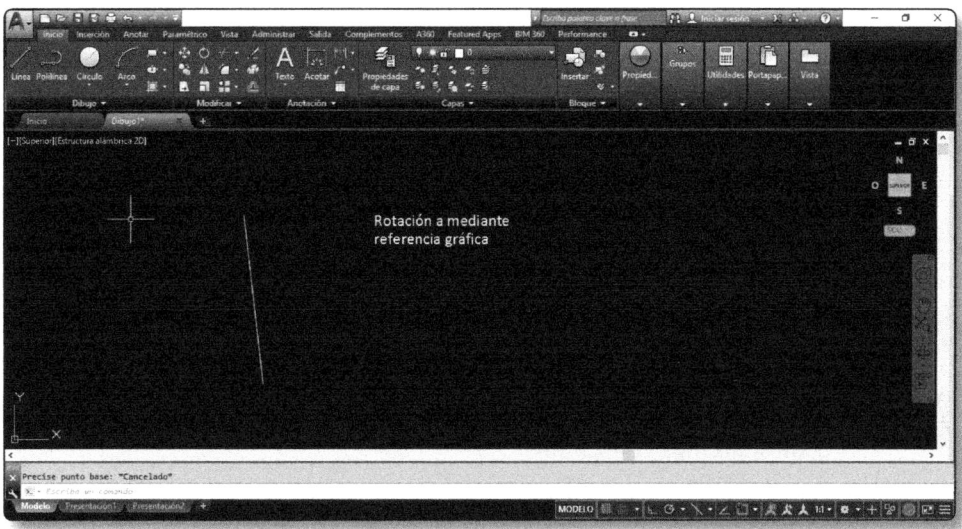

1. Comenzará seleccionando el comando *Girar* del grupo de herramientas *Modificar*.

2. A continuación, la interfaz de AutoCAD le indica que deberá designar los objetos que quedarán incluidos dentro de la orden de giro que acaba de ejecutar. En éste caso, seleccionará la nota de texto que contiene inscrito "Rotación a mediante referencia gráfica" y pulsaremos Enter.

3. El comando le solicita ahora que le indique el punto de referencia sobre el cual considerará el punto de partida de la rotación. El ejercicio requiere que la nota de texto quede alineada mediante una referencia gráfica. Es por ello, por lo que el origen de rotación deberá reflejar el inicio vectorial del elemento gráfico tomado como referencia.

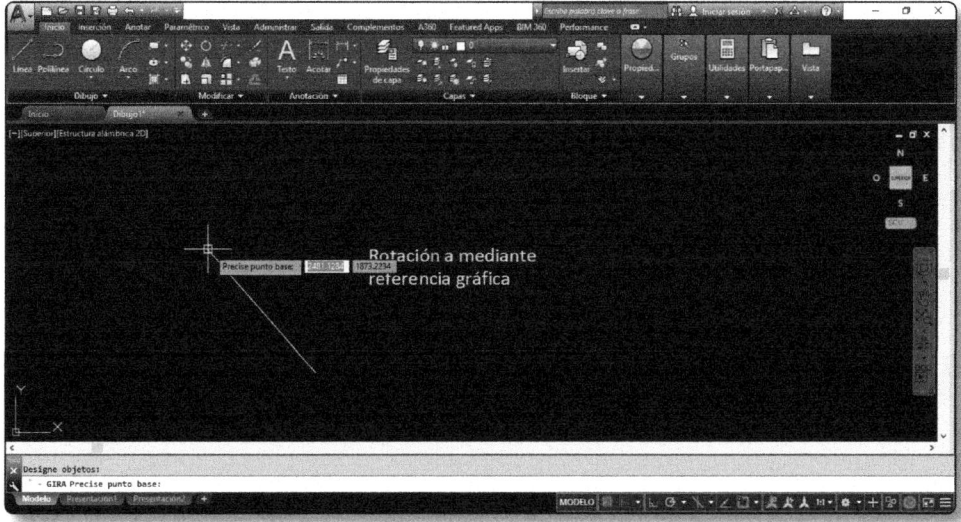

Se ayudará de las referencias a objetos – OSNAP que AutoCAD asiste al usuario y pulsaremos el botón izquierdo del ratón sobre el indicador de punto final que resalta.

4. Deberá comprobar que, en la barra de comandos, la orden *Girar* permite dos alternativas enunciadas mediante corchetes [Copiar o Referencia].

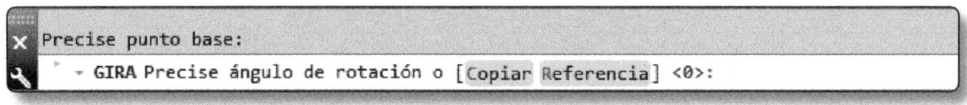

```
Precise punto base:
- GIRA Precise ángulo de rotación o [Copiar Referencia] <0>:
```

Pulsará en el teclado la letra R para activar la suborden de *Referencia* y confirmaremos con Entrar.

5. El proceso continúa con la designación del ángulo de referencia de rotación. Para ello, deberá especificar el eje existente en la nota de texto seleccionada para éste ejercicio. Deberá proporcionar un punto de inicio y otro final para que el programa comprenda el ángulo inicial.

Se ayudará de las referencias a objetos – OSNAP y ejes proyectados que AutoCAD asiste al usuario. Comprobaremos que la orden arroja un pinzamiento temporal que permite una mejor comprensión del ángulo a establecer.

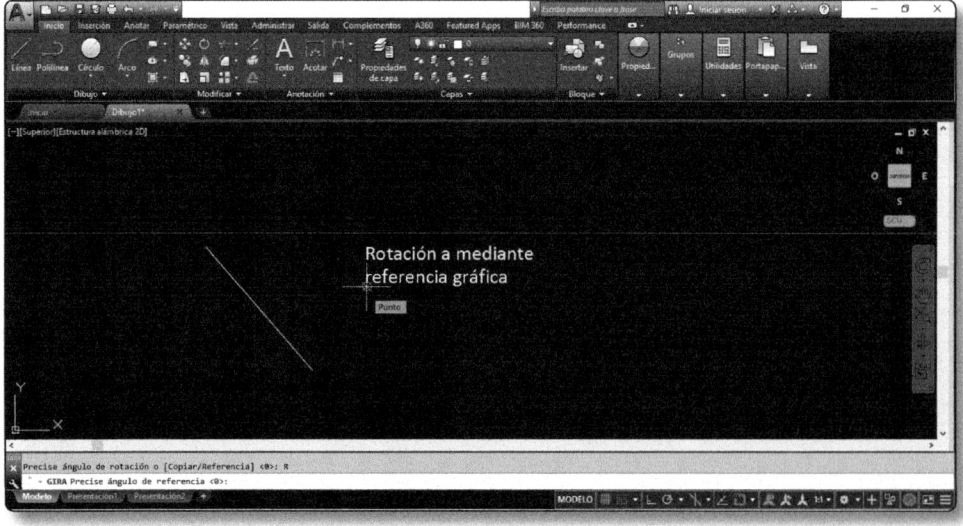

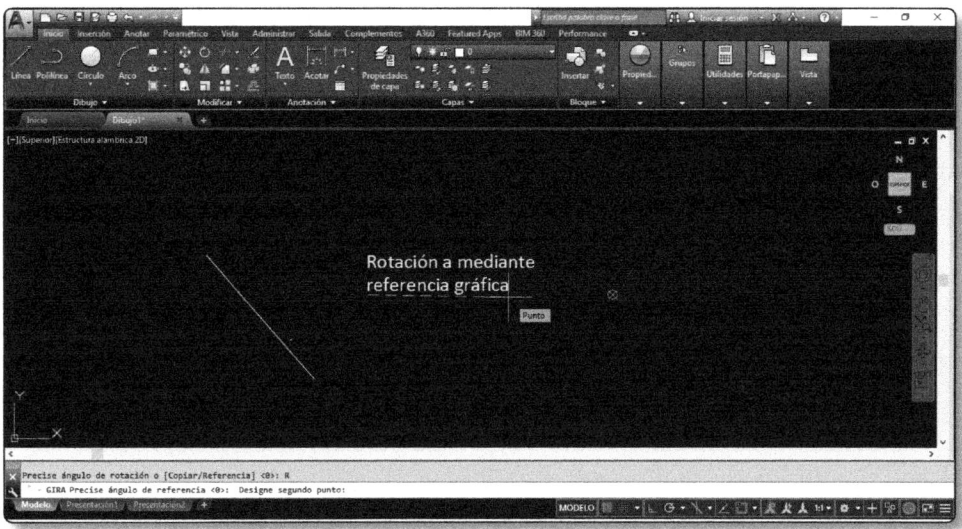

6. El proceso de alineación mediante referencia gráfica concluye indicándole el punto final del ángulo de giro previsto o una cifra numérica sobre la referencia angular ya descrita.

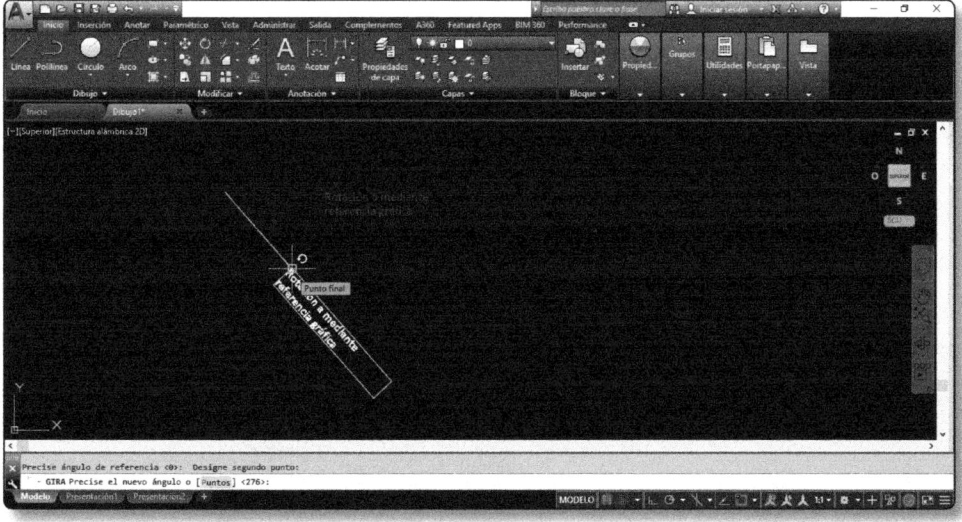

Comprobaremos que la interfaz en tiempo real del cambio propuesto varía conforme desplazamos el cursor para indicar el nuevo ángulo.

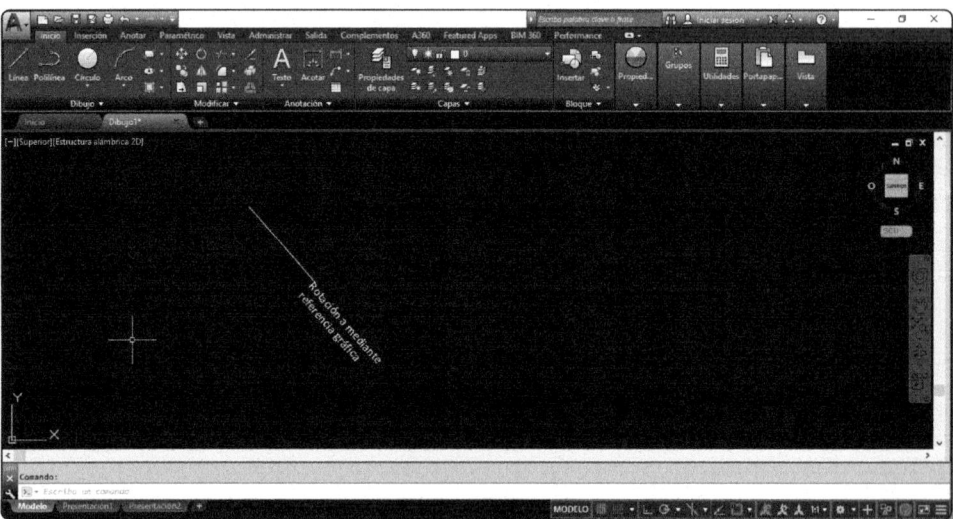

(i) **NOTA**

Este sistema puede ser empleado para alinear más elementos en AutoCAD.

10.8.4 Alineación de notas de texto mediante arco

1. Para alinear un texto mediante la forma de un arco lo primero que hay que realizar es el dibujo de un arco, que será la base de la alineación de nuestro texto. Desde el comando arco y con la opción de arco desde tres puntos realizamos el dibujo del arco.

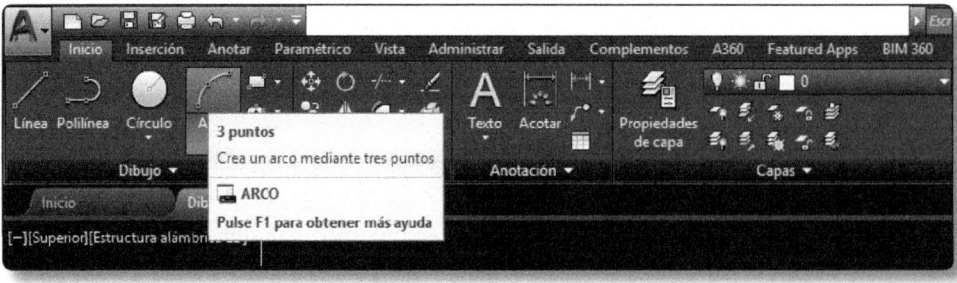

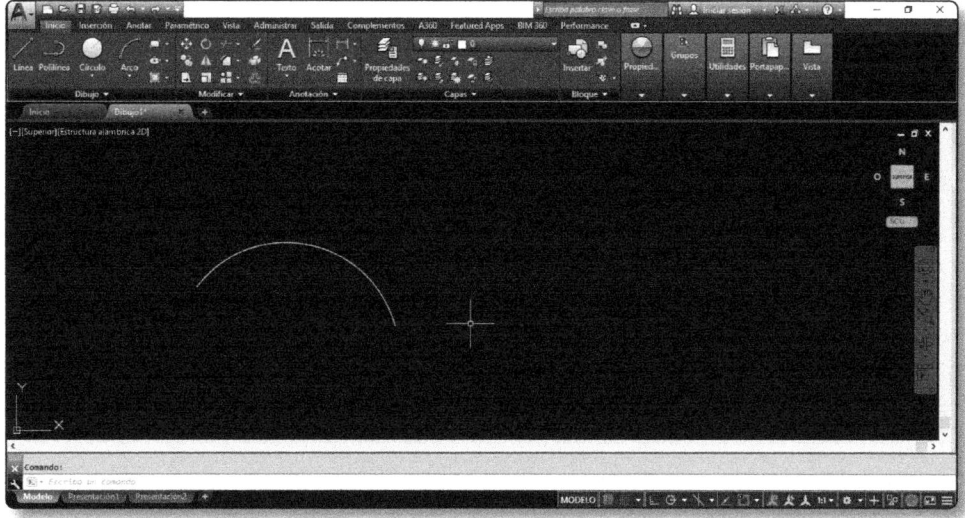

2. Una vez que se haya dibujado el arco, procederemos a escribir en la barra de comandos, la orden ARCTEXT. Una vez introducida la orden, nos pedirá que seleccionemos el arco que tomaremos como referencia y posteriormente aparecerá un cuadro de diálogo con las opciones de texto.

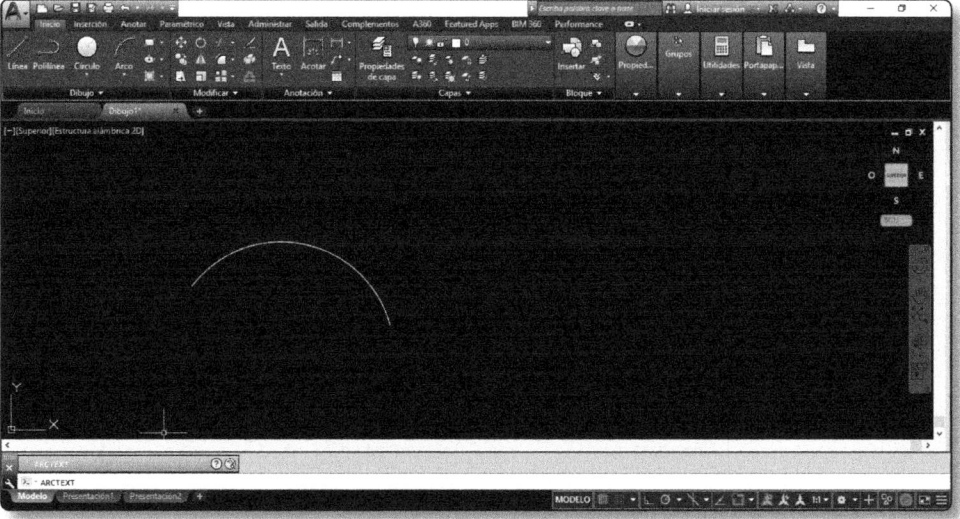

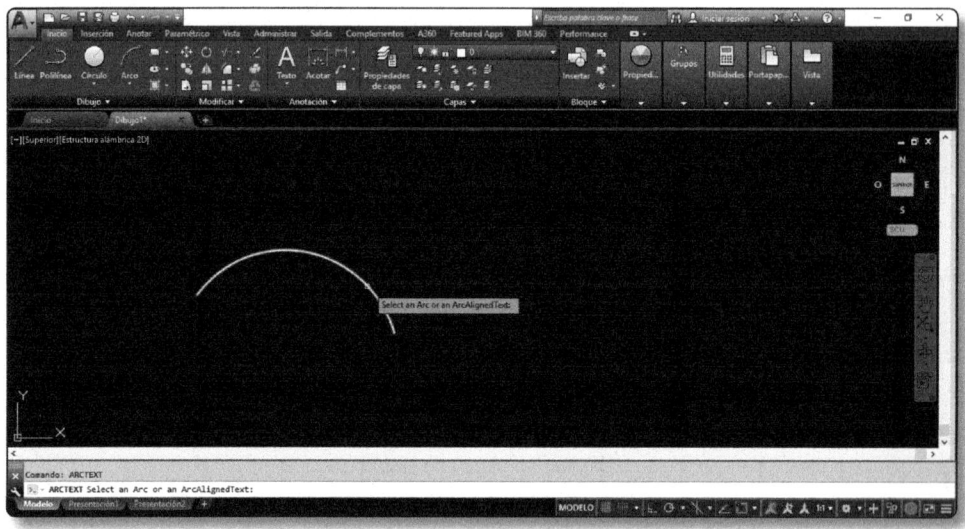

3. En el cuadro de diálogo, nos aparecerán todas las opciones editables de un cuadro de texto normal, como pueden ser el tipo de fuente, la altura del texto, el ancho y el alineado. Otra de las opciones que aparece en el cuadro de diálogo es el alineado, que puede ser por encima del arco, por debajo o alineado a izquierda o derecha. (El cuadro de texto que se abre aparece en inglés).

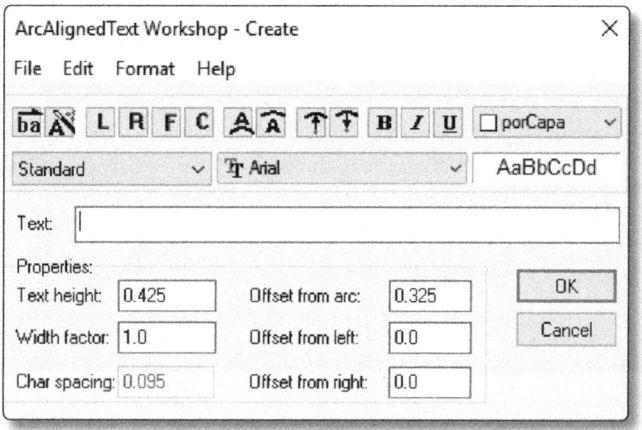

4. En la línea de texto que aparece se escribe el texto que queremos que aparezca sobre el arco.

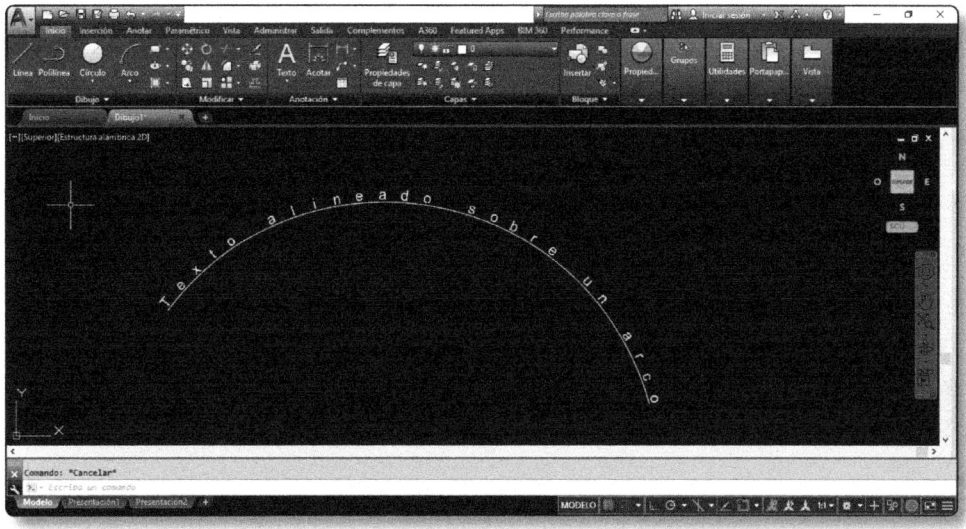

10.8.5 La utilidad del igualar propiedades

1. La utilidad de igualar propiedades en textos es similar a igualar propiedades en el resto de los objetos, una mayor rapidez a la hora de realizar la misma operación.

   Una de las ventajas es la rotación, si tenemos un texto con un determinado ángulo de rotación y tenemos otro texto que queremos que tenga la misma rotación, podemos igualar el segundo al primero.

2. Para igualar propiedades, habrá que escribir en la barra de comando la orden IGUALARPROP y nos aparecerá el proceso que hay que seguir. Primero habrá que seleccionar el texto que queremos que sea referencia.

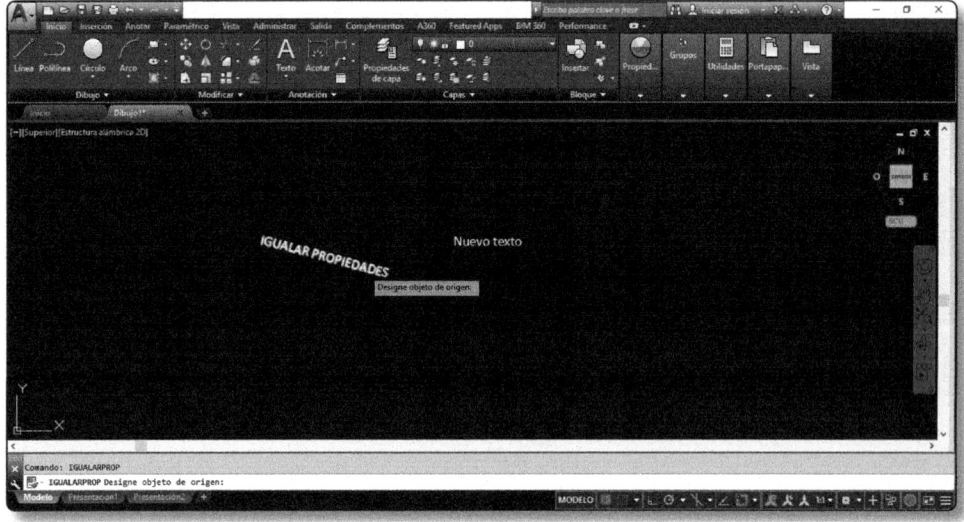

3. En la barra de comando aparecerá la opción de PARAMETROS, pulsando sobre ella, aparecerá un cuadro de diálogo que permite seleccionar que opciones de texto se copiaran. Después habrá que seleccionar el texto que queremos igualar al tomado como referencia.

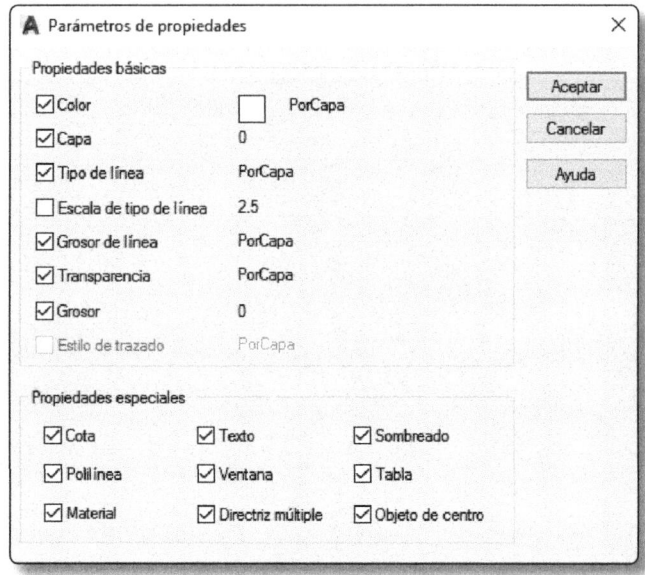

4. Después habrá que seleccionar el texto que se quiere modificar y copiará las propiedades que hayamos elegido del texto de referencia.

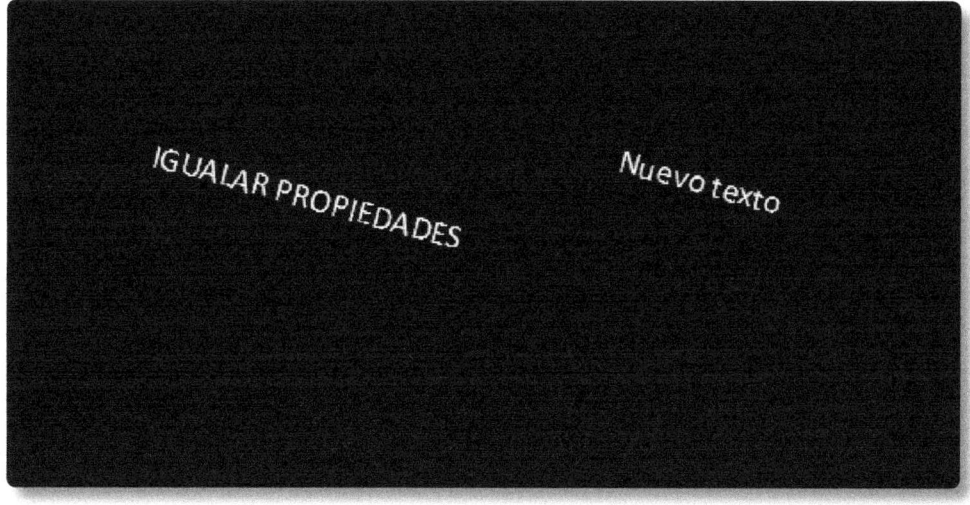

11

INSERTAR TRAMAS

11.1 SOMBREADO

Permite rellenar un área concreta con una trama. Podemos elegir entre varios patrones predefinidos o crear nosotros un patrón. Realizamos tramas en el interior de unos contornos que AutoCAD detecta de forma automática. Esta detección lleva a la creación de una polilínea que define el área a rellenar con la trama y que se eliminará al final del proceso. Al pulsar sobre el icono **Sombreado**, se abrirá la cinta de opciones **Creación de sombreado**:

Menú	Icono	Barra de comandos
Dibujo → Sombreado		Texto: Sombrea
Ficha Inicio. Grupo Modificar.		

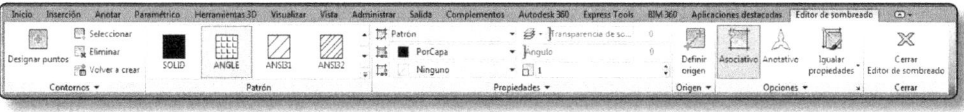

Una vez que hemos seleccionado la orden **Sombreado** y después de designar el punto interior del objeto, la cinta de opciones nos muestra todo lo necesario para crearlo al mismo tiempo que se está visualizando.

También podemos crearlo arrastrando el sombreado seleccionado desde la paleta de herramientas de sombreado, si la tenemos abierta, y soltándolo dentro del objeto que queremos sombrear.

Desde Inicio Modificar y después seleccionando el sombreado abre la ventana siguiente y tenemos un botón en la zona inferior derecha que nos permite ampliarla para tener más opciones.

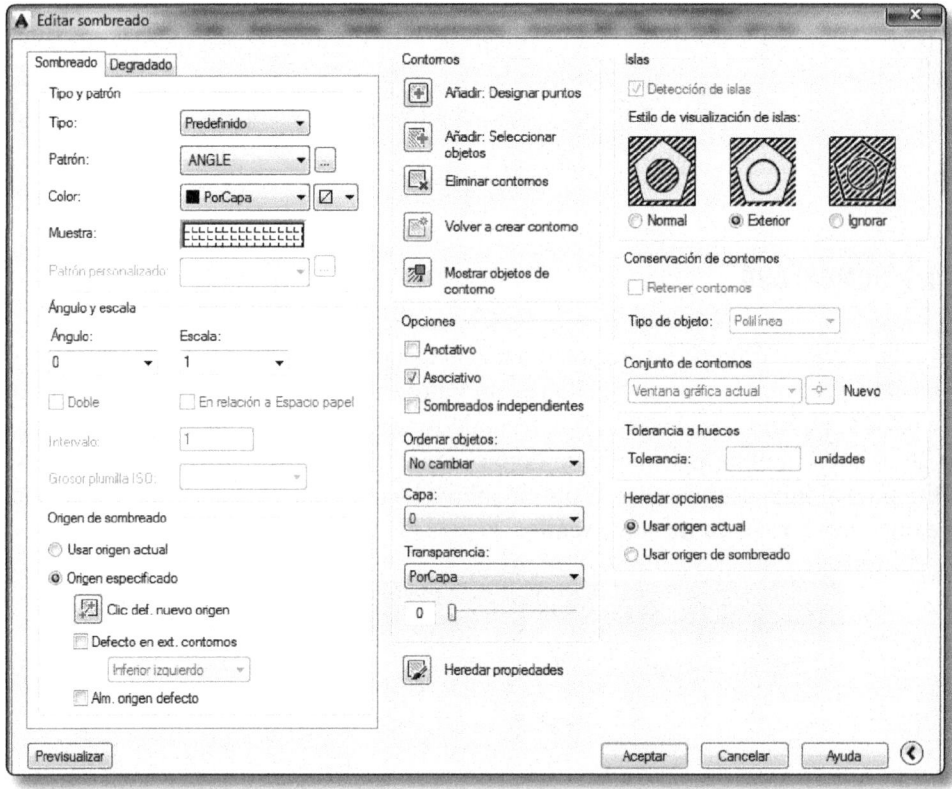

▶ Pestaña **Sombreado**:

- **Tipo y patrón**:

    – Tipo:
      Predefinido: son los que tiene el programa incluidos.
      Def. por el usuario: se pueden definir patrones como líneas paralelas a una distancia entre ellas elegida por nosotros.
      Personalizar: son patrones definidos en otro archivo .Pat que habremos añadido al programa.

- – Patrón: nos muestra el nombre y el tipo de sombreado. Pulsando sobre el nombre o sobre el dibujo, seleccionamos el patrón. Si pulsamos sobre los puntos suspensivos veremos el dibujo que forma el patrón. Tenemos varios tipos: Ansi, Iso, Otros predefinidos y Personalizados.

- – Color: permite reemplazar el color que tenemos asignado actualmente por uno nuevo.

- – Muestra: aparece una muestra del patrón seleccionado.

- – Patrón personalizado: nos muestra el listado de los patrones personalizados disponibles.

- **Ángulo y escala**:

  - – Ángulo: es el ángulo que formará el patrón.

  - – Escala: es el tamaño con el que se aplicará el patrón.

  - – En relación a espacio papel: para establecer la escala con relación al espacio papel.

  - – Grosor de plumilla ISO: es la escala del patrón en función del grosor de la plumilla ISO.

  - – Doble: si el patrón es de usuario, permite generar líneas dobles, perpendiculares entre sí.

  - – Intervalo: en caso de que tengamos un patrón definido por el usuario, aquí deberemos poner la distancia entre líneas.

- **Origen de sombreado**: nos indica dónde va a empezar a generarse el sombreado. Por defecto, el origen coincide con el del SCP actual.

  - – Usar origen actual: por defecto, es el punto 0,0.

  - – Origen especificado: si queremos indicarle un origen diferente, activaremos esta opción, y dispondremos de las siguientes opciones:

  - – Clic def. nuevo origen: le indicaremos directamente el nuevo punto de origen de sombreado.

  - – Defecto en ext. contornos: calcula un nuevo origen basándose en la extensión rectangular del sombreado.

  - – Alm. origen defecto: almacena el valor del nuevo origen de sombreado.

- **Previsualizar**: es importante, antes de aplicar, comprobar con esta opción que la trama y el tamaño son los deseados.

- **Contornos**:

  - Añadir: Designar puntos: con esta opción localiza el contorno más próximo. Puede dar dos tipos de error: error contorno repite, si ya hemos dado este contorno, error no hay nada, si el contorno no está cerrado.

  - Añadir: Seleccionar objetos: para elegir las entidades a sombrear. Deben formar un objeto cerrado.

  - Eliminar contornos: para deseleccionar contornos previamente seleccionados.

  - Volver a crear contorno: crea una polilínea o región alrededor del sombreado y asocia el objeto de sombreado con la misma.

  - Ver selecciones: vemos los objetos que hemos seleccionado para sombrear.

Cuando añadimos un punto para que se configure el contorno hay veces que nos da error debido a que hay líneas que no están unidas. Si este es el caso, el programa nos lo muestra dibujando círculos rojos donde falta esa unión.

Si tenemos un sombreado seleccionado y movemos el ratón sobre un objeto de dibujo aparecerá una previsualización del mismo. Al pulsar dentro del objeto, el sombreado se aplicará automáticamente sobre el mismo. Mientras que si pulsamos **Intro** o **Escape** cancelaremos la orden.

- **Opciones**:

  – Anotativo: indicamos que el sombreado será anotativo, es decir, que le asociamos una escala de anotación.

  – Asociativo/No asociativo: si es asociativo, al modificar el contorno o un objeto interno el sombreado se adapta a los nuevos límites. Por ejemplo, al mover un objeto interior o estirar el contorno.

  – Crear sombreados independ.: controla si se crea uno o varios objetos de sombreado cuando se especifican varios contornos cerrados independientes.

  – Ordenar objetos: asigna el orden de apilamiento de un sombreado.

  – Capa: asigna el sombreado a la capa que designemos. Si seleccionamos Usar actual los incluirá en la capa actual.

  – Transparencia: modifica la transparencia para los sombreados. Esta opción puede resultar útil cuando tengamos dos tipos de sombreado dentro del mismo objeto.

- **Heredar propiedades**: para poder asignar las propiedades de sombreado de un objeto a otro.

- **Islas**: podemos ver las opciones que tiene el programa para sombrear teniendo en cuenta o no los objetos internos.

- **Detección de islas**: seleccionaremos el método para detectar islas, incluyendo las islas como límites, es decir, como contornos, o bien buscando los límites de los contornos más cercanos y trazándolos en la dirección contraria a las agujas del reloj (proyección de rayos) sin detectar islas.

● **Conservación de contornos**: con esta opción, podemos decidir si AutoCAD crea una polilínea o una región para hacer el sombreado y si, al final, la elimina.

● **Conjunto de contornos**: AutoCAD examinará, según lo que le digamos en esta opción, lo que aparece en pantalla o en todo el plano, tardando más tiempo en hacerlo en la segunda opción que en la primera.

Tolerancia a huecos: escribiremos el tamaño máximo de los huecos que pueden ignorarse cuando los objetos se utilizan como contorno. El valor por defecto, 0, indica que los objetos deben encerrar el área sin dejar huecos.

● **Heredar opciones**: con estos parámetros controlamos la ubicación del origen de sombreado:

  – Usar origen actual: utiliza el parámetro del origen de sombreado actual.

  – Usar origen de sombreado: utiliza el origen de sombreado del sombreado original.

▶ Pestaña **Degradado**:

● **Color**: rellenaremos los objetos con colores formando gradientes de color. Podemos elegir entre Un color o Dos colores para formarlo.

  – Un color: rellena los objetos utilizando la transición de un color desde los tintes claros a los oscuros. En la barra deslizante, podemos elegir entre más oscuro (más sombreado) o más claro (más matizado).

  – Dos colores: utilizamos dos colores para crear el gradiente.

  – Cuadro de muestra de color: nos muestra el resultado del gradiente según los colores y la aplicación elegidos.

● **Orientación**:

  – Centrado: si activamos esta opción, el gradiente se aplicará de forma simétrica.

  – Ángulo: indica el ángulo del relleno de gradiente.

11.2 EDITAR EL SOMBREADO

Modifica un bloque de tramado asociado, es decir, el sombreado de un objeto.

Menú	Icono	Barra de comandos
Modificar → Objeto → Sombreado	🖾	Texto: Editsomb
Ficha Inicio. Grupo Modificar.		

Nos pide que designemos el objeto de sombreado. Una vez hecho, nos muestra las mismas opciones que para crear el sombreado. Podemos modificar cualquiera de ellas.

Si queremos que el rendimiento en el dibujo sea mayor, más rápido, podemos desactivar el relleno. Para ello, entraremos en **Herramientas** → **Opciones** → **Visualización**. Desactivaremos **Aplicar relleno sólido**. Después, deberemos regenerar el dibujo con **Ver** → **Regenerar**.

Cuando creamos un sombreado no asociativo podemos modificarlo con los pinzamientos, junto con el contorno o sin el contorno.

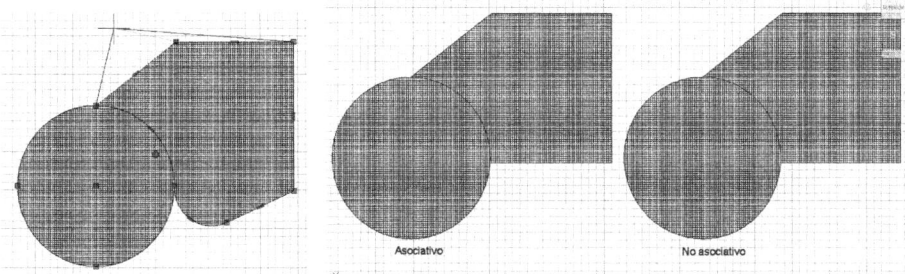

Al seleccionar un sombreado y mantener el ratón unos segundos sobre un punto de control nos aparecerán las siguientes opciones para editarlo sin necesidad de entrar en el menú de edición: **Estirar**, **Punto de origen**, **Ángulo de sombreado** y **Escala de sombreado**.

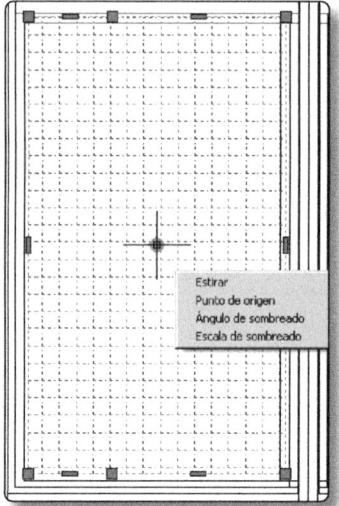

Para mostrar las propiedades de un sombreado, pulsaremos sobre el mismo con el botón derecho del ratón y seleccionaremos **Propiedades**. En la ventana desplegable, podremos cambiarlas.

11.3 CONTORNO

Permite crear un contorno a partir de objetos cerrados. Elegiremos entre crear una polilínea o una región.

Menú	Icono	Barra de comandos
Dibujo → Contorno	⊟	Texto: Contorno
Ficha Inicio. Grupo Dibujo.		

▸ **Designar puntos**: con esta opción, localiza el contorno más próximo.

▸ **Detección de islas**: para detectar contornos cerrados internos.

▸ **Conservación de contornos**: con esta opción, podemos decidir si AutoCAD crea una polilínea o una región para hacer el sombreado y si, al final, la elimina.

▶ **Conjunto de contornos**: AutoCAD examinará, según lo que le digamos en esta opción, lo que aparece en pantalla o en todo el plano, tardando más tiempo en hacerlo en la segunda opción que en la primera.

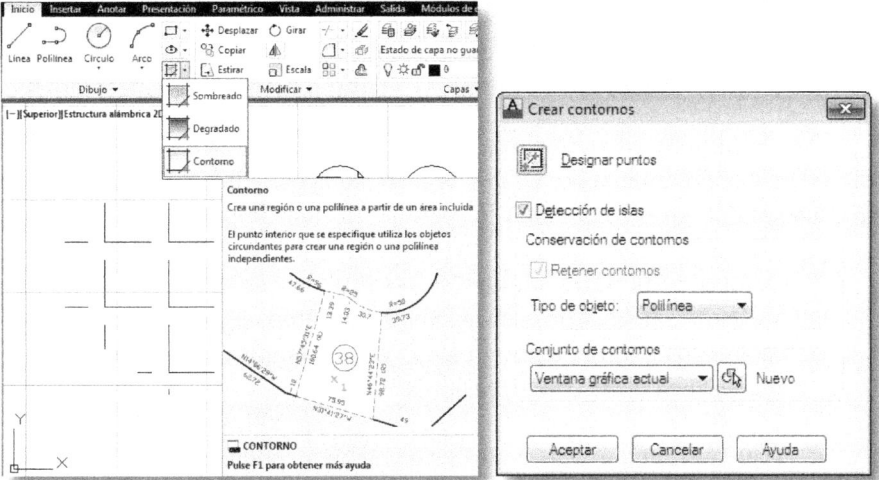

11.4 RELLENO POSTSCRIPT

Con la orden **Rellenaps**, podemos rellenar una polilínea cerrada con un tipo de relleno Eps. Para seleccionar el tipo de relleno, hay que escribir "Rellenaps" en la línea de comandos, después seleccionar la polilínea y, a continuación, indicar el nombre del relleno.

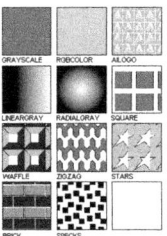

En AutoCAD no se verá el relleno. Hay que guardar el dibujo con la orden *Salvaps* y abrirlo en un programa que permita visualizarlo o imprimirlo en una impresora *postscript*.

11.5 PALETA DE HERRAMIENTAS

Esta paleta nos ayudará a organizar el trabajo con bloques y sombreados. Normalmente, aparecen los sombreados más utilizados. Para insertar un sombreado, solo tenemos que pulsar sobre el que necesitemos de la paleta y, sin soltar el ratón, arrastraremos hasta dentro del objeto que queramos sombrear. Para mostrar la paleta, entraremos en **Herramientas** → **Paletas** → **Ventana de paleta de herramientas**.

Para modificar los parámetros de la paleta de herramientas, pulsaremos con el botón derecho del ratón sobre cualquier área vacía de la misma. Nos aparecerá el menú contextual. Vamos a comentar los parámetros más importantes:

▼ **Ocultar automáticamente**: si situamos el ratón fuera de la paleta se ocultará y, al situarnos sobre la barra de título, se volverá a mostrar. Esta opción nos permite tener un área vacía mientras no la necesitemos, pero a la vista en el caso de necesitarla.

▼ **Transparencia**: activando esta opción, podremos ver los objetos dibujados que se encuentran situados debajo de la paleta (con Windows NT no es posible utilizar esta opción).

▼ **Opciones de visualización**: para decidir el tamaño y forma de las imágenes.

Se puede anclar la paleta a la derecha o a la izquierda de la pantalla. Si no queremos anclarla, mientras la desplazamos, pulsaremos la tecla **Control**. Si la paleta está fija, no podremos utilizar la opción de transparencia ni la de ocultación automática.

Crearemos una paleta nueva desde **Designcenter**. En el área de **Contenido**, pulsaremos con el botón derecho del ratón sobre el dibujo que tiene las características que queremos para la paleta y seleccionaremos **Crear paleta de herramientas**. Contendrá todos los bloques, sombreados y propiedades del dibujo.

Podemos exportar paletas pulsando con el botón derecho en la paleta y seleccionando **Personalizar** → **Exportar**. Para importar una paleta, haremos lo mismo pero, después de personalizar, seleccionaremos **Importar**.

12

ACOTAR PLANOS

12.1 CONCEPTOS BÁSICOS

En la mayoría de las aplicaciones no es suficiente con que un dibujo esté hecho a una escala concreta, sino que además deberemos añadir información referente a las medidas reales del mismo. La acotación es el proceso por medio del cual se añaden anotaciones de medidas a un dibujo. Las cotas que realicemos se añadirán en la capa que tengamos como actual.

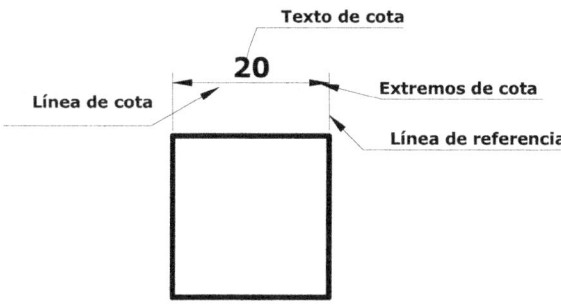

- ▶ **Línea de cota**: es la línea sobre la que se sitúa el número de cota.
- ▶ **Flechas o extremos de cota**: son las terminaciones de la línea de cota. Pueden tener extremos finales distintos.
- ▶ **Líneas de referencia**: son las líneas que delimitan la acotación.
- ▶ **Texto de cota**: es el literal, el número.
- ▶ **Tolerancias**: son valores adicionales del tipo +/-.

▼ **Unidades alternativas**: son unidades que se acotan junto a las principales.

▼ **Directriz**: es una línea con una anotación, texto o número en su extremo.

▼ **Marca de centro**: marca el centro del arco o círculo.

▼ **Acotaciones asociativas**: toda la cota es una entidad.

▼ **Medición**: tenemos que seleccionar el tipo de unidades, el tipo de ángulos y su precisión en **Formato → Unidades**.

Para acotar con precisión, podemos utilizar las referencias a objetos: **Punto final**, **Intersección**…

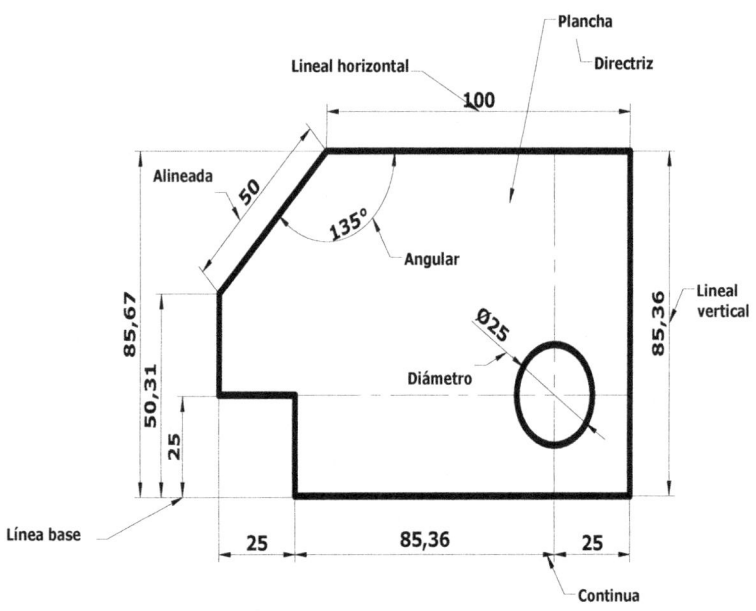

12.2 ACOTACIÓN LINEAL

Generamos una cota horizontal o vertical.

Menú	Icono	Barra de comandos
Acotar → Lineal	⊢⊣	Texto: Acolineal
Ficha Anotar. Grupo Cotas.		

Le tenemos que indicar:

▶ El **Origen de la 1ª línea** y **Origen de la 2ª línea**.

▶ El **Emplazamiento de la cota**. Este emplazamiento lo podremos indicar con medidas. Una vez seleccionados los orígenes de las cotas, movemos el ratón en la dirección en que queremos situarla y escribimos la distancia en la ventana de comandos.

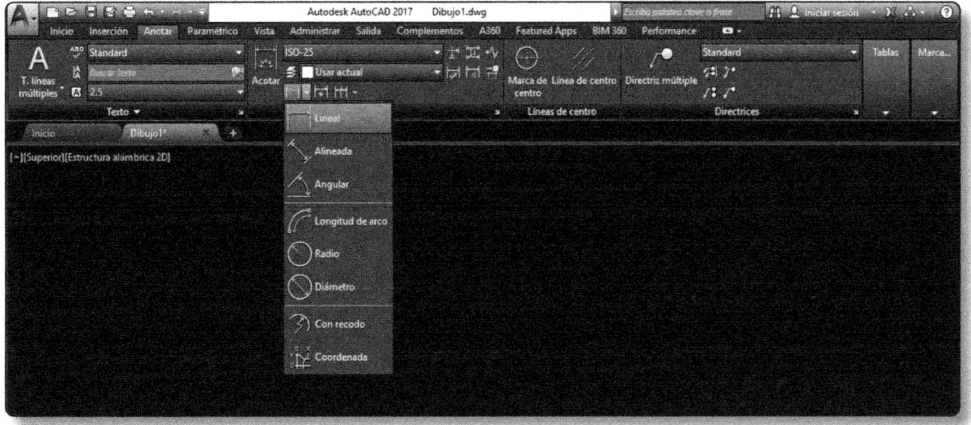

Otras opciones que aparecen en la línea de comandos son:

▶ **Texto**: cambia el texto que pone AutoCAD por defecto.
▶ **Ángulo**: cambia el ángulo de texto de la cota.
▶ **Horizontal**: emplaza horizontalmente el texto de la cota.
▶ **Vertical**: emplaza verticalmente el texto de la cota.
▶ **Girar**: gira el texto y la línea de cota.

12.3 ACOTACIÓN ALINEADA

Crea una cota paralela a la línea que queremos acotar.

Menú	Icono	Barra de comandos
Acotar → Alineada		Texto: Acoalineada
Ficha Anotar. Grupo Cotas.		

Le tendremos que indicar:

▶ El **Origen de la 1ª línea** y **Origen de la 2ª línea**.

▶ El **Emplazamiento de la cota**. Lo podemos indicar con medidas. Una vez seleccionados los orígenes de las cotas, movemos el ratón en la dirección en que queremos situar la cota y escribimos la distancia en la ventana de comandos.

Otras opciones que aparecen en la línea de comandos son:

▶ **Texto**: cambia el texto que pone AutoCAD por defecto.
▶ **Ángulo**: cambia el ángulo de texto de la cota.
▶ **Horizontal**: emplaza horizontalmente el texto de la cota.
▶ **Vertical**: emplaza verticalmente el texto de la cota.
▶ **Girar**: gira el texto y la línea de cota también.

12.4 ACOTACIÓN CON LÍNEA DE BASE

Esta orden genera una cota tomando como origen la primera línea de referencia de la cota anterior que heredará el estilo de cota de la base. Por lo tanto, para utilizar este comando, debemos haber creado antes una cota lineal.

Menú	Icono	Barra de comandos
Acotar → Línea base	⊨	Texto: Acoalineabase
Ficha Anotar. Grupo Cotas.		

Para terminar, pulsaremos dos veces **Intro**. En caso de que la última cota no sea la que queremos como línea de base, antes de situar esta nueva cota escribiremos "D", de designar, y designaremos la que queremos como cota de base.

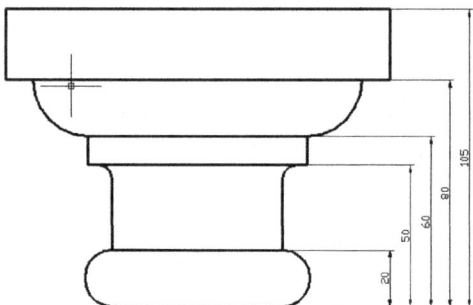

12.5 ACOTACIÓN CONTINUA

Genera cotas continuas que heredarán el estilo de la primera cota. El origen de la segunda cota es la segunda línea de referencia de la primera. Tenemos que partir de una cota lineal para poder aplicar este tipo de acotación.

Menú	Icono	Barra de comandos
Acotar → Continua	⊬⊦⊣	Texto: Acocontinua
Ficha Anotar. Grupo Cotas.		

Para terminar, hay que pulsar dos veces **Intro**. En caso de que la última cota no sea la que queremos como línea continua, antes de situar esta nueva cota escribiremos "D", de designar, y designaremos la que queremos como cota de origen para la línea continua.

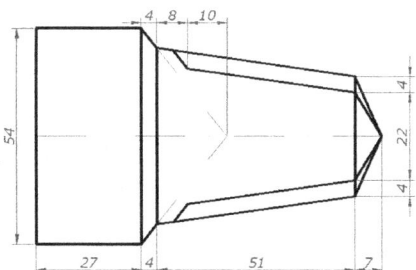

12.6 ACOTAR LOS ÁNGULOS

Crea cotas de tipo angular en arcos, círculos... Designaremos las dos líneas que forman el ángulo.

Menú	Icono	Barra de comandos
Acotar → Angular	◁	Texto: Acocangulo
Ficha Anotar. Grupo Cotas.		

Hay que designar el arco, el círculo, las líneas... que formen el ángulo. Con esta acotación, por defecto, se acotarán ángulos menores de 180°. Si queremos acotar ángulos mayores, antes de seleccionar las líneas que los forman pulsaremos **Intro** y, a continuación, designaremos los tres puntos finales de las líneas que formarán el ángulo.

12.7 ACOTAR LOS DIÁMETROS

Menú	Icono	Barra de comandos
Acotar → Diámetro		Texto: Acodiametro
Ficha Anotar. Grupo Cotas.		

Hay que designar el **Arco** o el **Círculo**. Después, cuando sepamos dónde lo queremos situar, pulsamos el botón izquierdo del ratón.

12.8 ACOTAR LOS RADIOS

Menú	Icono	Barra de comandos
Acotar → Radio		Texto: Acoradio
Ficha Anotar. Grupo Cotas.		

Hay que designar el **Arco** o el **Círculo**. Después, cuando sepamos dónde lo queremos situar, pulsamos el botón izquierdo del ratón.

12.9 ACOTAR LA LONGITUD DE UN ARCO

Menú	Icono	Barra de comandos
Acotar → Longitud de arco		Texto: Acoarco
Ficha Anotar. Grupo Cotas.		

Acota la longitud de un arco que designemos con el dispositivo señalador.

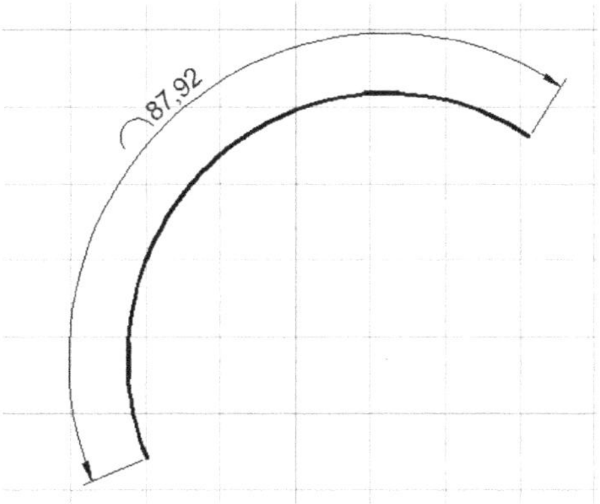

12.10 ACOTAR CON RECODO

En muchas ocasiones los centros correspondientes a radios de arcos o círculos se salen de los límites del "papel", en estos casos se suele recurrir a la acotación de radios con recodo o también denominada "cotas de radio con escorzo".

Menú	Icono	Barra de comandos
Acotar → Con recodo		Texto: Acorecodo
Ficha Anotar. Grupo Cotas.		

Con esta orden, podemos crear cotas radiales con recodo. Las opciones que se nos muestran en la ventana de comandos son:

- **Ubicación de línea de cota**: mediante esta opción, le indicaremos el ángulo de la línea de cota y la ubicación del texto.
- **TextoM**: nos mostrará el editor de texto múltiple para poder modificar el valor de la cota, introducir prefijos, sufijos…
- **Texto**: podemos modificar el valor de la cota.

▶ **Ángulo**: modifica el ángulo en el que se escribirá el texto de la cota.

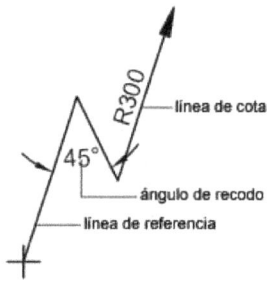

12.11 REASOCIAR COTAS

Menú
Acotar → Reasociar cotas
Ficha Anotar. Grupo Cotas.

Una vez acotado un objeto, podemos variar la cota seleccionando nuevos puntos de referencia. Nos pedirá **Designe las cotas que desee reasociar...**, **Seleccione objetos de cota**. Una vez seleccionada la cota, veremos un marcador en cada punto de asociación. Si la cota no está asociada a un objeto geométrico, el marcador tendrá forma de X; si está asociada, se mostrará como una X dentro de un cuadro. Tendremos en cuenta que el marcador desaparecerá si encuadra o aplica un *zoom* con un ratón con rueda.

12.12 MARCAR EL CENTRO DE LA CIRCUNFERENCIA

Menú	Icono	Barra de comandos
Acotar → Marca de centro	⊕	Texto: Acocentro
Ficha Anotar. Grupo Cotas.		

Utilizaremos esta orden para marcar el centro de una circunferencia o de un arco. Después de abrir el menú, designaremos el objeto.

12.13 ACOTAR CON DIRECTRIZ

Son líneas con extremos de cota que nos permitirán hacer anotaciones.

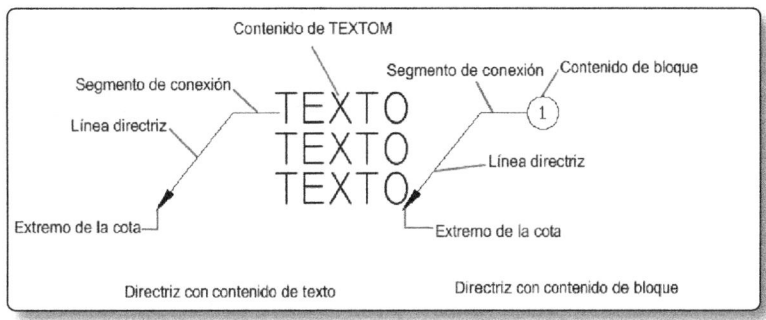

Menú	Icono	Barra de comandos
Acotar → DirectrizM		Texto: directrizM
Ficha Anotar. Grupo Cotas.		

Nos pedirá **Desde el punto** que queremos la línea **Hasta el punto** en que queremos terminarla.

Podemos personalizar nuestras preferencias escribiendo en la barra de comandos "directrizr". A continuación escribiremos "P" y se abrirá la ventana de **Parámetros** con las siguientes opciones:

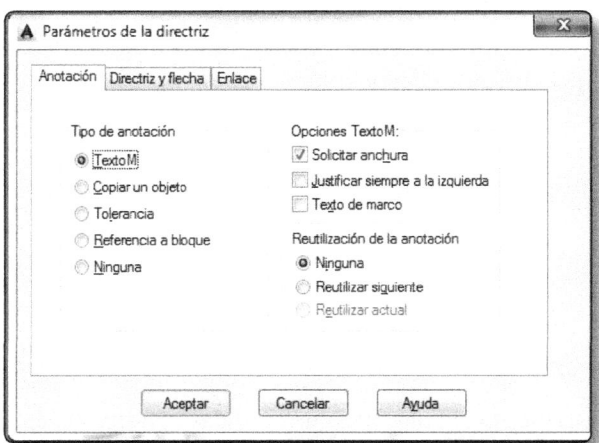

▶ Pestaña **Anotación**:

- Tipo de anotación: estableceremos el tipo de anotación de la directriz.

  - *TextoM*: para crear una anotación con el tipo de texto de líneas múltiples.

  - *Copiar un objeto*: permite copiar un texto de cualquiera de los modelos de AutoCAD de líneas múltiples, de una línea, de tolerancia o de un objeto de referencia a bloque.

  - *Tolerancia*: para crear un rectángulo de tolerancia en la directriz.

  - *Referencia a bloque*: solicita la inserción de una referencia a bloque.

  - *Ninguno*: crea una directriz sin anotación.

- Opciones TextoM: precisa las opciones de texto de líneas múltiples, en el caso de que hayamos seleccionado TextoM.

  - *Solicitar anchura*: de la anotación de texto de líneas múltiples.

  - *Justificar siempre a la izquierda*: justifica la anotación de texto de líneas múltiples a la izquierda, independientemente de la ubicación de la directriz.

  - *Texto de marco*: coloca un marco alrededor de la anotación de texto de líneas múltiples.

- Reutilización de la anotación: permite volver a utilizar la anotación de directriz.

  - *Ninguno*: no vuelve a utilizar la anotación de directriz.

  - *Reutilizar siguiente*: vuelve a utilizar la anotación que se creó en las directrices siguientes.

  - *Reutilizar actual*.

▶ Pestaña **Directriz y flecha**:

- Línea directriz: indica el formato de la línea directriz.

  - *Recta*: crea segmentos de línea recta entre los puntos especificados.

  - *Spline*: crea un objeto spline.

- Extremo de la cota: debemos indicar qué tipo de extremos queremos para la directriz.

- Número de puntos: indicaremos el número de puntos que harán falta antes de que nos solicite la anotación.

- Limitaciones de ángulo: define los límites del ángulo de la primera y segunda líneas directriz, en el primer y segundo segmentos.

- Esta ficha está disponible únicamente cuando se selecciona TextoM en la ficha Anotación, indica la posición de las líneas y de la anotación.

▶ Pestaña **Enlace**:

- Enlace de texto de líneas múltiples:
  - *Parte superior de línea superior*: sitúa la directriz sobre la línea de texto múltiple situada en la línea superior.
  - *Mitad de línea superior*: sitúa la directriz en la parte intermedia de la línea de texto múltiple situada en la línea superior.
  - *Mitad de texto de líneas múltiples*: sitúa la directriz en el centro del texto.
  - *Mitad de línea inferior*: sitúa la directriz sobre la línea de texto múltiple inferior.
  - *Parte inferior de línea inferior*: sitúa la directriz en la parte inferior de la línea de texto de líneas múltiples situada más abajo.

- Subrayar línea inferior: subraya la línea inferior del texto.

12.14 ACOTAR CON COORDENADAS

Crea cotas de puntos de coordenadas.

Menú	Icono	Barra de comandos
Acotar → Coordenada		Texto: acocoordenada
Ficha Anotar. Grupo Cotas.		

Podemos seleccionar introducir las **Abscisas**, las **Ordenadas** o el **Texto de la cota**. También podemos indicarle el **Ángulo** que formará el mismo.

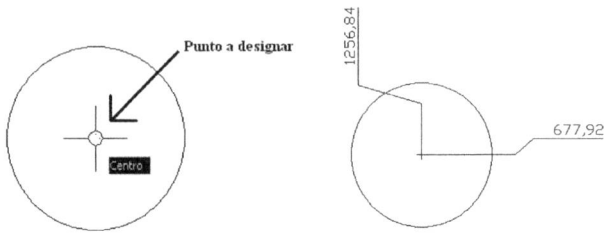

12.15 ACOTAR CON TOLERANCIA

Crea tolerancias geométricas. Estas tolerancias nos permiten indicar la desviación adecuada de forma, perfil, orientación, posición y oscilación de un objeto. Los rectángulos que crearemos contienen toda la información sobre la tolerancia de una sola cota. Se pueden crear tolerancias geométricas con directrices o sin ellas.

Hay que elegir el tipo de tolerancia y después introducir los valores.

Menú	Icono	Barra de comandos
Acotar → Tolerancia	🔲	Texto: tolerancia
Ficha Anotar. Grupo Cotas.		

Estas son las características geométricas que elegimos en los **Tipos de tolerancias** pulsando sobre la casilla **Símbolo**:

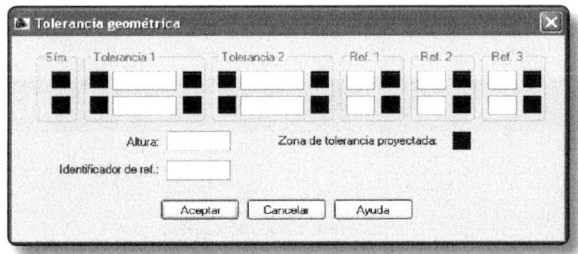

Posición	⊕	Simetría	⌓	Perpend.	⊥	Cilindricidad	⌭	Circularidad	○
Concentric.	◎	Paralel.	∥	Angular	∠	Lisura	▱	Rectitud	—
Perfil.sup.	⌓	Perfil lin.	⌒	Tray.circ.	↗	Tray.total	⫽		

Símbolos de características geométricas	
Característica	**Tipo**
Posición	Emplazamiento
Concentricidad o coaxialidad	Emplazamiento
Simetría	Emplazamiento
Paralelismo	Orientación
Perpendicularidad	Orientación
Angularidad	Orientación
Cilindricidad	Forma
Lisura	Forma
Circularidad o redondez	Forma
Rectitud	Forma
Perfil de una superficie	Perfil
Perfil de una línea	Perfil
Recorrido circular	Recorrido
Recorrido total	Recorrido

- **Tolerancia 1**: en este apartado indicamos los valores del primer cuadro de control de características. Podemos insertar un símbolo de diámetro antes del valor y otro de la condición del material, después.

Símbolo	Descripción
M	Condición de Máximo material
L	Condición de Mínimo material
S	Sin especificaciones

- **Tolerancia 2**: en este apartado podemos indicar un segundo valor de tolerancia. Los campos son los mismos que los del apartado anterior.
- **Ref. 1, Ref. 2, Ref. 3**: inserta un valor o un signo de modificación en cada una de las casillas necesarias.

▶ **Altura**: indica la altura de la zona de tolerancia proyectada.

▶ **Zona de tolerancia proyectada**: inserta el símbolo después del valor indicado en el campo **Altura**.

▶ **Identificador de referencia**: crea un símbolo de identificación del dato que consiste en una letra de referencia.

12.16 ACOTAR CON OBLICUIDAD

Cambia el ángulo de la línea de referencia de la cota.

Menú	Icono	Barra de comandos
Acotar → Oblicua	$\vdash$	Texto: acoedic
Ficha Anotar. Grupo Cotas.		

Hay que seleccionar la cota y, a continuación, introducir el ángulo.

12.17 ESTILOS DE ACOTACIÓN

A partir del formato estándar, podemos modificar las características de la acotación: **Flechas**, **Forzar texto dentro**..., es decir, define multitud de variables que forman parte de la acotación.

Menú	Icono
Formato → Estilo de cota	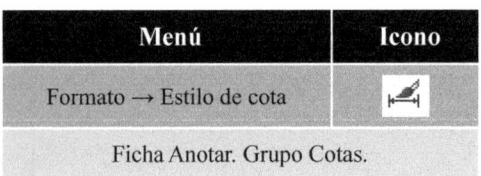
Ficha Anotar. Grupo Cotas.	

▶ **Estilo**: en este apartado aparecen los estilos que tenemos creados.

▶ **Lista**: pestaña en la que podemos elegir qué tipos de estilos queremos que muestre el apartado anterior.

▶ **Vista Preliminar**: previsualizamos el estilo seleccionado.

▶ **Definir actual**: nombre del estilo con el que vamos a acotar.

▼ **Nuevo**: para crear otro estilo.

▼ **Modificar**: para modificar un estilo existente. Cambiará todo lo que está ya acotado con ese estilo.

▼ **Reemplazar**: modifica temporalmente un estilo de acotación.

▼ **Comparar**: compara estilos diferentes de acotación. Nos aparecerán las variables y los valores de los estilos a comparar.

A la derecha de cada una de las opciones, tendremos una previsualización del estilo de acotación que vamos creando.

12.17.1 Líneas

▼ **Líneas de cota**:

- Color: de la línea de cota.
- Tipo de línea: para indicar el tipo de línea.
- Grosor de línea: de la línea de cota.
- Ampliar trazos: se utiliza solo para los extremos de cota oblicuos. Es la distancia que excede de la línea de referencia.
- Intervalo de línea base: es la distancia entre las cotas con línea base.
- Supresión: línea cota 1 y/o línea cota 2.

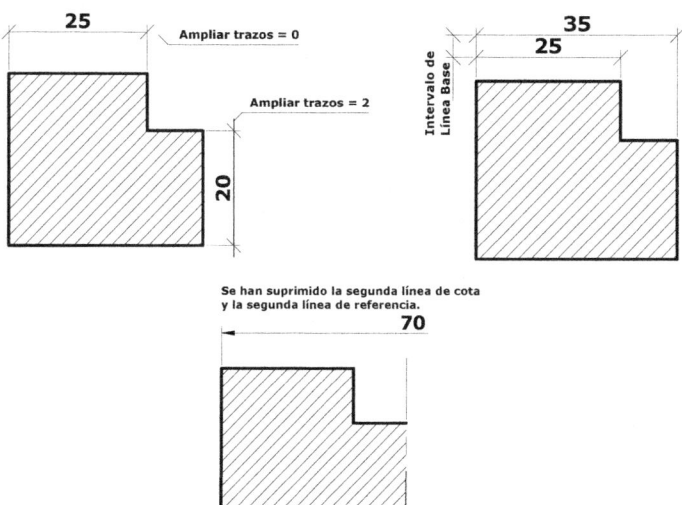

▶ **Líneas de referencia**:

- Color: de la línea de extensión.

- Tipo línea ref. 1: para indicar el tipo para la primera línea de referencia.

- Tipo línea ref. 2: para indicar el tipo para la segunda línea de referencia.

- Grosor de línea: de la línea de extensión.

- Suprimir: línea de referencia 1 y/o línea de referencia 2.

- Ampliar línea de cota: es la distancia que sobrepasa la línea de referencia sobre la línea de cota.

- Desfase desde origen: es la distancia desde el origen de la cota hasta el comienzo de la línea de referencia.

- Líneas de referencia de longitud fija: podemos crear cotas con una longitud fija para sus líneas de referencia activando esta opción e indicando la longitud.

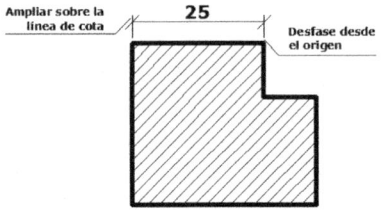

12.17.2 Símbolos y Flechas

▶ **Extremos de cota**:

- Primero y segundo: aquí nos aparecen los tipos de flechas para la primera y para la segunda flecha. También podemos elegir que no dibuje flecha.

- Directriz: tipo de punta de flecha para la directriz.

- Tamaño flecha: es el tamaño de la flecha.

▼ **Marcas de centro**:

- Marca: marcará una cruz pequeña en el centro del círculo.

- Línea: marcará una cruz que atravesará los cuadrantes del círculo.

- Ninguno: si no queremos que marque el centro.

- Tamaño: es el tamaño de la marca de centro.

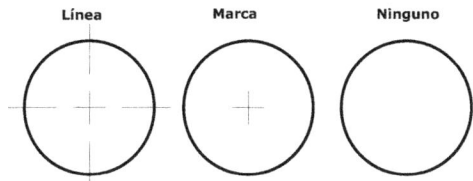

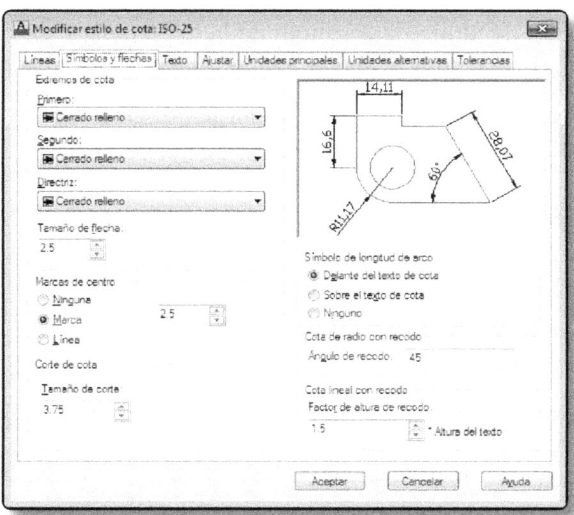

▼ **Símbolo de longitud de arco**:

- Delante del texto de cota: coloca los símbolos de longitud de arco antes del texto de cota.

- Sobre el texto de cota: coloca los símbolos de longitud de arco encima del texto de cota.

- Ninguno: no coloca ningún símbolo.

▼ **Cota de radio con recodo**:

- Ángulo de recodo: es el ángulo de la línea transversal que conecta las líneas de referencia y de cota. Se utiliza en el caso de que el centro del arco o del círculo que vamos a acotar esté muy lejano. Y, también, para las cotas con recodo.

12.17.3 Texto

▼ **Aspecto del texto**:

- Estilo: es el actual. Podemos elegir un estilo de texto creado anteriormente o pulsar el botón de puntos suspensivos para crear otro.

- Color de texto: podemos seleccionar un color propio para el texto.

- Color de relleno: indica el color de fondo del texto de la cota.

- Altura del texto: define la altura del texto.

- Escala de altura de fracción: de la tolerancia. Este cuadro se activará cuando hayamos aceptado poner tolerancia en la cota.

- Dibujar un cuadro alrededor del texto: si lo activamos alrededor del texto de cota, nos dibujará un rectángulo.

▼ **Ubicación del texto**:

- Vertical: es la posición del texto de cota en el espacio. Puede ser centrado, encima, exterior y JIS (Normativa Industrial Japonesa).

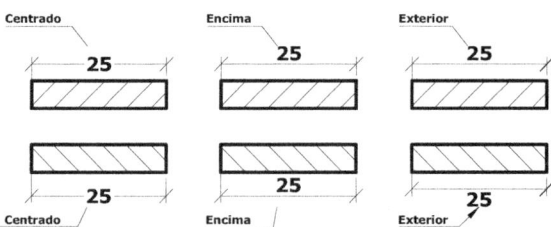

- Centrado: centra el texto en la línea de cota.

- Arriba: sitúa el texto sobre la línea de cota.

- Exterior: coloca el texto de cota al lado de la línea de cota situada más lejos del primer punto de definición.

- JIS: coloca el texto de cota de forma que se adapte a una representación JIS (*Japanese Industrial Standards*, Normativa Industrial Japonesa).

- Horizontal: posiciona el texto de cota respecto a la línea de cota. Puede ser: centrado, 1ª línea de referencia, 2ª línea de referencia, sobre 1ª línea de referencia o sobre 2ª línea de referencia.

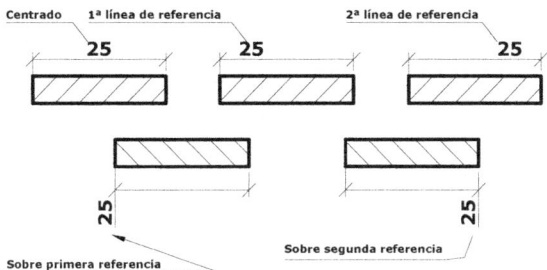

- Desfase de la línea de cota: es el espacio entre el texto y la línea de cota.

- Alineación del texto: podemos colocarlo Horizontal, Alineado con la línea de acotación o ISO Standard.

12.17.4 Ajustar

▼ **Opciones de ajuste**:

- El texto o las flechas, el que mejor ajuste: si cabe, lo coloca todo dentro. Si solo cabe el texto, lo coloca solo. Si solo caben las flechas, las coloca dentro. Si no cabe ninguna de las dos cosas, las coloca fuera.

- Flechas: si caben las flechas dentro, las coloca antes que al texto.

- Texto: si cabe el texto, lo coloca dentro y las flechas, fuera.

- El texto y las flechas: cuando no hay suficiente espacio para el texto y las flechas, coloca ambos fuera.

- Mantener texto entre líneas de referencia: pone el texto entre las líneas de extensión o por encima de ellas.

- Suprimir flechas: si no se sitúan dentro de las líneas de extensión.

▶ **Ubicación del texto**:

- Junto a la línea de cota.

- Sobre la línea de cota con directriz.

- Sobre la línea de cota sin directriz.

▶ **Escala para funciones de cota**:

- Usar escala general: cambia el tamaño de los elementos de la acotación: flechas, texto, líneas de cota.

- Escalar cotas en presentación (espacio papel): calcula el tamaño de los elementos de acotación basándose en la escala empleada para el espacio papel. No cambia el valor del texto de la cota sino su tamaño.

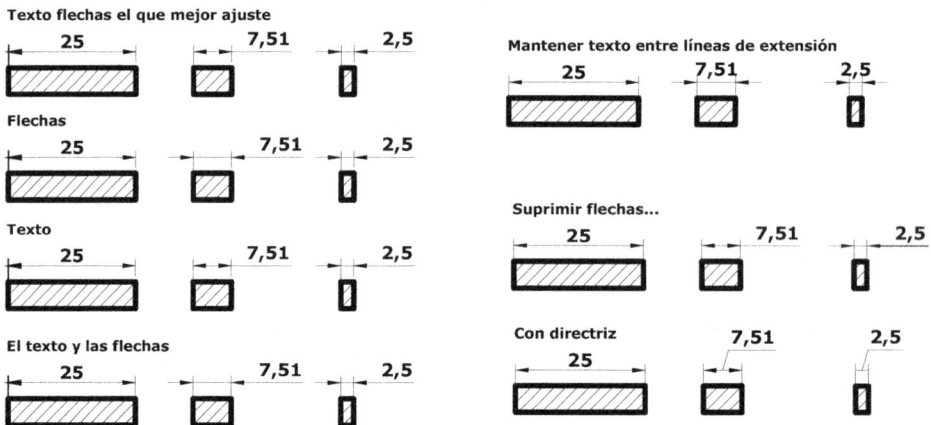

▶ **Ajuste preciso**:

- Colocar texto manualmente al acotar: donde situemos el ratón colocará el texto de cota.

- Dibujar línea de cota entre líneas de referencia.

12.17.5 Unidades principales

▼ **Acotaciones lineales**:

- Formato unidades: aquí elegimos el tipo de unidades con el que vamos a acotar: decimales, científicas, fracciones...

- Precisión: son los decimales que aparecerán en la cota.

- Formato de fracción: si elegimos en el tipo de unidades el de fracción, aquí debemos indicarle cuál será el formato. En la ventana de previsualización, aparecerán los diferentes formatos según los seleccionemos.

- Separador decimal: debemos indicar el tipo de separador decimal.

- Redondeo: redondea el cálculo: 1 = al entero más próximo / 0,25 = a la unidad 0,25 más próxima.

- Prefijo: añade texto al inicio de cotas.

- Sufijo: añade texto al final de las cotas.

▼ **Escala de medida**:

- Factor de escala: multiplica magnitudes en cotas lineales. Por ejemplo, 80 con una escala 4 se anotará 320.

- Aplicar solo acotación de presentación: para que aplique solamente la escala en el espacio papel.

- Supresión de ceros: para suprimir los ceros a la izquierda y/o a la derecha en las cotas.

- Factor de subunidades: establece el número de subunidades que contiene una unidad. Se utiliza para calcular la distancia de cota en una subunidad cuando la distancia es inferior a una unidad. Por ejemplo, escribiremos "100" si el sufijo es m y el sufijo de subunidad es cm.

- Sufijo de subunidades: añade un sufijo a la subunidad del valor de cota. Introduciremos el texto o utilizaremos códigos de control para mostrar símbolos especiales. Por ejemplo, escribiremos "cm" para que .96 m se muestre como 96 cm.

- 0 pies: suprime la parte correspondiente a pies en las cotas de pies y pulgadas cuando la distancia es inferior a un pie. Por ejemplo, 0'-6 1/2" se convierte en 6 1/2".

- 0 pulgadas: suprime la parte correspondiente a pulgadas en las cotas de pies y pulgadas cuando la distancia es un número entero de pies. Por ejemplo, 1'-0" pasa a 1'.

▼ **Acotaciones angulares**:

- Formato unidades: aquí elegimos el tipo de unidades con el que vamos a acotar: grados, radianes...

- Precisión: son los decimales que aparecerán en la cota.

- Supresión de ceros: para suprimir los ceros a la izquierda y/o a la derecha en las cotas.

12.17.6 Unidades alternativas

Controla el formato de las unidades alternativas, es decir, acota con dos unidades de medida diferentes. Debemos activar su visualización para que en la cota aparezcan dos tipos de unidades.

▼ **Unidades alternativas**:

- Formato de unidades: aquí elegimos el tipo de unidades con el que vamos a acotar: decimales, científicas, fracciones...

- Precisión: son los decimales que aparecerán en la cota.

- Multiplicador unidades alt: debemos introducir el valor por el que hay que multiplicar las unidades principales.

- Redondear distancias a: redondea el cálculo: 1 = al entero más próximo / 0,25 = a la unidad 0,25 más próxima.

- Prefijo: añade texto al inicio de cotas.

- Sufijo: añade texto al final de las cotas.

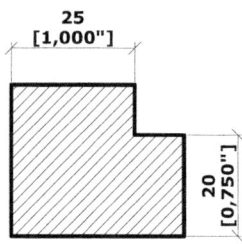

- Supresión de ceros: para suprimir los ceros a la izquierda y/o a la derecha en las cotas.

- Factor de subunidades: establece el número de subunidades que contiene una unidad. Se utiliza para calcular la distancia de cota en una subunidad cuando la distancia es inferior a una unidad. Por ejemplo, escribiremos "100" si el sufijo es m y el sufijo de subunidad es cm.

- Sufijo de subunidades: añade un sufijo a la subunidad del valor de cota. Introduciremos el texto o utilizaremos códigos de control para mostrar símbolos especiales. Por ejemplo, escribiremos "cm" para que .96 m se muestre como 96 cm.

- 0 pies: suprime la parte correspondiente a pies en las cotas de pies y pulgadas cuando la distancia es inferior a un pie. Por ejemplo, 0'-6 1/2" se convierte en 6 1/2".

- 0 pulgadas: suprime la parte correspondiente a pulgadas en las cotas de pies y pulgadas cuando la distancia es un número entero de pies. Por ejemplo, 1'-0" pasa a 1'.

- Ubicación: indicaremos si la cota alternativa debe aparecer delante o detrás del valor principal.

12.17.7 Tolerancias

En este apartado, se controlan las tolerancias dimensionales.

▶ **Formato de tolerancia**:

- Método: podemos elegir: ninguno, simétrico, desviación, límites y básica. Esta última opción dibuja un rectángulo en vez de texto de cota.

- Precisión: de la tolerancia. Es el número de decimales.

- Valor: superior e inferior de la tolerancia.

- Escala para altura: del texto (cota) de la tolerancia. Es un factor de escala respecto a la altura del texto principal.

● Posición vertical: superior, en medio, inferior.

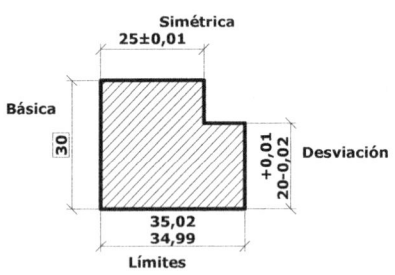
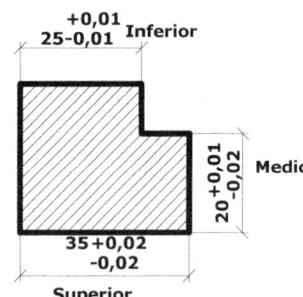

● Supresión de ceros: para suprimir los ceros a la izquierda y/o a la derecha en las cotas.

▼ **Tolerancia de unidades alternativas**:

● Precisión: de la tolerancia con las unidades alternativas.

● Supresión de ceros: para suprimir los ceros a la izquierda y/o a la derecha en unidades alternativas.

12.18 ALINEAR TEXTO

Dentro del siguiente menú, encontraremos una serie de opciones que nos permitirán alinear el texto de las cotas.

En la cinta de opciones encontramos la justificación del texto en Ficha Anotar. Grupo Cotas

Menú
Acotar → Alinear texto

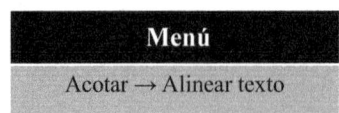

Menú	Icono
Acotar → Alinear texto → Origen	

Si hemos modificado la posición del texto de la cota, con esta opción vuelve a su posición original.

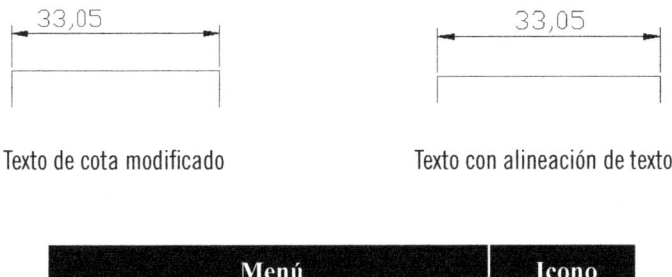

Texto de cota modificado   Texto con alineación de texto

Menú	Icono
Acotar → Alinear texto → Rotación	

El ángulo por defecto es 0. Si queremos cambiarlo, utilizaremos esta opción.

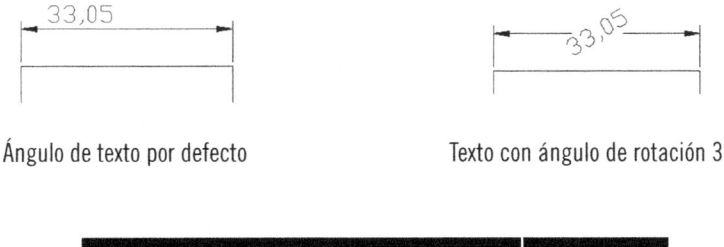

Ángulo de texto por defecto   Texto con ángulo de rotación 30°

Menú	Icono
Acotar → Alinear texto → Izquierda	

Cambia el texto de posición y lo coloca sobre la línea de cota izquierda.

Menú	Icono
Acotar → Alinear texto → Derecha	

Cambia el texto de posición y lo coloca sobre la zona de la derecha de la línea de cota.

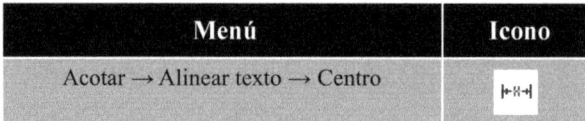

Menú	Icono
Acotar → Alinear texto → Centro	

Cambia el texto de posición y lo coloca sobre la zona del centro de la línea de cota.

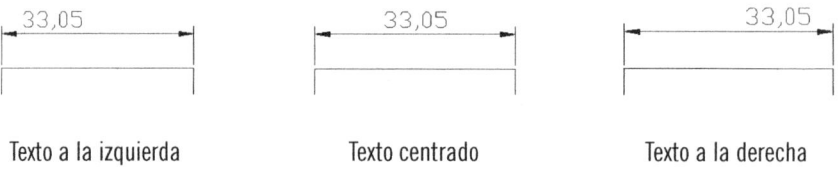

Texto a la izquierda   Texto centrado   Texto a la derecha

12.19 ACTUALIZAR ACOTACIÓN

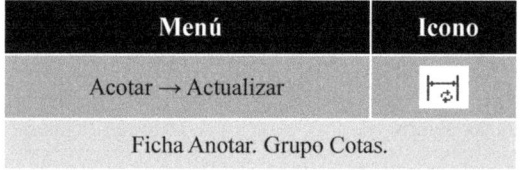

Menú	Icono
Acotar → Actualizar	
Ficha Anotar. Grupo Cotas.	

Podemos cambiar cualquier variable de acotación y actualizar algunas cotas o todas ellas.

12.20 REEMPLAZAR ACOTACIÓN

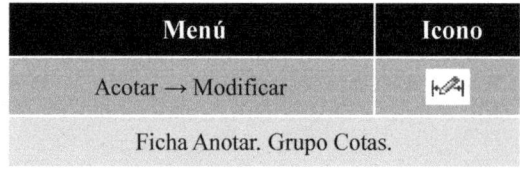

Menú	Icono
Acotar → Modificar	
Ficha Anotar. Grupo Cotas.	

Cambia el valor de una variable pero no afecta al estilo de acotación.

12.21 ACOTACIÓN RÁPIDA

Podemos acotar de forma rápida utilizando:

Menú	Icono
Acotar → Cota rápida	⊢⃗⃗⊣
Ficha Anotar. Grupo Cotas.	

Seleccionamos los objetos que queremos acotar, pulsamos **Intro** y la cota se posicionará en el lugar en el que movamos el ratón.

La ventana de comandos nos permitirá elegir el tipo de cota.

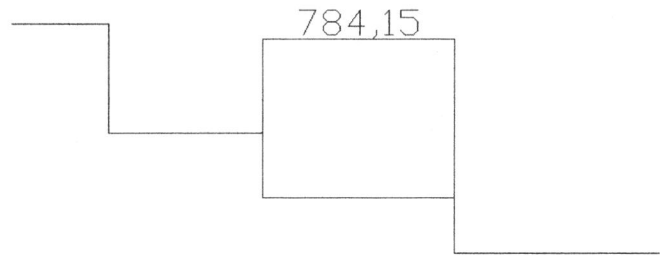

Para acotar, se recomienda utilizar la **Referencia a entidades** al designar el origen de la línea de cota.

12.22 ACOTACIÓN EN ESPACIO PAPEL

Se puede acotar el dibujo directamente en la pantalla del espacio modelo, que es en el que estamos trabajando, pero también podemos acotar los objetos directamente desde la presentación o espacio papel (conceptos que se verán más adelante).

Para ello, una vez estemos en la presentación, escribiremos en la línea de comandos "Dimscale" e **Intro**, que indicará la escala de la cota.

El valor que tenemos que introducir es el de la escala. Por ejemplo, si vamos a imprimir el dibujo a escala ¼, escribiremos "4".

12.23   MODIFICAR ELEMENTOS DE COTA

Pulsando dos veces seguidas sobre una cota o entrando en **Modificar** →
Propiedades y seleccionando una cota, podemos cambiar algunos de sus elementos,
incluidos los textos.

Menú	Icono	Barra de comandos
Modificar → Propiedades		Texto: Propiedades
Ficha Inicio. Grupo Propiedades.		

Si pulsamos con el botón derecho sobre una flecha de cota, se activará el
menú contextual, y dentro de él tenemos la opción **Voltear flecha**, que nos permitirá,
de forma rápida, situar la flecha de acotación en el sentido opuesto al que está.

Otra propiedad interesante de las cotas es su asociatividad. Una cota es
asociativa cuando el valor de la variable *Dimassoc* es 2, que indica que al cambiar
de escala un objeto las cotas asociadas al mismo también variarán. Si el valor de
Dimassoc es 1 las cotas serán independientes de los objetos. Y si el valor de *Dimassoc*
es 0, la cota se creará como objetos lineales y de texto, independientes.

12.24   COTAS DE INSPECCIÓN

Algunas cotas contienen anotaciones de tolerancia que deberían ser revisadas
para comprobar que el valor de la cota está dentro del rango requerido. Las **Cotas de
inspección** se han creado justo para que en el plano quede un recordatorio de cuándo
debe comprobarse dicha cota.

Menú	Icono	Barra de comandos
Acotar → Inspección		Texto: Acoinspec
Ficha Anotar. Grupo Cotas.		

Para añadir una cota de inspección, debemos haber creado un objeto de cota
antes. La cota de inspección consta de un marco con distintas opciones que nosotros
elegiremos, con hasta tres campos, y de valores de texto: etiqueta de inspección o
rótulo, valor de cota y grado de inspección.

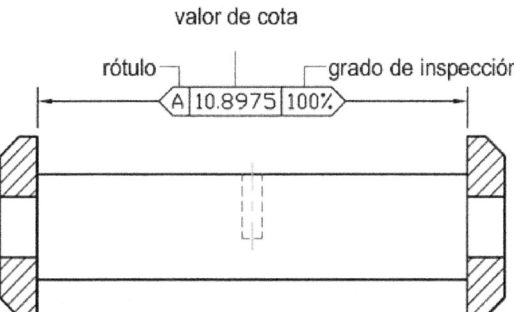

Campos de la cota de inspección:

- Etiqueta de inspección o rótulo: este texto identifica las cotas de inspección individuales y se coloca en la sección más a la izquierda de la cota de inspección.

- Valor de cota: muestra el valor que tenía la cota antes de añadir la de inspección y puede contener tolerancias, texto (tanto prefijo como sufijo) y el valor medido. Se coloca en la sección del centro de la cota de inspección.

- Grado de inspección: indicará la frecuencia con que se debe inspeccionar el valor de cota, expresada como porcentaje. Y se coloca en la sección situada más a la derecha de la cota de inspección.

12.25 ESPACIADO DE COTAS

Esta orden permite espaciar cotas lineales y angulares que se superponen o que no cuentan con un espaciado uniforme, que puede ser automático o manual.

Para ello una vez creadas las cotas seleccionaremos la orden

Menú	Icono	Barra de comandos
Acotar → Espaciado de cota		Texto: Acoespac
Ficha Anotar. Grupo Cotas.		

A continuación nos pedirá que seleccionemos la cota base y, una vez designada, debemos seleccionar todas las cotas que queremos ajustar. Pulsaremos **Intro** y, por último debemos indicar si el espaciado se hará de forma automática o si introduciremos nosotros el valor.

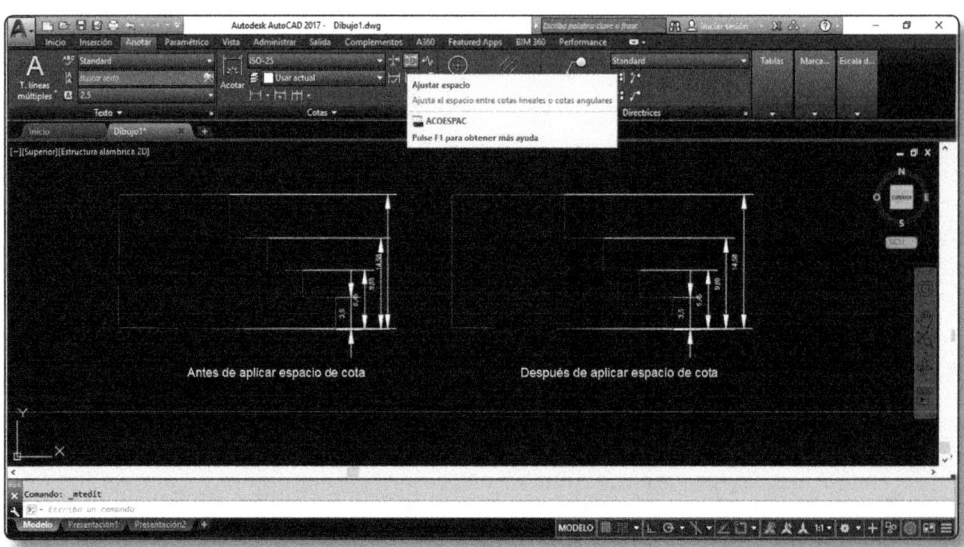

12.26 CORTE DE COTA

La orden **Corte de cota** nos permite interrumpir una línea de referencia o de cota cuando se intersecta con otra línea del dibujo.

Menú	Icono	Barra de comandos
Acotar → Corte de cota	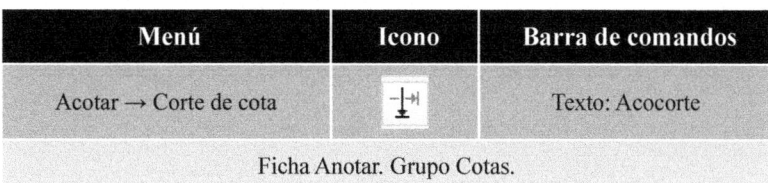	Texto: Acocorte
Ficha Anotar. Grupo Cotas.		

Nos pedirá que designemos la cota sobre la que queremos hacer interrupciones.

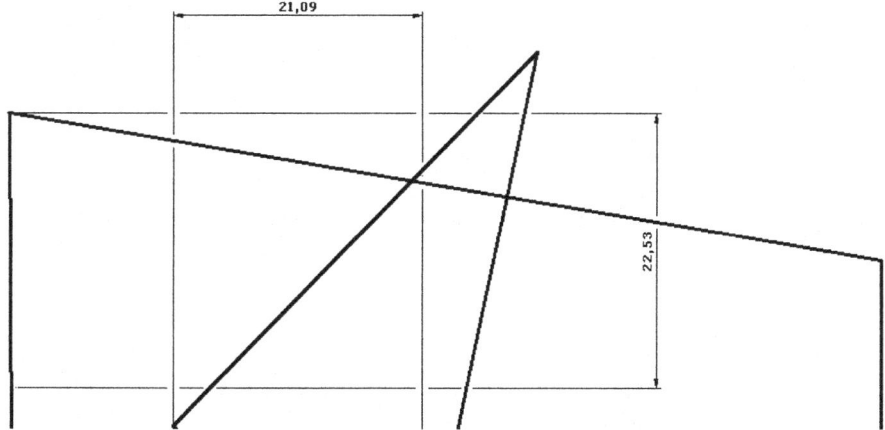

Una vez creado el corte de cota, si queremos eliminarlo volvemos a entrar en la orden de creación y después de indicar la cota que queremos modificar, escribiremos "e" en la barra de comandos.

12.27 LINEAL CON RECODO

Permite añadir recodos a las cotas lineales.

Menú	Icono	Barra de comandos
Acotar → Lineal con recodo	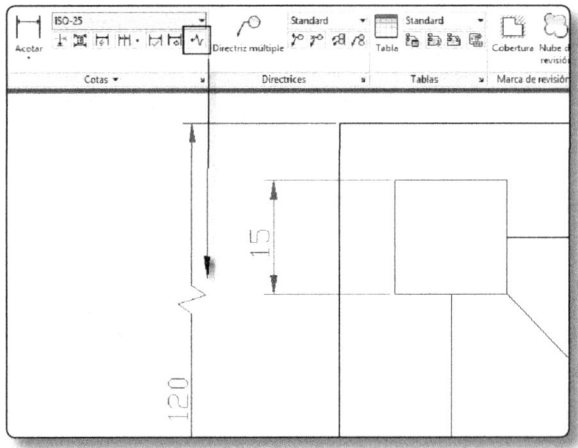	Texto: Acolinrecod
Ficha Anotar. Grupo Cotas.		

12.28 MONITOR DE ANOTACIÓN

Hace un seguimiento de las cotas asociativas y resalta las que no son válidas o no están asociadas. Para ello hay que activar el botón del monitor de anotación y, en ese momento, nos indicará si la cota es asociativa o no.

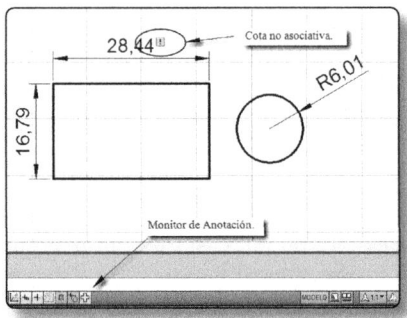

12.29 ACOTACIÓN INTELIGENTE

La nueva acotación inteligente de AutoCAD 2019 permite prescindir de la designación de capas, se necesitan muchas menos herramientas que antes y se pueden detectar errores con anticipación.

Se puede crear una capa donde estarán colocadas todas las cotas, así se podrán configurar todas las cotas a la vez y en el mismo formato.

▶ En la nueva versión, con la herramienta "Acotar" se pueden realizar las mismas funciones que en otras versiones ocupaban ocho herramientas.

▶ Simplemente con acercar el cursor al objeto se podrá hacer una vista previa de la acotación. Esta opción es útil para detectar errores en la acotación como puede ser una escala errónea.

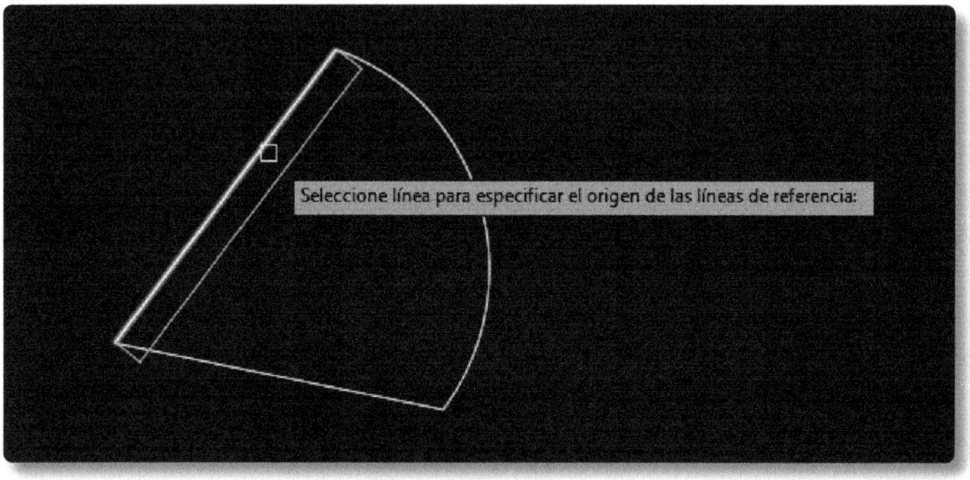

- Se podrá hacer una cota ortogonal a partir de una cota de alineación para una línea pulsando la techa **Shift/Mayus**.
- Al señalar una línea, la acotación de ésta será predeterminada en forma lineal, pero si se acerca el cursor a otra línea secante a la anterior la acotación se transformará en una cota angular.

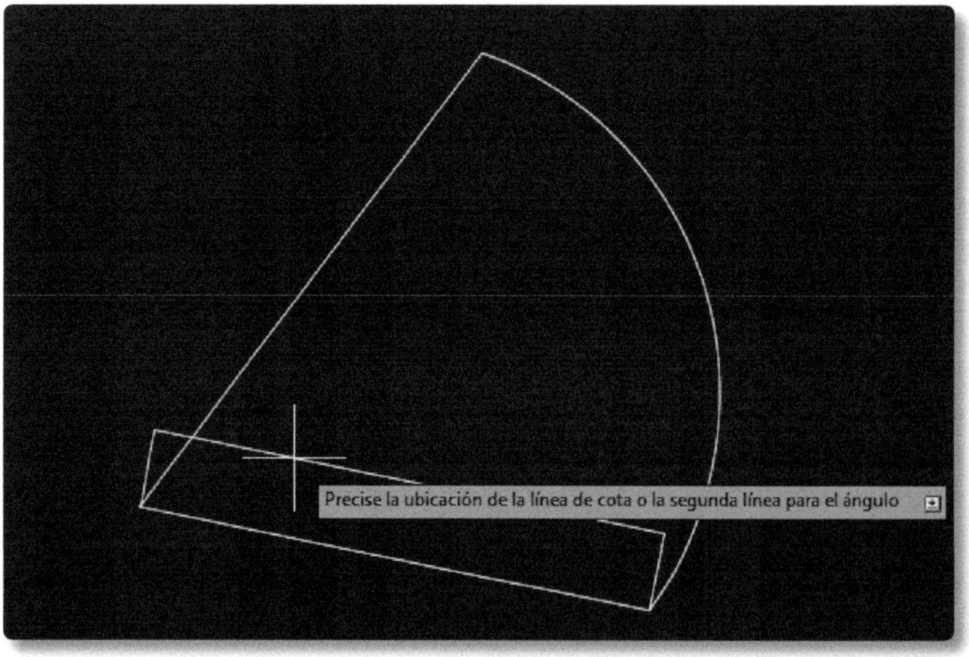

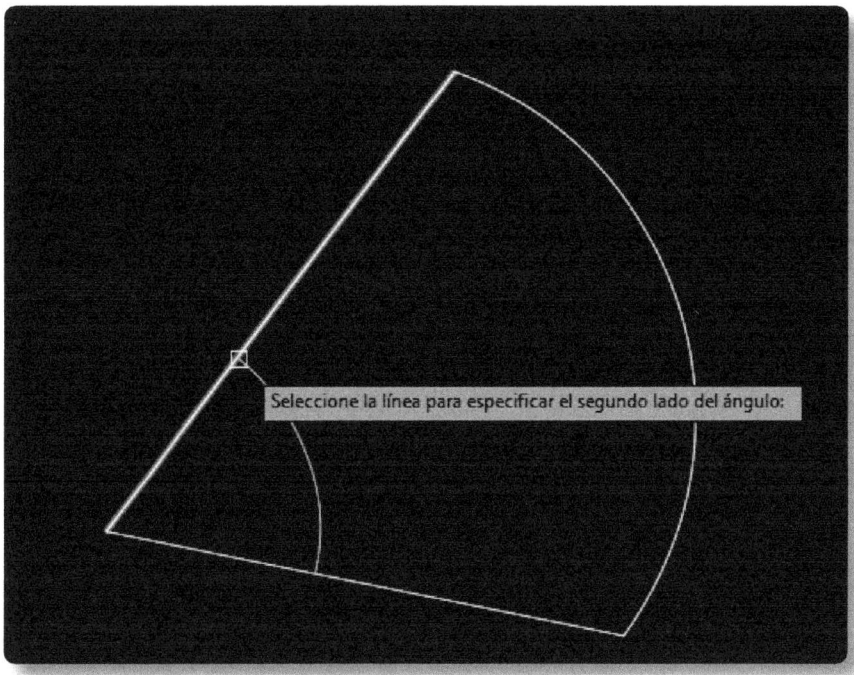

Seleccione la línea para especificar el segundo lado del ángulo:

▶ Si se selecciona acotar dos líneas paralelas, la acotación automática será la distancia que separa ambas rectas.

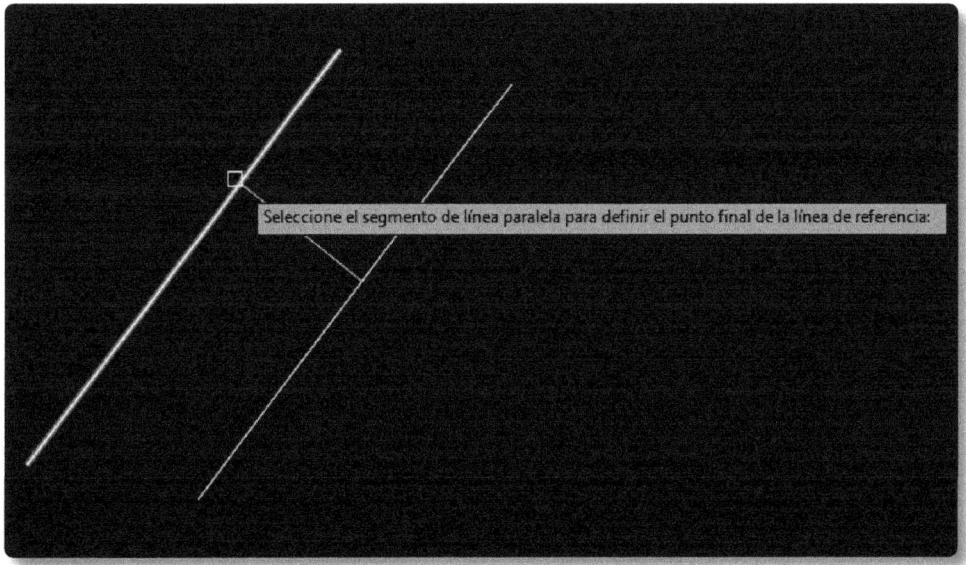

Seleccione el segmento de línea paralela para definir el punto final de la línea de referencia:

▼ Los tipos de acotación estarán predefinidas por los objetos que se quieran acotar, pero en la barra superior de textos se pueden cambiar por otro tipo.

▼ Se permite colocar varias cotas alineadas y continúas seleccionando una línea de referencia. Las demás cotas tendrán las mismas características que la cota de origen.

▼ Con el comando **Alinear**, primero se seleccionarán todas las cotas que queremos alinear. Después habrá que seleccionar la cota que tomaremos como referencia, y todas las demás cotas se alinearán con la que se ha tomado como referencia.

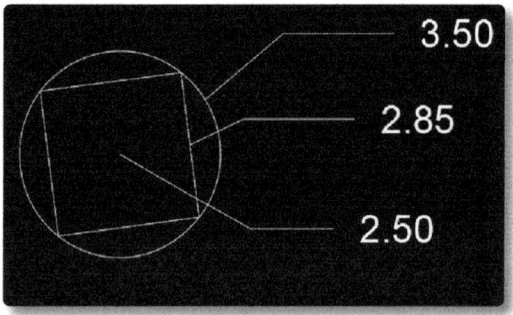

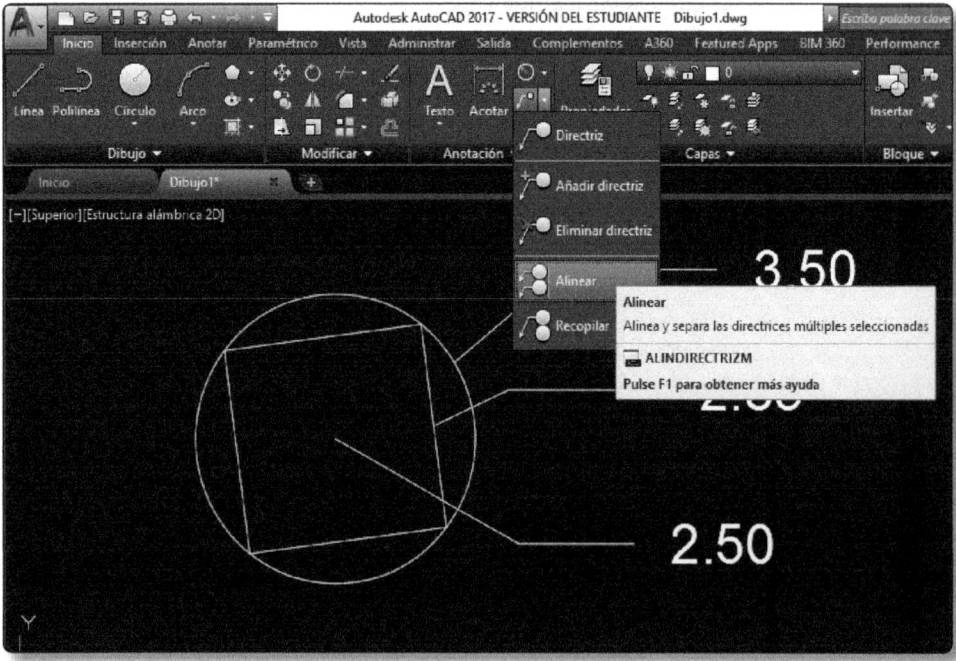

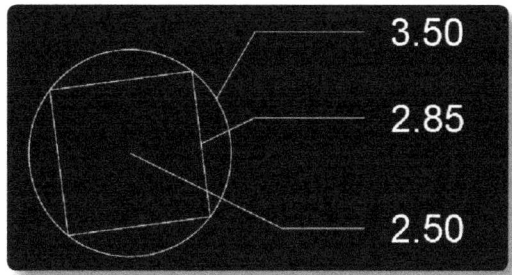

▶ Si se superpone una cota a otra que ya existe, aparecerá la opción de dividir, reemplazar o apartar. Esto hace que la cota que estaba primero se pueda separar, reemplazar o dividir por la nueva.

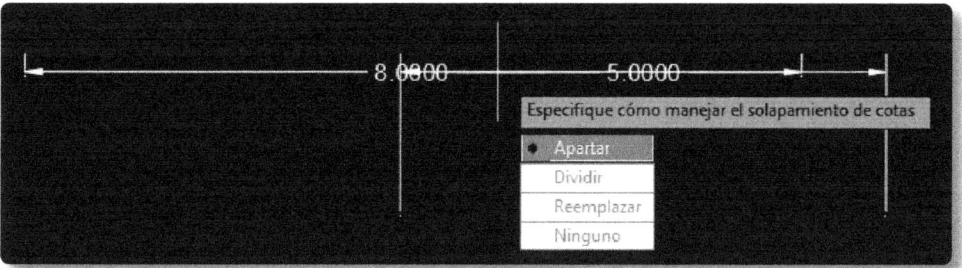

▶ Mediante los pinzamientos podemos desplazar varias líneas de cotas.

▶ Es posible acotar sobre cualquier plano que forman un objeto 3D. Simplemente habrá que seleccionar el comando **Acotar** y seleccionar la distancia entre qué dos puntos se quiere acotar.

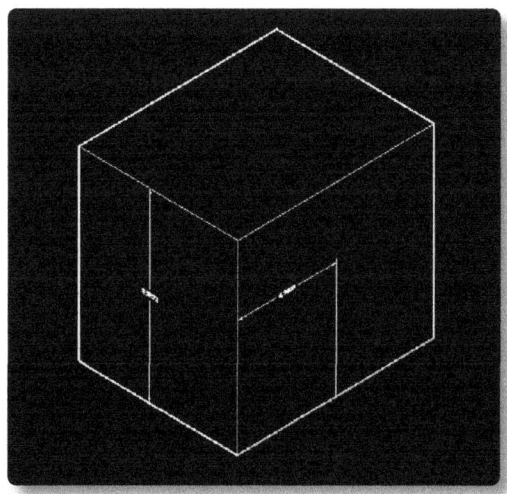

13

CREAR E INSERTAR BLOQUES

13.1 INTRODUCCIÓN

Hasta ahora, hemos dibujado cada entidad como un objeto diferente. Cuando necesitemos elementos repetitivos, en el mismo o en diferentes planos, utilizaremos bloques. Con ellos, agrupamos las entidades como un objeto único y podemos insertarlo en cualquier dibujo. La gran ventaja que tiene es que podemos reducir el tamaño del fichero. Además, si tenemos que modificar uno de ellos, se actualizará el resto al volver a insertarlo y redefinirlo. Las opciones de bloque las podemos encontrar dentro de la cinta de opciones tanto en la Ficha Inicio como en la ficha Inserción.

13.2 CREAR UN BLOQUE

Con esta opción, definimos un elemento que va a ser repetitivo.

Menú	Icono
Dibujo → Bloque → Crear	🖼
Ficha Inicio. Grupo Bloque.	

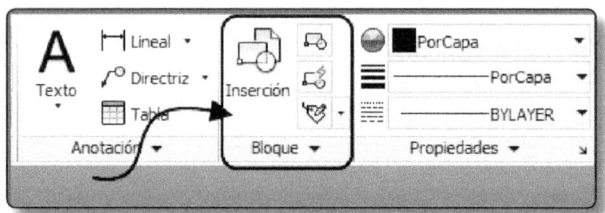

Al pulsar sobre inserción nos mostrará una miniatura de los bloques existentes en el dibujo. Para insertar un nuevo bloque pulsaremos más opciones.

Debemos poner el **Nombre del bloque**.

▼ **Punto base**: debemos indicarle un punto base, o **Precisar en pantalla**, será el punto desde donde insertaremos el bloque. Para ello, pulsaremos sobre **Designar punto** o introduciremos los valores de dicho punto.

▼ **Objetos**:

- Designar objetos: designamos todos los elementos que formarán el bloque. Podemos utilizar un filtro para seleccionar los objetos.

- Retener: los objetos designados siguen siendo independientes.

- Convertir en bloque: los objetos designados para el bloque se transforman en bloque.

- Suprimir: los objetos designados para el bloque se suprimen.

▼ **Parámetros**:

- Unidad de bloque: para indicar en qué unidades queremos crear el bloque.

- Hipervínculo: abrirá el cuadro de diálogo para poder insertar un hipervínculo.

▼ **Comportamiento**:

- Anotativo: lo activaremos si queremos que el objeto sea anotativo. Este tipo de objetos se muestran en las ventanas de presentación y en el espacio modelo con el tamaño determinado por la escala de anotación definida para estos espacios.

- Aplicar escala uniforme: para activar o desactivar la posibilidad de insertar una escala no uniforme al bloque.

- Permitir descomposición: podemos indicar si el bloque podrá descomponerse o no.

- Descripción: podemos incluir una descripción para el bloque.

- Abrir en editor de bloques: abriremos el editor de bloque para realizar acciones sobre el mismo y convertirlo en bloque dinámico.

Un bloque dinámico tiene comportamientos pseudointeligentes. Podemos manipular un bloque dinámico con las propiedades y con los pinzamientos personalizados. Por ejemplo, si insertamos un bloque de una ventana, podemos cambiar su tamaño mientras editamos el dibujo, arrastrando el pinzamiento personalizado o especificando un tamaño distinto en la paleta **Propiedades**. Una vez abierto el editor de bloques, debemos añadirle uno de los siguientes parámetros e ir colocando los puntos que nos pide, cada uno en su sitio. Deberemos tener en cuenta qué acciones se pueden realizar a partir del parámetro antes de definirlo:

Tipo de parámetro	Descripción	Acciones admitidas
Punto	Define un punto con sus valores x e y.	Desplazar y estirar.
Lineal	Define la distancia entre dos puntos.	Desplazar, ajustar escala, estirar, matriz.
Polar	Indica la distancia entre dos puntos y su valor angular.	Desplazar, ajustar escala, estirar, estiramiento polar, matriz.
XY	Define las distancias X e Y al punto base del parámetro.	Desplazar, ajustar escala, estirar, matriz.
Rotación	Define un ángulo.	Girar.
Simetría	Define la simetría.	Simetría.
Alineación	Genera la alineación del bloque.	La acción está incluida en el parámetro.
Visibilidad	Controla la visibilidad de los objetos del bloque.	La acción está incluida en el parámetro.
Consulta	Permite evaluar un dato de una lista o tabla definida.	Consulta.
Base	Define un punto base para la referencia a bloque dinámico con respecto a la geometría del bloque.	Ninguno.

Una vez definido el parámetro, debemos incluir, en caso de que sea requerida, una acción que al insertar el bloque en el dibujo nos permitirá modificarlo.

Las acciones posibles son las siguientes:

▼ **Matriz**: nos permite crear una acción de matriz polar o rectangular, definiendo los valores que ya conocemos para crear una matriz, como distancias, ángulos, filas y columnas.

▼ **Desplazar**: añade una acción de desplazamiento, es decir, moverá el bloque según la distancia indicada o predefinida.

▼ **Girar**: añade una acción de rotación. El objeto girará alrededor del punto indicado.

▼ **Factor de escala**: aplica una modificación de escala a partir del punto definido y la cantidad indicada.

▼ **Estirar**: añade una modificación de estiramiento.

▼ **Estiramiento polar**: permite crear un bloque al que podremos modificar tanto en estiramiento como en rotación.

▼ **Simetría**: permite crear una simetría del bloque.

▼ **Buscar**: añade una acción de consulta al bloque dinámico actual.

Al crear las acciones, podemos abrir el panel de **Propiedades**, seleccionamos el parámetro, buscamos en **Conjunto de valores** el apartado **Tipo**, elegimos **Ninguno**, **Lista** o **Incremento**. A continuación, si elegimos uno de los dos últimos tipos, seleccionaremos **Lista de valores** y pulsando el botón de puntos suspensivos, a su derecha, introduciremos los valores predefinidos.

Una vez insertado el bloque, podemos aplicar la modificación del bloque según estos valores en el panel de **Propiedades**, en el apartado **Personalizado**, y también seleccionando el bloque por los pinzamientos de los parámetros y moverlos. Si queremos que cuando insertemos un bloque conserve las propiedades que tenía al crearlo, como el color, lo debemos crear en cualquier capa distinta de la capa 0. Por el contrario, si queremos que herede las propiedades de la capa en la cual vamos a insertarlo, lo crearemos en la capa 0.

Recordamos que, mediante AutoCAD **DesignCenter**, también podemos insertar objetos en el dibujo actual.

13.3 INSERTAR UN BLOQUE

Con esta orden, llamamos a un bloque previamente definido para insertarlo en el dibujo que tenemos abierto.

Menú	Icono
Insertar → Bloque	🛒
Ficha Inicio. Grupo Bloque.	

▼ **Examinar**: nos permite buscar el nombre del bloque o del archivo (ya que podemos insertar un dibujo cualquiera como si fuera un bloque). Se insertará en la capa actual.

▼ **Punto de inserción**: para indicar el lugar en el plano en el que queremos insertar el bloque.

▼ **Escala**: por si queremos cambiar el tamaño del bloque al insertarlo. Si este valor es mayor que 1, amplía el bloque; si es menor, lo reduce. Si el valor es igual a 1, el resultado es el de la imagen siguiente. Debemos tener en cuenta que el bloque se crea tal y como aparece en los valores X = 1 e Y = 1.

▼ **Rotación**: por si queremos girar el bloque. Como si utilizásemos el comando **Gira**.

Podemos precisar estas tres últimas opciones en el plano o indicar sus valores en la ventana de diálogo.

▼ **Descomponer**: el bloque se insertará descompuesto.

▼ **Unidad de bloque**: nos informa del tipo de unidades con las que el bloque se ha creado.

▼ **Factor**: muestra el factor de escala en unidades.

El bloque se inserta en la capa actual.

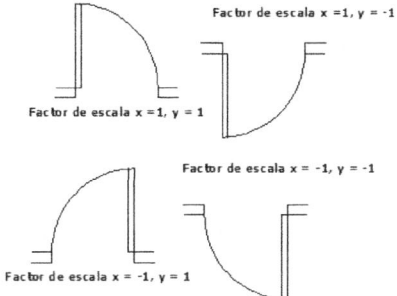

13.4 INSERTAR UN ARCHIVO

Es una opción parecida a la anterior pero insertando un archivo de dibujo. La diferencia estará en el punto de inserción, que es el programa el que lo asigna. El punto 0, 0, 0.

Con la opción **Dibujo → Bloque → Base**, podremos indicarle un punto de base en el archivo, antes de guardarlo. En la cinta de opciones Ficha Inicio. Grupo Bloque.

13.5 INSERTAR UN BLOQUE COMO MATRIZ

Si en la línea de comandos escribimos la orden "Insertm", nos permitirá insertar un bloque pero formando una matriz. El bloque lo debemos tener en el dibujo actual.

Al escribir la orden, nos pedirá el nombre del bloque. Si no nos acordamos del nombre escribiremos "?", para que nos muestre los bloques definidos en el dibujo actual. Una vez escrito el nombre del bloque que queremos insertar, indicaremos el punto de inserción, el factor de escala x e y, el ángulo de rotación y, a continuación, tendremos que indicar las variables propias de las matrices, número de filas, de columnas y el espacio entre ellas.

13.6 INSERTAR UN BLOQUE CON DIVIDE O GRADÚA

Con las órdenes **Gradúa** y **Divide**, podemos insertar bloques en los puntos de división en vez de puntos.

Los bloques deben estar en el dibujo actual. Para ello, seleccionaremos la orden **Dividir** o **Graduar**, seleccionaremos también el objeto a dividir o graduar y en la ventana de comandos escribiremos "B", de bloque, indicaremos el nombre del mismo y si queremos alinearlo con el objeto base, después indicaremos el número de segmentos o la distancia.

13.7 GUARDAR UN BLOQUE

Con esta opción, guardamos un dibujo o bloque para poder utilizarlo en cualquier dibujo posterior. En **Tipo de archivo** seleccionaremos **Bloque**. Nos pedirá el nombre del bloque que, previamente, habremos definido en este dibujo.

Menú	Icono
Archivo → Exportar	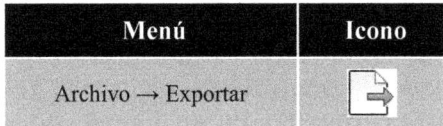

13.8 CREAR UN PUNTO DE BASE

Esta opción permitirá poner en un dibujo el punto de inserción por si quisiéramos utilizarlo como bloque. Es una manera de introducir el punto de inserción del archivo.

Menú	Icono
Dibujo → Bloque → Base	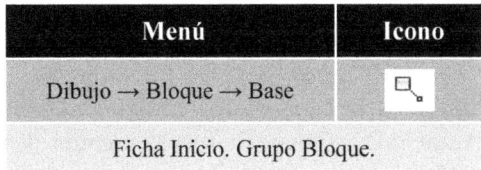
Ficha Inicio. Grupo Bloque.	

13.9 DESCOMPONER UN BLOQUE

Menú	Icono
Modificar → Descomponer	

El bloque es una entidad. Utilizamos esta opción para descomponerlo en entidades individuales. Se descompone el bloque en entidades individuales pero todavía disponemos de él en el dibujo.

Con esta misma orden, también podemos descomponer elementos formados por varias entidades, como rectángulos y polígonos.

13.10 XPLODE

Con esta orden podremos modificar por separado los objetos que estén unidos formando un bloque.

Para introducir la orden escribiremos en la barra de comandos "Xplode"; se mostrará entonces el siguiente mensaje: **Designe objetos**; a continuación la ventana de comandos nos propondrá que indiquemos una opción: **Todo, Color, Capa, Tipo de línea, Grosor de línea, Heredar de un bloque superior** o **Descomponer**. Indicaremos la propiedad que deseamos cambiar y pulsaremos **Intro**.

Si hemos seleccionado más de un objeto a descomponer, AutoCAD solicitará: **Indique una opción [Individual/Global] <Global>**: escribiremos las letras: "i", si queremos aplicar los cambios a los objetos seleccionados de uno en uno, o "g", si queremos que los cambios se apliquen a todos los objetos designados.

▼ **Todo**: indicaremos el color, el tipo de línea, el grosor de línea y la capa de todos los objetos después de haberlos descompuesto.

▼ **Color**: introduciremos el color de los elementos una vez descompuestos.

▼ **Capa**: definiremos la capa de los componentes una vez que se hayan dividido. AutoCAD asignará a los elementos descompuestos la capa actual por defecto.

▼ **tLínea**: designaremos el tipo de línea de los componentes una vez que se haya descompuesto el objeto principal.

▼ **Grosorl**: definiremos el grosor de línea de los objetos una vez descompuestos estos.

▼ **Heredar de un bloque superior**: designaremos el color, el tipo de línea, el grosor de línea y la capa de los elementos descompuestos con los valores del objeto principal, siempre que los valores de color, tipo de línea y grosor de línea de los objetos componentes estén definidos como **Porbloque** y los objetos estén dibujados en la capa 0.

▼ **Descomp**: permite dividir un objeto complejo en los objetos simples que lo componen.

También podemos descomponer los bloques según los vayamos insertando. Para ello seleccionaremos la opción **Descomponer** en el cuadro de diálogo **Insertar**.

13.11 DEFINIR ATRIBUTOS

Los atributos son opciones de texto que podemos insertar en los bloques. Los crearemos al mismo tiempo que los bloques y se nos solicitará su valor al insertar el bloque

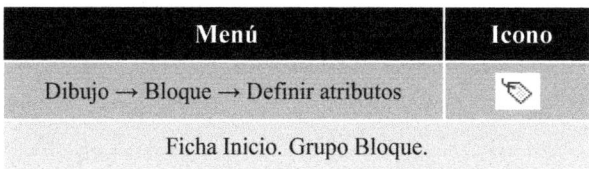

Menú	Icono
Dibujo → Bloque → Definir atributos	
Ficha Inicio. Grupo Bloque.	

▼ **Modo**:

- Invisible: no se verá en pantalla.
- Constante: el valor siempre es el mismo.
- Verificable: nos lo pedirá dos veces, por si nos equivocamos.
- Predefinido: le atribuye un valor predefinido. Se puede modificar.

▼ **Atributo**:

- Identificador: en este apartado, pondremos el nombre del atributo. Por ejemplo, "precio".

- Solicitud: aquí, introduciremos el dato que nos pedirá al insertar el bloque. Por ejemplo, "Introduzca el precio".

- Valor: en valor, indicaremos si el valor del atributo es constante o predefinido. Por ejemplo, "9.000".

- Punto de inserción: introduciremos el emplazamiento del atributo.

- Opciones de texto: pondremos las opciones requeridas para el tipo de texto.

A continuación, creamos el bloque.

El dibujo de bloque podremos hacerlo antes o después de definir los atributos.

13.12 VISUALIZAR ATRIBUTOS

Cuando todavía no es un bloque, podemos visualizar los atributos. Podemos extraer los atributos de un bloque para utilizarlos en otro programa, con la orden *Atrext*.

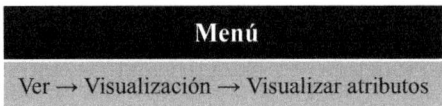

Menú
Ver → Visualización → Visualizar atributos

13.13 MODIFICAR ATRIBUTOS

Modifica el valor del atributo. Tenemos que designar el bloque.

Menú	Icono
Modificar → Objeto → Atributo → Editar	✎
Ficha Inicio. Grupo Bloque.	

Nos muestra una ventana con las pestañas de propiedades de los atributos para poderlos modificar.

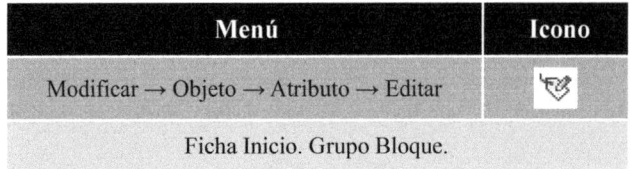

Menú	Icono
Modificar → Objeto → Atributo → Edición global	✎
Ficha Inicio. Grupo Bloque.	

En este caso, editaremos los atributos uno a uno y los podremos modificar.

Menú	Icono
Modificar → Objeto → Atributo → Administrador de atributos de bloque	⎙
Ficha Inicio. Grupo Bloque.	

Nos muestra una ventana con todos los atributos. Podemos seleccionar desde aquí el que queramos y modificarlo.

13.14 PALETA DE HERRAMIENTAS

Esta paleta nos ayudará a organizar el trabajo con bloques y sombreados. Para insertar un bloque desde la paleta, solo tenemos que pulsar sobre el que necesitemos de la paleta y, sin soltar el ratón, arrastraremos hasta el lugar en el que queremos insertarlo.

Debemos tener en cuenta las unidades de dibujo porque el bloque se insertará según la medida definida.

Para mostrar la paleta, entraremos en **Herramientas** → **Ventana de paleta de herramientas**.

Para modificar los parámetros de la paleta de herramientas, pulsaremos con el botón derecho del ratón sobre cualquier área vacía de la misma. Nos aparecerá el menú contextual. Vamos a comentar los parámetros más importantes:

▼ **Ocultar automáticamente**: si situamos el ratón fuera de la paleta, se ocultará, y al situarnos sobre la barra de título se volverá a mostrar. Esta opción nos permite tener un área vacía mientras no la necesitemos pero a la vista en el momento de necesitarla.

▼ **Transparencia**: activando esta opción, podremos ver los objetos dibujados que se encuentran situados debajo de la paleta. Con Windows NT no es posible utilizar esta opción.

▼ **Vista**: para decidir el tamaño de los iconos.

Se puede anclar la paleta a la derecha o a la izquierda de la pantalla. Si no queremos anclarla, mientras la desplazamos, pulsaremos la tecla **Control**. Si la paleta está fija, no podremos utilizar la opción de **Transparencia** ni la de **Ocultación automática**.

Para mostrar las propiedades de un bloque, pulsaremos sobre el mismo con el botón derecho del ratón y seleccionaremos **Propiedades**. En la ventana desplegable, podremos cambiarlas para el dibujo actual sin modificar el original.

Para crear una paleta nueva, lo haremos desde **DesignCenter**. En el área de contenido, pulsaremos sobre el dibujo que tiene las características que queremos para la paleta con el botón derecho del ratón y seleccionaremos **Crear paleta de herramientas**. Contendrá todos los bloques, sombreados y propiedades del dibujo.

Solo hay que tener en cuenta que los bloques deberemos dibujarlos en mm para que el programa entienda que tiene que cambiar el valor cuando las unidades cambien.

Podemos exportar paletas pulsando con el botón derecho en la paleta y seleccionando **Personalizar** → **Exportar**. Para importar una paleta, haremos lo mismo pero después de personalizar seleccionaremos **Importar**.

13.15 VISUALIZAR OBJETOS SEGÚN SU POSICIÓN

En el caso de que tengamos objetos opacos solapados (textos, polilíneas, rellenos sólidos…) con esta función podremos elegir cuál de ellos estará en un nivel superior, ya que, por defecto, los objetos se sitúan unos sobre otros según los vayamos creando. Es decir, el último objeto creado se situará por encima del creado con anterioridad.

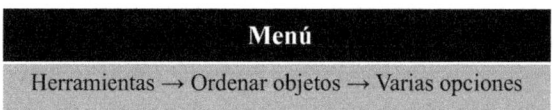

Menú
Herramientas → Ordenar objetos → Varias opciones

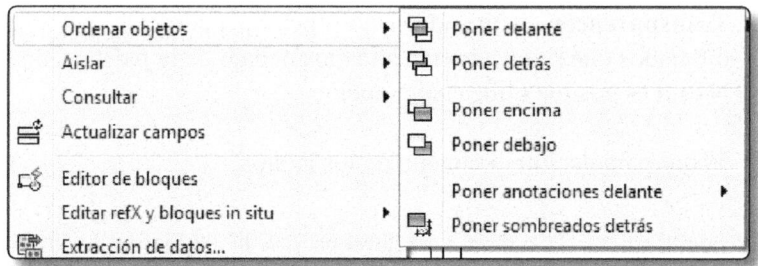

Seleccionaremos, para ello, la opción que queramos: **Poner encima** o **Poner debajo**, a continuación el objeto o los objetos que queremos modificar y pulsamos **Intro**. Después en la barra de comandos nos pedirá que designemos los objetos de referencia, es decir, los objetos que actuarán como nivel. Los seleccionaremos pulsando con el botón izquierdo del ratón sobre ellos y después **Intro**.

Podemos ordenar los objetos. Pero también las cotas y los textos podemos ponerlos delante de los objetos lineales, así como los sombreados.

14

DIBUJO PARAMÉTRICO

14.1 INTRODUCCIÓN

El dibujo paramétrico nos va a garantizar mediante normas que el diseño creado cumpla los requisitos indicados en las mismas mediante las restricciones que nosotros le indiquemos. También podemos utilizarlo para iniciar un nuevo proyecto al hacer que las restricciones nos obliguen a cumplir con determinados requisitos y así poder descubrir diseños posibles. De esta forma las restricciones nos permitirán mantener especificaciones de diseño restringiendo la geometría de un dibujo. Será posible aplicar varias restricciones geométricas a los objetos de manera instantánea, así como incluir fórmulas y ecuaciones en las restricciones por cota y hacer cambios de diseño rápidamente cambiando el valor de una variable.

Disponemos de dos tipos de restricciones generales: **Restricciones geométricas** que controlan las relaciones entre los objetos y **Restricciones por cota** que controlan los valores de distancia, longitud, ángulo y radio de los objetos.

Hay una gran variedad de tipos de restricciones. Para reconocerlas tienen distinto icono. Un objeto puede tener varios tipos de restricciones.

14.2 APLICACIÓN DE RESTRICCIONES

Para aplicar las restricciones podemos hacerlo desde la barra de menús o desde la cinta de opciones:

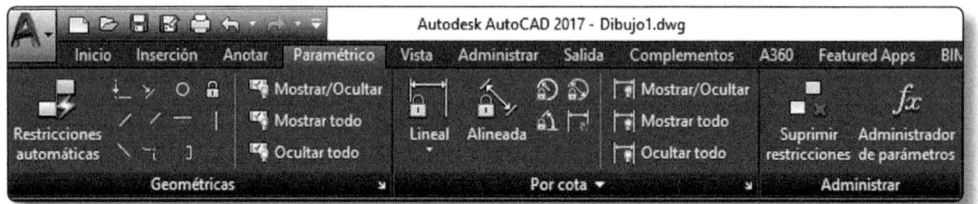

Cuando hemos aplicado restricciones a un objeto, se mostrará un icono azul al pasar el cursor sobre él. Las restricciones se pueden aplicar sobre objetos, bloques y sobre referencias externas.

En la barra de estado tenemos la opción **Deducir restricciones**. Si esta opción está activada nos añadirá restricciones a los objetos que estemos creando y los asociará con las referencias a objetos. Por ejemplo, si en una línea utilizamos la orden **Cerrar** se añadirá una restricción de coincidencia entre el primer y el último punto.

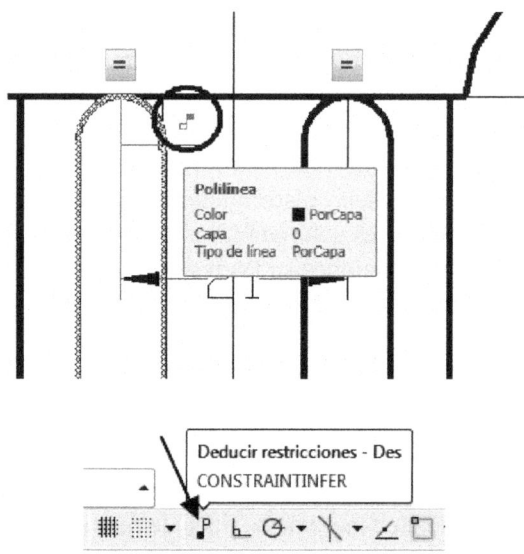

14.3 RESTRICCIÓN GEOMÉTRICA

Las restricciones geométricas afectan a la relación entre objetos o puntos de objetos de geometría 2D relacionados entre sí. Cuando aplicamos una restricción, el objeto seleccionado cambiará de forma automáticamente para ajustarse a la restricción. Debemos tener en cuenta el orden de selección de los objetos ya que, normalmente, el segundo objeto seleccionado se ajustará al primer objeto.

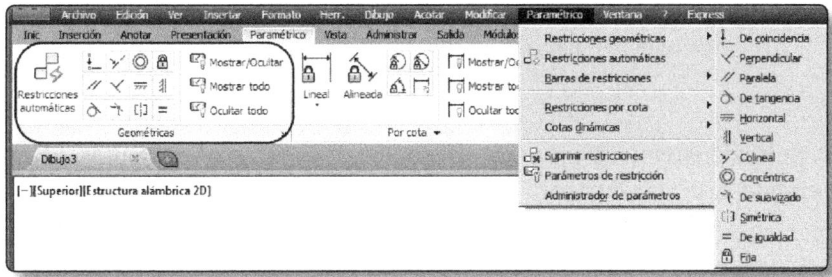

La edición de los objetos con restricciones puede hacerse mediante las órdenes habituales de AutoCAD y mediante los pinzamientos. Las restricciones geométricas disponibles son:

14.3.1 Restricción de coincidencia

Menú y Ficha	Icono
Paramétrico → grupo Geométricas → De coincidencia	

Seleccionaremos el primer y el segundo puntos en dos objetos diferentes. Con esta acción obligaremos al segundo punto seleccionado a coincidir con el primero.

14.3.2 Restricción colineal

Menú y Ficha	Icono
Paramétrico → grupo Geométricas → Colineal	

Seleccionaremos el primer y el segundo objetos, pueden ser líneas y polilíneas. En este caso el segundo objeto seleccionado se vuelve colineal con respecto al primero.

14.3.3 Restricción concéntrica

Menú y Ficha	Icono
Paramétrico → grupo Geométricas → Concéntrica	⊚

Seleccionaremos el primer y el segundo objetos, arcos o círculos. El segundo arco o círculo se desplazará para tener el mismo centro que el primer objeto.

14.3.4 Restricción fija

Menú y Ficha	Icono
Paramétrico → grupo Geométricas → Fija	🔒

Seleccionaremos un punto de un objeto. Cuando apliquemos esta restricción se bloqueará la ubicación del nodo. Aunque será posible desplazar el objeto.

14.3.5 Restricción paralela

Menú y Ficha	Icono
Paramétrico → grupo Geométricas → Paralela	//

Seleccionaremos los dos objetos que deseamos que sean paralelos. El segundo objeto se volverá paralelo al primer objeto.

14.3.6 Restricción perpendicular

Menú y Ficha	Icono
Paramétrico → grupo Geométricas → Perpendicular	⊾

Seleccionaremos los dos objetos que queramos que sean perpendiculares. El segundo objeto se volverá perpendicular al primer objeto.

14.3.7 Restricción horizontal

Menú y Ficha	Icono
Paramétrico → grupo Geométricas → Horizontal	☰

Seleccionaremos la línea o la polilínea que deseemos que sea horizontal.

14.3.8 Restricción vertical

Menú y Ficha	Icono
Paramétrico → grupo Geométricas → Vertical	⫼

Seleccionaremos la línea o la polilínea que deseemos que sea vertical.

14.3.9 Restricción de tangencia

Menú y Ficha	Icono
Paramétrico → grupo Geométricas → De tangencia	♂

Seleccionaremos los dos objetos que deseemos que sean tangentes. El segundo punto mantendrá un punto de tangencia con el primer objeto.

14.3.10 Restricción de suavizado

Menú y Ficha	Icono
Paramétrico → grupo Geométricas → De suavizado	⤳

Seleccionaremos la primera curva de spline. A continuación seleccionaremos el segundo objeto: spline, línea, polilínea o arco. Los dos objetos se actualizarán para ser contiguos entre sí.

14.3.11 Restricción simétrica

Menú y Ficha	Icono
Paramétrico → grupo Geométricas → Simétrica	

Seleccionaremos el primer y el segundo objetos. A continuación seleccionaremos la línea de simetría. Se aplicará una restricción de simetría a los objetos seleccionados con respecto a la línea seleccionada.

14.3.12 Restricción de igualdad

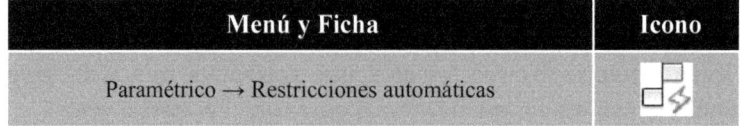

Menú y Ficha	Icono
Paramétrico → grupo Geométricas → De igualdad	

Seleccionaremos el primer y el segundo objetos. El segundo objeto se volverá igual al primer objeto.

14.3.13 Aplicar varias restricciones geométricas a un objeto

Menú y Ficha	Icono
Paramétrico → Restricciones automáticas	

Después de entrar en la orden seleccionaremos los objetos que queramos restringir. Pulsaremos **Intro** para que se restrinjan de forma automática. En la barra de comandos nos mostrará el número de restricciones aplicadas.

14.3.14 Establecer el orden de aplicación de varias restricciones en un objeto

Menú y Ficha	Icono
Paramétrico → Restricciones automáticas	

Después de entrar en la orden seleccionaremos los objetos restringidos y pulsando con el botón derecho del ratón o en la barra de comandos escribiremos "pa" (PArámetros) en el cuadro de diálogo **Parámetros de restricción**, en la ficha **Restricción automática**, seleccionaremos una restricción; seleccionaremos **Subir** o **Bajar**. Pulsaremos sobre **Aceptar**.

14.4 VISUALIZACIÓN Y VERIFICACIÓN DE LAS RESTRICCIONES GEOMÉTRICAS

Podemos saber qué objetos tienen restricciones aplicadas de diferentes maneras:

▶ Pasando el ratón sobre los objetos las restricciones se resaltan.
▶ En la cinta de opciones pulsar sobre **Mostrar todo**. Aparecerán en el dibujo todas las restricciones aplicadas.

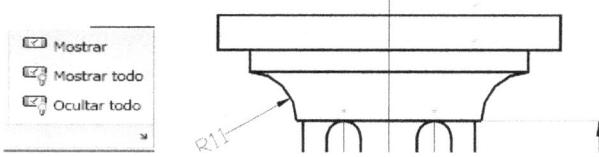

Utilizaremos el cuadro de diálogo *Parámetros de restricción* para controlar los tipos de restricciones geométricas que se muestran o se ocultan en las barras de restricciones.

14.5 RESTRICCIÓN POR COTA

Las restricciones por cota pueden ser:

▸ **Restricciones dinámicas**.
▸ **Restricciones por anotación**.

Cada forma tiene una finalidad diferente. Además, cualquier restricción dinámica o por anotación puede convertirse en una restricción de referencia.

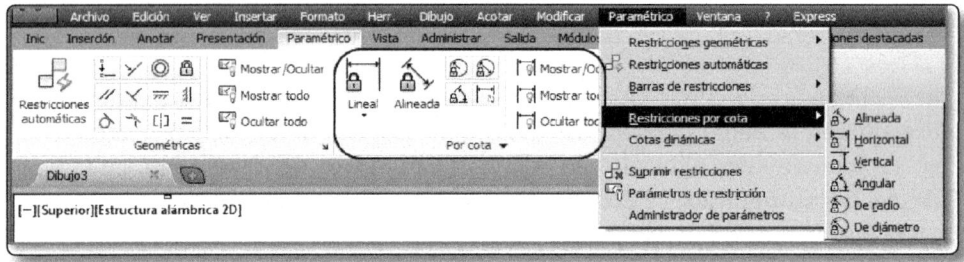

▸ **Restricciones dinámicas**:

Por defecto, las restricciones por cota son dinámicas y son las más adecuadas para este tipo de restricción. Las restricciones dinámicas tienen las siguientes características:

- No cambian de tamaño al aplicar *zoom*.

- Son fáciles de activar o desactivar en el conjunto del dibujo.

- Se muestran con un estilo de cota fijo predefinido.

- Colocan la información textual de manera automática y proporcionan pinzamientos de triángulo que permiten cambiar el valor de las restricciones por cota.

- No se muestran cuando se traza el dibujo.

▼ **Restricciones por anotación**:

Las restricciones por anotación tienen, por el contrario, las siguientes características:

- Cambian de tamaño al aplicar *zoom*.

- Se muestran de forma individual con capas.

- Se muestran utilizando el estilo de cota actual.

- Proporcionan funciones de pinzamiento parecidas a las de las cotas.

- Se muestran cuando se traza el dibujo.

▼ **Restricciones de referencia**:

Es una restricción por cota simulada, es decir, que informa sobre una medida de manera similar a un objeto de cota. Resultan útiles a la hora de mostrar medidas que, de lo contrario, deberían calcularse.

14.5.1 Restricción por cota horizontal

Menú y Ficha	Icono
Paramétrico → Grupo Por cota → Horizontal	

Seleccionaremos dos puntos de restricción en el objeto. A continuación designaremos el emplazamiento de la línea de cota. Introduciremos un valor o una expresión (nombre = valor). Pulsaremos **Intro**. Por defecto, se creará una restricción de cota horizontal.

14.5.2 Restricción por cota vertical

Menú y Ficha	Icono
Paramétrico → Grupo Por cota → Vertical	

Seleccionaremos dos puntos de restricción en el objeto. A continuación designaremos el emplazamiento de la línea de cota. Introduciremos un valor o una expresión (nombre = valor). Pulsaremos **Intro**. Por defecto, se creará una restricción de cota vertical.

14.5.3 Restricción por cota alineada

Menú y Ficha	Icono
Paramétrico → Grupo Por cota → Alineada	

Seleccionaremos dos puntos de restricción en el objeto. A continuación designaremos el emplazamiento de la línea de cota. Introduciremos un valor o una expresión (nombre = valor). Pulsaremos **Intro**. Por defecto, se creará una restricción de cota alineada a los puntos que hemos seleccionado.

14.5.4 Restricción por cota angular

Menú y Ficha	Icono
Paramétrico → Grupo Por cota → Angular	

Seleccionaremos dos líneas o arcos. A continuación designaremos el emplazamiento de la línea de cota. Introduciremos un valor o una expresión (nombre = valor). Pulsaremos **Intro**. Por defecto, se creará una restricción angular.

14.5.5 Restricción por cota radial

Menú y Ficha	Icono
Paramétrico → Grupo Por cota → Radial	

Seleccionaremos dos líneas o arcos. A continuación designaremos el emplazamiento de la línea de cota. Introduciremos un valor o una expresión (nombre = valor). Pulsaremos **Intro**. Por defecto, se creará una restricción radial.

14.5.6 Restricción por cota de diámetro

Menú y Ficha	Icono
Paramétrico → Grupo Por cota → Diámetro	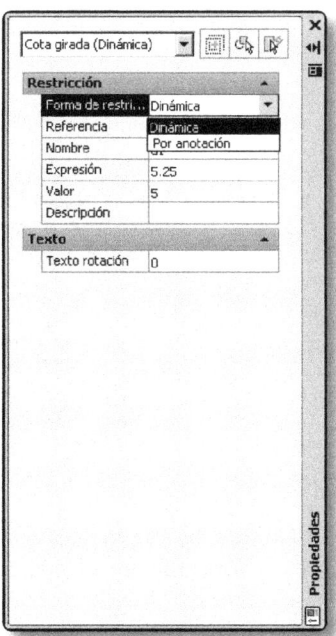

Seleccionaremos un arco o un círculo. A continuación designaremos el emplazamiento de la línea de cota. Introduciremos un valor o una expresión (nombre = valor), que indicará el diámetro. Pulsaremos **Intro**.

14.5.7 Convertir una restricción dinámica en una restricción por anotación

Para convertir una restricción dinámica en una restricción por anotación seleccionaremos primero la restricción dinámica. En la barra de comandos, escribiremos "propiedades". O desde el menú **Herramientas** → **Paletas** → **Propiedades**.

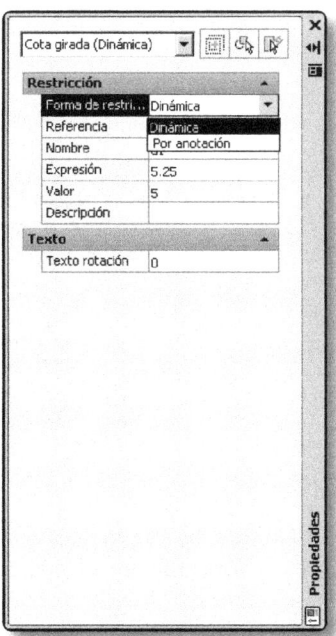

En el apartado **Forma de restricción** seleccionaremos **Por anotación**. La paleta **Propiedades** se rellenará con propiedades adicionales al cambiar al tipo de restricción por anotación.

De igual manera se puede cambiar en la paleta de propiedades una restricción dinámica o por anotación en una restricción de referencia, así como el formato de nombre de cota.

14.6 ADMINISTRADOR DE PARÁMETROS

El *Administrador de parámetros* permite definir variables de usuario personalizadas a las que se puede hacer referencia desde restricciones por cota y otras variables de usuario. Las expresiones definidas por el usuario pueden incluir varias constantes y funciones predefinidas.

Menú y Ficha
Paramétrico → Administrador de Parámetros

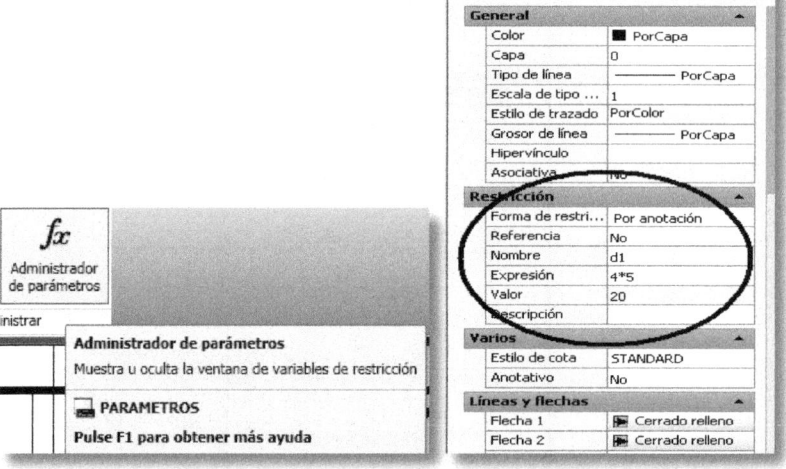

También podemos utilizar operadores en las expresiones para las restricciones por cota, introduciendo valores y fórmulas en el apartado **Expresión** de la paleta **Propiedades**.

Las restricciones por cota y las variables de usuario admiten las siguientes expresiones:

Operador	Descripción
+	Suma
-	Sustracción o negación unaria
%	Módulo de punto flotante
*	Multiplicación
/	División
^	Exponenciación
( )	Paréntesis, delimitador de expresión
.	Separador decimal

Las expresiones se evaluarán de acuerdo con las siguientes reglas matemáticas estándar de prioridad:

- En primer lugar las expresiones entre paréntesis, comenzando por los paréntesis situados más adentro.
- Después, operadores en el orden estándar: primero negación unaria, luego exponentes, multiplicación y división y, por último, suma y sustracción.
- Por último operadores con la misma prioridad de izquierda a derecha.

Las funciones admitidas en las expresiones son:

Función	Sintaxis
Coseno	cos(expresión)
Seno	sin(expresión)
Tangente	tan(expresión)
Arco coseno	acos(expresión)
Arco seno	asin(expresión)
Arco tangente	atan(expresión)
Coseno hiperbólico	cosh(expresión)
Seno hiperbólico	sinh(expresión)
Tangente hiperbólica	tanh(expresión)
Arco coseno hiperbólico	acosh(expresión)
Arco seno hiperbólico	asinh(expresión)
Arco tangente hiperbólico	atanh(expresión)
Raíz cuadrada	sqrt(expresión)

Función signo (-1,0,1)	sign(expresión)
Redondear a entero más cercano	round(expresión)
Truncar decimal	trunc(expresión)
Redondear hacia abajo	floor(expresión)
Redondear hacia arriba	ceil(expresión)
Valor absoluto	abs(expresión)
Mayor elemento de matriz	max(expresión1;expresión2)
Menor elemento de matriz	min(expresión1;expresión2)
Grados a radianes	d2r(expresión)
Radianes a grados	r2d(expresión)
Logaritmo, base e	ln(expresión)
Logaritmo, base 10	log(expresión)
Exponente, base e	exp(expresión)
Exponente, base 10	exp10(expresión)
Función potencial	pow(expresión1;expresión2)
Decimal aleatorio, 0-1	Random

Además de estas funciones también podemos utilizar las constantes Pi y e en las expresiones.

14.7 SUPRIMIR RESTRICCIONES

Tenemos dos formas de cancelar los efectos de las restricciones:

▸ Cuando el cursor pase sobre un icono de restricción geométrica, podemos pulsar la tecla **Supr** o desde el menú contextual para suprimirla.

▸ Cuando tenemos un pinzamiento seleccionado podemos pulsar la tecla **Control** para cambiar entre la liberación y la conservación de las restricciones. Las restricciones liberadas no se conservan durante la edición. Una vez editado el objeto, las restricciones se restablecen de manera automática (en caso de ser posible).

Las restricciones que dejan de ser válidas se eliminan.

15

IMPRESIÓN Y PLOTEADO BÁSICOS

15.1 INTRODUCCIÓN

En AutoCAD tenemos dos formas de imprimir:

La que explicaremos en este capítulo es la impresión desde el espacio modelo. El espacio modelo es el lugar en el que hemos estado trabajando hasta ahora. Es el espacio en el que se crean y modifican los objetos. En este espacio, podremos imprimir una vista solamente. En la zona inferior de la ventana de AutoCAD, veremos la pestaña que nos indica en qué espacio estamos trabajando. Desde la cinta de opciones accederemos a las opciones desde la Ficha Salida. Para imprimir desde el espacio papel se explicará más adelante.

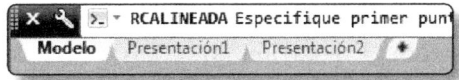

15.2 DIFERENCIAR CADA TIPO DE IMPRESIÓN

Podemos distinguir entre cuatro tipos de impresión:

- ▶ Impresión a fichero.
- ▶ Impresión a *plotter*.
- ▶ Impresión en blanco y negro.
- ▶ Impresión en color.

15.2.1 A fichero

Lo primero que tendremos que hacer es preparar el dibujo como si lo fuéramos a imprimir en papel. Le daremos grosor a las líneas, prepararemos el formato, la escala... A continuación, pulsaremos **Archivo** → **Trazar** dentro del apartado **Impresora/Trazador** y activaremos el cuadrado de **Trazar en archivo**. A continuación, pulsaremos el botón **Aceptar** y nos pedirá el nombre del archivo y su ubicación. Si queremos ponerle un nombre diferente al del dibujo, lo haremos en **Nombre archivo**. En **Ubicación**, buscaremos la carpeta en la que queremos que se guarde y aceptaremos. Los archivos que se crearán tendrán extensión .PLT.

15.2.2 A plotter

Prepararemos el dibujo para imprimir con el grosor de líneas, escalas, formatos... En el apartado **Tabla de estilos de trazado (Asignación plumillas)**, podemos elegir entre editar una configuración de plumillas que ya existe o crear una nueva, en la que deberemos definir el tipo y final de línea, estilos de relleno y otros valores.

Elijamos una u otra, tendremos en cuenta lo siguiente: aquello que en el dibujo tenga un color determinado, cuando asignemos el color a las plumillas deberá tener el grosor que queramos para las líneas de ese mismo color. Por ejemplo, si queremos que las líneas rojas se dibujen con un grosor de 0,8, en la asignación de plumillas al color rojo le pondremos la plumilla de grosor 0,8. Todo esto si no queremos que utilice el grosor asignado en las capas.

15.2.3 A una impresora en blanco y negro

Aquí la salida a la impresora será en blanco y negro. Preparamos el dibujo y en **Tabla de estilos de trazado (Asignación plumillas)** podemos elegir **Monocromo** o **Escala de grises** o crear nosotros un estilo de impresión en el que todas las plumillas tengan el color negro (el número 7) y el grosor que le asignemos o tenga ya definido en la capa.

15.2.4 A una impresora en color

Es igual a la de blanco y negro pero tendrá los mismos colores que le asignemos en la tabla de colores.

Es decir, podemos elegir que lo que en el plano tenga color rojo, al imprimirlo siga siendo rojo o cambie de color.

15.3 CONFIGURAR LA IMPRESORA

Ficha Salida. Grupo Trazar → **Administrador de trazadores**, nos permite seleccionar un trazador existente y configurarlo. Desde el menú **Herramientas** → **Asistentes** → **Añadir un trazador**. Seleccionamos **Asistente para añadir un trazador**.

A continuación, elegimos **Siguiente** → **Mi PC**. Seleccionamos el **Modelo de impresora** → **Siguiente**. **Nombre que identifica a la impresora** → **Importar Pcp o Pc2** → **Puertos** → **Siguiente** → **Finalizar**.

La impresora estará configurada y disponible en la lista de dispositivos que nos aparecerá en la ventana de impresión.

15.4 IMPRIMIR UN PLANO

Menú de la aplicación y barra de herramientas rápida	Icono
Imprimir	🖨

En la ventana de diálogo aparecen los siguientes apartados:

▼ **Configuración de página**: **Nombre**: en **Archivo** → **Administrar configuraciones de página** podemos preparar páginas con las opciones de impresión definidas y añadirlas. En este apartado, nos aparecerá un listado con estas páginas ya configuradas, aunque podemos crearlas o importarlas.

▼ **Tabla estilos trazado** (**Asignación de plumillas**): elegiremos un estilo de impresión predeterminado o crearemos nosotros uno, definiendo colores, grosores de línea, etc. Si pulsamos el botón **Editar**, nos aparecerá la configuración de los estilos. Si tenemos creados diferentes estilos de trazado, podemos modificarlos desde el menú **Formato** → **Estilos de trazado**.

▼ **Impresora/trazador**: en este apartado, podemos elegir el dispositivo de salida. Y en **Propiedades**, tendremos información y posibilidad de cambiar *drivers*, archivos PC3, etc.

▼ **Opciones de ventana sombreada**: indicaremos cómo queremos que se vean los objetos y la calidad de impresión.

- Trazado sombreado:

  - *Como se muestra*: traza objetos tal como se muestran en pantalla.

  - *Estructura alámbrica*: muestra los objetos en forma alámbrica independientemente de cómo se muestren en la pantalla.

  - *Oculto original*: las líneas ocultas se eliminarán.

  - *Conceptual*: adopta el estilo visual conceptual.

  - *Realista*: adopta el estilo visual realista.

  - *Oculto*: adopta el estilo visual 3D.

  - *Sombreado*: adopta el estilo visual sombreado.

  - *Sombreado con aristas*: adopta el estilo visual sombreado con aristas.

  - *Tonos de gris*: adopta el estilo visual tonos de gris.

  - *Esquemático*: adopta el estilo visual esquemático.

  - *Estructura alámbrica*: muestra la estructura alámbrica.

  - *Rayos X*: adopta el estilo visual rayos X.

  - *Modelizado*: trazará objetos tal y como están modelizados.

  - *Borrador*: traza objetos de baja calidad con la velocidad máxima de modelizado disponible.

  - *Bajo*: traza los objetos con un modelizado bajo.

  - *Medio*: traza los objetos con un modelizado medio.

  - *Alto*: traza los objetos con un modelizado alto.

  - *Presentación*: prepara el trazado para la obtención de imágenes fotorrealistas.

- Calidad: indica la resolución con la que se trazan las ventanas gráficas sombreadas y modelizadas.

  - *Borrador*: los objetos sombreados y modelizados se trazarán como estructuras alámbricas.

  - *Vista preliminar*: se trazarán con la resolución actual del dispositivo, hasta un máximo de 150 ppp.

- – *Normal*: se trazarán con la resolución actual del dispositivo, hasta un máximo de 300 ppp.

- – *Presentación*: se trazarán con la resolución actual del dispositivo, hasta un máximo de 600 ppp.

- – *Máximo*: se trazarán con la resolución actual del dispositivo, sin un máximo.

- – *Personalizado*: nosotros indicaremos la resolución.

- – *PPP*: especifica los puntos por pulgada para las vistas modelizadas y sombreadas, hasta la resolución máxima del dispositivo de impresión actual. Esta opción está disponible si se selecciona **Personalizado** en el cuadro **Calidad**.

▸ **Tamaño del papel**: elegimos el tamaño de papel.

▸ **Área de trazado**:

- • Límites: se imprimirá con los límites del papel definidos en el comando Límites.

- • Extensión: es como la extensión del comando *Zoom*. Se imprimirá lo mayor posible.

- • Pantalla: se imprimirá lo que se vea en ella en ese momento.

- • Vista: si hemos definido una vista en este dibujo, podremos elegirla para imprimirla.

- • Ventana: designaremos una ventana del dibujo que tenemos en la pantalla y esa es la que se imprimirá.

▸ **Desfase de trazado**:

- • Centrar trazado: centraremos el dibujo respecto del papel.

- • X, Y: será donde va a empezar a dibujar la impresora. Normalmente es el punto 0,0.

- • Vista preliminar: pulsando este botón, veremos cómo quedará nuestro plano sobre el papel.

▼ **Escala de impresión**:

- Escala: hay un listado de escalas disponibles predefinidas, pero podemos introducir una escala personalizada.

- Escalar hasta ajustar: si elegimos esta opción, el dibujo no se imprimirá a escala, sino que se irá ajustando al tamaño según hayamos elegido pantalla, extensión...

- Asignar escala al grosor de línea: para escalar el grosor de las líneas.

Podemos cambiar el listado de escalas predefinidas desde el menú **Formato → Lista de escalas**.

Nos permitirá cambiar el orden de aparición, editarlas para modificarlas, eliminarlas y, también, definir nuevas.

▼ **Orientación del dibujo**: en este apartado, tenemos que elegir entre horizontal, vertical o invertido.

▼ **Opciones de impresión**:

- Trazar en segundo plano: permite elegir que la impresión se haga en segundo plano.

- Trazar grosor de línea: para imprimir teniendo en cuenta el grosor de las líneas. Esta casilla estará resaltada si se activa **Trazar con estilos de trazado**.

- Trazar transparencia: si esta opción está activada trazará los objetos con transparencia.

- Trazar con estilos de trazado: si está activado, el grosor de las líneas no depende de los estilos de trazado.

- Impr. Espacio papel lo último: para cambiar el orden de impresión.

- Ocultar objetos de espacio papel: oculta líneas que en 3D no se verían por la perspectiva. En la presentación del espacio papel, oculta el relleno de las polilíneas y arandelas.

- Sello de impresión: sitúa un sello de impresión en la esquina especificada de cada dibujo y lo registra en un archivo.

- Guardar cambios en presentación: guarda los cambios de la presentación.

15.5 IMPRIMIR A ESCALA

15.5.1 Dibujos

Para imprimir a escala, debemos saber en qué unidades hemos dibujado. La escala variará si hemos dibujado en mm o en metros.

▶ **Dibujado en mm**:

AutoCAD está preparado para imprimir directamente los planos dibujados en milímetros. Esto quiere decir que la escala para dibujar será la normal; o sea, si vamos a imprimir a escala 1:100, en el apartado milímetros pondremos 1 y en unidades del dibujo pondremos 100. Si fuera a escala 1:50, en milímetros pondríamos 1 y en unidades del dibujo pondríamos 50.

Si tuviéramos que hacer una escala ampliada, por ejemplo 2:1, en milímetros pondríamos 2 y en unidades del dibujo pondríamos 1.

▶ **Dibujado en metros**:

Si hemos dibujado en metros hay que hacer el cálculo siguiente:

Para saber el factor que hay que poner en milímetros trazados, hay que dividir 1.000 (que son los milímetros que tiene un metro) por la escala a la que queremos imprimir.

Por ejemplo, queremos imprimir un dibujo a escala 1:100 que está dibujado en metros. Dividiremos 1.000/100 que será igual a 10. En milímetros pondremos 10 y en unidades del dibujo pondremos 1. Si fuera a escala 1:50, dividiríamos 1.000/50 que será 20. Luego, en milímetros pondríamos 20 y en unidades del dibujo, siempre 1.

Relación de escalas y factores para milímetros trazados más usuales:	
Escalas de trazados (para dibujos en metros)	
Escala	Factor
1/10.000	0,1/1 - 1/10
1/8.000	0,125/1 - 125/1.000
1/1.000	1/1
1/800	1,25/1 - 125/100
1/400	2,5/1 - 25/10
1/200	5/1
1/100	10/1
1/50	20/1
1/25	40/1
1/20	50/1
1/10	100/1
1/5	200/1
1/1	1.000/1

15.5.2 Cajetines y formatos

Los dibujamos a tamaño real. Si el dibujo lo hacemos en metros, los cajetines y formatos también. Formaremos con ellos un bloque. Cuando lo tengamos que insertar en el dibujo, deberemos hacer el siguiente cálculo:

Si el dibujo es en mm y a escala 1:100, el factor de inserción del bloque de los cajetines y formatos será de 100, es decir, habrá que hacerlo 100 veces más grande porque luego, al imprimirlo, saldrá 100 veces más pequeño. Si la escala fuera a 1:50, el factor de inserción sería de 50.

Si la escala es de ampliación, el cajetín lo haremos reducido para que al imprimir se dibuje más grande. Si la escala es a 2:1, debemos reducir el cajetín a la mitad, es decir, el factor de inserción será de 0,5.

Si el dibujo lo hacemos en metros, para calcular el factor de inserción de los bloques del cajetín y del formato, dividiremos el factor de la opción de milímetros por la escala a la que queremos imprimir.

Ejemplo: a escala 1:100 la opción de milímetros es de 10, luego dividiremos 10/100 que es igual a 0,1. Este será el factor de inserción de los bloques. Si fuera a escala 1:50, los milímetros serían 20. Como 20/50 es igual a 0,40, este será el factor de inserción.

15.5.3 Altura de texto

▶ **En milímetros**:

Si la escala es de reducción, multiplicaremos la altura del texto por la escala. Ejemplo: la escala es a 1:100 y la altura de texto queremos que salga a 3 mm. Multiplicamos 3 x 100. El texto debemos dibujarlo a 300.

Si la escala es de ampliación, dividiremos la altura del texto por la escala. Ejemplo: escala 10:1. El texto lo queremos a 3 mm. Así que 3/10 es igual a 0,3 mm de altura.

Relación de alturas en mm con respecto a escalas:

	2	3	4	5	6	7	8	9	10
1/5	10	15	20	25	30	35	40	45	50
1/10	20	30	40	50	60	70	80	90	100
1/20	40	60	80	100	120	140	160	180	200
1/50	100	150	200	250	300	350	400	450	500
2/1	1	1.5	2	2.5	3	3.5	4	4.5	5
5/1	0.4	0.6	0.8	1	1.2	1.4	1.6	1.8	2
10/1	0.2	0.3	0.4	0.5	0.6	0.7	0.8	0.9	1

▶ **En metros**:

Dividiremos la altura por el factor de la escala (milímetros). Ejemplo: escala 1:100. El factor es 10. La altura de texto, 3 mm. Así que 3/10 es igual a 0,3.

Relación de alturas en mm con respecto a escalas:

	2	3	4	5	6	7	8	9	10
1/5	0.01	0.015	0.02	0.025	0.03	0.035	0.04	0.045	0.05
1/10	0.02	0.03	0.04	0.05	0.06	0.07	0.08	0.09	0.10
1/50	0.1	0.15	0.2	0.25	0.3	0.35	0.4	0.45	0.5
1/100	0.2	0.3	0.4	0.5	0.6	0.7	0.8	0.9	1.0
1/1.000	2	3	4	5	6	7	8	9	10

15.5.4 Dibujos a distinta escala en el mismo plano

La fórmula general es Escala de impresión/Escala de ampliación.

▶ **Ejemplo**: escala 1:100

Si el detalle lo queremos a 1:20, se hace un bloque con factor de ampliación igual a 5 (100/20).

Si el detalle lo queremos a 1:25, se hace un bloque con factor de ampliación igual a 4 (100/25).

Si el detalle lo queremos a 1:50, se hace un bloque con factor de ampliación igual a 2 (100/50).

▶ **Ejemplo**: escala 1:50

Si el detalle lo queremos a 1:20, se hace un bloque con factor de ampliación igual a 2,5 (50/20).

Si el detalle lo queremos a 1:25, se hace un bloque con factor de ampliación igual a 2 (50/25).

En el caso de que queramos acotar directamente en la ventana de presentación, tanto el texto como las cotas tendrán el tamaño real.

15.6 CREAR UN ESTILO DE TRAZADO

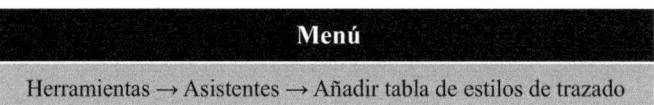

Menú
Herramientas → Asistentes → Añadir tabla de estilos de trazado

Después de pulsar **Seguir**, debemos elegir entre cuatro opciones para crear una tabla de estilo de trazado:

▶ Desde el inicio.
▶ A partir de una tabla ya creada.
▶ Utilizando las propiedades de las plumillas de la versión 14.
▶ Importando las propiedades de las plumillas de archivos PCP y PC2.

Después de pulsar **Seguir**, elegimos entre **Normal** o **Dependientes del color**:

▼ **Normal** crea archivos con la extensión STB. Sus estilos se crean con nombres como Estilo1, Estilo2... Podemos cambiar el nombre si lo deseamos.

▼ **Dependientes del color** crea archivos tipo CTB. Contiene 255 estilos llamados Color1, Color2... Estos estilos no pueden ser renombrados.

En caso de que hayamos elegido importar archivos PCP o PC2, tendremos que indicar la trayectoria para localizar el archivo.

▼ **Seguir**: pondremos el nombre y en el **Editor de tablas de estilos de trazado** podemos modificar lo que sea necesario.

15.6.1 Editor de tablas de estilo de trazado

Tenemos tres pestañas:

▼ **General**: nos muestra el nombre del archivo de tabla que vamos a utilizar y detalles sobre el mismo.

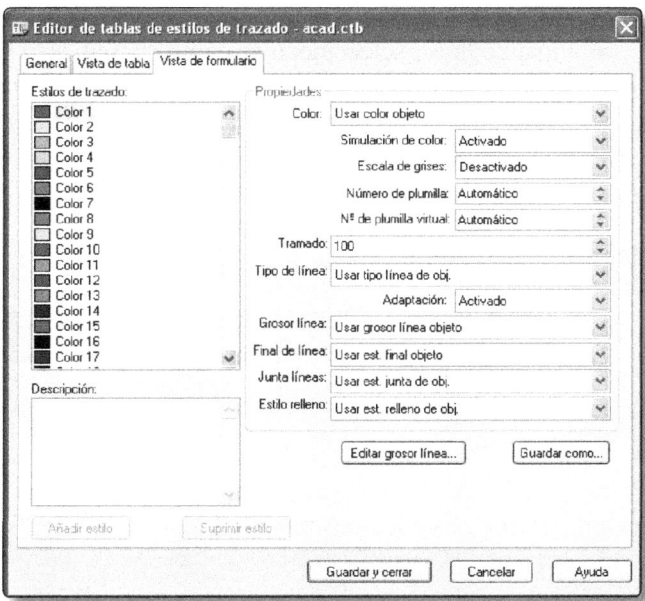

- Nombre de archivo de tablas de estilos de trazado: aquí aparece el nombre de la tabla.
- Descripción: describe características de la tabla.
- Información de archivo: muestra información sobre la tabla.
- Aplicar factor de escala global a tipos de línea que no sean ISO.
- Factor de escala: indicaremos el factor de escala.
- Suprimir tabla de asignación de color R14.

▼ **Vista de tabla y Vista de formulario**: las opciones son las mismas en los dos casos, solo varía la forma de presentárnoslo.

- Color: será el color con el que se trazarán los objetos.
- Simulación de color.
- Escala de grises: convierte los colores en escala de grises.
- Nº de plumilla: para *plotters*: especifica la plumilla con la que se ploteará el dibujo.
- Plumilla virtual: para simular un *plotter*, podemos utilizar plumillas con colores.
- Tramado: es la intensidad del color. Va de 0 (máxima reducción de la intensidad) a 100.
- Tipo de línea: para especificar el tipo de línea o usar la del objeto.
- Adaptación: ajusta la escala del tipo de línea para que la línea no finalice a la mitad de un trazo.
- Grosor de líneas: especifica el grosor o toma el del objeto.
- Final de línea: seleccionamos cómo queremos el final de las líneas.
- Juntar líneas: seleccionamos cómo queremos la unión de las líneas.
- Estilo de relleno: al rellenar las líneas con grosor, podemos elegir el tipo de relleno.

15.6.2 Modificar un estilo de trazado

Menú de la aplicación
Imprimir → Administrador de estilos de trazado

Pulsamos el botón derecho sobre el estilo de trazado que queremos modificar y seleccionamos **Abrir**. Ya podemos modificarlo.

15.6.3 Borrar o renombrar un estilo de trazado

Menú de la aplicación
Imprimir → Administrador de estilos de trazado

Pulsamos el botón derecho sobre el estilo de trazado que queremos modificar y seleccionamos **Renombrar** o **Eliminar**.

15.7 UTILIZAR LA PRESENTACIÓN PRELIMINAR

Equivale a la presentación preliminar de las opciones del menú de impresión.

Menú de la aplicación
Ficha Salida. Grupo Trazar. Vista preliminar

Podemos imprimir todos los trabajos realizados hasta ahora.

15.8 VISTAS Y VENTANAS GRÁFICAS

Desde el espacio representación, se pueden introducir nuevas ventanas gráficas de representación, con escalas y tamaños que se ajustan al espacio representación. Para ello se utiliza el comando "MVULT"

```
Comando: MVULT
MVULT
· - MVULT Precise esquina de ventana o [ACT DES Ajustar Trazadosombreado Bloquear NUevo GUardado obJeto Poligonal Restituir Capa 2 3 4] <Ajustar>:
```

Hay que hacer dos veces clic, la primera vez en el punto donde se quiera insertar la nueva ventana gráfica y la segunda vez, hasta donde se quiera que ocupe.

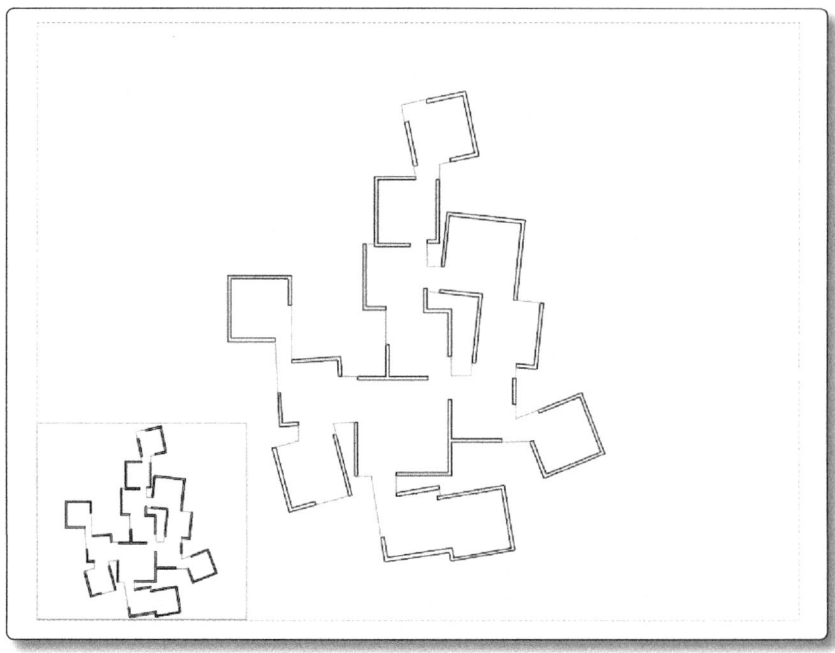

Después de haber hecho dos veces clic se añade la nueva ventana donde hemos seleccionado y ajustando el dibujo a la escala y el tamaño de la ventana.

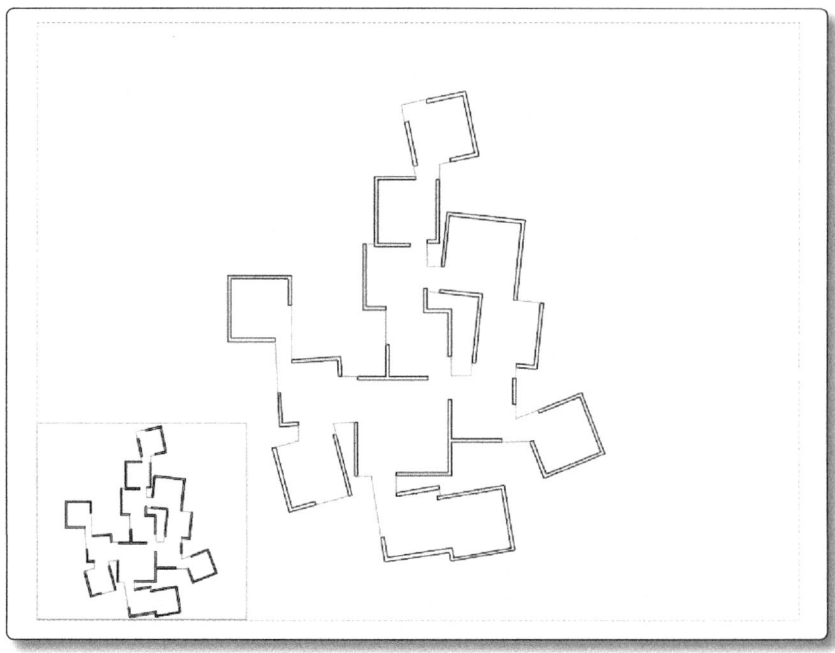

Otras opciones nuevas que se han introducido con esta versión son dos nuevos pinzamientos que aparecen cuando se selecciona la ventana gráfica.

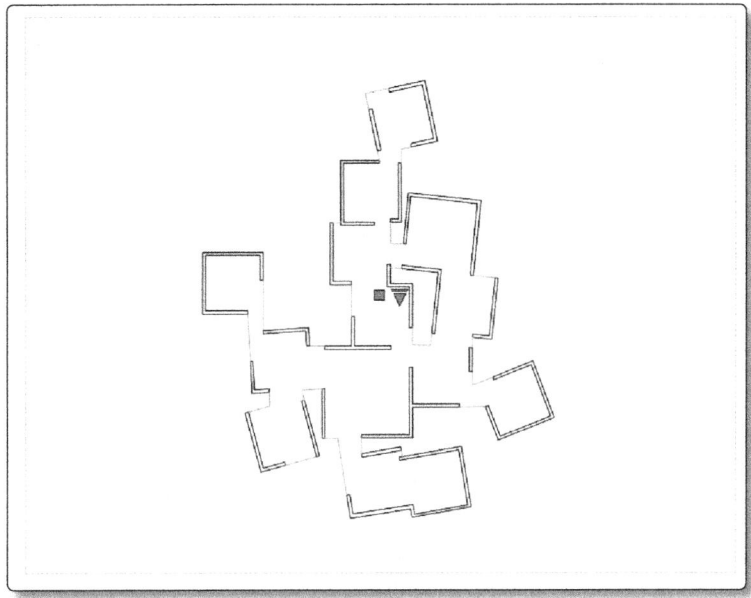

Aparecen un pinzamiento con forma cuadrada y otro con forma triangular.

El pinzamiento cuadrado sirve para mover la ventana gráfica hacia donde se quiera.

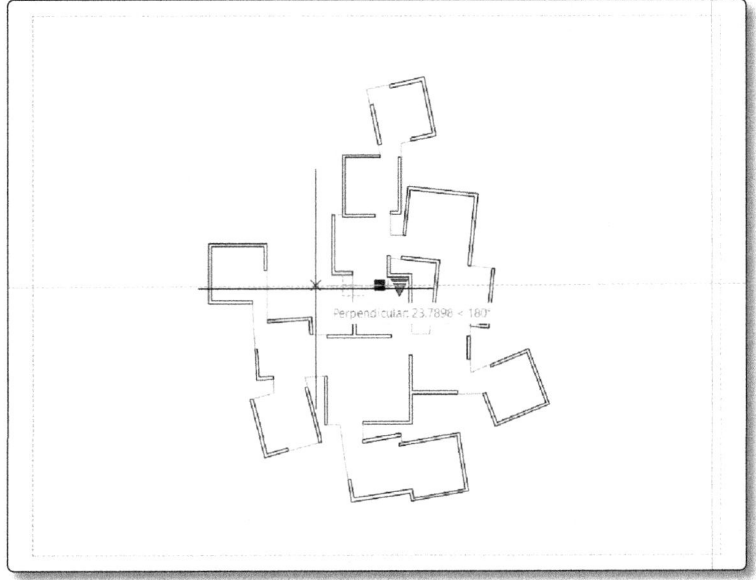

Y el pinzamiento triangular sirve para modificar la escala de visualización del modelo.

16

PERSPECTIVAS

16.1 INTRODUCCIÓN

La perspectiva isométrica es de dos dimensiones, es decir, dibujamos en AutoCAD como si dibujáramos sobre el papel. No podemos cambiar el punto de vista para ver el dibujo por detrás. Cuando hacemos referencia al modo isométrico, partimos de tres planos: izquierdo, derecho y de arriba. La dirección de los ángulos es la siguiente:

Para el plano izquierdo	90	150	270	330
Para el derecho	30	90	210	270
Para el de arriba	30	150	210	330

En esta perspectiva se aplica un coeficiente de reducción igual para los tres ejes cuyo valor es 0,816. Para trabajar de forma rápida, dibujaremos los objetos sin aplicar este coeficiente, pero al finalizar aplicaremos el modificador de escala con el valor 0,816.

16.2 PERSPECTIVA ISOMÉTRICA

Menú
Herramientas → Parámetros de dibujo

Desde la barra de herramientas también podemos acceder al cambio de plano:

En la pestaña **Resolución y rejilla** y en el apartado **Tipo de referencia y Referencia a rejilla**, pulsamos sobre **Resolución isométrica** para activarla y aceptamos.

Como podemos observar, después de esta opción el cursor modifica los ángulos. Ahora ya no son de 90° sino que dependerán del plano en que estemos.

16.3 DIBUJAR CÍRCULOS EN MODO ISOMÉTRICO

El círculo como tal no lo podemos utilizar. En el modo isométrico se utilizarán siempre elipses en vez de círculos.

En la línea de comandos escribiremos "Elipse" e **Intro**. A continuación, escribiremos "I" de Isocírculo y nos pedirá su **Centro** y **Radio o diámetro**. Le daremos esta información de la misma manera que cuando dibujamos un círculo en modo normal. Podemos utilizar, si nos hace falta, la **Referencia a objetos**.

Si no tenemos el modo isométrico activado, cuando escribamos "Elipse" en la línea de comandos no nos aparecerá la opción del isocírculo.

16.4 ÓRDENES ISOMÉTRICAS ESPECIALES

En el modo isométrico es mejor no utilizar la orden **Desfase**, puesto que las medidas no serían reales, ya que esta orden copia las entidades en paralelo y no en ángulo.

Hay que tener el modo **Orto** (**F8**) activado y darle la longitud deseada.

Para cambiar el plano de dibujo, hay que pulsar **F5**.

Las líneas que unen isocírculos, que normalmente son tangentes a los mismos, se deben hacer con líneas de cuadrante a cuadrante.

16.5 ACOTAR EN ISOMÉTRICA

Lo haremos con la acotación alineada. Una vez realizado, en **Acotar** → **Oblicua** modificaremos el ángulo de la cota, que generalmente será de 30º o -30º.

Los isocírculos los acotaremos con directriz o con alineada, de eje a eje del isocírculo, y suprimiendo las líneas de referencia.

PRÁCTICA 16.1

1. **Herramientas** → **Parámetros de dibujo** → **Resolución y rejilla** → **Resolución Isométrica ACT**.

2. **Aceptar**.

3. Pulsar **F5** hasta que en la línea de comandos aparezca "isoplano derecho".

4. Pulsar **F8** para activar el modo **Orto**.

5. **Dibujo** → **Línea**. Pulsamos sobre el punto 1 y hacemos una línea de longitud 80 hacia el punto 2. **Intro**.

6. Movemos el ratón en la dirección del punto 3 y escribimos "80". **Intro**.

7. Movemos el ratón en la dirección del punto 4 y escribimos "80". **Intro**.

8. Escribimos "C" para cerrar.

9. **Dibujo** → **Línea**. Hacemos las líneas desde y hasta los puntos medios, con referencia a objetos.

10. Escribimos en la línea de comandos "Elipse" e "Isocírculo".

11. El centro será la intersección del punto 5 y el radio será el punto medio de la línea que une los puntos 1 y 2.

12. Con **F5** cambiamos al isoplano izquierdo y hacemos el dibujo izquierdo de la misma forma en que hemos hecho el derecho.

13. Con **F5** cambiamos al isoplano arriba y hacemos el dibujo de la misma forma.

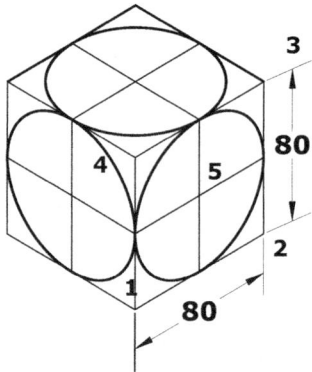

16.6 PERSPECTIVA CABALLERA

En la perspectiva caballera, una vista es paralela al plano de proyección, o sea, que dos de los ejes formarán entre ellos 90°. El tercer eje podrá tener 30°, 45° o 60°. A este tercer eje es al único al que aplicaremos un coeficiente de reducción que estará entre 0,6 y 0,8. Si no lo aplicamos, los objetos parecerán más profundos.

16.7 LOS CÍRCULOS EN PERSPECTIVA CABALLERA

En el plano paralelo al de proyección, se dibujarán circunferencias igual que en 2D. En los otros planos, las dibujaremos como si lo hiciéramos a mano sobre papel, es decir, aproximando elipses o con óvalos, en caso de que no se aplique reducción.

16.8 ÓRDENES ESPECIALES

Podemos utilizar como ayuda la referencia polar para tener marcado el ángulo de dibujo.

16.9 ACOTAR EN CABALLERA

Lo haremos con la acotación alineada. Una vez realizado, en **Acotar** → **Oblicua** modificaremos el ángulo de la cota.

16.10 INTRODUCCIÓN A LA PERSPECTIVA CÓNICA

Esta perspectiva es la que más se acerca a la visión del ojo humano. Aunque dibujemos en AutoCAD, el método que seguiremos es el mismo que si dibujáramos a mano sobre el papel. Hay varias formas de construir la perspectiva cónica.

16.11 DIBUJAR CÍRCULOS EN PERSPECTIVA CÓNICA

En el plano paralelo al de proyección, se dibujarán circunferencias igual que en 2D. En los otros planos, las dibujaremos como si lo hiciéramos a mano sobre papel, es decir, aproximando elipses.

17

INICIO DE 3D CON SUPERFICIES

17.1 DIBUJAR EN 3D

Empezaremos dibujando la planta en 2D; después, para ver el dibujo en 3D, cambiaremos el punto de vista y, a continuación, le daremos altura. Cuando ya estemos dispuestos para el trabajo en 3D podemos cambiar el espacio de trabajo por el que mejor nos sirva. Si abrimos el espacio **Modelado 3D** o **Elementos 3D básicos**, tendremos la siguiente pantalla:

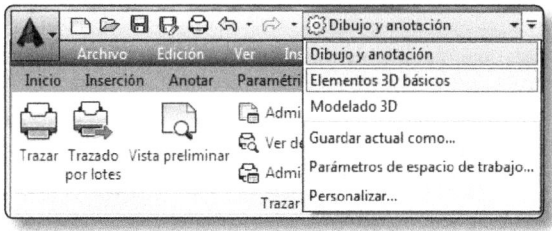

17.2 CAMBIAR EL PUNTO DE VISTA

Menú	Barra de comandos
Ver → Punto de vista 3D → Parámetros pto. Vista	Texto: ddvpoint

Vamos a describir la ventana que se abre al entrar en esta orden. El semicírculo de la derecha, dependiendo de la selección que hagamos, nos mostrará el objeto visto por arriba o por abajo. Si seleccionamos un punto de la parte positiva del eje Y entre el 0 y el 90, el objeto se mostrará por arriba. Si seleccionamos un punto de la parte negativa del eje Y entre el 0 y el 90, el objeto se mostrará visto por abajo. La circunferencia de la izquierda nos mostrará la posición de los ejes X e Y.

Las opciones de la ventana son:

▼ **Absolutos con respecto al SCU**: los ángulos se toman desde el sistema de coordenadas universal. Es la mejor opción ya que el control sobre los objetos es mayor.

▼ **Relativos al SCP**: seleccionando esta opción, los ángulos se tomarán desde el sistema de coordenadas personal.

▼ **Desde Eje X**: para indicar un valor concreto.

▼ **Desde Plano XY**: para indicar un valor concreto.

▼ **Establecer vista en planta**: selecciona el punto de vista en planta, o sea, 270° y 90°.

Menú
Ver → Punto de vista 3D
Ficha Vista. Grupo Vistas.

Podemos seleccionar vistas ortogonales o vistas isométricas: superior, inferior, frontal, izquierdo, derecho y posterior, isométrico SO (sudoeste), isométrico SE (sudeste), isométrico NE (noreste) e isométrico NO (noroeste).

La relación entre los parámetros del punto de vista y los predefinidos es la siguiente:

Vistas	Círculo	Semicírculo
Superior	270	90
Inferior	270	-90
Izquierdo	180	0
Derecho	0	0
Frontal	270	0
Posterior	90	0
Isométrico SO	225	35,3
Isométrico SE	315	35,3
Isométrico NE	45	35,3
Isométrico NO	135	35,3

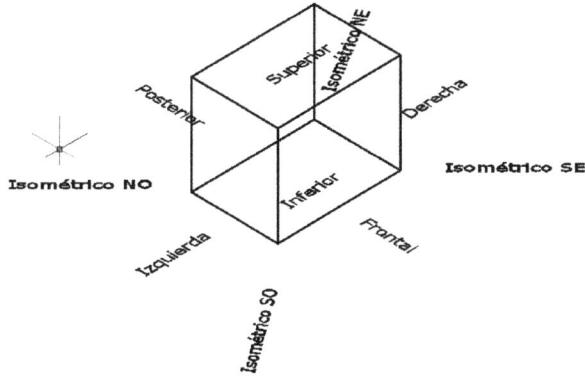

Menú
Ver → Punto de vista 3D → Puntovista

Muestra una brújula y un trípode de ejes. La brújula es la representación en 2D de un globo terráqueo. El centro es el polo norte; el círculo central es el ecuador y el círculo externo completo, el polo sur. Para cambiar el punto de vista, solo tendremos que pulsar con el ratón en cualquier parte del globo. Al tiempo que nos movemos sobre el globo, comprobaremos que el trípode también va cambiando los valores de los ejes de coordenadas X, Y, Z.

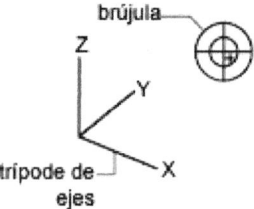

17.3 DAR ALTURA A LOS OBJETOS

Vamos a dibujar en 3D el esqueleto del objeto para poder aplicar las superficies malladas. La mayoría de las órdenes para dibujar en 3D son las mismas que para 2D; solo hay que tener en cuenta que, en algunos casos, además de X e Y hay que dar también el valor de Z. Como ya se dijo al hablar de los filtros, en 3D podemos utilizarlos para valores XY, XZ, YZ. Para saber la dirección de un eje a partir de los otros dos que ya conocemos, seguiremos la regla de la mano derecha. Con esta mano, situaremos el dedo pulgar en la dirección positiva del eje X y el dedo índice en la dirección positiva del eje Y. Desplegando el dedo corazón, indicará el valor positivo del eje Z.

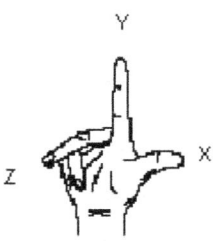

Otra forma de darle altura a los objetos es con el comando *Elev*. Lo escribimos en la barra de comandos y pulsamos **Intro**. A continuación, nos pedirá **Nueva elevación por defecto**, refiriéndose a la altura sobre el plano Z a la que se dibujará. Después, nos pedirá **Nueva altura de objeto por defecto**. Aquí le indicamos la altura o valor Z que tiene lo que estamos dibujando. Todo el objeto se elevará a la misma altura.

PRÁCTICA 17.1

1. Cambiaremos el punto de vista. **Ver** → **Punto de vista 3D** → **Isométrico SO**.

2. Escribiremos "Elev" en la ventana de comandos.

3. Vamos a escribir como **Nueva elevación por defecto** 0 y como **Nueva altura por defecto**, 10.

4. **Dibujo** → **Círculo** → **Centro, radio**. Dibujaremos un círculo de radio 10.

5. Escribiremos "Elev" en la ventana de comandos.

6. Vamos a escribir como **Nueva elevación por defecto** 10 y como **Nueva altura por defecto**, 5.

7. **Dibujo** → **Círculo** → **Centro, radio**. Dibujaremos un círculo de radio 5.

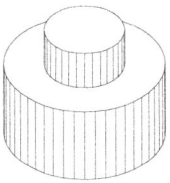

También tenemos coordenadas especiales para 3D: cartesianas, cilíndricas y esféricas.

▼ **Cartesianas**: este es el formato utilizado hasta este momento para 2D. Solo deberemos introducir, además de X e Y, la coordenada Z.

▼ **Cilíndricas**: es una modalidad de las coordenadas polares de 2D. El formato es valor de X < [ángulo desde el eje X],Z. Por ejemplo: 20<30,40. El primer valor es el del eje X; a continuación, pondremos el ángulo formado por el plano XY y, después, la altura desde ese punto.

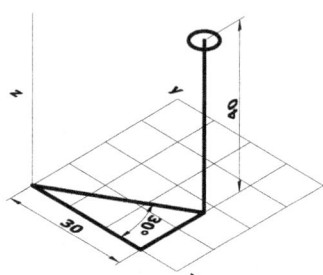

▼ **Esféricas**: es otra variante de las coordenadas polares. El formato es distancia < ángulo en el plano XY < ángulo formado entre el plano XY y el eje Z. Por ejemplo: <20<30<40.

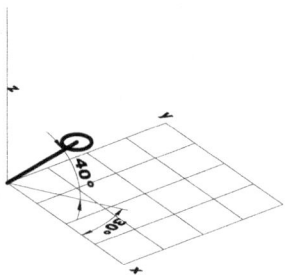

17.4 ÓRDENES PARA SUPERFICIES

Para que el dibujo no sea alámbrico, debemos convertir **Mallas** de superficies planas en **Caras**. Para ello, hay diferentes formas que se describen a continuación. Todas las órdenes las tenemos en el menú **Dibujo** → **Modelado** → **Mallas**. Dentro de la cinta de opciones abriremos el espacio de trabajo **Modelado3D**, **Superficie**.

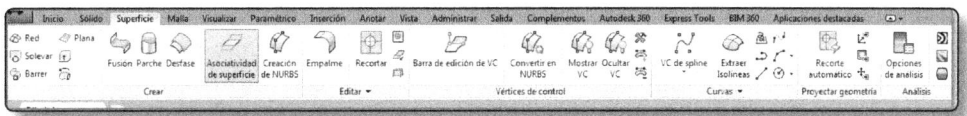

Aunque para tener las órdenes a mano podemos activar la barra de herramientas de superficies. Para ello, pulsaremos sobre cualquier barra que tengamos en la pantalla con el botón derecho y, con el izquierdo, seleccionaremos **Superficies**.

Podemos crear una superficie a partir de un perfil y, según tengamos definida la variable *surfacemodelingmode* a 0 o a 1 definiremos respectivamente una superficie de procedimiento o una superficie NURBS.

En la imagen inferior hemos construido una extrusión a partir del mismo perfil. A la derecha con la variable a 0 se construye una superficie de procedimiento única, mientras que a la izquierda, con la variable a 1 y con el mismo perfil se construyen dos extrusiones, una para la línea recta y otra para la línea curva.

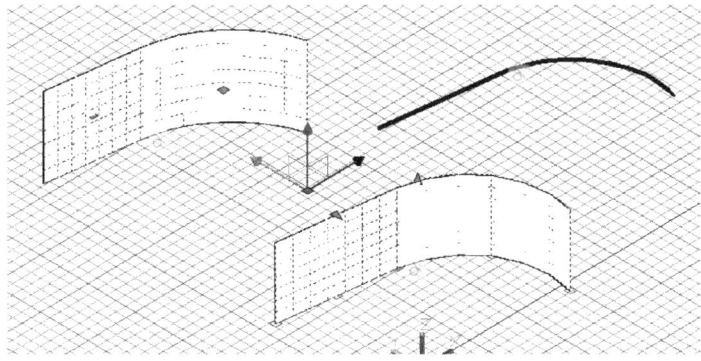

17.4.1 Malla 3D

Menú	Icono
Dibujo → Modelado → Superficies → Plana	
Ficha Inicio. Grupo Crear.	

Crea una malla poligonal similar a una matriz. Debemos indicar el tamaño de la malla, es decir, el número de filas y columnas y, además, la situación de sus vértices en el espacio. Podemos cambiar la posición de sus vértices editándolos, es decir, pulsando con el botón derecho sobre el vértice y seleccionando **Desplazar**, e introducir su nueva posición, como se puede observar en la figura siguiente.

También podemos suavizar la malla con la orden **Modificar** → **Objeto** → **Polilínea**. Seleccionaremos la malla y, después, **Amoldar superficies**.

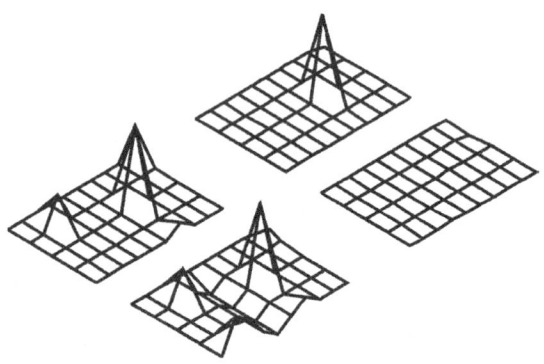

17.4.2 Cara 3D

Menú	Icono
Dibujo → Modelado → Mallas → Cara 3D	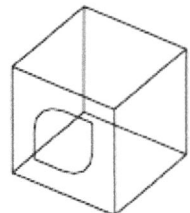
Ficha Inicio. Grupo Crear	

Con esta opción, creamos mallas poligonales. Tenemos que indicar, con referencia a objetos, los puntos en los que se apoyarán las mallas. Deben introducirse sin cruzarse entre ellos. En la línea de comandos, nos irán pidiendo los puntos que debemos introducir. Después del cuarto, le daremos a la tecla **Intro** para facilitar el trabajo. Si seleccionamos **i** (invisible) antes de introducir el punto de una arista esta será invisible.

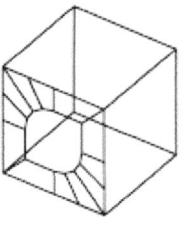

aristas visibles

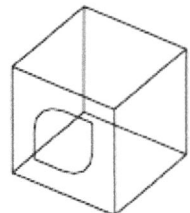

aristas invisibles

PRÁCTICA 17.2

1. Dibujaremos la planta de este ejercicio en 2D, como hemos venido haciendo. Es decir, un rectángulo de 25 por 45 y dos líneas paralelas a 15 unidades.

2. Después cambiaremos el punto de vista. **Ver → Punto de vista 3D → Parámetros pto. Vista**.

3. En el semicírculo, pulsaremos sobre 30 en la zona de arriba. En la circunferencia, pulsaremos sobre 225.

4. A continuación, dibujaremos las alturas. Hacemos una línea de 15 unidades para el primer escalón desde la intersección del punto 1 hasta @0,0,15; es decir, en X le damos el valor 0; en Y, también 0 y en Z, 15. O bien, con filtros podemos hacer: **Línea** valor .XY de la intersección del punto 1, y para el valor de Z introducimos directamente 15. **Intro**.

5. **Modificar → Copiar**. Copiamos la línea en los tres puntos que nos faltan para hacer el escalón.

6. Dibujamos las líneas paralelas al plano XY de la parte superior del escalón.

7. Siguiendo el mismo sistema, dibujaremos el resto de los escalones. Debemos tener, al final, un dibujo igual a la escalera del ejercicio.

8. Crearemos dos capas diferentes: una para las superficies verticales, de color verde, y otra para las horizontales, de color azul. Ponemos como capa actual la de superficies verticales.

9. **Dibujo → Modelado → Mallas → Cara 3D**. Nos pedirá el primer punto. Con referencia a objetos, pulsaremos sobre la intersección del punto 1. Nos pedirá el segundo punto y, de la misma forma, pulsaremos sobre el punto 2. Así introduciremos el punto 3 y el 4. **Intro**.

10. **Dibujo → Modelado → Mallas → Cara 3D**. Como primer punto, introduciremos la intersección del número 1. Como segundo, la del número 4. Como tercero, la del número 5 y como cuarto, el punto 6. **Intro**.

11. **Dibujo → Modelado → Mallas → Cara 3D**. Como primer punto, introduciremos la intersección del número 1. Como segundo, la del número 6. Como tercero, la del 7 y, por último, el punto 8. Para hacer la malla en el lado opuesto al superficiado, haremos una copia de este.

12. Haremos las caras horizontales de la misma forma en que hemos hecho las verticales, pero cambiando de capa.

13. Hay que tener cuidado y, de vez en cuando, cambiar el punto de vista, porque al trabajar en 3D no controlamos la profundidad de la pantalla y es posible que algún punto lo coloquemos en un lugar erróneo.

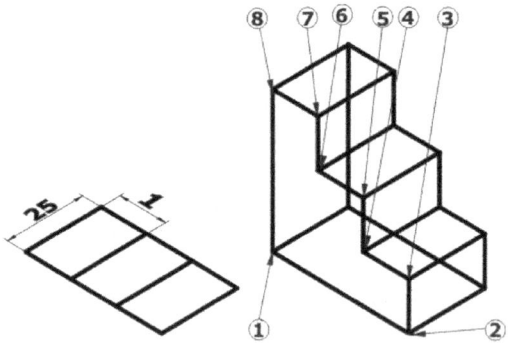

17.4.3 Superficie reglada

Menú	Icono
Dibujo → Modelado → Mallas → Malla Reglada	
Ficha Inicio. Grupo Crear.	

En vez de darle los puntos de la malla poligonal, le daremos dos entidades que definan la superficie. Pueden ser una línea y un arco, un punto y un círculo, dos líneas rectas...

Para crear este tipo de superficies, necesitaremos controlar los valores de dos variables que nos indicarán el número de elementos que constituyen la forma, variable *Surftab1*, y los elementos que construirán la generatriz, variable *Surftab2*.

Es importante definir la posición de los dos puntos que generarán la superficie, porque si están en extremos opuestos generarán una superficie cruzada.

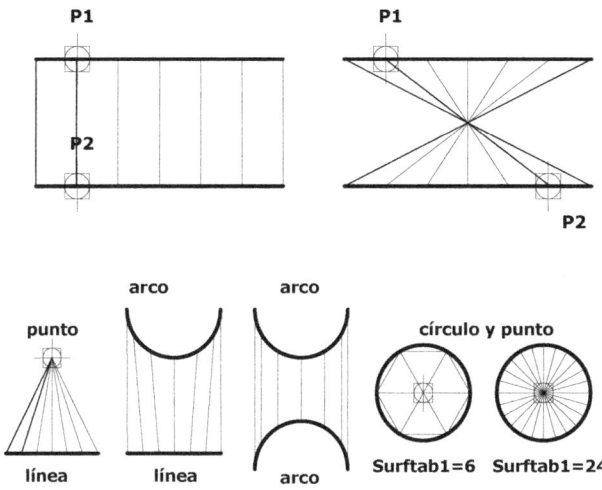

Ejemplos de superficie reglada

<hr />

PRÁCTICA 17.3

1. **Dibujo → Círculo**. Dibujamos un círculo, en planta, de radio 100.

2. **Ver → Pto. Vista 3D → Parámetros pto. vista**. Seleccionamos el mismo que en el ejercicio 1.

3. **Ver → Zoom → Reducir**.

4. **Modificar → Copiar**. Vamos a darle altura. Copiamos desde el centro del círculo hasta @0,0,150.

5. **Ver → Encuadre**. Centramos el dibujo en la pantalla.

6. Crearemos una capa para superficies verticales y otra para horizontales. Ponemos la vertical como capa actual.

7. **Dibujo → Modelado → Mallas → Malla Reglada**. Nos pedirá la primera curva definidora, y será cualquier punto del círculo superior. Nos pedirá la segunda curva definidora, y esta será cualquier punto del círculo

inferior que esté más o menos en la misma posición X que el punto de la primera curva definidora. Nos saldrá una malla poligonal.

8. En la línea de comandos escribiremos "surftab1" y le pondremos un valor de 24. **Intro**.

9. En la línea de comandos escribiremos "surftab2" y le pondremos un valor de 24.

10. Borraremos la superficie poligonal y repetiremos el punto 7. Ahora, debido al cambio de valores de las variables *Surftab1* y *Surftab2*, ya nos aparece una malla adecuada.

11. Para hacer las tapas del cilindro, tenemos que crear un punto en el centro del círculo superior. Para ello, previamente, debemos cambiar su tipo. Crearemos el punto en la capa 0, que es donde tenemos dibujada la estructura.

12. Pondremos como actual la capa horizontal y, si nos hace falta, inutilizaremos la capa vertical.

13. **Dibujo → Modelado → Mallas → Malla Reglada**. La primera curva definidora será el punto central del círculo y la segunda será cualquier punto del círculo.

14. Podemos copiar la malla del círculo superior en el inferior, ya que son iguales.

15. Para ver cómo queda este dibujo, inutilizaremos la capa 0 y reutilizaremos la capa vertical.

16. **Ver → Efectos visuales → Estructura alámbrica 3D**.

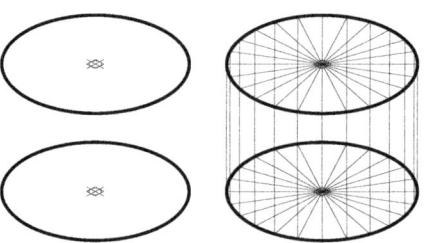 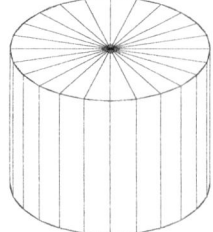

17.5 SOMBREAR Y OCULTAR LÍNEAS EN EL DIBUJO

Vamos a utilizar **Sombrear** para colorear el objeto.

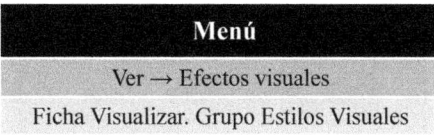

Menú
Ver → Efectos visuales
Ficha Visualizar. Grupo Estilos Visuales

▰ **Estructura alámbrica 2D**: muestra los objetos 2D con líneas y arcos. Permite ver los tipos y grosores de línea.

▰ **Estructura alámbrica**: muestra los objetos 3D con líneas y arcos. El icono de **scp** aparece sombreado.

▰ **Líneas ocultas**: muestra los objetos como estructura alámbrica 3D pero ocultando las caras traseras.

Las opciones disponibles son:

▰ **Realista**: sombrea los objetos y suaviza los bordes entre las caras. Muestra los materiales que hayamos aplicado a los objetos.

▰ **Conceptual**: sombrea los objetos y suaviza los bordes entre las caras poligonales pero es menos realista que el anterior.

▰ **Sombreado**: utiliza un sombreado muy suave.

▰ **Sombreado con aristas**: muestra un sombreado suave y con las aristas visibles.

▰ **Tonos de gris**: muestra un sombreado suave pero en tonos de gris.

▰ **Esquemático**: crea un efecto boceto.

▰ **Rayos X**: muestra los objetos con una transparencia parcial.

Para volver a ver las caras y las líneas, entraremos en **Ver → Regenerar** y para ocultar las líneas que no deben verse, aplicaremos **Ver → Ocultar**.

La última opción de los estilos visuales es el **Administrador de estilos visuales**, que nos permitirá modificar y personalizar las opciones para cada estilo.

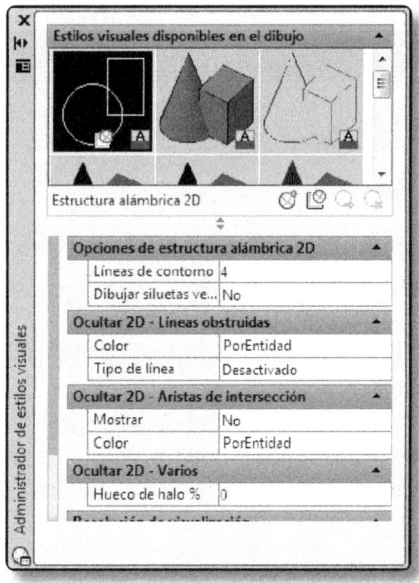

También podemos entrar desde el menú **Herramientas → Paletas → Estilos visuales**.

Contiene unas imágenes de muestra y, debajo de ellas, tenemos los iconos que nos permiten **Crear nuevo estilo visual**, **Aplicar el estilo visual seleccionado** y **Exportar el estilo visual seleccionado a la paleta de herramientas**. También disponemos de un menú contextual con las siguientes opciones:

- Aplicar a todas las ventanas gráficas.
- Aplicar el estilo visual seleccionado a todas las ventanas gráficas del dibujo.
- Editar descripción, en la que se puede añadir una descripción o modificar la existente.
- Copiar.
- Pegar.
- Tamaño.
- Restablecer valor por defecto.

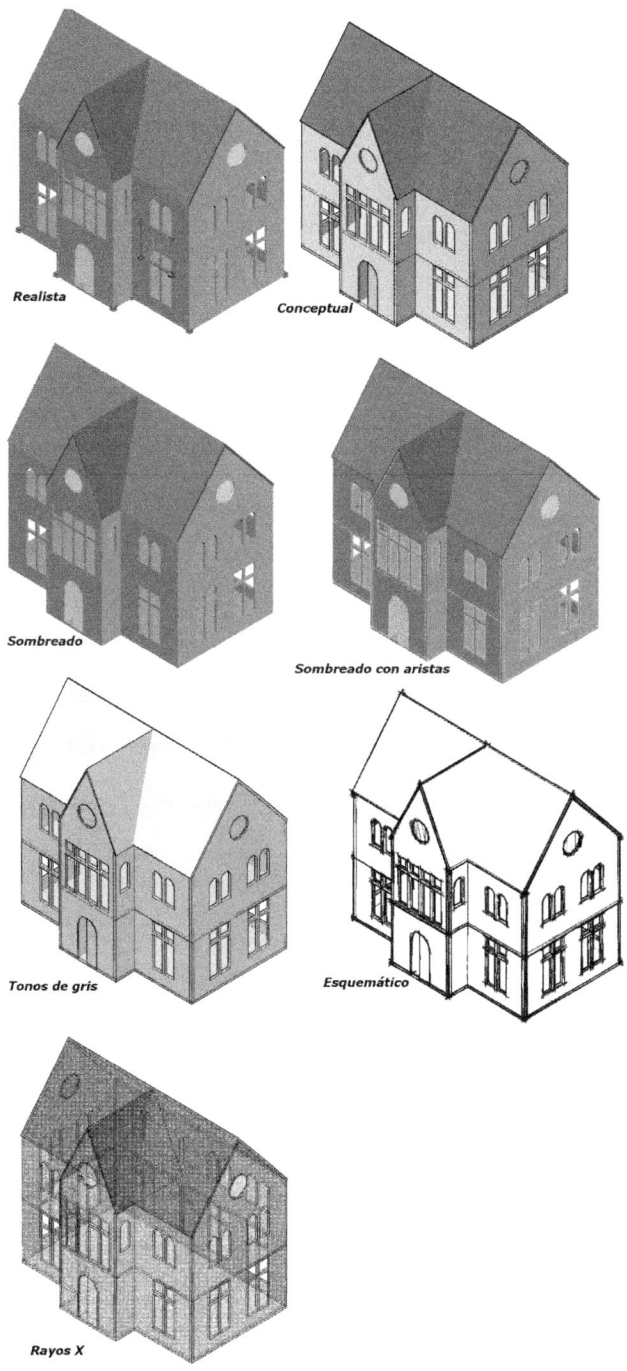

Realista

Conceptual

Sombreado

Sombreado con aristas

Tonos de gris

Esquemático

Rayos X

Y por último podemos modificar las siguientes propiedades:

Parámetros de cara	**Intensidad**: de resaltado de positivo a negativo y viceversa. **Opacidad**: permite cambiar el valor de la opacidad. **Estilo de cara**: define el sombreado de las caras. Real; Gooch mejora la visualización de las caras que pueden presentar. Ninguno: no aplica ningún estilo de cara. **Calidad de iluminación.** **Intensidad de resaltado**: controla el tamaño de los resaltados en las caras sin materiales. **Materiales y color**: controla la visualización de los materiales y el color en las caras. Materiales: controla si se muestran los materiales y las texturas. **Modo de color de cara**, que puede ser: ✔ *Normal*. No aplica ningún modificador de color de cara. ✔ *Monocromo*. Aplica al modelo un color especificado. ✔ *Matizado*. Cambia la tonalidad y la saturación de los colores de cara. ✔ *Reducir saturación*. Suaviza el color reduciendo su componente de saturación en un 30%.
Parámetros de entorno	Controlan la visualización de las sombras y si el fondo se muestra.
Parámetros de arista	**Modo de arista**: elegimos cómo se deben mostrar, isolíneas o ninguna. **Color**: permite indicar su color. **Modificadores de arista.** **Botón sobresaliente y valor**: nos permite lograr el efecto de dibujado a mano. **Botón fluctuación y valor**: hace que las líneas aparezcan como bocetos. **Ángulo de pliegue**: logra un efecto de suavizado. **Hueco del halo %**: especifica el tamaño del hueco que se debe mostrar cuando un objeto oculta otro objeto. Modifica los parámetros de las aristas de silueta que no se verán en estructuras alámbricas ni en objetos transparentes. **Aristas sombreadas**, aristas de siluetas rápidas, aristas de intersección: controla los parámetros que se aplican a cada tipo de aristas, visible, anchura, color y tipo de línea.

17.6 CAMBIAR EL SISTEMA DE COORDENADAS (SCP)

En AutoCAD disponemos de dos sistemas de coordenadas: uno fijo llamado sistema de coordenadas universal (SCU) y otro que permite modificaciones en la posición de los ejes, el sistema de coordenadas personal (SCP).

Esta orden nos sirve para poder dibujar directamente en 3D sin necesidad de dibujar primero la planta y para dibujar en planos que no sean paralelos a la planta, como, por ejemplo, los círculos que siempre son dibujados paralelos al plano XY, por lo que deberemos cambiar la posición de este plano según necesitemos dibujarlo.

Con esta orden, damos la situación de los ejes de coordenadas X e Y.

Menú	Icono
Herramientas → SCP Nuevo → 3 puntos	
Ficha Visualizar. Grupo Coordenadas.	

Nos pedirá el origen de las coordenadas; el valor de X, en positivo y el valor de Y, en positivo.

Otras opciones son:

▶ **Universal**: es el que tiene el programa por defecto.
▶ **Previo**: restablece el último SCP utilizado. El programa almacena los diez últimos.
▶ **Cara**: a partir de una cara de un sólido.
▶ **Objeto**: define el SCP a partir de un objeto dibujado.
▶ **Vista**: a partir de un punto de vista paralelo a la pantalla.
▶ **Origen**: cambia solo el punto 0,0,0.
▶ **Vector Z**: le tenemos que indicar el origen y el vector Z.
▶ **X, Y, Z**: rota el SCP los grados indicados sobre el eje elegido.

Si el SCP que definimos queremos guardarlo, debemos entrar en **Herramientas → SCP guardado**. Nos aparece una ventana con tres pestañas en la ventana **SCP guardado**, aparece **S-nombre**, que es el sistema actualmente definido y podemos cambiarlo pulsando sobre él con el botón derecho del ratón y seleccionando **Cambiar nombre**. Pulsando el botón **Definir actual**, el SCP seleccionado pasará a ser el actual. Si pulsamos **Detalles**, nos mostrará las coordenadas y la dirección con respecto al SCP que indica en la parte inferior.

La pestaña central **SCP ortogonales** nos permite operar con estos SCP. Muestra un listado de coordenadas ortogonales que tenemos en el dibujo. La columna **Profundidad** indica la distancia entre el sistema de coordenadas ortogonales y el plano paralelo que pasa a través del origen del parámetro base del SCP. La pestaña de **Parámetros** muestra y nos permite manipular los parámetros del icono SCP y del SCP que se han guardado con una ventana gráfica.

▶ **Parámetros del icono SCP**: son parámetros de visualización.

▶ **Activar**: muestra el icono del sistema de coordenadas.

▶ **Mostrar en punto de origen del SCP**: muestra el icono en el origen del sistema de coordenadas.

▼ **Aplicar en todas las ventanas gráficas activas**: aplica los parámetros elegidos en todas las ventanas.

▼ **Parámetros SCP**: son parámetros de comportamiento.

▼ **Guardar SCP con ventana gráfica**: guarda la configuración del SCP con la ventana.

▼ **Actualizar vista a planta al modificar SCP**: restaura la vista en planta al cambiar el sistema de coordenadas.

17.7 VER EL ICONO X, Y

Visualiza el icono que nos muestra la dirección de los ejes X e Y, y, por consiguiente, del eje Z.

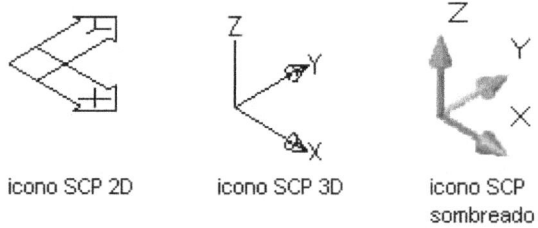

icono SCP 2D   icono SCP 3D   icono SCP
                                            sombreado

Menú	Icono
Ver → Visualización → Icono SCP → ACT	⌊↗
Ficha Visualizar. Grupo Coordenadas.	

La opción siguiente nos permite situar el icono en el origen donde lo hemos definido.

Menú	Icono
Ver → Visualización → Icono SCP → Origen	✔
Ficha Visualizar. Grupo Coordenadas.	

Por otro lado, también podemos modificar el SCP pulsando sobre él y moviendo los pinzamientos.

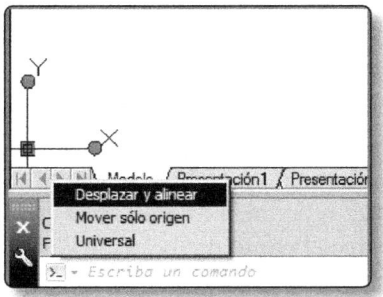

PRÁCTICA 17.4

1. Dibujamos en planta un cuadrado de 200 unidades de longitud.

2. Cambiamos el punto de vista.

3. Copiamos el cuadrado a 200 unidades de altura.

4. Unimos con líneas las intersecciones de los cuadrados.

5. Con filtros .xy, .xz, .yz podemos obtener el centro de los círculos que vamos a necesitar.

6. Creamos capas diferentes para cada cara.

7. En la cara superior, dibujamos un círculo de 50 unidades de radio, con centro en la intersección de los puntos medios de los valores .xz, .yz de los lados del cuadrado.

8. Vamos a dibujar el círculo en la cara lateral derecha. Para ello, tenemos que cambiar el SCP. **Herramientas → SCP Nuevo → 3 puntos**.

9. El punto de origen será la intersección del punto 1. La parte positiva de X será la intersección del punto 2 y la parte positiva de Y será la intersección del punto 4. Ya podemos dibujar el círculo en ese lado y copiarlo en la cara lateral izquierda.

10. Para hacer las superficies del cuadrado, tenemos que convertir el círculo en 4 arcos que empiecen y terminen en las diagonales, ya que para hacer mallas regladas, las dos curvas definidoras deben tener una longitud similar.

11. Cuando hayamos puesto como capa actual la que corresponda a las superficies que vayamos a hacer, podremos empezar. **Dibujo** → **Superficies** → **Sup. Reglada**. Hay que designar como curvas definidoras, por un lado, el arco en un punto cercano al punto final de la derecha y, por otro, la línea b también lo más cerca del punto final de la derecha. Es importante que el punto final esté en el mismo lado en las dos curvas definidoras.

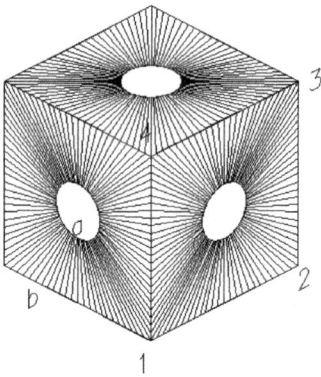

17.8 SISTEMAS DE COORDENADAS PREDEFINIDOS

Por otro lado, si queremos recuperar un SCP predefinido...

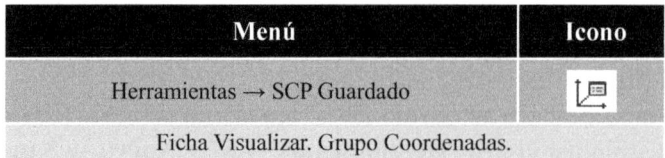

Menú	Icono
Herramientas → SCP Guardado	
Ficha Visualizar. Grupo Coordenadas.	

Pulsamos sobre el SCP deseado, lo seleccionamos como **Actual** y aceptamos. Para elegir el SCP que teníamos previo, haremos: **Herramientas** → **SCP Guardado** → **Previo**. Para eliminar un SCP guardado, pulsaremos sobre su nombre y con el botón derecho pulsado seleccionaremos **Suprimir**.

17.9 VER LA PLANTA DEL SCP

Si queremos ver la planta del SCP con el que dibujamos en 2D, haremos...

Menú
Ver → Pto. Vista 3D → Vista en planta → SCP Universal
Ficha Visualizar. Grupo Coordenadas.

Si lo que queremos es ver la planta del SCP que tenemos en ese momento en pantalla, seleccionaremos:

Menú
Ver → Pto. Vista 3D → Vista en planta → SCP actual
Ficha Visualizar. Grupo Coordenadas.

Si en vez del icono X, Y nos aparece un cuadrado con un lápiz roto, no debemos dibujar en esa vista porque no será fiable, ya que el plano de dibujo es oblicuo con respecto a SCP.

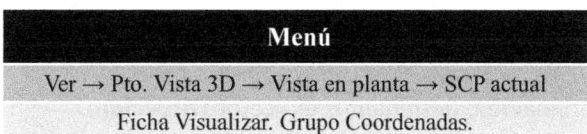

SCP 2D   vista derecha   vista iso de   SCP 2D visto
en SCU   de SCP 2D   SCP 2D   desde abajo

SCP 3D   vista derecha   vista iso de   SCP 3D visto
en SCU   de SCP 3D   SCP 3D   desde abajo

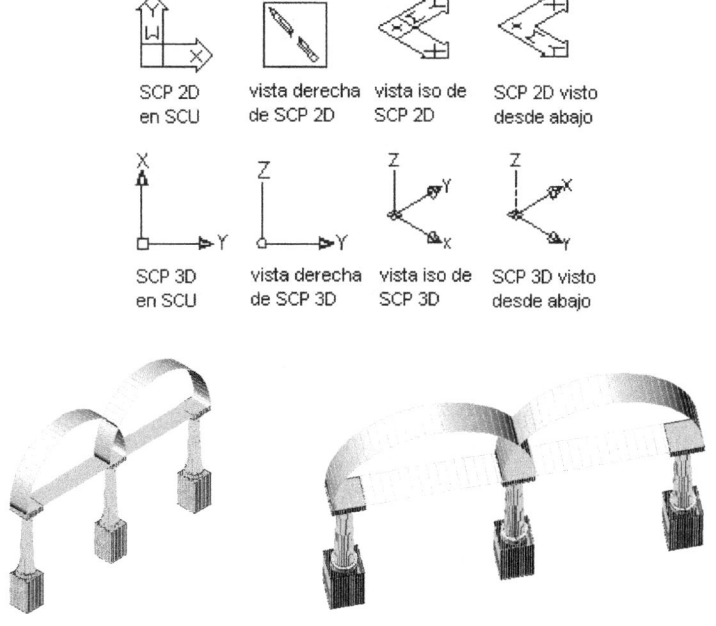

17.10 SUPERFICIE TABULADA

Con esta orden, creamos una malla poligonal a partir de una entidad y un vector. La malla empezará a construirse a partir del punto más cercano al precisado.

Menú	Icono
Dibujo → Modelado → Mallas → Malla Tabulada	
Ficha Inicio. Grupo Crear.	

▸ **Designar el perfil**. Designamos la entidad. Toda ella tiene que ser un objeto: polilínea, línea, arco, círculo, elipse…

▸ A continuación, designamos el vector **Dirección**.

Vector   Resultado   Entidad

Vector   Entidad   Resultado

PRÁCTICA 17.5

---

1. A partir del ejercicio 5.3, construiremos este objeto en 3D, con superficie **Tabulada**. Podemos, primero, transformar todo el objeto en una polilínea.

17.11 SUPERFICIE DEFINIDA POR LADOS

Crea una malla bicúbica a partir de cuatro lados. Estos pueden ser arcos, líneas, polilíneas, splines y arcos elípticos. Deben formar un objeto cerrado y sus puntos finales deben compartirse.

Menú	Icono
Dibujo → Modelado → Mallas → Definida por lados	⟨⟩
Ficha Inicio. Grupo Crear.	

PRÁCTICA 17.6

---

1. **Dibujo → Modelado → Mallas → Malla de aristas**.

2. Dibujar el esqueleto.

3. Crear capas para las diferentes superficies.

4. **Dibujo → Modelado → Mallas → Malla de aristas**. Pulsar líneas adyacentes una tras otra.

5. Hemos creado uno de los cuadrantes del ejercicio. Después haremos una matriz polar.

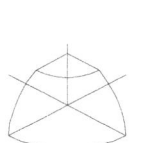 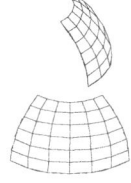 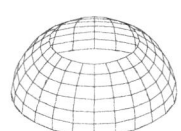

17.12 SUPERFICIE REVOLUCIONADA

Con esta opción, formaremos una malla 3D girando un perfil respecto a un eje. El perfil tiene que ser todo él una entidad, ya sea una polilínea, un rectángulo, una región, una línea...

El número de elementos que formarán las mallas lo definiremos con la variable *Surftab1* y la densidad, con *Surftab2*.

Menú	Icono
Dibujo → Modelado → Mallas → Malla Revolucionada	🔭
Ficha Inicio. Grupo Crear.	

Nos pedirá **Designar el perfil**. Será aquel que queremos revolucionar. A continuación, designaremos el **Eje de revolución** sobre el que gira el objeto. También le tenemos que indicar el **Ángulo inicial** para que empiece a girar. Por defecto, es *0*. Además, le indicaremos el **Ángulo incluido**, es decir, cuántos grados debe girar el objeto. Por defecto, pone círculo completo, o sea, **360°**.

PRÁCTICA 17.7

1. Dibujar en planta el apartado A.

2. **Dibujo → Modelado → Mallas → Malla revolucionada**. Pulsaremos el rectángulo como perfil y la línea como eje de rotación. El ángulo inicial será 0 y el ángulo incluido será 180°.

3. Con esto tendremos el dibujo B. Al seleccionar la orden **Oculta**, veremos que está hueco. Para que no lo esté, seleccionaremos **Dibujo → Modelado → Mallas → Cara 3D** y pulsaremos sobre las intersecciones de las caras superiores.

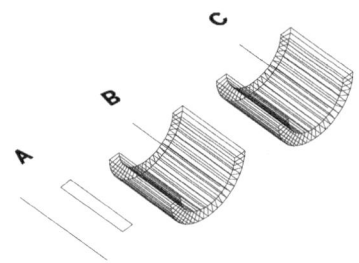

17.13 OBJETOS 3D PREDEFINIDOS

La orden la daremos desde la ventana de comandos y es 3D. Para construir cada objeto, el programa nos pedirá los puntos que necesite. Aparece una ventana con los objetos predefinidos.

▶ **Prisma**: es un paralelogramo rectangular o un cubo.

Esquina: es el punto 1.

Longitud.

Si es un **Cubo**, nos pedirá el **Ángulo** de rotación sobre el eje Z. Si no lo es, nos pedirá **Anchura**, **Altura** y el **Ángulo de rotación** sobre el eje Z.

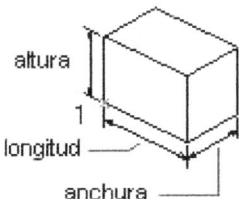

▶ **Cono**: es un cono o tronco de cono.

Centro base: el punto 1 del ejemplo.

Diámetro o Radio base y *Diámetro o radio superior*: que puede ser 0 si queremos que no sea un tronco de cono.

Altura.

Segmentos: equivale al valor de *Surftab1*.

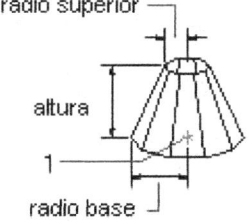

▼ **Cuenco**: semiesfera interior.

Centro del cuenco: en el ejemplo, es el punto 1.

Diámetro o Radio.

Segmentos: equivale al valor de *Surftab1* y *Surftab2*.

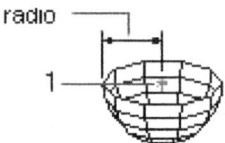

▼ **Cúpula**: es igual al objeto anterior pero abierto por su parte inferior.

Centro del cuenco: en el ejemplo, es el punto 1.

Diámetro o Radio.

Segmentos: equivale al valor de *Surftab1* y *Surftab2*.

▼ **Pirámide**: o tronco de pirámide.

Punto de base: le daremos los cuatro puntos de base, es decir, los puntos 1, 2, 3 y 4 del ejemplo, y el valor de la altura.

Si es un **Tetraedro**, después del tercer punto, le diremos "T" de tetraedro y le daremos la **Altura**.

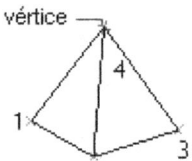

▰ **Esfera**: construye una esfera basándose en una malla.

Centro: el punto 1 del ejemplo.

Diámetro o Radio.

Segmentos: equivale al valor de *Surftab1* y *Surftab2*.

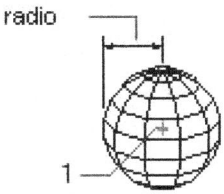

▰ **Toroide**.

Centro del toroide: punto 1 del ejemplo.

Diámetro o *Radio*: del toroide.

Diámetro o *Radio*: del tubo.

Segmentos: equivale al valor de *Surftab1* y *Surftab2*.

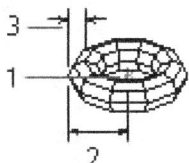

▰ **Calce** o **Cuña**.

Esquina: o punto 1 del ejemplo.

Longitud.

Anchura.

Altura.

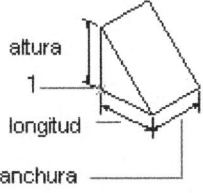

▼ **Malla**.

Le tenemos que indicar las cuatro esquinas que forman la malla, puntos 1, 2, 3 y 4 del ejemplo, y el número de divisiones en cada una de las dos direcciones.

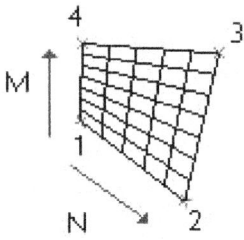

18

ÓRDENES PARA 3D

18.1 DIVIDIR LA PANTALLA EN VENTANAS

Menú
Ver → Ventanas
Ficha Vista. Grupo Ventanas gráficas de modelo.

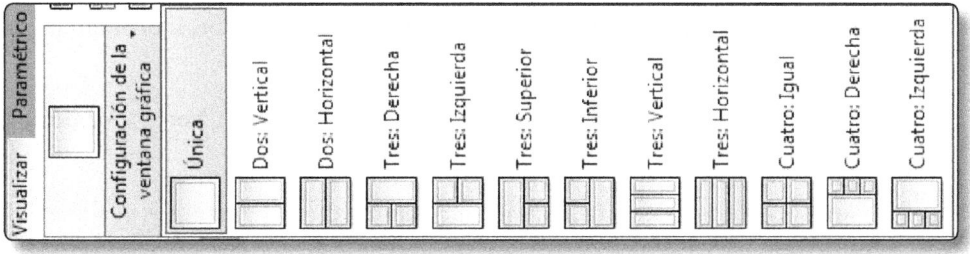

Podemos dividir la pantalla en varias ventanas y tener así puntos de vista o porciones de dibujo diferentes en cada una de ellas, aunque solo habrá una ventana activa; es decir, no podremos dibujar en todas las ventanas a la vez. Podemos empezar una orden en una de ellas y pulsar **control** + **R**, o seguir en otra pulsando con el ratón dentro de la ventana en la que queremos dibujar.

Para modificar el tamaño de las ventanas situaremos el puntero del ratón sobre la línea de separación de la ventana y la arrastraremos. Para dividir una ventana existente pulsaremos control y con el puntero arrastraremos la línea de la ventana que queremos dividir.

Podemos elegir **Inutilizar/Reutilizar capas** solo en una de las ventanas de la presentación pulsando en **Propiedades de las capas**. También podemos guardar configuraciones de ventanas en **Ver → Ventanas → Nuevas ventanas**.

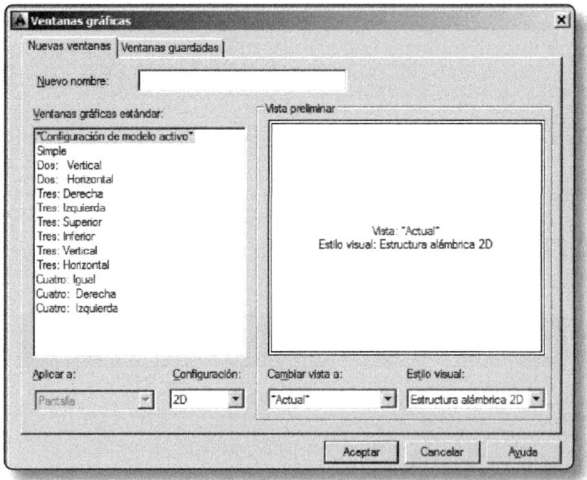

En el cuadro de diálogo, pondremos **Nombre** y se guardará la configuración de la pantalla. Ese nombre puede tener hasta 255 caracteres o dígitos, el símbolo de dólar ($), guión (–) y subrayado (_).

Para abrir una configuración de ventanas, entraremos en **Ver → Ventanas → Ventanas guardadas** y seleccionaremos el nombre.

Para suprimir una configuración, seleccionaremos el nombre y pulsaremos la tecla **Suprimir**.

18.2 3D ORBIT

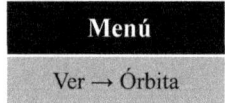

Menú
Ver → Órbita

Dentro de la barra de navegación tenemos la opción de utilizar la órbita. Nos muestra las siguientes opciones:

▶ **Órbita restringida** (⊕): muestra el icono de cursor **Órbita 3D**. Si lo arrastramos, la cámara se desplazará en paralelo al plano XY del sistema de coordenadas universales. Si lo arrastramos verticalmente, la cámara se desplazará a lo largo del eje Z. Debemos tener en cuenta que no podremos editar objetos mientras esté activo el comando.

▶ **Órbita libre** (✍): activa una órbita alrededor del objeto. Es un círculo dividido en cuatro cuadrantes. Dependiendo de dónde situemos el puntero del ratón, nos aparecerá un símbolo diferente sustituyéndolo, que nos indicará en qué dirección podemos mover el objeto. El punto fijo sobre el cual lo movemos siempre será el centro del círculo.

▶ **Órbita continua** (✍): pulsando y arrastrando el ratón en cualquier dirección, iniciaremos el movimiento de los objetos en la dirección. Al soltarlo, los objetos continuarán su órbita en la dirección del arrastre. Los objetos girarán dependiendo de la velocidad que hayamos dado en el movimiento del cursor.

Pulsando el botón derecho del ratón, nos aparecerá el menú contextual de esta orden:

▶ **Salir**: de la orden, quedará el punto de vista seleccionado.

▶ **Modo actual**: nos muestra el modo de navegación activo.

▶ **Otros modos de navegación**: para pasar de un modo a otro sin salir del menú.

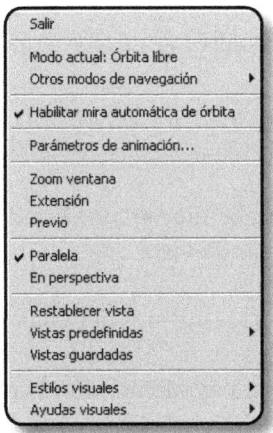

Tenemos las siguientes opciones:

● Órbita restringida.

● Órbita libre.

● Órbita continua.

● Ajustar distancia (simula el efecto de mover una cámara. Si pulsamos y arrastramos a lo largo de la pantalla, la cámara se acercará o se alejará).

● Pivotar (giro de la cámara), paseo (simula un paseo por el objeto a una altura definida).

● Vuelo (simula un vuelo sobre el objeto a una altura definida), *zoom* y encuadre.

▼ **Habilitar mira automática de órbita**: mantiene el punto de mira en el objeto en vez de en el centro de la ventana.

▼ **Parámetros de animación**: permite configurar y guardar los parámetros para una animación.

▼ **Zoom ventana, Extensión, Previo**: estas opciones ya se explicaron en el capítulo del zoom.

▼ **Paralelo**: muestra la escena en proyección paralela, que hace que dos líneas paralelas nunca se encuentren.

▼ **En perspectiva**: es la perspectiva cónica en la cual dos líneas paralelas convergen en un punto. Es la más parecida al punto de vista humano.

▼ **Restablecer vista**: vuelve al primer punto de vista que activamos antes de entrar en órbita.

▼ **Vistas predefinidas**: son las vistas estándar de AutoCAD.

▼ **Vistas guardadas**: nos muestra un listado de las vistas guardadas para que podamos cambiar de vista.

▼ **Estilos visuales**: son los mismos que en la opción **Ver** → **Estilos visuales**.

▼ **Ayudas visuales**: para ayudarnos con la rejilla, la brújula y con el icono de coordenadas.

18.3 MATRIZ 3D

Genera una matriz o copia múltiple tridimensional. También podemos utilizar las mismas órdenes que hemos explicado para 2D.

Menú	Icono
Modificar → Operaciones en 3D → Matriz 3D	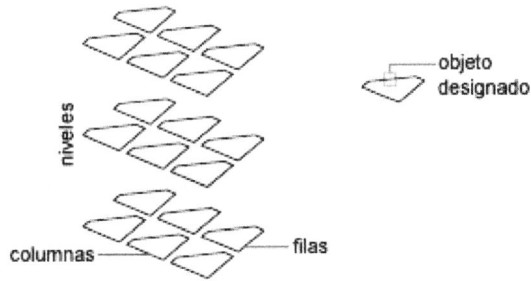
Ficha Inicio. Grupo Modificar.	

Nos pedirá que designemos los objetos.

Si es rectangular, nos pregunta el **Número de filas**, de **Columnas**, los **Niveles**, que son las alturas que tiene, y la **Distancia** entre cada uno de ellos.

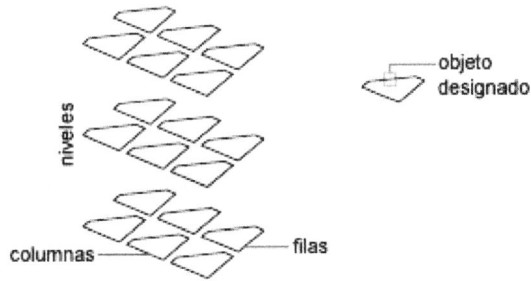

Si es polar, nos pedirá el **Número de elementos**, el **Ángulo** que forman, si **Giramos** los objetos, el **Centro** de la matriz y los dos puntos que formarán el **Eje Z**.

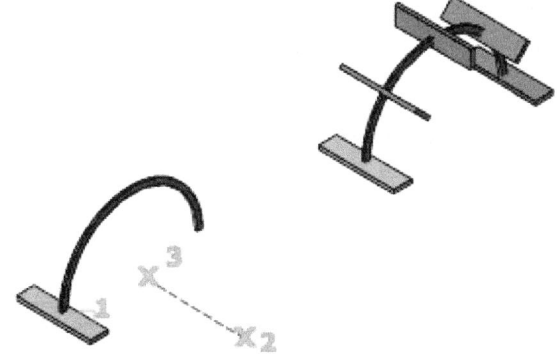

18.4 ALINEA 3D

Es igual a la orden **Alinea 2D** pero para 3D. Permite desplazar y girar al mismo tiempo.

Menú	Icono
Modificar → Operaciones en 3D → Alinear 3D	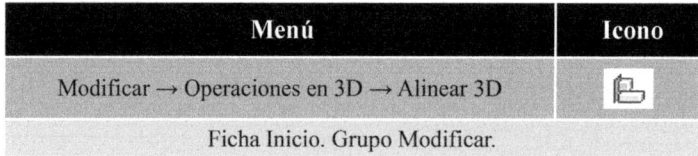
Ficha Inicio. Grupo Modificar.	

Designaremos el objeto a alinear. Le indicaremos, primero, si queremos hacer una copia; a continuación, los **Tres puntos de origen** y, al final, los **Tres puntos de destino**. A los puntos de destino los denomina puntos de mira.

18.5 GIRA 3D

Es igual a la orden **Gira 2D** pero en **3D**.

Menú	Icono
Modificar → Operaciones en 3D → Giro 3D	⊕

Con esta orden, debemos seleccionar los objetos que queremos girar, a continuación, nos pedirá que designemos el punto de base, que vendrá indicado por unos anillos circulares que simulan los ejes sobre los que podemos efectuar la rotación. Una vez situado el punto de base, nos pedirá el eje sobre el que efectuaremos la operación. Moviendo el ratón sobre el punto, se activarán estos y, por último, le indicaremos el ángulo de giro.

Si utilizamos la orden **Gira 3D** escrita desde la ventana de comandos, tendremos la siguiente secuencia de solicitudes: primero deberemos designar los **Objetos** a girar, después, los dos puntos que formarán el **Eje** de rotación y, para finalizar, el **Ángulo** de rotación.

Para saber el sentido positivo o negativo del giro, utilizaremos la regla de la mano derecha. Pondremos el dedo pulgar derecho en la dirección positiva del eje y curvaremos los dedos. Los dedos doblados indican la dirección de rotación positiva alrededor de ese mismo eje.

Otras opciones para elegir el **Eje de giro** son:

▶ **Objeto**: alinea el eje de rotación con un objeto existente.

▶ **Último**: utiliza el último eje designado.

▶ **Vista**: alinea el eje de rotación con el punto de vista actual que pasa por el punto designado.

▶ **Ejes**: alinea el eje de giro con el seleccionado.

18.6 SIMETRÍA 3D

Es igual a la orden **Simetría 2D** pero en 3D.

Menú	Icono
Modificar → Operaciones en 3D → Simetría 3D	℅
Ficha Inicio. Grupo Modificar.	

Designaremos los objetos a los que vayamos a hacerles una simetría 3D. Las opciones de la orden son:

▶ **Objeto**: señalamos un objeto existente como plano de simetría.

▶ **Último**: utiliza el último designado.

▶ **Vista**: indica un punto de vista actual por el que pasa el plano.

▶ **Ejes**: alinea el plano con los ejes seleccionados.

▶ **3 puntos**: los tres puntos seleccionados, no alineados, formarán el plano simétrico.

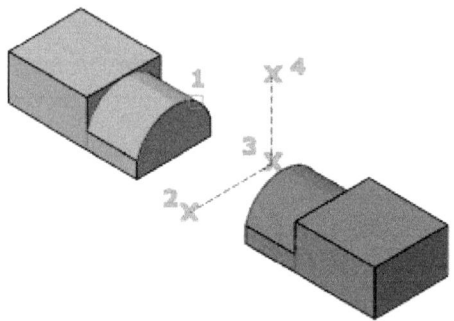

18.7 POLILÍNEA 3D

Debemos utilizar esta orden para hacer una polilínea en el eje Z, porque la polilínea que hemos utilizado hasta ahora no nos sirve para trabajar en 3D.

Tiene alguna restricción respecto a la polilínea 2D y es que no podemos indicarle grosor ni introducir arcos.

Menú	Icono
Dibujo → Polilínea 3D	🖊
Ficha Inicio. Grupo Dibujo.	

También podemos modificar polilíneas 2D, 3D y mallas o superficies con la orden **Modificar → Objeto → Polilínea**.

18.8 HÉLICE

Menú	Icono
Dibujo → Hélice	🧬
Ficha Inicio. Grupo Dibujo.	

Nos permite dibujar hélices, que las podremos utilizar como hélices o como trayectorias para generación de objetos a lo largo de las mismas.

Para su creación nos pedirá:

- ▼ **Diámetro (base)**: debemos indicar el diámetro de la base de la hélice.
- ▼ **Diámetro (superior)**: nos pide el diámetro superior de la hélice.
- ▼ **Punto final de eje**: indicaremos el punto final de su eje y su orientación.
- ▼ **Giros**: deberemos indicar el número de giros, que no podrá ser mayor de 500.
- ▼ **Altura de giro**: determina la altura de un giro completo.
- ▼ **Ladeo**: precisa si la hélice se dibuja en sentido de las agujas del reloj (horario) o en sentido contrario (antihorario). El valor por defecto es **Antihorario**.

18.9 DESPLAZAMIENTO EN 3D

Menú	Icono
Modificar → Operaciones en 3D → Desplazamientos 3D	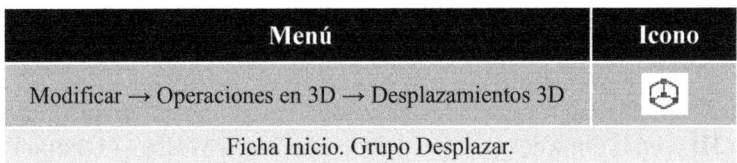
Ficha Inicio. Grupo Desplazar.	

Tenemos las mismas opciones que para el desplazamiento en 2D. La diferencia está en que podemos utilizar el SCP dinámico para restringir el desplazamiento. El SCP se activa y desactiva pulsando las teclas **Control** + **D**.

18.10 MODIFICACIONES PARA LAS MALLAS

Las mallas no tienen las propiedades de masa y de volumen de los sólidos 3D. Pero nos ofrecen una serie de funciones que nos permiten modelar más fácilmente los objetos.

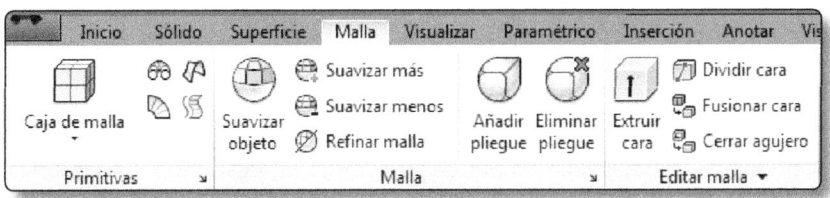

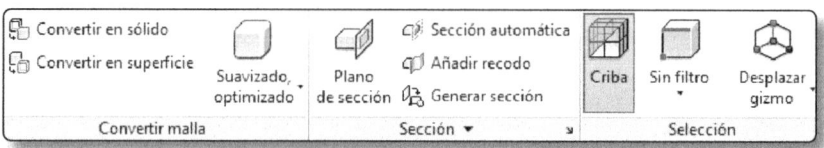

Las mallas se componen de caras y facetas y, dependiendo de la densidad de las mismas, se verá el objeto más suavizado o menos:

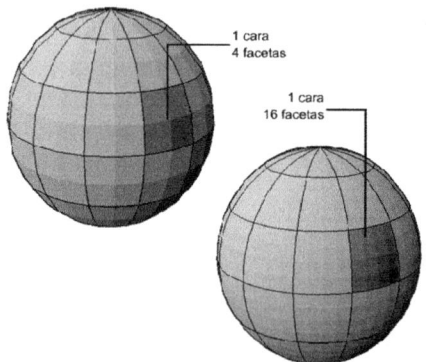

Para cambiar las propiedades del modelizado nos situaremos en el espacio **Modelado 3D** y, en la cinta de opciones seleccionaremos **Malla → Grupo Primitivas → Opciones de primitiva de malla,** la flecha inferior derecha. En la ventana que aparece introduciremos los valores deseados:

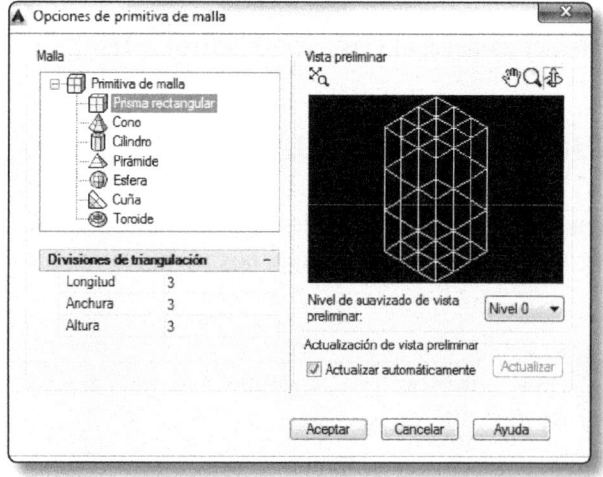

Podemos trabajar con las mallas utilizando las opciones que se describen a continuación.

18.10.1 Suavizar menos

Menú	Icono
Modificar → Edición de malla → Suavizar menos	

Permite quitarle aristas al objeto.

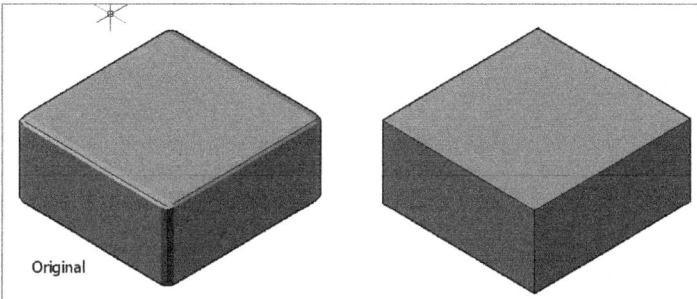

18.10.2 Suavizar más

Menú	Icono
Modificar → Edición de malla → Suavizar más	

Permite redondear las aristas del objeto.

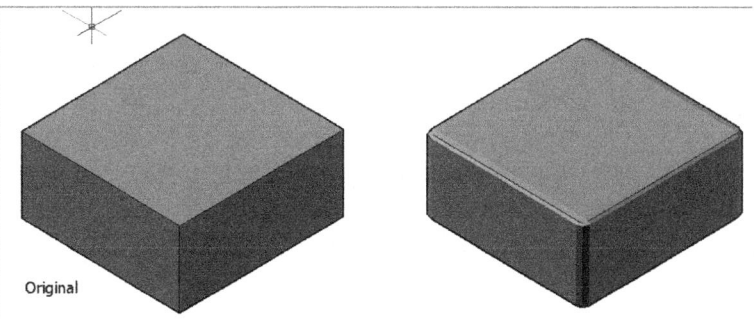

18.10.3 Refinar malla

Menú	Icono
Modificar → Edición de malla → Refinar malla	

Con esta opción refinamos solo una cara determinada de la malla.

Original

18.10.4 Poner pliegue

Menú	Icono
Modificar → Edición de malla → Poner pliegue	

Elimina el suavizado de aristas designadas y se generan más nítidas.

18.10.5 Quitar pliegue

Menú	Icono
Modificar → Edición de malla → Quitar pliegue	

Elimina los pliegues de las aristas designadas. Es decir, recupera el suavizado de una arista a la que se ha aplicado un pliegue.

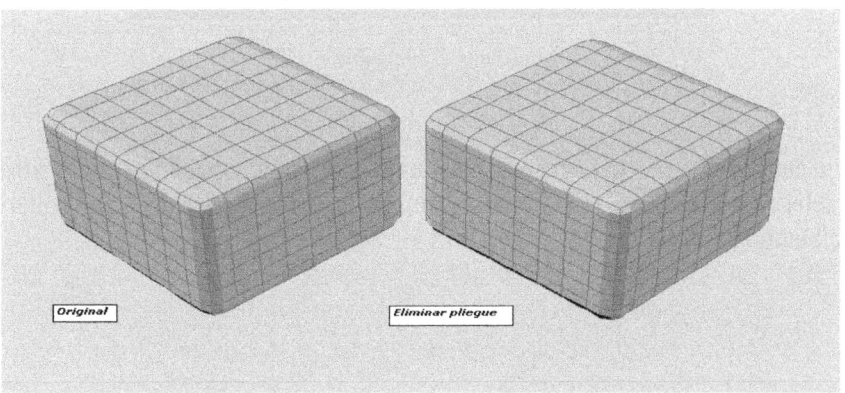

18.10.6 Dividir cara

Menú	Icono
Modificar → Edición de malla → Dividir cara	

Divide una cara existente en componentes separados a lo largo de una trayectoria especificada. Nos pide que seleccionemos la cara y los puntos por donde queremos dividirla.

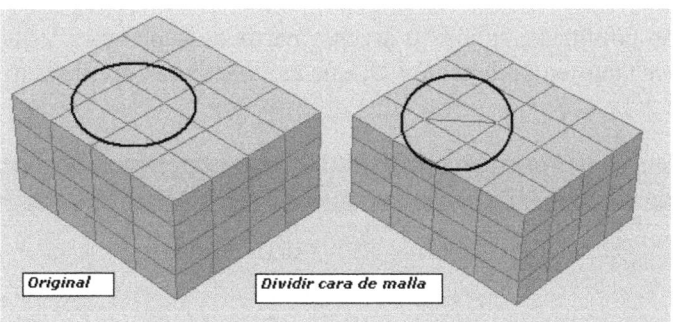

18.10.7 Extrusión

Menú	Icono
Dibujo → Modelado → Extrusión	

Deforma una cara específica mediante una operación de extrusión. Para seleccionar la cara pulsaremos primero la tecla **Control** y, sin soltarla, la seleccionamos.

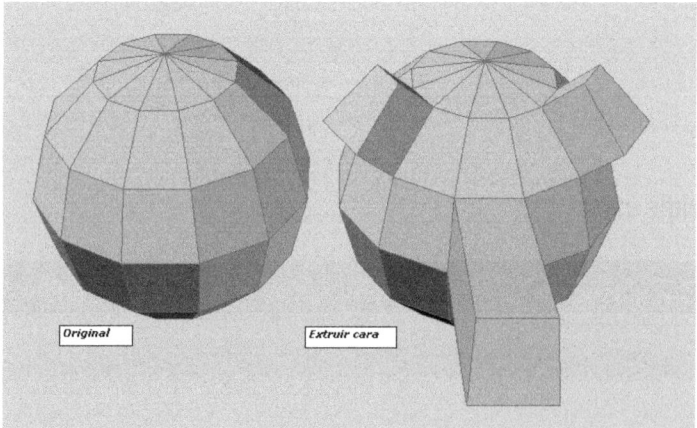

18.11 EXTRACCIÓN DE CURVAS DE SUPERFICIE

Extrae polilíneas, splines o arcos a partir de superficies y sólidos 3D. Se pueden extraer tanto en la dirección U, que es la activada por defecto, como en la dirección V.

Menú	Icono
Modificar → Operaciones en 3D → Extraer isolíneas	

También podemos acceder a esta orden desde la ficha **Superficie** de la cinta de opciones, después entraremos en **Curvas** y en **Extraer isolíneas**. Y desde la ventana de comandos escribiendo "Extraercurvasuperf".

Las curvas pueden ser arcos, líneas, polilíneas o splines dependiendo de la forma que tenga la superficie o el sólido 3D. Una vez seleccionada la orden deberemos pulsar sobre el objeto 3D del cual queremos extraer la isolínea. Al mover el puntero sobre el objeto podemos previsualizar las splines y cuando pulsemos con el botón izquierdo del ratón sobre el mismo, se crearán. Para terminar pulsaremos **Intro**.

En la ventana de comandos se muestran las siguientes opciones: **Designe un punto en superficie o [Cadena/Dirección/Puntos de spline]**.

▶ **Cadena**: obtiene una vista preliminar y extrae las isolíneas en caras adyacentes.

▶ **Dirección**: cambia la dirección del rastreo (U o V) para la extracción de la isolínea.

▶ **Puntos de spline**: permite seleccionar puntos por los que debe crearse la curva spline.

18.12 ANÁLISIS DE SUPERFICIES

El análisis de superficies nos permitirá comprobar y validar la continuidad, la curvatura y el ángulo de inclinación de las superficies. Accederemos al comando desde la cinta de opciones **Superficies**.

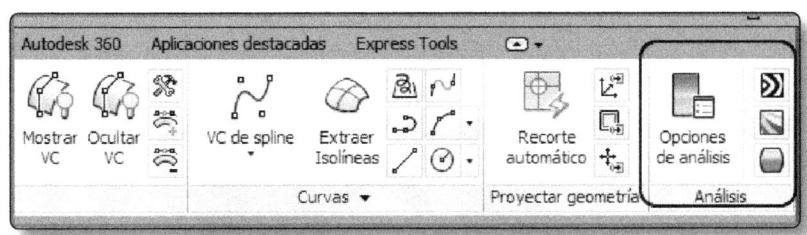

Las opciones de análisis disponibles son:

▶ **Análisis cebra**: este análisis proyecta líneas paralelas en el modelo para comprobar la continuidad de la superficie.

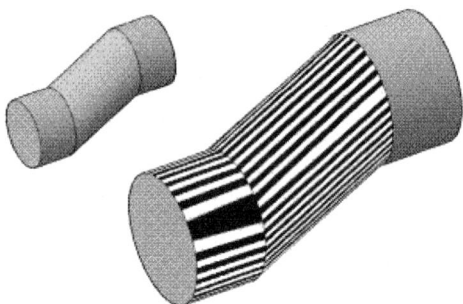

▶ **Análisis de curvatura**: hace el análisis mediante un degradado de color que comprueba las áreas con curvatura de superficie alta y baja.

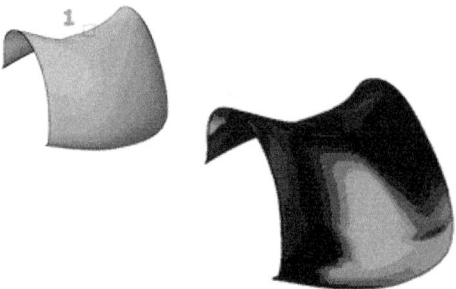

▶ **Análisis de ángulo de inclinación**: comprueba si un modelo tiene el ángulo de inclinación adecuado entre una pieza y su molde.

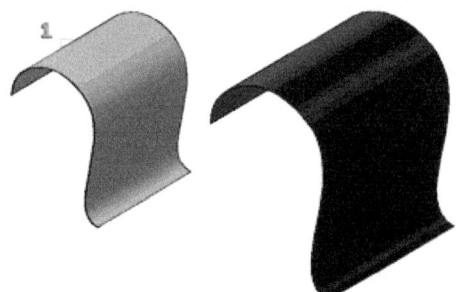

19

TRAZADO AVANZADO

19.1 INTRODUCCIÓN

Hasta ahora, hemos empleado el entorno denominado **Espacio modelo**. En él podemos tener distintas ventanas, pero hay limitaciones, por ejemplo, al imprimir ya que solamente podremos imprimir una de ellas. Mediante **Espacio papel** podemos dividir la pantalla en ventanas, unas dentro de otras, e imprimirlo todo en el mismo papel aunque cada ventana tenga diferente escala.

Los recuadros que seleccionemos o dibujemos para obtener distintas vistas pueden editarse: **Borrar**, **Copiar**, **Desplazar**...

19.2 ESPACIO MODELO

Es el espacio por defecto que tenemos en el programa. Aquí podemos disponer de varias ventanas. El inconveniente es que solo podremos imprimir una de ellas.

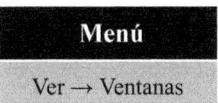

Menú
Ver → Ventanas

19.3 CREAR UN DISEÑO PARA IMPRIMIR

Una vez que tengamos el dibujo listo para imprimir, pulsamos la pestaña de **Presentación** en la zona inferior de la pantalla.

El diseño que aparece es el **Espacio papel**. Vemos que está marcado el borde del papel con el tamaño que tiene por defecto. Con una línea a trazos están marcados los límites dentro de los cuales está el área de impresión.

Para crear varias presentaciones, pulsamos con el botón derecho sobre la pestaña de **Presentación** y seleccionamos **Nueva**. También podemos cambiarle el nombre con **Renombrar**.

La primera vez que pulsamos sobre la pestaña de **Presentación** aparece una única ventana con el mismo dibujo que teníamos en **Espacio modelo**.

Si necesitamos acceder a la ventana de configuración de página, lo podemos hacer con **Archivo → Administrador de configuraciones de página**. O pulsando con el botón derecho del ratón sobre la pestaña de **Presentación** y seleccionando el **Administrador de configuraciones de página**.

Crearemos un diseño para imprimir poniéndole un nombre en **Nombre de configuración de página** y aceptamos. Después iremos cambiando todas las opciones de impresión según nuestras necesidades y aceptaremos.

19.4 USAR UNA PLANTILLA DE PRESENTACIÓN

Las plantillas que podemos utilizar son las estándar de AutoCAD o las creadas por nosotros según lo explicado en **Personalizar el entorno de trabajo**.

Menú	Icono
Insertar → Presentación → A partir de plantilla	

Seleccionamos la que queramos y se crea una presentación con la nueva plantilla.

En **Herramientas → Asistentes → Crear presentación**, podemos crear una presentación con un asistente.

19.5 VENTANAS FLOTANTES EN LA PRESENTACIÓN

Podemos crear una ventana que ocupe toda el área de trazado, insertar ventanas estándar de AutoCAD o crear nuevas.

Pulsamos sobre la pestaña de **Presentación**. Seleccionamos el recuadro del dibujo y lo eliminamos. Si queremos que cada vez que pulsemos sobre la ventana de presentación no nos aparezca el diseño del **Espacio modelo** por defecto, pulsaremos sobre: **Herramientas → Opciones → Visual → Elementos de presentación**. Desactivaremos **Crear ventana en nuevas presentaciones**.

Para insertar nuevas ventanas: **Ver → Ventanas → Nuevas ventanas**. En **Configuración**, seleccionaremos **2D** o **3D**, y aparecerá un listado con las ventanas estándar. Seleccionamos la que queramos, aceptamos y en la zona de **Comandos** seleccionamos **Ajustar**.

Tenemos las ventanas seleccionadas en el **Espacio papel**. Para poder trabajar con estas ventanas y cambiar el punto de vista, la escala de trazado... tenemos que transformarlas en ventanas flotantes. Esto lo haremos pulsando dos veces sobre una de las líneas que definen las ventanas.

Veremos que ya aparece el icono de coordenadas en cada ventana. A continuación, pulsamos dentro de una de ellas y desde el menú contextual del botón derecho del ratón elegiremos **Herramientas → Propiedades**. En este apartado podemos:

▼ Cambiar de capa, de color…
▼ Cambiar las propiedades del sistema de coordenadas.
▼ Elegir el punto de vista que se verá en cada ventana flotante.

Para calcular las escalas de trazado, utilizaremos el método explicado en el capítulo *Impresión y ploteado básicos*, teniendo en cuenta las siguientes diferencias:

▼ El cajetín y el formato se dibujarán a escala natural una vez que estemos en **Espacio papel** si no tenemos plantilla de presentación.

▼ Dentro de las ventanas flotantes, la escala vendrá dada por el **Zoom factor xp**. Cada ventana podrá tener una escala diferente. Por ejemplo, si dibujamos en metros y queremos que una de las ventanas tenga escala 1:100, cuando estemos en ella daremos la orden **Zoom factor 10xp Intro**. También podemos elegir el factor de escala desde la ventana.

▼ Cuando estemos en la pantalla de impresión, pondremos 1 en **Milímetros** y en **Unidades del dibujo**.

19.5.1 Alinear las vistas en ventanas flotantes

En **Comando** escribiremos "mvsetup". A continuación "A", de alinear. Para **Horizontal y vertical**, indicaremos un punto de base, así como un segundo punto que se alineará con el primero. La alineación **Angular** necesita un punto de base, un segundo punto que será el que se alinea, la distancia y el ángulo.

Para volver a **Espacio papel**, pulsamos dos veces sobre el borde de la ventana.

19.5.2 Ocultar al trazar

En ventanas flotantes hay que seleccionar el recuadro de la ventana en la que queremos ocultar las líneas traseras, pulsar el botón derecho del ratón y seleccionar: **Trazado sombreado → Oculto**.

19.5.3 Botón derecho

Al pulsar el botón derecho del ratón sobre la línea de presentación, nos aparecen las siguientes opciones:

- **Repetir**: repite el último comando introducido.
- **Entrada reciente**: muestra las últimas órdenes utilizadas.
- **Maximizar ventana**: amplía la ventana gráfica y pasa momentáneamente al Espacio modelo para modificar objetos.
- **Delimitar ventana**: da forma al contorno de la ventana gráfica para insertar otro contorno definido por nosotros.
- **Visualizar objetos ventana**: oculta los objetos de las ventanas gráficas elegidas.
- **Inmovilizar vista**: nos permite aplicar una escala a la vista y bloquearla para que no cambie aunque hagamos un *zoom*.
- **Eliminar modificaciones…**: elimina las propiedades globales que hemos aplicado en las capas.
- **Trazado sombreado**: indica cómo se imprimirán las vistas.
- **Como se muestra**: traza objetos tal como se muestran en pantalla.
- **Estructura alámbrica**: muestra los objetos en forma alámbrica independientemente de cómo se muestren en la pantalla.
- **Oculto original**: las líneas ocultas se eliminarán.
- **Conceptual**: adopta el estilo visual conceptual.
- **Realista**: adopta el estilo visual realista.
- **Oculto**: adopta el estilo visual 3D.

- **Sombreado**: adopta el estilo visual sombreado.
- **Sombreado con aristas**: adopta el estilo visual sombreado con aristas.
- **Tonos de gris**: adopta el estilo visual tonos de gris.
- **Esquemático**: adopta el estilo visual esquemático.
- **Estructura alámbrica**: muestra la estructura alámbrica.
- **Rayos X**: adopta el estilo visual rayos X.
- **Modelizado**: imprimirá los objetos según el tipo de modelizado que hayamos elegido en el apartado **Ver → Efectos visuales**.
- **Borrador**: traza objetos de baja calidad con la velocidad máxima de modelizado disponible.
- **Bajo**: traza los objetos con un modelizado bajo.
- **Medio**: traza los objetos con un modelizado medio.
- **Alto**: traza los objetos con un modelizado alto.
- **Presentación**: prepara el trazado para la obtención de imágenes fotorrealistas.
- Portapapeles:
  - **Cortar**: corta la ventana seleccionada.
  - **Copiar**: copia la ventana seleccionada.
  - **Copiar con punto base**: copia la ventana seleccionada a partir de un punto de base.
  - **Pegar**: pega la ventana que hayamos cortado o copiado anteriormente.
  - **Pegar como bloque**: pega como un bloque la ventana que hayamos cortado o copiado anteriormente.
  - **Pegar en coordenadas originales**: pega la ventana que hayamos cortado o copiado anteriormente en el mismo lugar en que estaba originalmente.
- **Borrar**: borra la ventana seleccionada.
- **Desplazar**: desplaza la ventana seleccionada.
- **Copiar selección**: copia las ventanas seleccionadas.
- **Escala**: cambia el tamaño de la ventana seleccionada.
- **Girar**: gira la ventana seleccionada.
- **Anular** selección: deselecciona la última ventana seleccionada.
- **Ordenar objetos**: ordena la posición de unas ventanas sobre otras.
- **Grupo**: permite entrar en el comando de creación y manipulación de grupos.
- **Agregar selección**: podemos crear un objeto partiendo de las características del que tengamos seleccionado.
- **Filtro de selección de subobjetos**: cuando tenemos objetos complejos como las mallas, puede resultar difícil designar un tipo de subobjeto específico. Esta designación puede limitarse a una cara, una arista, un

vértice o un subobjeto de historial si se establece un filtro de selección de subobjetos. Cuando tenemos un filtro de selección de subobjetos activado, no es necesario pulsar **Control** para seleccionar caras, aristas o vértices de un modelo 3D.

▼ **Selección rápida**: selecciona una o varias entidades con características definidas y, después, transforma o modifica sus propiedades. Debemos elegir:

- Si la selección la aplicaremos a un conjunto de objetos o a todo el dibujo.
- Qué tipos de objeto queremos seleccionar.
- Las propiedades que debe tener la selección.
- Si deben ser iguales o no a los valores definidos.
- El modo de aplicación.

▼ **Propiedades**: abre la ventana de **Propiedades**.
▼ **Propiedades rápidas**: en el momento en que seleccionemos un objeto nos mostrará una ventana con sus propiedades.

19.6 ESPACIO PAPEL

Seleccionando una ventana del Espacio papel, también podemos cambiar sus propiedades.

Menú
Herramientas → Paletas → Propiedades

Podemos cambiar la escala por una estándar o por una personalizada siguiendo lo explicado en el capítulo *Impresión y ploteado básicos* en lo referente a los factores de escala. También podemos ocultar las líneas que están en la parte trasera del objeto cuando lo imprimamos.

19.7 CALIBRAR TRAZADOR

Menú	Icono
Archivo → Administrador de trazadores	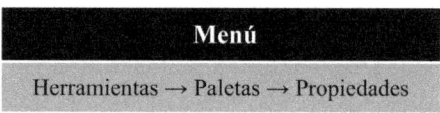

Pulsaremos sobre **Asistente para añadir un trazador**, después pulsaremos **Seguir** y después, **Impresora del sistema**. Seleccionamos **Impresora** y **Seguir** hasta que aparezca **Calibrar impresora**.

Seleccionamos **Tamaño de papel**, **Anchura** y **Longitud**, **Unidades** y aceptamos para que se imprima. Si es correcto, seguimos hasta **Finalizar**. Si no es correcto, debemos pulsar en **Chequear el calibre** e introducir las medidas, y AutoCAD corregirá la diferencia. Podemos guardar este ajuste en un archivo *PMP*. A continuación, pulsaremos sobre **Finalizar**. Se volverá a imprimir un rectángulo y, a continuación, verificaremos si es correcto.

19.8 ARCHIVOS PC3

Los archivos PC3 almacenan información del dispositivo de salida. Podemos utilizarlos en otros equipos o en otros dibujos.

19.8.1 Crear un archivo PC3

Menú	Icono
Archivo → Administrador de trazadores	🖨

Pulsaremos sobre **Asistente para añadir un trazador** y pulsaremos **Siguiente**. En **Impresora del sistema**, elegimos la impresora que queremos configurar y un nombre que la identifique. Editamos los **Parámetros** del trazador y cambiamos lo necesario. A continuación, pulsaremos **Finalizar**. En **Parámetros del trazador**, podemos cambiar la pestaña **General**, que contiene información sobre el archivo PC3. En el área de descripción, podemos incluir información que creamos conveniente sobre esta configuración. En la pestaña **Parámetros de dispositivos y documentos** hay distintas zonas:

- ▼ **Soporte**: donde podemos cambiar origen del papel, tamaño, tipo y destino.
- ▼ **Gráficos**: especifica la configuración para gráficos vectorizados, imágenes ráster...
- ▼ **Propiedades personalizadas**: configuración de los *drivers*, resolución...
- ▼ **Cadenas de iniciación**: solo para *plotters*.

Calibración y tamaño de papel: definidos por el usuario.

El archivo PC3 está configurado y disponible en la lista de dispositivos.

Elegiremos estas mismas opciones para modificar un archivo PC3.

19.8.2 Asociar un archivo PMP a un archivo PC3

Abrimos el archivo PC3 y elegimos **Parámetros del trazador**. Seleccionamos **Archivo PMP**. A continuación, elegimos **Unir**. Buscamos el archivo PMP que queremos unir. Seleccionamos **Abrir** y **Aceptar**. Para desunir estos archivos, seguiremos los mismos pasos pero eligiendo **Desunir**.

19.9 IMPORTAR ARCHIVOS PCP O PC2

Son archivos de configuraciones de impresoras de versiones anteriores de AutoCAD.

Menú de la Aplicación	Icono
Archivo → Administrador de trazadores	🖶

Seleccionaremos **Impresora del sistema**. Seguimos hasta **Importar PCP o PC2**. A continuación, buscaremos el archivo y lo seleccionaremos.

En el cuadro de diálogo, veremos la información sobre el archivo que vamos a importar. Estos archivos se importan como PC3.

19.10 ESCALA DE ANOTACIÓN

Este comando nos permitirá asignar una escala diferente para cada vista del espacio papel. Podemos asignar la escala desde:

▶ La paleta **Propiedades**.
▶ **Ver → Zoom → xp**.
▶ La barra de herramientas **Ventanas gráficas**.

Menú	Icono	Barra de comandos
Modificar → Escala de objeto anotativo → Añadir o suprimir escalas		'escalaobjeto

También lo podemos hacer desde la cinta de opciones **Anotar** → **Escala de anotación**.

El factor de escala de una presentación lo podemos averiguar dividiendo las unidades de espacio papel por las unidades de espacio modelo, siguiendo las indicaciones dadas en el capítulo *Impresión y ploteado básicos*.

Debemos tener en cuenta que si modificamos el tamaño de la ventana que contiene el dibujo, la escala del mismo no se modificará.

Si por el contrario modificamos el *zoom* dentro de la ventana, sí que cambiará la escala. Pero para que esto no ocurra podemos inmovilizar la vista y así, poder ampliar o reducir la visión. Al aplicarlo dejarán de funcionar algunos comandos como: PTOVISTA, VISTADIN, 3DORBITA, PLANTA y VISTA. En el apartado 18.5.3 se explica cómo bloquear la escala en una ventana.

19.11 IMPRIMIR EN 3D

Esta opción nos permitirá crear un modelo físico a partir de un objeto 3D de AutoCAD, contando con las soluciones que ofrecen algunos proveedores a la firma.

Menú	Icono
Menú de la aplicación → Publicar	

Estaremos unos segundos sobre la opción **Publicar** para que nos aparezca **Enviar a servicio de impresión 3D**. A continuación nos preguntará si queremos más información de este comando o si queremos continuar. Al elegir esta segunda opción nos pedirá que seleccionemos los sólidos o las mallas herméticas que queremos imprimir.

Una vez seleccionados pulsamos **Intro** y nos muestra la siguiente ventana:

▼ **Designar objetos**: en este apartado podremos añadir o suprimir objetos al conjunto seleccionado.

▼ **Cotas de salida**: podemos cambiar las cotas del cuadro de contorno y la escala de los objetos 3D. Permite modificar la Escala, la Longitud (X), la Anchura (Y) y la Altura (Z).

▼ **Vista previa**: muestra una vista previa de los objetos seleccionados. Tenemos las siguientes opciones disponibles: *zoom extensión*, *encuadre*, *zoom interactivo* y *órbita*.

Este proceso guarda un archivo *.stl* que será el que generará el objeto físico en 3D.

La nueva versión de AutoCAD cuenta con muchas mejoras en la impresión 3D, permitiendo el uso de la mayoría de *software* de estas impresoras.

Una de las maneras posibles de realizar la impresión 3D se realiza mediante una aplicación llamada Print Studio, disponible al instalar AutoCAD 2019 desde la pestaña **Inicio**> **Imprimir**>**Impresión en 3D**' Para poder realizar esta opción es necesario haberse descargado previamente el *software* del programa Print Studio.

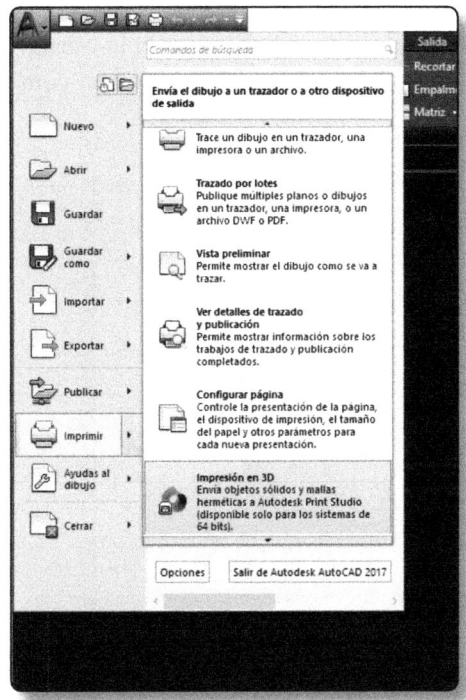

Otra opción para realizar impresiones 3D es enviar el modelo 3D que se quiera imprimir a un servicio de impresión externo. Para realizar esta opción, en la pestaña **Salida**, hay que pulsar sobre la opción **Enviar a servicio de impresión 3D**. Aparecerá un cuadro de diálogo informando de varias opciones que se pueden realizar, donde se pulsará **Continuar**. En el siguiente paso hay que seleccionar los sólidos o modelo que se quieran imprimir.

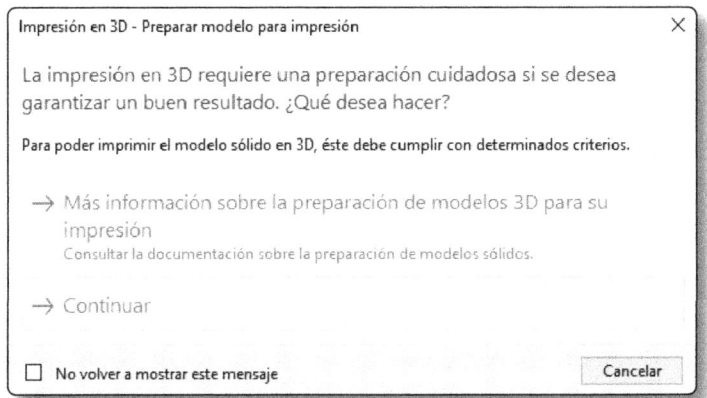

Una vez que se haya seleccionado el modelo para imprimir, aparecerá un cuadro de diálogo que nos permite modificar algunos parámetros, como la escala y las dimensiones de los objetos que se quieren imprimir, pero se mantendrán como vienen por defecto. Pulsar **Aceptar**.

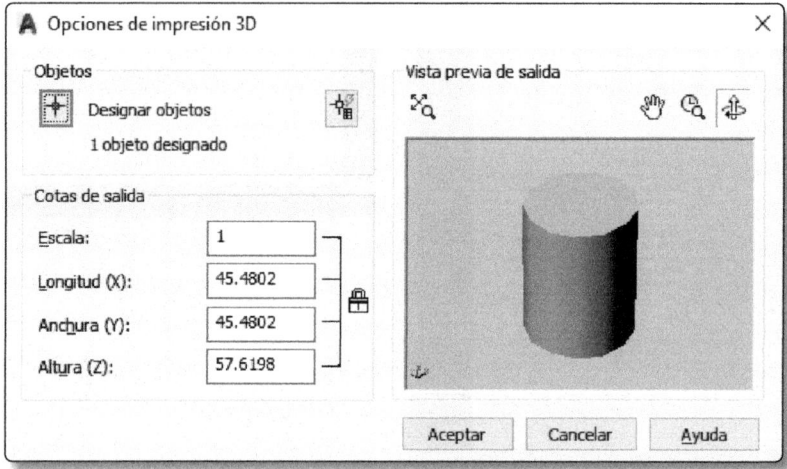

A continuación, aparece un cuadro de diálogo donde se permite guardar el archivo en formato. STL (necesario para la impresión 3D). Después se abre el navegador donde se puede seleccionar alguno de los socios que AutoCAD tiene para la impresión en 3D. Se selecciona el que se quiera y habrá que cumplimentar la información que pida el proveedor.

19.12 RENDIMIENTO GRÁFICO 3D

El nuevo rendimiento gráfico de las vistas 3D ha aumentado cuando se eligen los estilos de visualización Estructura alámbrica, realista y sombreado.

Para poder escoger entre los distintos modos de visualización de los objetos 3D que se tienen dibujados en el espacio de trabajo es necesario introducir en la barra de comandos "ESTVISACTUAL" y escoger el modo de visualización que se desee.

```
Comando: ESTVISACTUAL
X - ESTVISACTUAL Indique una opción [estructuraalámbrica2d Estructuraalámbrica ocUlto Realista Conceptual Sombreado sombreado con Aristas tonos de Gris esBozo rayos X Otro]
<Sombreado>:
```

Nueva vista del modo estructura alámbrica:

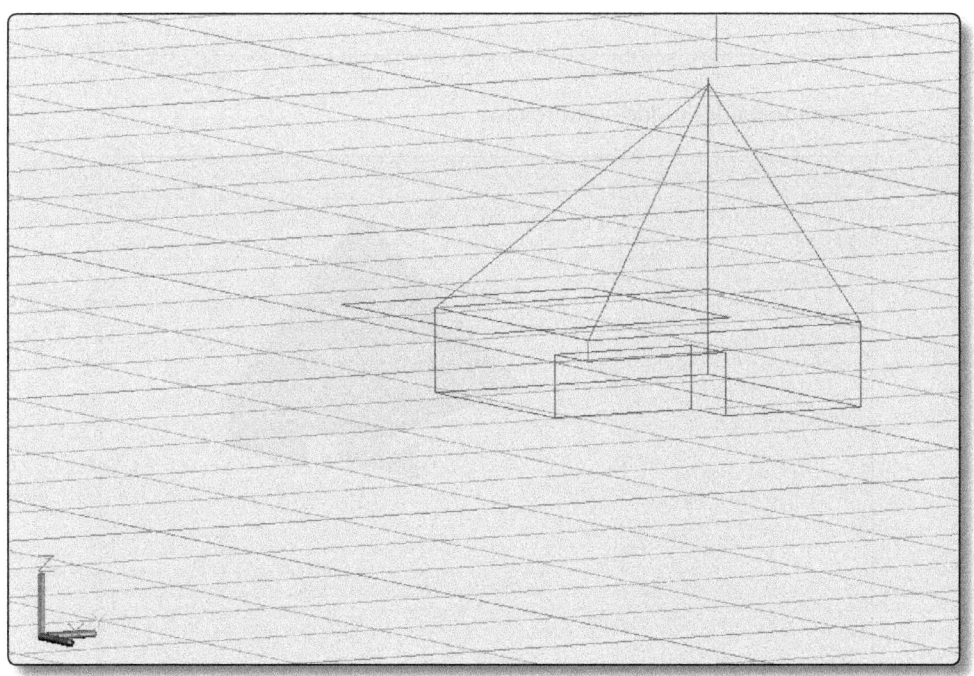

Nueva vista del modo realista:

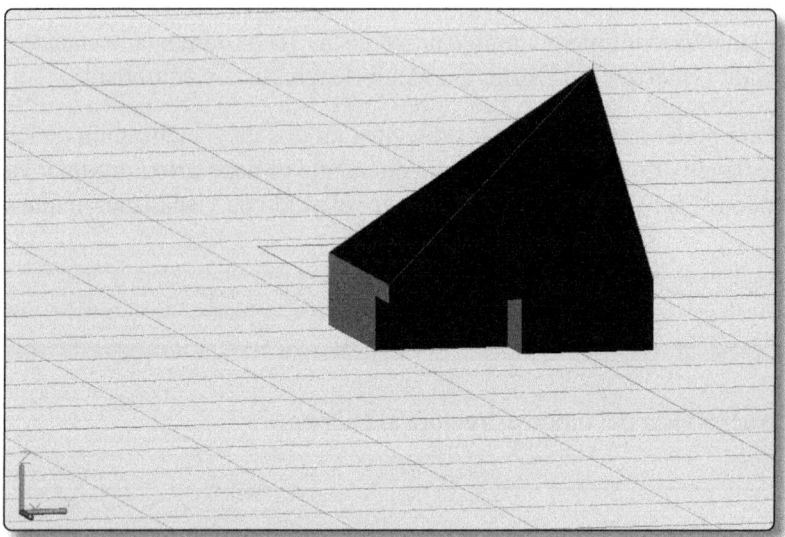

Nueva vista del modo sombreado:

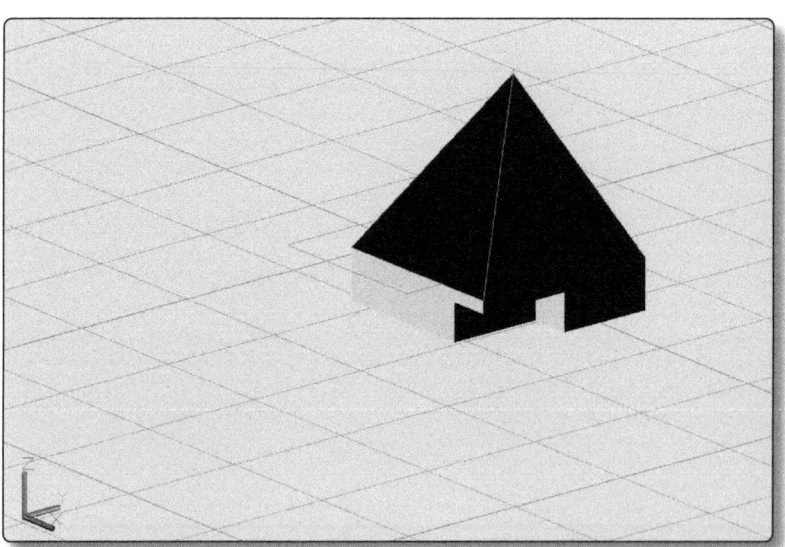

Además de las nuevas mejoras en estos tres modos de visualización 3D, han mejorado otras funciones, como el rendimiento de los fotogramas por segundo de cada uno de los modelos.

También se han realizado mejoras en el comando "3DORBITA" que sirve para rotar el modelo 3D.

3D CON SÓLIDOS

20.1 CONCEPTOS BÁSICOS DE LOS SÓLIDOS

Es posible construir cualquier tipo de objeto en 3 dimensiones partiendo de formas primitivas o de entidades 2D procesadas por las órdenes propias de sólidos. También es posible construirlos a partir de regiones, que son áreas bidimensionales cerradas. No se pueden manipular de forma simultánea un sólido y una región. Por ejemplo, unión de ambas. Los sólidos primitivos son entidades tridimensionales básicas: calce, cilindro, cono, esfera, prisma recto y toroide. Cuando utilizamos diferentes entidades primitivas para generar un mismo objeto sólido, estamos hablando de sólidos compuestos. Podemos unir, restar e intersectar dos entidades. Al visualizar los sólidos, se mostrarán por defecto con representación alámbrica, viéndose la totalidad de las aristas y líneas que los definan, incluso las ocultas.

Para no ver las aristas que están en la parte posterior, hay que ejecutar la orden **Ver → Ocultar**. En cambio, para tener una visión real, hay que ejecutar **Ver → Sombra** y una de las opciones que hay en **Sombra**. También es posible calcular las propiedades geométricas de los sólidos, como el centro de gravedad, momentos de inercia, etc. Desde la cinta de opciones Modelado 3d activamos Inicio y Vista.

20.2 CONVERTIR ENTIDADES EN UNA REGIÓN

Utilizaremos las regiones junto a las polilíneas para poder convertirlas en sólidos. Son áreas de 2D que pueden tener orificios en su interior pero que tienen que ser cerradas, aunque permiten operaciones booleanas. Las regiones pueden ser:

círculos, arcos, elipses, polilíneas, splines, trazos, sólidos, caras 3D y líneas que formen una figura geométrica cerrada.

Menú	Icono	Barra de comandos
Dibujo → Región	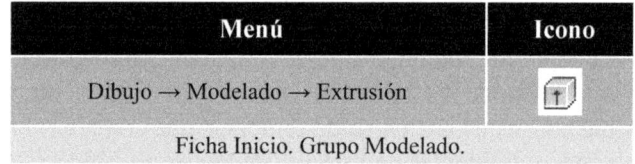	Texto: Region
Modelado 3d. Ficha Inicio. Grupo Dibujo.		

20.3 EXTRUIR UN OBJETO

Genera sólidos por extrusión a partir de objetos bidimensionales cerrados que estén en el mismo plano, como polilíneas, polígonos, círculos, elipses, splines, arandelas, regiones y superficies planas. No podremos extrusionar estos objetos bidimensionales si tienen zonas que se cruzan.

Menú	Icono
Dibujo → Modelado → Extrusión	
Ficha Inicio. Grupo Modelado.	

Nos pedirá que designemos **el objeto u objetos a extruir**. Después, elegiremos entre **Eje de extrusión** o **Altura**. Si elegimos **Altura**, nos pedirá la **Medida**, que puede ser positiva o negativa, y el **Ángulo**, por si queremos al final de la extrusión una anchura diferente de la que tiene la base. Por defecto, la medida del ángulo será 0.

Si elegimos **Eje** en vez de **Altura**, nos pedirá que lo designemos. La extrusión se realizará a lo largo del eje como si estuviera situado perpendicular al objeto y en su centro.

Otra opción que tenemos es **Dirección**, que nos permite indicar una dirección y longitud de extrusión, aunque no sea perpendicular al plano del objeto.

Disponemos de una variable para las órdenes de construcción de sólidos llamada *Delobj*. Al escribirla en la zona de comandos, nos indicará el valor que tiene y que nosotros podemos cambiar, de tal forma que, si ese valor es 1, se borrarán los objetos originales y si es 0, no.

También disponemos de los pinzamientos para editar sólidos muy fácilmente y de forma interactiva. Pulsamos sobre un sólido y, seleccionando un pinzamiento con el ratón se extruirá dicho sólido en la dirección del movimiento.

PRÁCTICA 20.1

1. Dibujar un cuadrado de 20 × 20 con líneas.

2. Cambiar el punto de vista a **Isométrico SO**.

3. **Dibujo → Región**. Seleccionamos todas las líneas. Hay que comprobar que en la línea de comandos pone 1 región construida. Si no es así, hay que mirar si alguna de las líneas del dibujo no está conectada con la siguiente.

4. Hacer a un lado una copia del dibujo.

5. **Dibujo → Modelado → Extrusión... Designar objetos...** y designamos la copia.

6. **Intro**.

7. **Altura de extrusión...** escribiremos "40" y ángulo "0". **Intro**.

8. Haremos otra copia del cuadrado original.

9. **Dibujo → Modelado → Extrusión... Designar objetos...** designamos la última copia. **Intro. Altura de extrusión**. Escribimos "20" y ángulo "5". **Intro**.

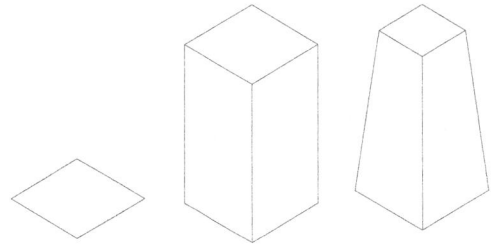

PRÁCTICA 20.2

1. Dibujaremos un círculo con el radio indicado.

2. Dibujaremos la polilínea que utilizaremos como eje de extrusión.

3. Cambiaremos el punto de vista.

4. Giraremos el círculo para que sea perpendicular al eje.

5. **Dibujo → Modelado → Extrusión**. Designaremos el círculo. **Intro**.

6. Seleccionaremos **Eje de extrusión** y la polilínea.

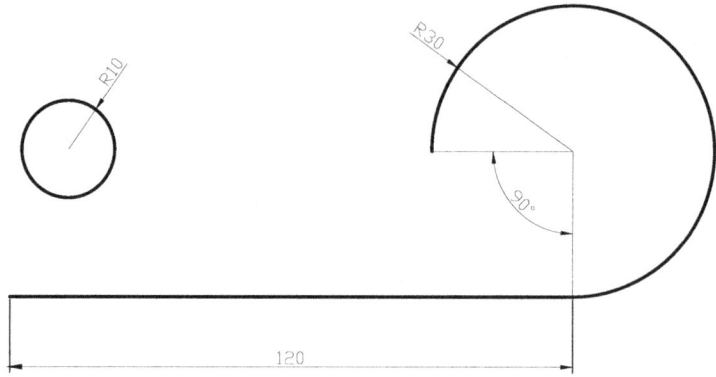

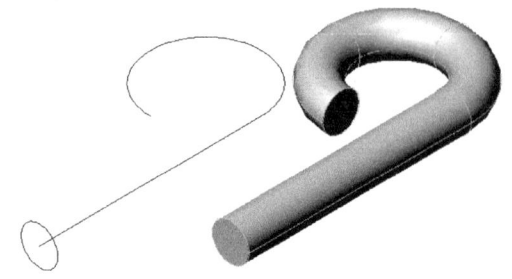

20.4 REVOLUCIONAR UN OBJETO

Genera sólidos por rotación de objetos bidimensionales cerrados que estén en el mismo plano, como polilíneas, polígonos, círculos, elipses, splines, arandelas y regiones. No podremos extruir estos objetos bidimensionales si tienen zonas que se cruzan.

Menú	Icono
Dibujo → Modelado → Revolución	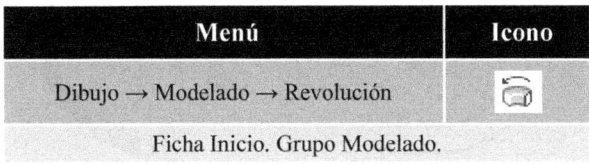
Ficha Inicio. Grupo Modelado.	

Designar objeto del cual queremos hacer la revolución. A continuación, debemos indicarle el eje de giro.

Tenemos varias opciones:

▶ Por defecto, le podemos indicar el **Punto inicial** y el **Punto final del eje** así como el **Ángulo de revolución**.

▶ Si elegimos **Objeto**, solo tenemos que pulsar sobre el objeto que hará las veces de eje y sobre **Ángulo**. Si seleccionamos una arista, pulsaremos la tecla **Control** mientras designamos el eje X, Y o Z de la misma.

▶ Con **Abscisas** (X), utilizamos el eje positivo X del SCP actual como la dirección del eje positivo.

▶ Con **Ordenadas**, podemos elegir que el objeto revolucione sobre el eje Y.

PRÁCTICA 20.3

1. Dibujaremos en 2D el perfil del dibujo y el eje. El perfil debe ser una polilínea o una región.

2. En **Dibujo** → **Sólidos** → **Revolución** haremos una revolución de 90°.

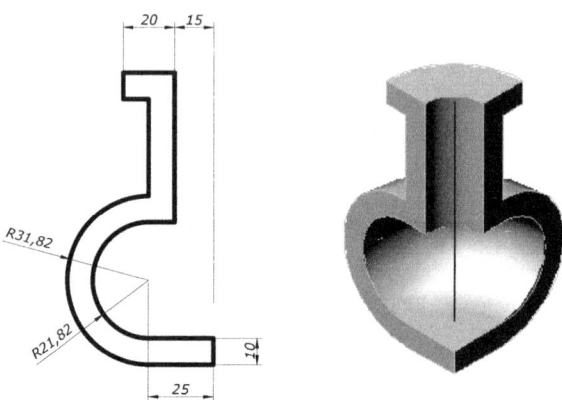

20.5 CONSTRUIR UNA INTERSECCIÓN

Menú	Icono
Modificar → Editar sólidos → Intersección	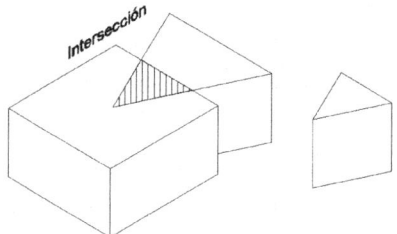
Ficha Inicio. Grupo Editar Sólidos.	

Genera un sólido a partir del volumen común de dos o más sólidos o dos o más regiones. Se seleccionan todos los sólidos que queremos intersectar.

20.6 CONSTRUIR UNA DIFERENCIA

Menú	Icono
Modificar → Editar sólidos → Diferencia	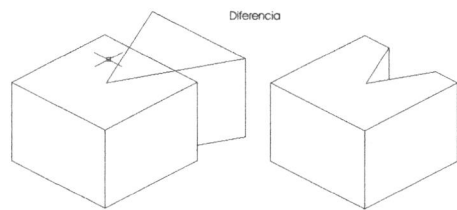
Ficha Inicio. Grupo Editar Sólidos.	

Crea un sólido al restar el área común que tiene un objeto con un conjunto de volúmenes.

▶ Primero, solicita el sólido al que deseamos sustraer algo.
▶ Segundo, solicita el sólido que deseamos restar del anterior.

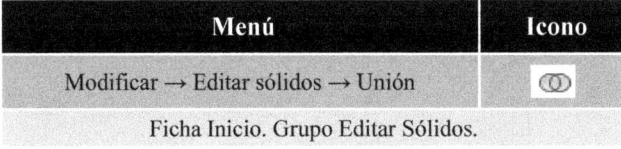

20.7 CONSTRUIR UNA UNIÓN

Esta opción une dos o más sólidos en uno solo. Seleccionaremos todos los sólidos que queremos unir.

Menú	Icono
Modificar → Editar sólidos → Unión	
Ficha Inicio. Grupo Editar Sólidos.	

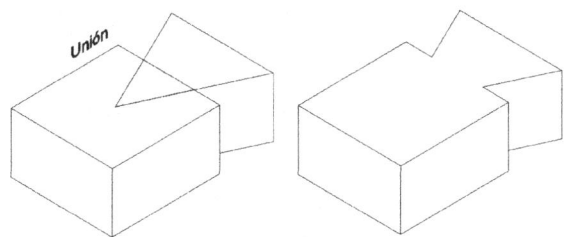

20.8 CORTAR UN OBJETO

Menú	Icono
Modificar → Operaciones en 3D → Corte	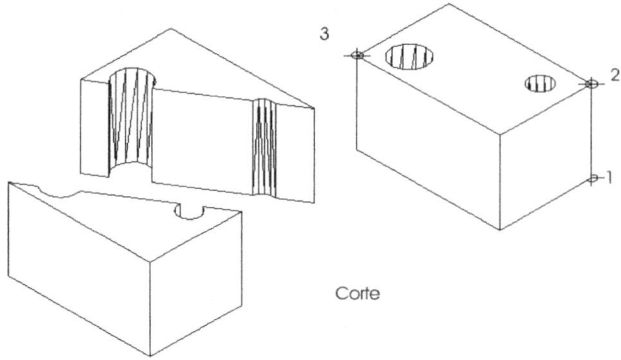
Ficha Inicio. Grupo Editar Sólidos.	

Corta un grupo de sólidos mediante un plano. Podemos mantener las dos mitades o una.

▼ Con la opción **3 puntos**, le damos los valores X, Y, Z por donde irá el corte.

▼ Con **Vista**, alinearemos el plano cortante con el punto de vista actual.

▼ Con **Objeto**, podemos designar uno que actuará como plano de corte.

▼ También podemos elegir un plano de corte (X, Y, Z) y designar el punto por el que se cortará.

▼ Con la opción **Superficie**, podemos alinear el plano de corte con una superficie.

Al final, nos preguntará si queremos **Ambos lados** o **Uno**.

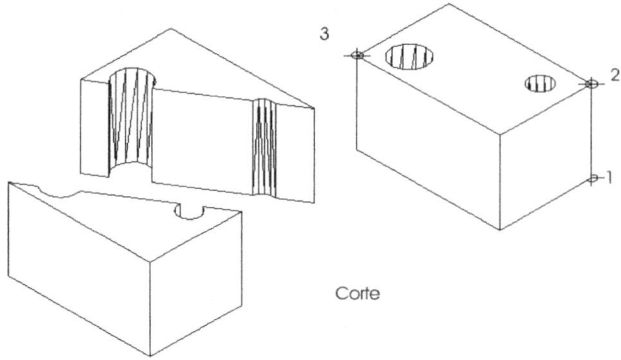

Corte

20.9 CONSTRUIR UNA INTERFERENCIA

Menú	Icono
Modificar → Operaciones en 3D → Comprobación de interferencia	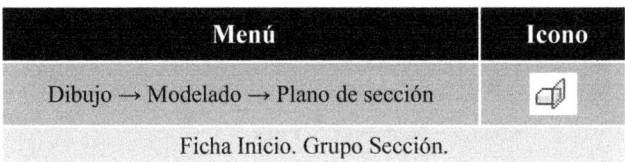
Ficha Inicio. Grupo Editar Sólidos.	

Simula la intersección pero sin eliminar el sólido. El resultado es la creación de un objeto a partir de la intersección quedando sin modificar los objetos originales. Otro objetivo de esta orden es comprobar si es posible realizar una intersección, es decir, si los objetos se solapan.

Nos pedirá que designemos el primer y el segundo conjuntos de objetos. A continuación, nos muestra el cuadro de diálogo **Comprobación de interferencia**. Si no queremos que los objetos de interferencia se eliminen cuando cerremos el cuadro de diálogo, debemos desactivar la casilla de verificación **Suprimir objetos de referencia** creados al cerrar. Pulsaremos **Anterior** o **Siguiente** para pasar por cada objeto.

20.10 HACER UNA SECCIÓN

Menú	Icono
Dibujo → Modelado → Plano de sección	
Ficha Inicio. Grupo Sección.	

Obtiene una sección del sólido designado. Crea en ella una región. Las opciones son las mismas que para **Corte** y la orden es similar, pero en vez de cortar construirá una región en la superficie de corte.

20.11 CONSTRUIR UN PRISMA RECTO

Menú	Icono
Dibujo → Modelado → Prisma rectangular	
Ficha Inicio. Grupo Modelado.	

Con la petición de **Centro**, designaremos el centro de gravedad del prisma. A continuación, si lo que conocemos es el vértice, seleccionaremos **Esquina** y la designaremos. Después, dependiendo de los datos que tengamos del prisma, nos pedirá que elijamos entre las siguientes opciones:

▸ **Cubo** → **Longitud**: todas las caras tendrán la misma longitud.
▸ **Longitud - anchura - altura**, si tenemos estos tres datos.
▸ **Esquina opuesta – altura o 2 puntos**.

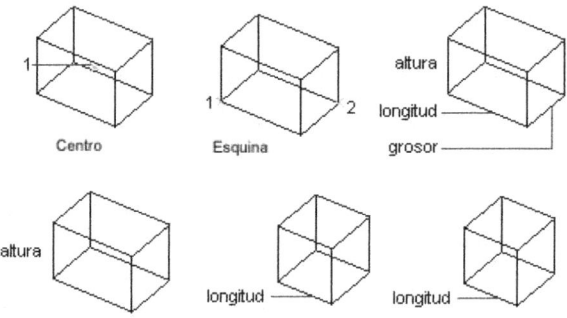

20.12 CONSTRUIR UN CONO

Menú	Icono
Dibujo → Modelado → Cono	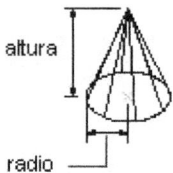
Ficha Inicio. Grupo Modelado.	

Si la **Base** es **Elíptica**, elegiremos esta opción y tendremos que dar los valores de los **Extremos de los ejes**. Si la **Base** es **Circular**, le daremos el **Radio** o el **Diámetro**.

En ambos casos, necesitaremos indicar el vértice o la **Altura**.

20.13 CONSTRUIR UN CILINDRO

Menú	Icono
Dibujo → Modelado → Cilindro	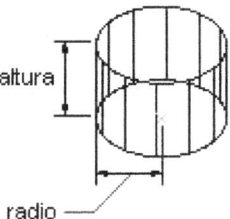
Ficha Inicio. Grupo Modelado.	

Si es elíptico, necesitaremos los **Extremos de los ejes**. Si es circular, el **Radio** o el **Diámetro**. En ambos casos, debemos decirle la **Altura**.

20.14 CONSTRUIR UNA ESFERA

Menú	Icono
Dibujo → Modelado → Esfera	
Ficha Inicio. Grupo Modelado.	

Necesitaremos el **Centro** y el **Radio** o el **Diámetro**.

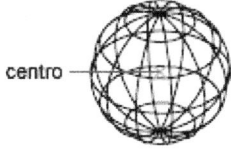

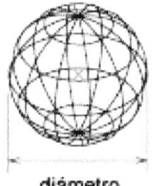

20.15 CONSTRUIR UN TOROIDE

Menú	Icono
Dibujo → Modelado → Toroide	◎
Ficha Inicio. Grupo Modelado.	

Le indicaremos el **Centro** del toroide, el **Radio** o **Diámetro** del centro del toroide al centro del tubo y el **Radio** o **Diámetro** del tubo.

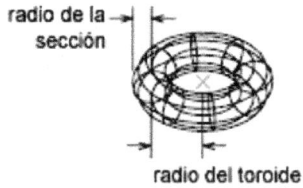

radio de la
sección

radio del toroide

20.16 CONSTRUIR UNA CUÑA

Menú	Icono
Dibujo → Modelado → Cuña	◎
Ficha Inicio. Grupo Modelado.	

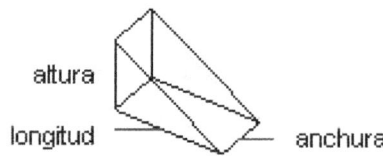

altura
longitud   anchura

Necesitaremos el **Centro o la esquina del calce** (si es un cubo todos los lados tendrán igual longitud). Además, necesitaremos la **Longitud**, la **Altura** y la **Anchura del calce**.

20.17 CONSTRUIR UNA PIRÁMIDE

Menú	Icono
Dibujo → Modelado → Pirámide	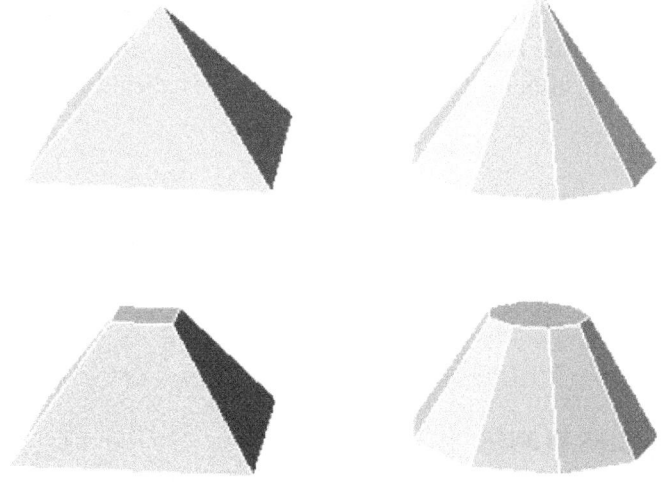
Ficha Inicio. Grupo Modelado.	

Con esta orden, crearemos una pirámide 3D. Al solicitar esta orden, nos informa del número de lados circunscritos. A continuación, tenemos las siguientes opciones:

▼ **Centro de base**: nos pide el centro de la base de la pirámide.
▼ **Radio de base**: le indicaremos el radio.
▼ **Inscrito**: si la pirámide se construye a partir de un círculo circunscrito.
▼ **Arista**: indicaremos la longitud de la arista de la base.
▼ **Lados**: escribiremos el número de lados de la pirámide. Debemos elegir un valor entre 3 y 32.

A continuación, especificaremos la altura, mediante un valor, 2 puntos, punto final eje o radio superior.

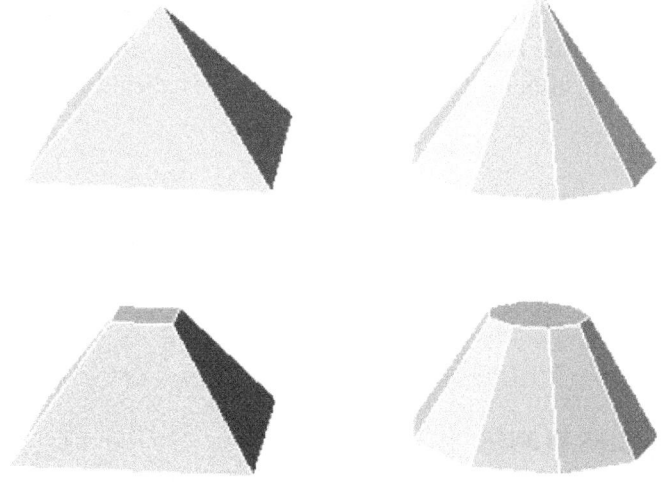

20.18 CONSTRUIR UN POLISÓLIDO

Menú	Icono
Dibujo → Modelado → Polisólido	
Ficha Inicio. Grupo Modelado.	

Esta orden convierte una línea, polilínea 2D, arco o círculo en un sólido con un perfil rectangular. Un polisólido puede tener segmentos curvados, aunque su perfil siempre será rectangular.

Primero nos pide el primer punto para la creación del polisólido, o alguna de las siguientes opciones:

- ▶ **Objeto**: podemos designar un objeto para convertirlo en sólido. Podemos convertir líneas, arcos, polilíneas 2D y círculos.
- ▶ **Altura**: especifica la altura del sólido.
- ▶ **Grosor**: especifica la anchura del sólido.
- ▶ **Justificar**: le indicaremos hacia qué lado debe aplicarse la anchura.
- ▶ **Arco**: añade un segmento de arco al sólido. La dirección inicial por defecto del arco es tangente al último segmento dibujado.
- ▶ **Cerrar**: cierra el sólido.
- ▶ **Dirección**: designa la dirección inicial del segmento de arco.
- ▶ **Línea**: sale de la opción **Arco**.
- ▶ **Deshacer**: elimina el segmento de arco más reciente añadido al sólido.

20.19 SUPERFICIES PLANAS

Esta orden genera superficies planas a partir de un objeto lineal cerrado. Para generar la superficie, nos pedirá que seleccionemos uno o más objetos que formen los contornos o también indicar las esquinas opuestas de un rectángulo.

Menú	Icono
Dibujo → Modelado → Superficie plana	
Ficha Inicio. Grupo Crear.	

20.20 BARRER

Crea un sólido o una superficie siguiendo una trayectoria que puede ser abierta o cerrada.

Menú	Icono
Dibujo → Modelado → Barrer	
Ficha Inicio. Grupo Crear.	

Lo primero que nos pide es que designemos los objetos que queremos barrer y, después, la trayectoria del barrido.

Objetos que se pueden barrer	Objetos trayectoria de barrido
Línea	Línea
Arco	Arco
Arco elíptico	Arco elíptico
Polilínea 2D	Polilínea 2D
Spline 2D	Spline 2D
Círculo	Círculo
Elipse	Elipse
Cara 3D plana	Spline 3D
Sólido 2D	Polilínea 3D
Trazo	Hélice
Región	Aristas de sólidos o superficie
Superficie plana	
Caras planas de sólido	

Al designar la trayectoria de barrido, tenemos las siguientes opciones:

▼ **Alineación**: precisa si el perfil está alineado a la trayectoria.

▼ **Punto base**: precisa un punto base para situar los objetos que se barrerán. Si el punto designado no se encuentra en el plano de los objetos seleccionados, se proyectará sobre el mismo.

▼ **Factor de escala**: indica si el tamaño del perfil se mantiene a lo largo de la trayectoria.

▼ **Torsión**: establece un ángulo de torsión para los objetos que se barren a lo largo de toda la trayectoria de barrido.

20.21 SOLEVAR

Con este comando, podremos generar un objeto sólido a partir de diferentes perfiles o secciones.

Menú	Icono
Dibujo → Modelado → Solevar	
Ficha Inicio. Grupo Crear.	

Lo primero que nos pedirá es que designemos las secciones transversales que nos permitirán crear el objeto y, a continuación, la trayectoria o camino que debe generarse. Las opciones disponibles son:

▼ **Guías**: debemos seleccionar las formas que controlan la estructura del sólido o superficie solevados. Estas curvas definen su forma.

▼ **Camino**: indicaremos una curva como trayectoria que debe intersectar con todos los planos de las secciones transversales.

▼ **Solo secciones transversales**: abre el cuadro de diálogo **Parámetros de solevación**. Para crear secciones transversales solamente.

El cuadro de **Parámetros de solevación** dispone de las siguientes variables:

▼ **Reglada**: determina que el sólido o la superficie serán rectos entre las secciones transversales.

▼ **Ajuste suave**: suaviza las secciones transversales.

▼ **Normal a**: controla la normal a la superficie del sólido o superficie donde atraviesa las secciones transversales.

▼ **Sección transversal inicial**: hace que la normal a la superficie sea normal a la sección transversal inicial.

▼ **Sección transversal final**: hace que la normal a la superficie sea normal a la sección transversal final.

▼ **Secciones transversales inicial y final**: hace que la normal a la superficie sea normal a las secciones transversales inicial y final.

▼ **Todas las secciones transversales**: hace que la normal a la superficie sea normal a todas las secciones transversales.

▼ **Ángulos de inclinación**: controla el ángulo de inclinación y la magnitud de las secciones transversales inicial y final del sólido o la superficie solevados. El ángulo de inclinación es la dirección inicial de la superficie. 0 se considera hacia fuera desde el plano de la curva.

▸ **Ángulo inicial**: indica el ángulo de inclinación para la sección transversal inicial.

▸ **Magnitud inicial**: controla la distancia relativa de la superficie desde la sección transversal inicial en la dirección del ángulo de inclinación antes de que la superficie comience a plegarse hacia la siguiente sección transversal.

▸ **Ángulo final**: indica el ángulo de inclinación para la sección transversal final.

▸ **Magnitud final**: controla la distancia relativa de la superficie desde la sección transversal final en la dirección del ángulo de inclinación antes de que la superficie comience a plegarse hacia la sección transversal anterior.

▸ **Cerrar superficie o sólido**: cierra y abre una superficie o sólido.

▸ **Vista preliminar de cambios**: aplica los parámetros actuales al sólido o la superficie solevados y muestra una vista preliminar.

20.22 LAS PROPIEDADES FÍSICAS DE UN OBJETO

Menú	Icono
Herramientas → Consultar → Propiedades físicas y de región	

Esta orden nos sirve para conocer propiedades físicas de los sólidos, como la situación del centro de gravedad, la masa, el volumen...

Propiedades físicas de las regiones	
Propiedad física	**Descripción**
Área	Área de la superficie.
Perímetro	Longitud total.
Cuadro delimitador	En las regiones coplanares, son las esquinas diagonalmente opuestas de un rectángulo que encierra la región. En el caso de las regiones no coplanares, son las esquinas diagonalmente opuestas de un rectángulo 3D que encierra la región.
Centro de gravedad	Coordenada 2D que es el centro del área de las regiones.

Propiedades físicas de los sólidos	
Propiedad física	**Descripción**
Masa	Medida de la inercia de un cuerpo.
Volumen	En un sólido.
Cuadro delimitador	Las esquinas diagonalmente opuestas de un prisma 3D que encierra el sólido.
Centro de gravedad	Punto 3D que constituye el centro de masa de los sólidos con densidad uniforme.
Momentos de inercia	Los momentos de inercia de la masa, que se utilizan para calcular la fuerza necesaria para girar un objeto respecto a un eje determinado, como una rueda girando alrededor de un eje.
Productos de inercia	Propiedad que se utiliza para determinar las fuerzas que originan el movimiento de un objeto. Siempre se calcula con respecto a dos planos ortogonales.
Radios de giro	Otra manera de indicar los momentos de inercia de un sólido.
Momentos principales y direcciones X, Y, Z alrededor del centro de gravedad	Cálculos obtenidos a partir de los productos de inercia y que tienen los mismos valores de unidades.

20.23 ORDEN CHAFLÁN

Crea un chaflán a lo largo de las aristas de un sólido. AutoCAD, por defecto, puede seleccionar aristas que no nos interesen, por lo que, si es así, deberemos deseleccionarlas.

Con la opción Bucle, podemos seleccionar todas las aristas de la cara selecciona.

Menú	Icono
Modificar → Chaflán	
Ficha Inicio. Grupo Modificar.	

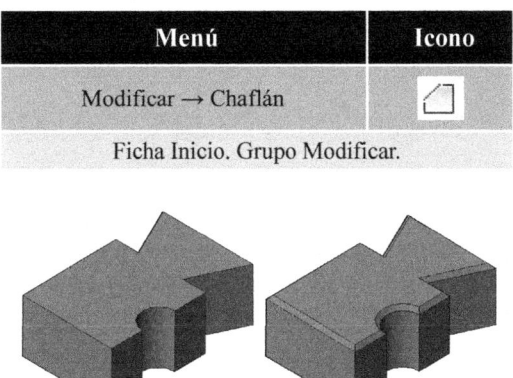

Designamos la **Arista** que queremos achaflanar. Aceptamos. A continuación, le damos la **Distancia a la superficie de base**; después, la **Distancia a la otra superficie**. Aceptamos.

20.24 ORDEN EMPALME

Menú	Icono
Modificar → Empalme	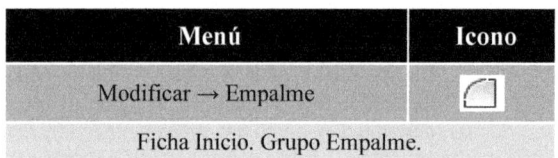
Ficha Inicio. Grupo Empalme.	

Designamos el objeto, le damos el radio y designamos las aristas. Podemos seguir seleccionando aristas hasta que pulsemos **Intro**. Con la opción **Cadena**, seleccionamos todas las aristas consecutivas.

20.25 PULSAR Y TIRAR

Modifica dinámicamente los objetos por extrusión y desfase. Barra de herrami〈 **Modelado**.

Cinta de opciones: ficha **Inicio**, grupo **Modelado**, **Pulsartirar**.

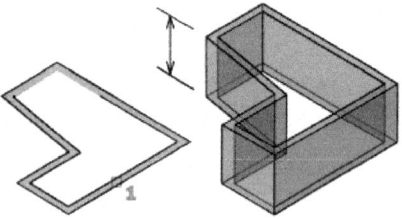

Obtenga información visual a medida que mueve el cursor después de seleccionar un objeto 2D, un área definida por un contorno cerrado o una cara de un sólido 3D. El comportamiento al pulsar o tirar responde al tipo de objeto que se selecciona para crear extrusiones y empalmes. En este ejemplo, se tira del área entre dos polilíneas para crear un sólido 3D. El comando se repite automáticamente hasta que se pulsa Esc, Intro o la barra espaciadora.

Selección	Comportamiento Pulsartirar
Abrir objeto 2D (como, por ejemplo, un arco).	Extruye para crear una superficie.
Objeto 2D cerrado (como, por ejemplo, un círculo).	Extruye para crear un sólido 3D.
Dentro de un área delimitada.	Extruye para crear un sólido 3D.
Cara de sólido 3D.	Desfasa la cara, expandiendo o concentrando el sólido 3D.

Se muestran las siguientes solicitudes. Objeto o área delimitada: **Seleccione el objeto**, **Área delimitada**, **Cara de sólido 3D o arista de sólido 3D** que desee modificar. Al seleccionar una cara, esta se extruye sin que esto afecte a las caras adyacentes. Si pulsa la tecla **Control** mientras hace clic en una cara, la cara se desfasa; este cambio también afecta a las caras adyacentes.

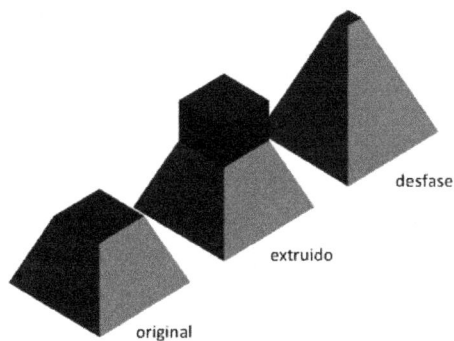

Múltiple. Indica que se desea realizar más de una selección. También puede utilizar **Mayús** + clic para hacer selecciones múltiples.

Distancia de desfase. Si se ha seleccionado la cara de un sólido 3D, especifique el desfase moviendo el cursor o escribiendo una distancia.

Altura de extrusión. Si ha seleccionado un objeto 2D o ha hecho clic dentro de un área cerrada, especifique una altura de extrusión moviendo el cursor o escribiendo una distancia. La dirección de extrusión de objetos planos es normal a los objetos planos y en la dirección Z del SCP actual para objetos no planos.

EDITAR SÓLIDOS

21.1 EDITAR CARAS

Con la edición de sólidos, podremos modificar los elementos. En la figura siguiente, mostramos los iconos dentro del menú **Modificar**, para la edición y modificación de sólidos.

Para cualquier operación, debemos designar la cara, la arista o el cuerpo del objeto que queremos modificar. Podemos añadir más elementos a la selección pulsando la tecla **Mayúsculas** y seleccionando los elementos a añadir. Para eliminar elementos de la selección, solo deberemos pulsar sobre los elementos que no queramos modificar y aparecen seleccionados. Con la selección cíclica podemos seleccionar objetos 3D que pueden estar ocultos detrás de otros. Pulsaremos la tecla **Control** + barra espaciadora para recorrer cíclicamente los subobjetos ocultos hasta que se resalte el objeto que se desee designar y, en ese momento, pulsamos con el ratón sobre el objeto y soltamos la barra espaciadora.

Dentro de Modelado 3D → Inicio → Editar Sólidos también podemos encontrar los iconos.

21.1.1 Extruir caras

Menú	Icono
Modificar → Editar sólidos → Extruir caras	

Las caras seleccionadas se extruirán de forma perpendicular al plano formado por ellas mismas a la distancia que le indiquemos, o a lo largo de una trayectoria que nosotros seleccionemos.

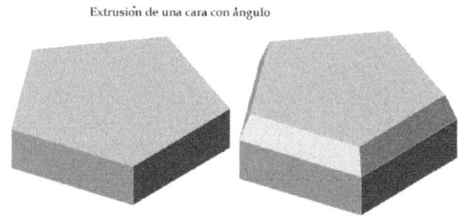

Extrusión de una cara con ángulo

21.1.2 Mover caras

Menú	Icono
Modificar → Editar sólidos → Desplazar caras	

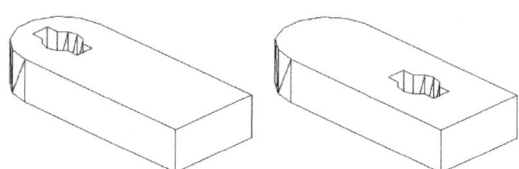

Podemos editar huecos o agujeros de un sólido y cambiarlos de posición. Se selecciona el hueco, se le da un punto de base y un punto de desplazamiento, bien escribiendo las medidas, bien con puntos de referencia.

21.1.3 Desfase

Menú	Icono
Modificar → Editar sólidos → Desfasar caras	

El concepto es el mismo que el de desfase para 2D pero en este caso se hará en todas las direcciones de las caras seleccionadas. Hay que tener en cuenta que los orificios dentro de un sólido se hacen más pequeños con esta orden.

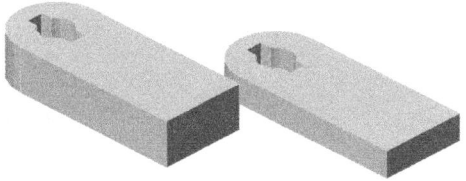

21.1.4 Girar caras

Menú	Icono
Modificar → Editar sólidos → Girar caras	

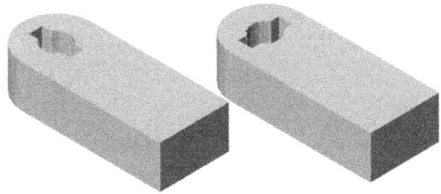

Podemos girar los orificios de un sólido de la misma forma que lo hacemos en la orden **Gira 3D**.

21.1.5 Borrar caras

Menú	Icono
Modificar → Editar sólidos → Borrar caras	

Se eliminan caras de un sólido, como, por ejemplo, un orificio o las caras de un empalme.

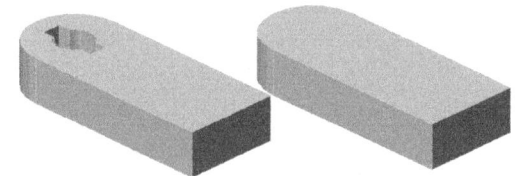

21.1.6 Inclinar caras

Menú	Icono
Modificar → Editar sólidos → Inclinar caras	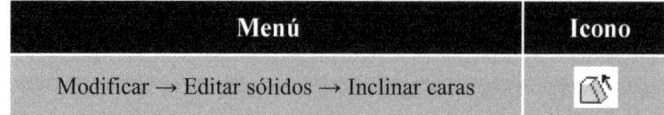

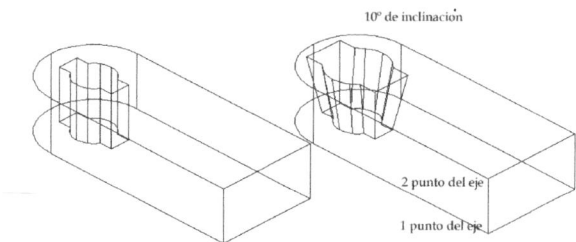

Con esta orden, variamos el ángulo de las caras de los orificios o vaciados de un sólido a lo largo de la dirección del vector que se le indica.

Seleccionamos la cara u orificio a modificar, un punto de base de la trayectoria, un segundo punto de la trayectoria y le indicaremos el ángulo.

21.1.7 Color

Menú	Icono
Modificar → Editar sólidos → Colorear caras	

Cambia el color de las caras seleccionadas.

21.1.8 Copiar caras

Menú	Icono
Modificar → Editar sólidos → Copiar caras	

Copia las caras seleccionadas de un sólido y las deja como regiones.

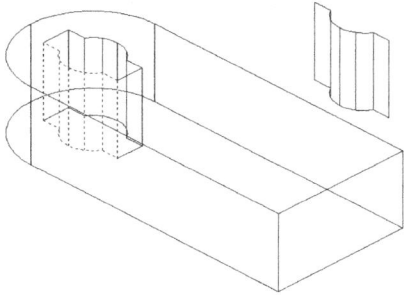

21.2 EDITAR BORDES

21.2.1 Color borde

Menú	Icono
Modificar → Editar sólidos → Colorear aristas	

Cambia el color del borde seleccionado de un sólido.

21.2.2 Copiar borde

Menú	Icono
Modificar → Editar sólidos → Copiar aristas	

Copia las líneas, arcos, círculos... de los bordes de sólidos seleccionados.

21.3 MARCAR SÓLIDOS

Con esta opción, hacemos una marca en un sólido, a partir de una línea, de un arco, círculo... generándole caras que pueden ser extruidas, editadas...

Menú	Icono
Modificar → Editar sólidos → Estampar aristas	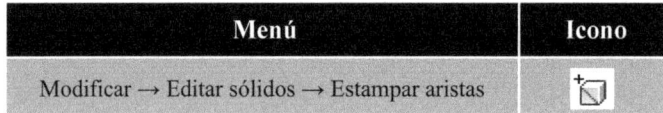

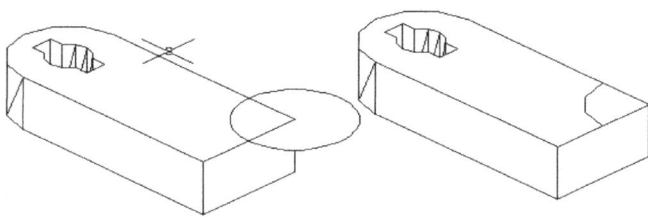

21.4 SEPARAR SÓLIDOS

Si tenemos varios sólidos unidos que no tengan volumen común, con esta orden podemos separarlos sin descomponerlos.

Menú	Icono
Modificar → Editar sólidos → Separar	

21.5 VACIAR SÓLIDOS

Crea un vaciado de un sólido.

Menú	Icono
Modificar → Editar sólidos → Funda	

Nos pedirá el grosor de pared que quedará al hacer el vaciado.

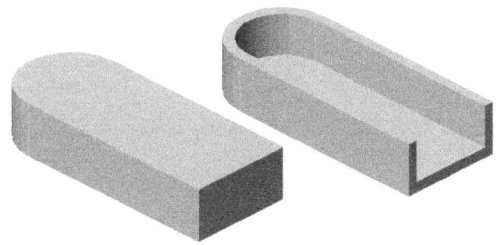

21.6 LIMPIAR SÓLIDOS

Elimina las marcas de estampado que sobran en un sólido.

Menú	Icono
Modificar → Editar sólidos → Limpiar	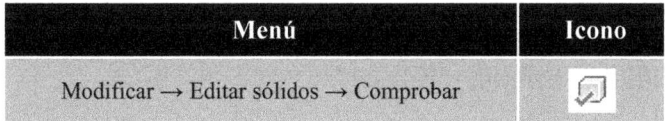

21.7 CHEQUEAR SÓLIDOS

Comprueba si el sólido seleccionado es válido como formato ACIS.

Menú	Icono
Modificar → Editar sólidos → Comprobar	

21.8 EDITAR EN FUSIÓN

Permite editar las superficies y los sólidos desde **Invertor Fusion**.

Menú
Modificar → Editar sólidos → Editar en fusión

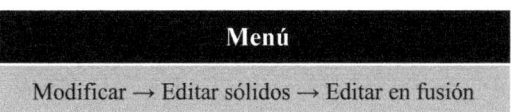

Una vez que entremos en la orden nos pide que seleccionemos los objetos a editar y pregunta si queremos abrir el programa. Y podremos acceder a todo tipo de modificadores disponibles.

21.9 CONFIGURAR VISTAS

Con esta opción, creamos en el espacio papel ventanas flotantes que contienen vistas según las opciones elegidas. AutoCAD creará unas capas que le son necesarias:

- ▼ **Vista-VIS**: para líneas visibles.
- ▼ **Vista-HID**: para líneas ocultas.
- ▼ **Vista-DIM**: para cotas.
- ▼ Vista-Hat: para sombreado

Menú	Icono
Dibujo → Modelado → Configurar → Vista	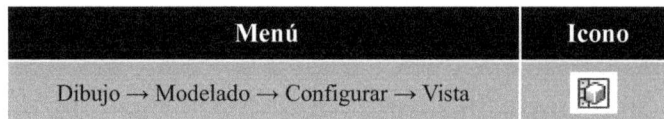

Elegiremos el SCP necesario: el creado por nosotros, el universal o el actual. Indicaremos la escala de la ventana y el centro de la vista, así como las esquinas que formarán la ventana. Con la opción **Orto**, creamos una vista ortogonal. Le indicaremos el lado de la ventana que queremos ver. Con la opción **Auxiliar**, crearemos una vista con un plano inclinado. Con la opción **Sección**, crearemos una sección de la vista.

21.10 CONFIGURAR DIBUJO

Generaremos perfiles y secciones en las ventanas del apartado anterior.

Menú	Icono
Dibujo → Modelado → Configurar → Dibujo	

21.11 CONFIGURAR PERFIL

Crea perfiles de objetos 3D sólidos.

Menú	Icono
Dibujo → Modelado → Configurar → Perfil	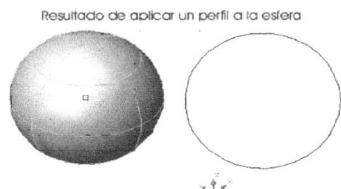

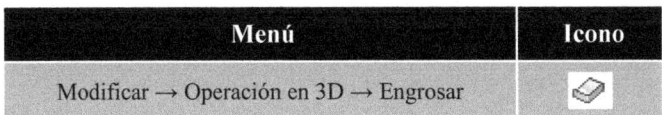
Resultado de aplicar un perfil a la esfera

21.12 ENGROSAR

Con este comando, podremos convertir cualquier tipo de superficie en un sólido, engrosándolo.

Menú	Icono
Modificar → Operación en 3D → Engrosar	

Designaremos las superficies y le indicaremos la altura que queremos.

21.13 CONVERTIR EN SÓLIDO

Menú	Icono
Modificar → Operación en 3D → Convertir en sólido	

Mediante este comando, convertiremos polilíneas y círculos que tengan grosor en sólidos 3D de extrusión.

21.14 CONVERTIR EN SUPERFICIE

Menú	Icono
Modificar → Operación en 3D → Convertir en superficie	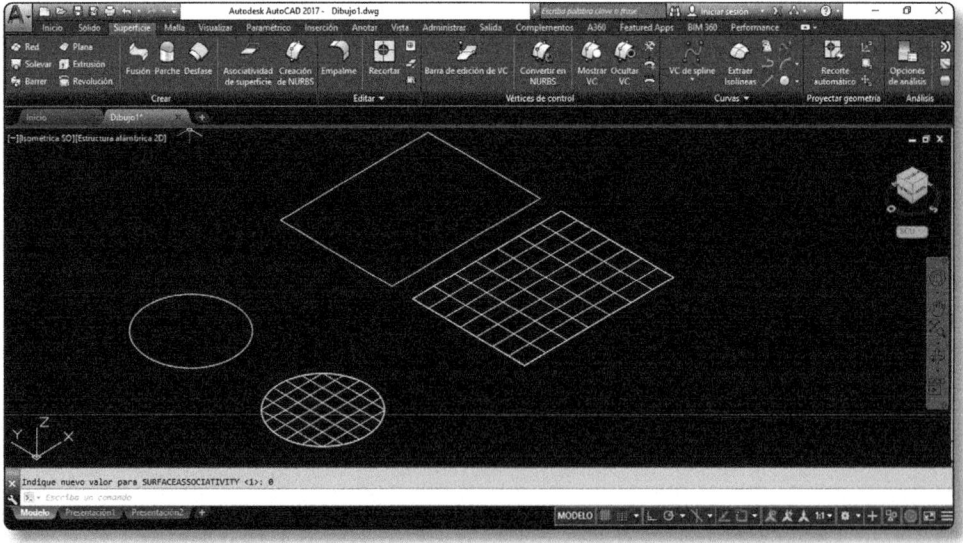

Mediante este comando, convertiremos objetos 2D en superficies. Si queremos eliminar la superficie creada, deberemos descomponerlos. Los tipos de objeto que se pueden transformar son los siguientes:

- Sólidos 2D.
- Regiones.
- Polilíneas abiertas de anchura cero y con grosor.
- Líneas con grosor.
- Arcos con grosor.
- Caras 3D planas.

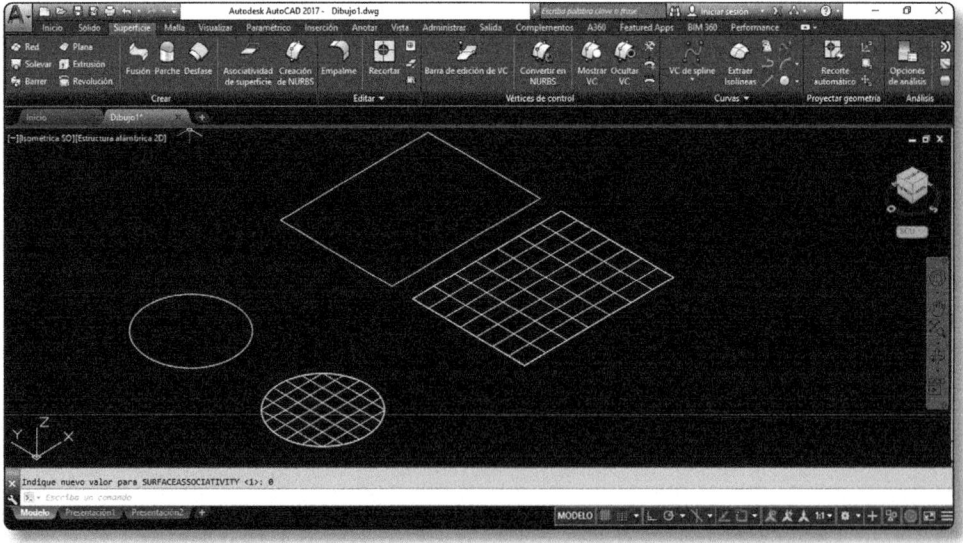

21.15 EXTRAER ARISTAS

Mediante este comando, podremos extraer las aristas de los objetos siguientes:

- Sólidos.
- Regiones.
- Superficies.

21.16 VISTABASE

Nos permite obtener objetos en representación 2D a partir de 3D. Funciona en el espacio presentación.

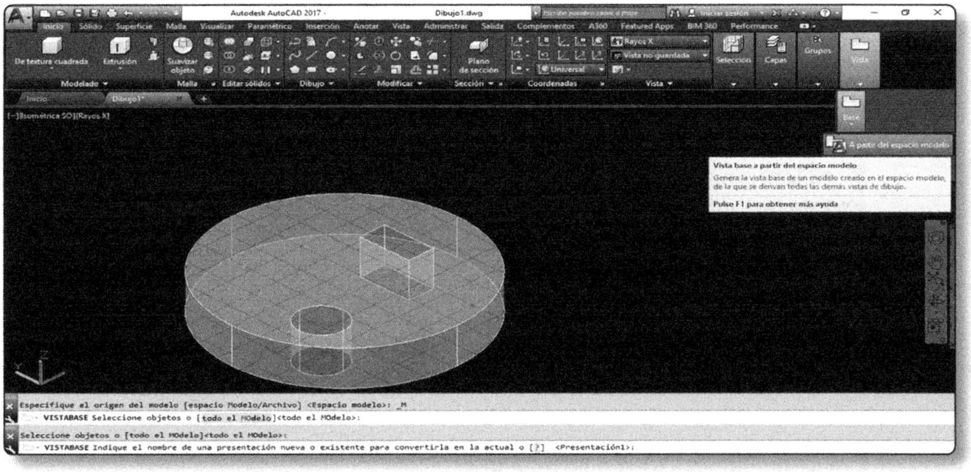

Para generar las vistas o secciones primero dibujaremos el objeto en 3D. A continuación seleccionaremos en la cinta de opciones la pestaña **Presentación** y dentro del grupo **Crear vista** seleccionaremos **Base → A partir del espacio modelo**. Después debemos designar el objeto o los objetos que queremos incorporar en la documentación 2D y, pulsamos **Intro**. Le debemos indicar un nombre para que cree una presentación, por defecto asigna **Presentación 1**.

Nos creará una pestaña con el nombre que hemos asignado y ya podemos empezar a elegir y colocar la documentación 2D. Una vez posicionada podemos elegir entre distintas características desde la línea de comandos o desde la cinta de opciones.

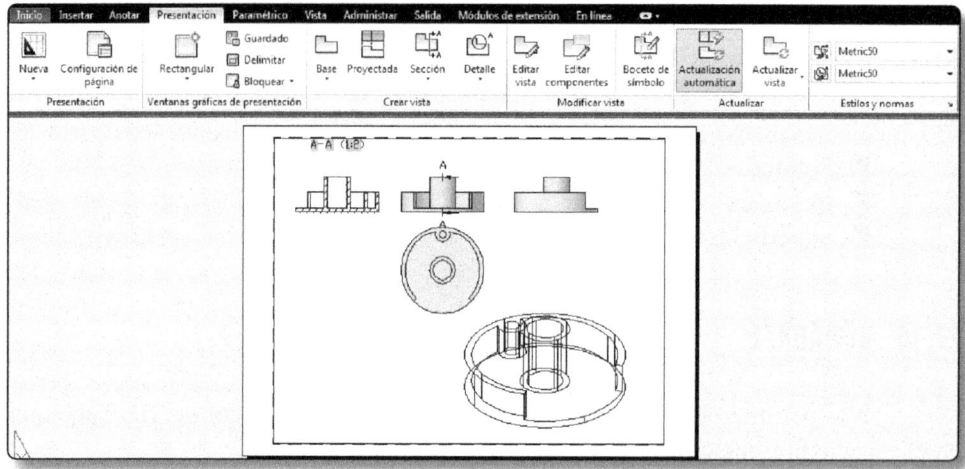

Desde la línea de comandos tenemos:

▼ **Tipo**: especifica si el comando se cierra tras la creación de la vista base o si continúa con la creación de vistas proyectadas.
▼ **Seleccionar**: nos permite añadir otros objetos al conjunto.
▼ **Orientación**: especifica la orientación de la vista base.
▼ **Líneas ocultas**: muestra diferentes tipos de representación en la vista base.
▼ **Estilo**: permite indicar el tipo de sombreado para la vista.
▼ **Escala**: del objeto u objetos.
▼ **Visibilidad**: nos muestra las opciones de visibilidad de la vista.

Desde la cinta de opciones tenemos:

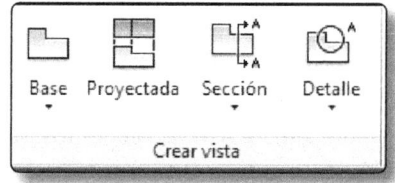

▼ **Proyectada**: crea vistas proyectadas a partir del objeto 3D. Desplazando el puntero alrededor del objeto creará diferentes tipos de proyección.

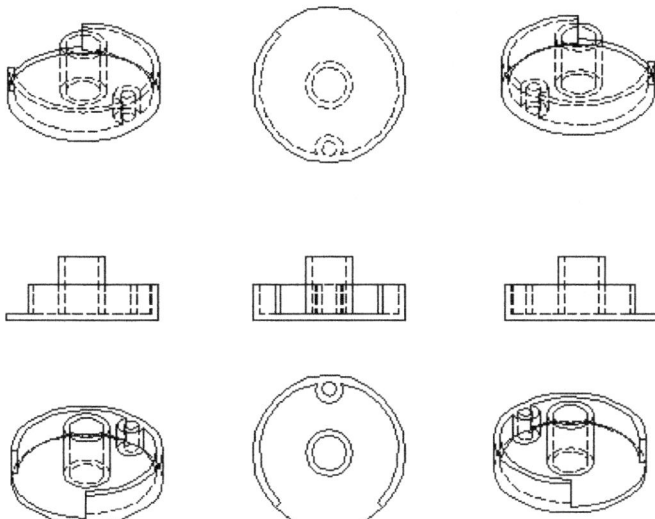

▼ **Sección**: crea una vista seccionada del objeto 3D. Podemos elegir entre sección completa, parcial, desfase, alineada o a partir de un objeto.

▼ **Detalle**: del objeto, que puede ser rectangular o circular.

22

RENDER, ANIMACIÓN Y CÁMARAS

Renderizar es hacer una presentación fotorrealística para que los objetos se vean lo más reales posible. Para ello, utilizaremos materiales diferentes: madera, mármol, etc., y también luces, fondos, atmósferas..., además AutoCAD proporciona una gran biblioteca de materiales listos para utilizar. En la siguiente figura, veremos dentro del menú **Ver** los que corresponden a **Render**. También podemos acceder desde Modelado 3D → Visualizar → Render.

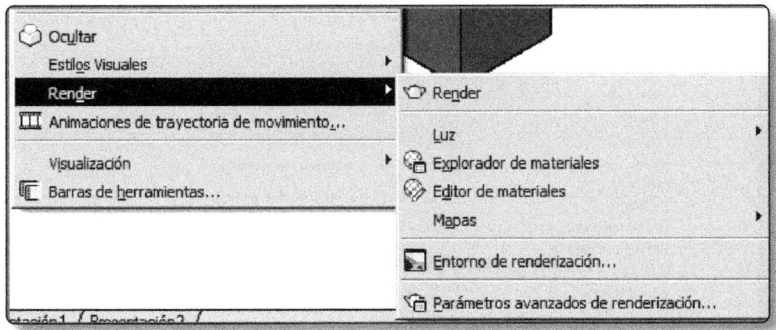

22.1 BIBLIOTECA DE MATERIALES

La biblioteca de AutoCAD 2019 cuenta con más de 700 materiales y 1000 texturas. Son solo de lectura, pero te permite copiarlos en el dibujo, editarlos y guardarlos. Se pueden crear bibliotecas nuevas con los materiales que se deseen de toda la lista, permitiendo el acceso más rápido a una lista de materiales usados habitualmente.

Para acceder a la biblioteca de materiales se hará desde la pestaña **Visualizar** y en el apartado de **Explorador de materiales**. Una vez que se pulse, aparece una nueva pestaña con toda la biblioteca de materiales disponibles. Al desplegar la pestaña de Inicio, se pueden visualizar todos los grupos de materiales disponibles, algunos de ellos con nuevas subpestañas que permiten seleccionar una clase de material dentro de un grupo.

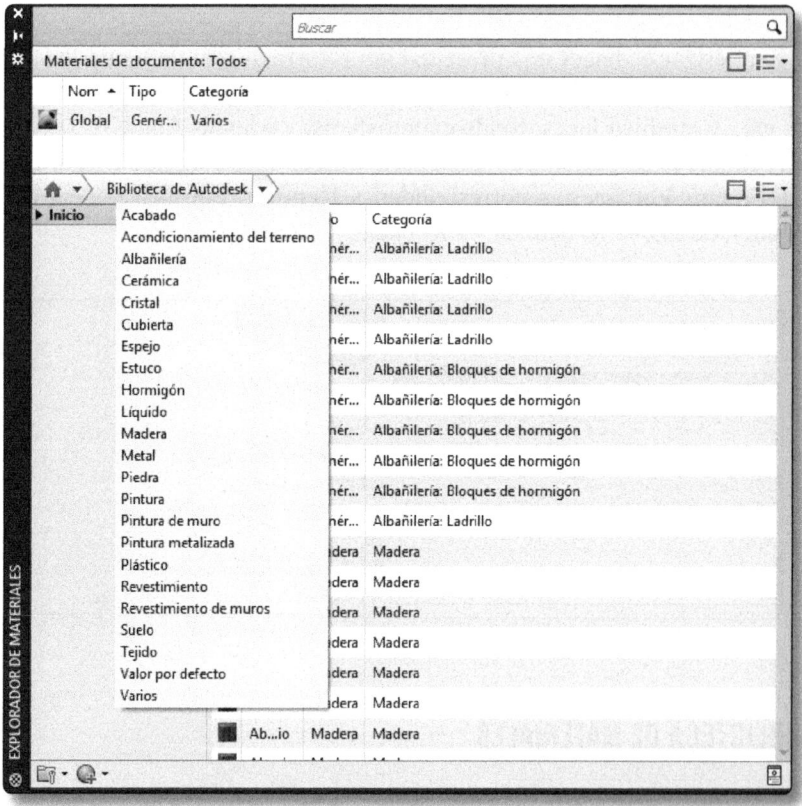

El modo de visualización de los materiales puede ser por lista de nombres o con una miniatura donde se ven la textura y el color de la misma.

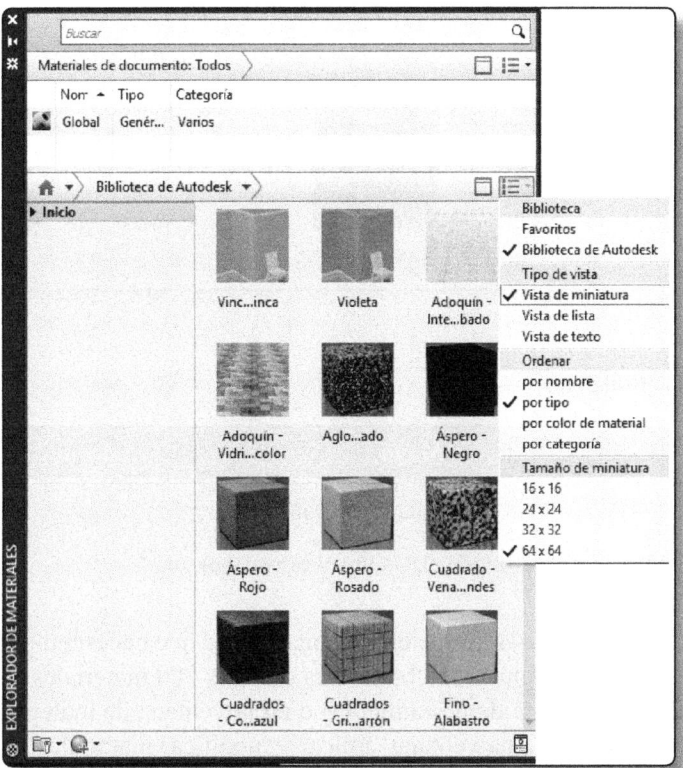

Se puede crear una nueva biblioteca con los materiales más usados o con los que se quiera de forma sencilla. Haciendo clic con el botón derecho sobre el material deseado aparece la opción de **Añadir a** > **Favoritos**. De esta manera se guarda en la biblioteca favoritos con acceso más rápido que de forma normal.

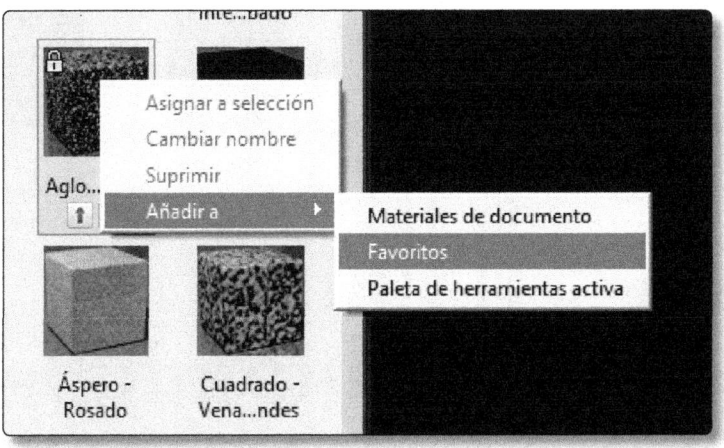

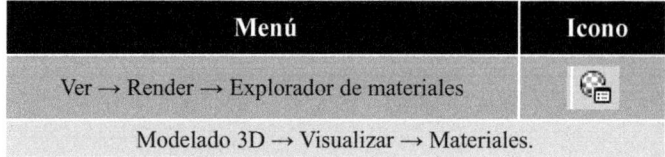

22.1.1 Elegir material

Menú	Icono
Ver → Render → Explorador de materiales	
Modelado 3D → Visualizar → Materiales.	

Con esta opción, vamos a elegir los materiales que necesitemos para nuestro proyecto. El programa incluye una biblioteca de unos 700 materiales y texturas que encontraremos en la paleta de herramientas o en la ventana de materiales. Además, también podemos, desde esta ventana, aplicar y modificar materiales.

Al abrir el panel, nos muestra los materiales disponibles en el dibujo. Cualquier objeto que no tenga material específico asignado por defecto, tendrá uno llamado "Global". En realidad, indica que no se le ha asignado ninguno.

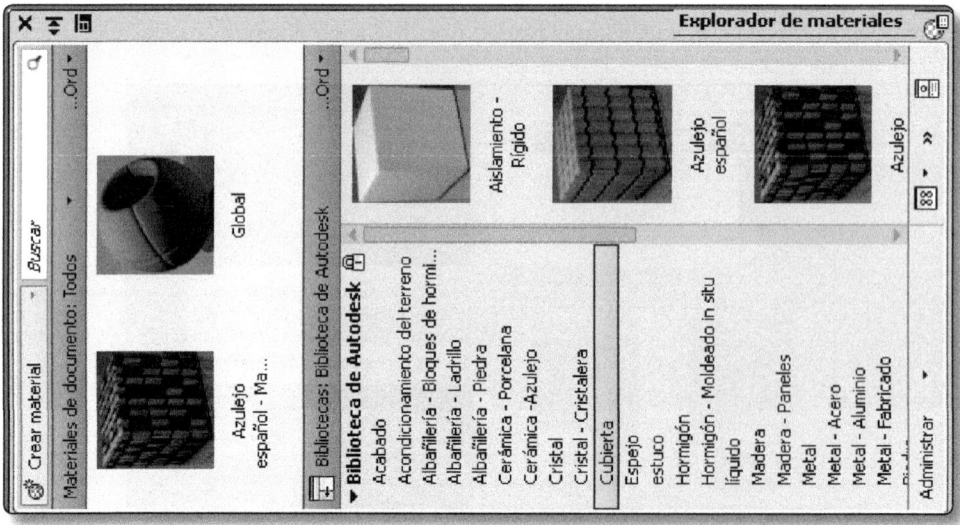

Al seleccionar uno, sus parámetros se muestran en el panel y la ranura superior que contiene el material seleccionado se perfilará en color amarillo. Los apartados de esta ventana son:

▼ **Barra de herramientas del navegador**: muestra u oculta el árbol de biblioteca y el cuadro de búsqueda.

▼ **Materiales del documento**: muestra todos los materiales guardados en el dibujo actual. Podemos ordenar los materiales por nombre, tipo, forma de la muestra y color.

▼ **Árbol de la biblioteca de materiales**: muestra la biblioteca de Autodesk, que contiene los materiales predefinidos de Autodesk y otras bibliotecas, que incluyen materiales definidos por el usuario.

▼ **Detalles de la biblioteca**: muestra una vista preliminar de los materiales.

▼ **Barra inferior del navegador**: muestra el menú de administración, desde donde podemos añadir, eliminar y editar bibliotecas. También contiene un botón para controlar las opciones de visualización de los detalles de las bibliotecas.

▼ **Bibliotecas de materiales**: la biblioteca es de solo lectura, pero es posible copiar los materiales en el dibujo, editarlos y guardarlos en una biblioteca propia.

Desde el botón **Administrar** en la zona inferior de la ventana tenemos acceso a las siguientes opciones:

▼ **Abrir biblioteca existente**: permite, a través de un cuadro de diálogo, abrir una biblioteca existente.

▼ **Crear biblioteca nueva**: podemos guardar la nueva biblioteca que hemos creado.

▼ **Eliminar biblioteca**: suprime la biblioteca seleccionada.

▼ **Crear categoría**: podemos crear categorías dentro de la biblioteca.

▼ **Suprimir categoría**: suprime la categoría seleccionada.

▶ **Cambiar nombre**: permite especificar un nombre nuevo para la biblioteca.

22.1.1.1 APLICACIÓN DE MATERIALES

Aplicaremos un material simplemente arrastrándolo y soltándolo sobre el objeto o también seleccionando primero el objeto y luego arrastrando el material hacia él. El material se puede aplicar tanto a objetos como a caras de objetos.

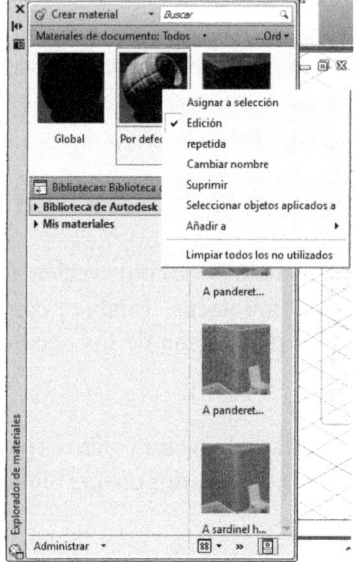

Si pulsamos con el botón derecho del ratón sobre un material tendremos las siguientes opciones:

▶ **Asignar a selección**: si tenemos un objeto seleccionado al pulsar sobre esta opción se asignará automáticamente el material al objeto. Podemos seleccionar tanto objetos como caras de objetos.

▶ **Edición**: abrirá el editor de materiales con las propiedades del material seleccionado y nos permitirá modificarlas.

▶ **Repetida**: nos permite duplicar el material. Asignará el mismo nombre pero con un número entre paréntesis al final.

▶ **Cambiar nombre**: con esta opción podemos asignar un nuevo nombre a cualquier material.

▼ **Suprimir**: elimina el material seleccionado. En caso de que no esté asignado en el proyecto lo eliminará sin más, pero si lo tenemos asignado nos lo recordará y preguntará si lo queremos eliminar. En caso afirmativo también desaparecerá de los objetos donde haya sido aplicado.

▼ **Seleccionar objetos aplicados a**: al pulsar sobre esta opción se resaltarán en el dibujo los objetos que tengan este material aplicado.

▼ **Añadir a**: añade el material seleccionado a una biblioteca nuestra o a la paleta de herramientas activa.

▼ **Limpiar los no utilizados**: elimina de la ventana del explorador de materiales todos los que no hayamos utilizado en el proyecto.

También podemos asignar materiales por capa desde la cinta de opciones **Render**. En el apartado **Materiales → Enlazar por capa**. Con esta opción todos los objetos que estén en la misma capa tendrán el mismo material. Lo seleccionaremos y, sin soltar, lo arrastraremos hasta la capa que queramos.

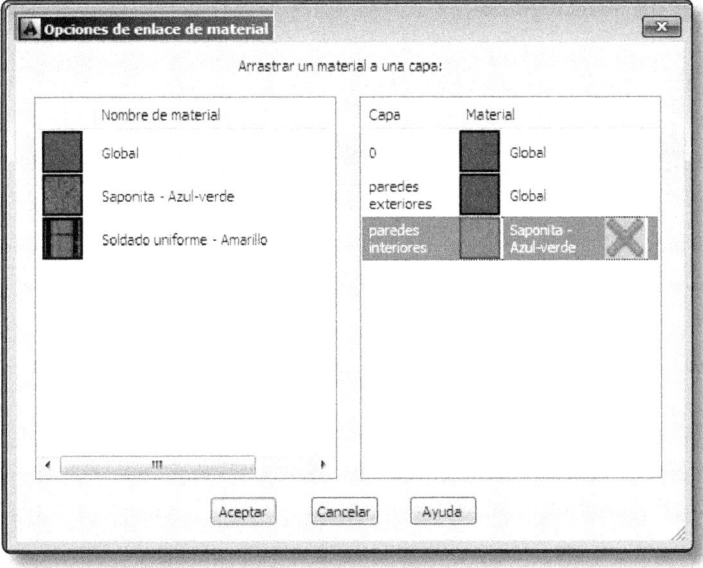

Para crear un nuevo material pulsaremos sobre el botón superior de la ventana y seleccionaremos **Crear material**. A continuación seleccionaremos un tipo de material de base o genérico. Automáticamente se abrirá el editor de materiales, para que podamos modificar sus propiedades.

22.2 EDITOR DE MATERIALES

También podemos entrar en el editor de materiale

Menú	Icono
Ver → Render → Editor de materiales	
Modelado 3D → Visualizar → Materiales.	

La ventana nos muestra diferentes tipos de información:

▶ **Aspecto**: describe el aspecto del material. Dependiendo de la plantilla seleccionada, el editor muestra diferentes opciones.

▶ **Información**: muestra las descripciones asociadas a un material.

En la zona superior elegiremos el tipo de vista que queremos para la presentación preliminar. También podemos cambiar el nombre y crear el material nuevo desde el editor.

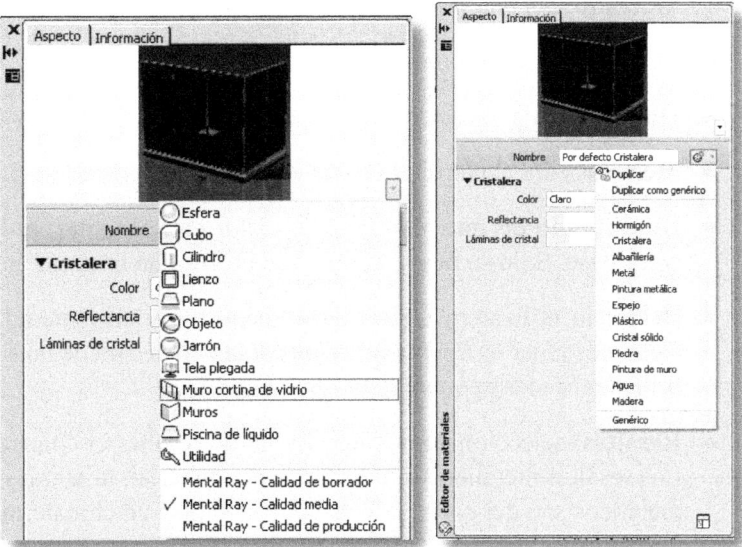

Cuando nos disponemos a crear un material nuevo, lo primero que debemos hacer es escribir un nombre y, en el apartado **Información**, podemos hacer una descripción. A continuación, podemos partir, para crearlo, de un material existente y modificarlo. El material que aparece por defecto es el **Genérico** que tiene las siguientes propiedades disponibles para que podamos modificarlas según el material que queramos crear:

▼ **Color**: elegiremos un color para un material teniendo en cuenta que es distinto dependiendo de dónde incide la luz. También podemos asignar al material una textura personalizada que puede ser, por ejemplo, una imagen.

▼ **Imagen**: muestra el mapa de colores difuso, que es el que refleja un objeto cuando se ilumina mediante luz artificial o luz diurna directa. Los tipos de archivo que podemos utilizar son: BMP, RLE o DIB, GIF, JFIF, JPG o JPEG, PCX, PNG, TGA y TIFF. Otros tipos de textura que podemos crear son:

- **Cuadros**: crea una imagen de ajedrez bicolor.

- **Degradado**: aplica degradados de colores.

- **Mármol**: crea un material con colores de piedra y de veta.

- **Ruido**: crea una perturbación aleatoria basada en la interacción de dos colores, mapas de textura o una combinación.

- **Moteado**: genera una superficie moteada.

- **Azulejos**: aplica un mosaico de ladrillos.

- **Ondas**: simula el efecto del agua o de ondas.

- **Madera**: crea el patrón de color y veteado de la madera.

- **Difuminado de imagen**: ajusta el color entre la imagen difusa y el color base. Solo se puede editar si se utiliza una imagen.

- **Brillo**: lo utilizaremos para dar el aspecto de un material brillante. Debemos tener en cuenta que el resaltado en la cara de un sólido muy brillante es más pequeño.

- **Resaltes**: seleccionaremos qué forma de resaltar el color queremos. Los resaltes metálicos son del color del material, mientras que los no metálicos son del color de la luz que se refleja en el material.

Las siguientes propiedades nos permitirán crear efectos específicos:

▼ **Reflectividad**: el valor **Directa** establecerá el nivel de reflexión y **Oblicua** la intensidad del resalte especular en las superficies.

▼ **Transparencia:** ajusta el grado de transparencia del material. 0 será opaco y 1, completamente transparente. Translucidez e Índice de refracción solo podremos usarlos si el valor de Transparencia es mayor que 0. Si el valor es de 0,0, el material no es translúcido; con 1,0, el material es lo más translúcido posible. El Índice de refracción controla la distorsión de lo que se ve a través del objeto. Con 1,0, el objeto que hay detrás del objeto transparente no se distorsiona. Con 1,5, el objeto se distorsiona en gran medida, como si se viera a través de una bola de cristal. A continuación mostraremos un listado de índices de refracción de algunos objetos.

Material	Índice de refracción
Aire	1,00
Agua	1,33
Alcohol	1,36
Cuarzo	1,46
Cristal	1,52
Rombo	2,30
Personalizado	0,00 - 5,00

- **Cortes**: en este apartado controlaremos los efectos de perforación del material basados en una interpretación de escala de grises de una textura. Las áreas más claras las veremos como opacas y las más oscuras como transparentes.

- **Autoiluminación**: si el valor de autoiluminación es mayor de 0, parecerá que el objeto desprende luz, independientemente de las luces del dibujo. La luminancia permite simular un material iluminado dentro de una fuente de luz fotométrica. La temperatura de color define el color de la autoiluminación.

A continuación mostraremos dos cuadros con valores de luminancia y de temperatura de objetos más comunes:

Material	Luminancia (candelas por metro cuadrado)
Brillo atenuado	10
Panel LED	100
Pantalla LED	140
Pantalla de teléfono móvil	200
Televisor CRT	250
Pantalla exterior de lámpara	1.300
Pantalla interior de lámpara	2.500
Lente de lámpara de escritorio	10.000
Lente de lámpara halógena	10.000
Bombilla esmerilada	210.000
Personalizado	sin bloquear

Material	Temperatura de color (grados Kelvin)
Vela	1.850
Bombilla incandescente	2.800
Luz difusor	3.400
Luz de la luna	4.100
Luz diurna cálida	5.000
Luz diurna fría	6.000
Lámpara de arco de xenón	6.420
Pantalla de televisor	9.320
Personalizado	sin bloquear

- **Relieve**: activa o desactiva el uso de los patrones para crear relieve en el material. Las áreas más claras parecen elevadas y las áreas más oscuras parecen bajas. **Cantidad** ajusta la altura del relieve. A valores más altos habrá un relieve más alto y a valores bajos habrá un relieve bajo.

22.2.1 Tipos de texturas

Si queremos elegir y modificar las texturas que ofrece el programa procederemos de la siguiente forma: pulsaremos con el botón derecho del ratón sobre el cuadro de imagen, seleccionaremos la opción que queramos, también podemos eliminarla si no nos conviene la imagen o editarla. Si seleccionamos **Edición** nos aparece la ventana de transformación con una vista previa de la textura que tendrá diferentes apartados.

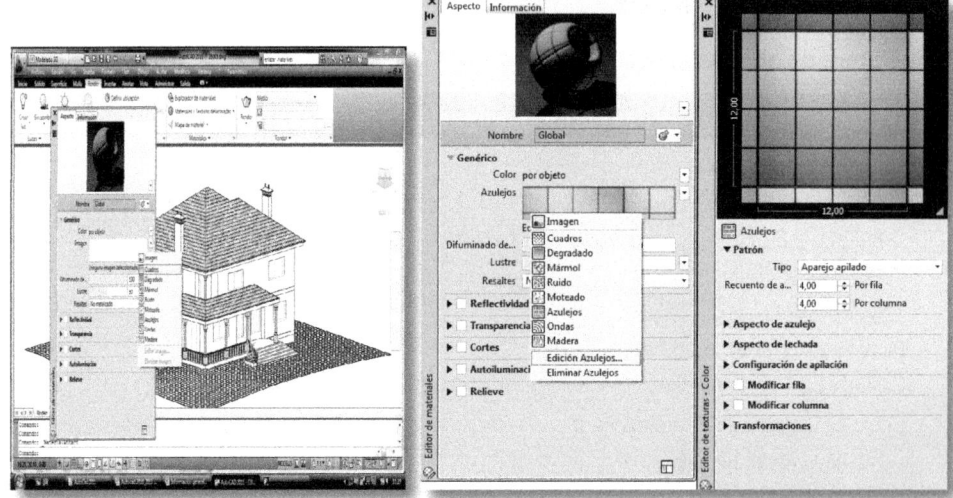

El apartado Transformaciones aparece en todos los tipos de imagen. Aunque cada una contiene diferentes tipos de modificaciones de Posición, Escala y Repetir según el cuadro siguiente:

Tipo de textura	Posición	Escala	Repetir
Imagen	Sí	Sí	Sí
Azulejos	Sí	Sí	Sí
Degradado	Sí	Sí	Sí
Cuadros	Sí	Sí	Sí
Ruido	Sí	No	No
Ondas	Sí	No	No
Madera	Sí	No	No
Moteado	Sí	No	No
Mármol	Sí	No	No

▼ **Escala**: en este apartado, indicaremos el tamaño de la imagen mediante los valores de desplazamiento, se puede bloquear la relación anchura/altura.

▼ **Repetir**: la imagen se reproduce varias veces. Si seleccionamos **Ninguno** la muestra se reproduce una vez.

▼ **Bloquear anchura/altura**: mantiene las proporciones originales de la imagen.

▼ **Posición desfase**: con los apartados **U** y **V**, definiremos el origen de la imagen. Las barras de desplazamiento superiores cumplen la misma función.

▼ **Posición rotación**: gira el mapa de bits alrededor del eje W del sistema de coordenadas UVW. La rotación no está disponible para los mapas de textura cilíndricos y esféricos.

22.2.2 Cuadros

Crea una imagen de ajedrez bicolor.

▼ **Color 1**: seleccionaremos un color para uno de los cuadros.
▼ **Color 2**: seleccionaremos un color para el otro cuadro.
▼ **Suavizar**: ajusta desenfoque entre el borde de los dos colores. Lo valores más altos producen un mayor desenfoque. Un valor de 0,0 indica extremos nítidos. Rango = 0 a 5,00; por defecto = 0.

22.2.3 Degradado

Aplica degradados de colores.

▼ **Aspecto**:

- Tipo de degradado: nos muestra un listado de degradados tipo que podemos elegir.

- Color: podemos añadir o quitar colores de la barra deslizante, así como también elegir color para cada transición.

- Interpolación del degradado: indica el tipo de cálculo para los valores intermedios, aunque afectarán a todo el degradado.

- **Ruido**: elegiremos el método que queramos para crear perturbaciones: **Normal**, **Fractal** o **Turbulencia**. También definiremos la cantidad de ruido, que cuanto más alto sea este valor, mayor será el efecto. Rango = 0 a 1.

- **Umbral de ruido**: establece el número de turbulencia.

22.2.4 Mármol

Crea un material con colores de piedra y de veta. Las opciones que tenemos que ajustar son:

- **Color de piedra**: controla el color de la piedra en la zona más oscura del mármol.
- **Color de veta**: controla el color de la veta en la zona más clara.
- **Intervalo de veta**: indica el espacio entre las vetas. El valor va de 0 a 100.
- **Anchura de veta**: establece la anchura de las vetas. Entre 0 y 100.

22.2.5 Ruido

Crea una perturbación aleatoria basada en la interacción de dos colores, mapas de textura o una combinación.

- **Aspecto**:
  - *Tipo de degradado*: nos muestra un listado de degradados tipo que podemos elegir.
  - *Color*: podemos añadir o quitar colores de la barra deslizante, así como también elegir color para cada transición.

- **Umbral de ruido**: establece el número de turbulencia.

22.2.6 Moteado

Genera una superficie moteada.

- **Color 1**: seleccionaremos un color para el moteado.
- **Color 2**: seleccionaremos otro color para el moteado.
- **Tamaño**: ajustará el tamaño de las motas.

22.2.7 Azulejos

Aplica un mosaico de ladrillos.

- ▼ **Tipo de patrón**: elegiremos un patrón de mosaico personalizado o predefinido, así como el número de mosaicos por filas y por columnas.

- ▼ **Aspecto del azulejo**: indicaremos el color y el difuminado del azulejo elegido.

- ▼ **Aspecto de la lechada**: indicaremos el color y tamaño de la lechada.

- ▼ **Configuración de filas, columnas y apilación**.

22.2.8 Ondas

Simula el efecto del agua o de ondas.

- ▼ **Aspecto**: seleccionaremos el color y la distribución de las ondas.
- ▼ **Ondas**: seleccionaremos su forma y tamaño.

22.2.9 Madera

Crea el patrón de color y veteado de la madera. Las opciones que tenemos que ajustar son:

- ▼ **Color 1**: establece el color claro para el veteado de la madera.

- ▼ **Color 2**: establece el color oscuro para el veteado de la madera.

- ▼ **Ruido radial**: establece la aleatoriedad relativa del patrón en un plano perpendicular al veteado. El intervalo es 0-100 y el valor por defecto, 1,00.

- ▼ **Ruido axial**: establece la aleatoriedad relativa del patrón en un plano paralelo al veteado. El intervalo es 0-100 y el valor por defecto, 1,00.

- ▼ **Grosor de la veta**: establece la aleatoriedad relativa de las bandas de color que componen el veteado. El intervalo es 0-100 y el valor por defecto, 0,50.

22.3 MAPEADO

Un material que imita la forma de ladrillos tiene mapeado, ya que podemos elegir si los ladrillos serán más pequeños o más grandes y sobre qué cara del dibujo se aplicarán. Hay cuatro tipos de mapeado:

▶ **Textura plana** (◁): con base en el plano como un papel sobre un cristal.

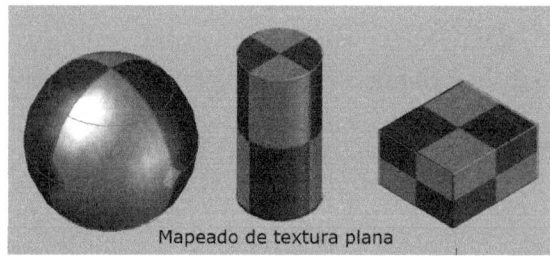

Mapeado de textura plana

▶ **Textura cilíndrica** (▧): dobla el mapa en un cilindro para envolverlo alrededor de un objeto de la misma manera que una etiqueta alrededor de un envase.

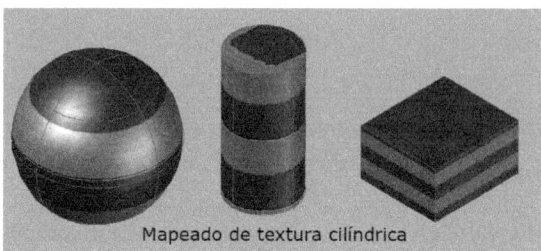

Mapeado de textura cilíndrica

▶ **Textura esférica** (◉): curva el mapa en una esfera como si pusiéramos un mapa sobre el globo terráqueo.

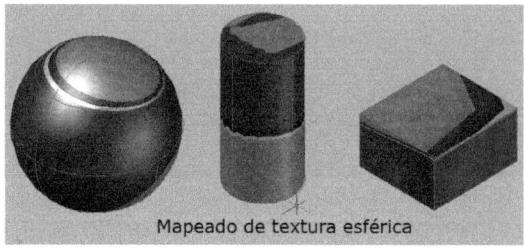

Mapeado de textura esférica

▼ **Textura cuadrada** (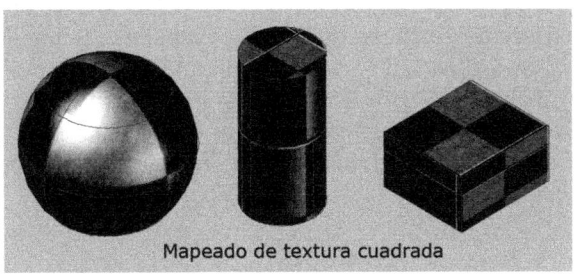): aplica el material desde un sólido en forma de cubo y luego lo repite en cada lado.

Mapeado de textura cuadrada

Menú
Ver → Render → Mapas
Ficha Visualizar. Grupo Materiales

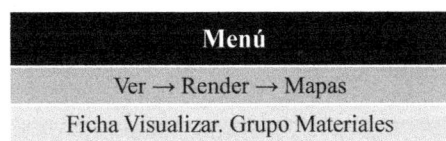

A continuación, debemos seleccionar el tipo de mapa y, después, nos pide que designemos las caras o los objetos. Nos muestra el gizmo y nos permite modificar el mapa interactivamente. Después nos muestra las siguientes opciones en la barra de comando:

▼ **Desplazar**: nos permite mover el mapa para ajustarlo al objeto.
▼ **Girar**: nos permite girar el mapa.
▼ **Restablecer**: restablece las coordenadas UV en el valor por defecto del mapa.
▼ **Cambiar modo mapa**: vuelve a mostrar la solicitud principal.

22.4 LUCES

Menú
Ver → Render → Luz
Ficha Visualizar. Grupo Materiales

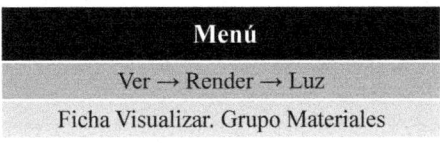

La iluminación de una escena es una de las tareas más importantes a realizar. De ella dependerá que los objetos parezcan más reales.

22.4.1 Luz ambiental

No proviene de ningún punto en concreto e irradia luz por igual a todas las superficies. No indicamos el emplazamiento de la luz ya que esta es la que tenemos por defecto. Procede de dos fuentes distantes que siguen el punto de vista cuando se mueve alrededor del modelo.

Cuando creamos luces personalizadas, la luz ambiental deberemos desactivarla desde el panel de **Control de luces**. Desde este panel, podemos controlar su intensidad y el brillo.

22.4.2 Luz puntual

Son rayos paralelos en todas las direcciones. Disminuye y se atenúa con la distancia. Simula una bombilla.

Menú	Icono
Ver → Render → Luz → Nueva luz puntual	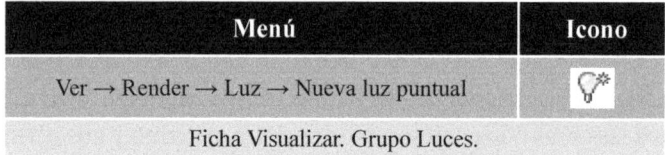
Ficha Visualizar. Grupo Luces.	

Nos pide que ubiquemos el punto de luz y nos muestra las siguientes opciones:

▸ **Nombre**: ponemos nombre.

▸ **Intensidad**: con un valor de 0 es como si la luz estuviera apagada.

▸ **Estado**: enciende o apaga la luz.

▸ **Sombra**: hace que la luz proyecte sombra. Sus opciones son: desactivada, con los bordes nítidos o con los bordes suaves (más realistas).

▸ **Atenuación**: si no aplicamos ninguna atenuación, el valor máximo de la intensidad será de 1 y los objetos se verán igual estén a la distancia que estén. Si le aplicamos una atenuación inversamente lineal, la intensidad es proporcional a la distancia a la que están las luces y disminuye con la distancia. Si aplicamos una atenuación inversa del cuadrado, la intensidad será la inversa del cuadrado de la distancia y disminuye con la distancia en esta misma proporción. Podemos delimitar la atenuación con los límites.

▸ **Color**: nos permite elegir el color de la luz.

Una vez creada la luz podemos modificarla desde el panel de **Control de luces**.

22.4.3 Luz distante

La intensidad de este tipo de luz no disminuye con la distancia. Los rayos se extienden hasta el infinito en ambos sentidos a partir del punto de luz. Imita la luz solar.

Menú	Icono
Ver → Render → Luz → Nueva luz distante	
Ficha Visualizar. Grupo Luces.	

Nos solicita el punto en el que se genera la luz y un punto hacia donde se dirige.

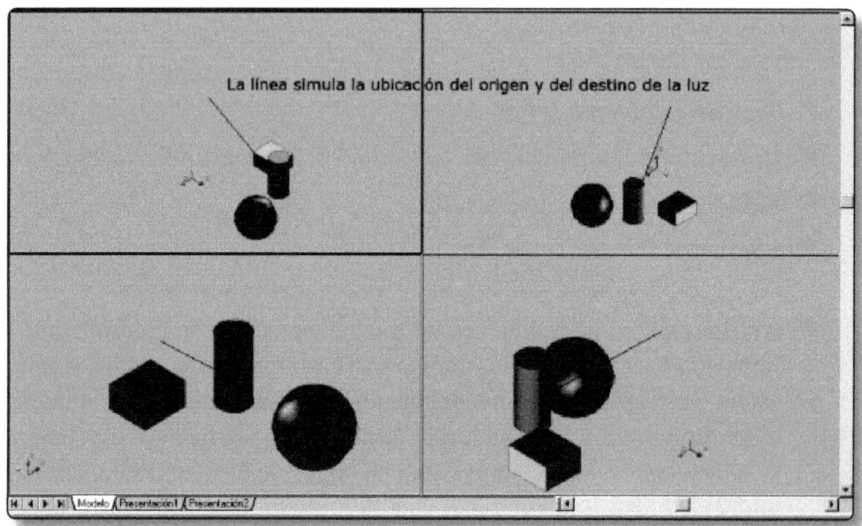

▼ **Nombre**: ponemos nombre.
▼ **Intensidad**: con un valor de 0 es como si la luz estuviera apagada.
▼ **Estado**: enciende o apaga la luz.
▼ **Sombra**: hace que la luz proyecte sombra. Sus opciones son: desactivada, con los bordes nítidos o con los bordes suaves (más realistas).
▼ **Color**: nos permite elegir el color de la luz.

Una vez creada la luz, podemos modificarla desde el panel de **Control de luces**.

22.4.4 Foco

Es una luz en una dirección. Debemos indicar el tamaño del haz. Su intensidad disminuye con la distancia.

Menú	Icono
Ver → Render → Luz → Nueva luz (foco)	
Ficha Visualizar. Grupo Luces.	

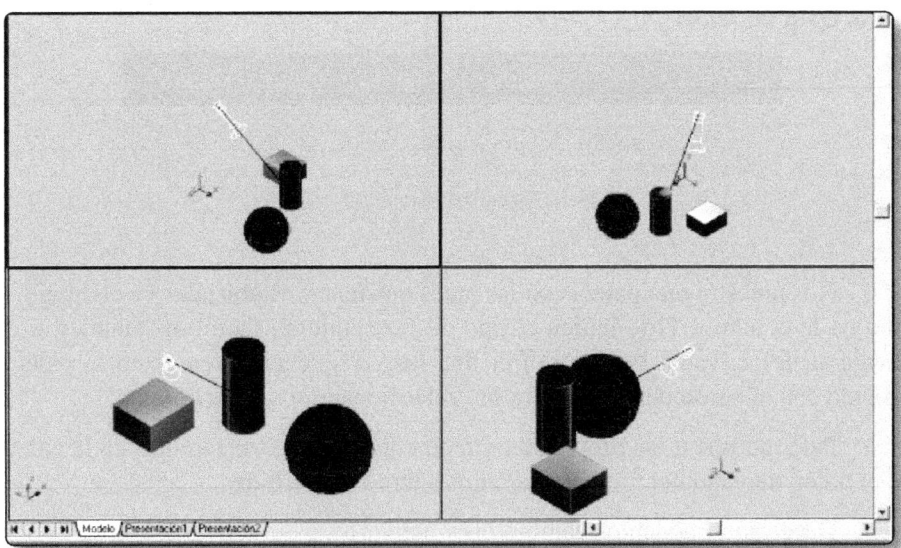

Nos pedirá la ubicación del origen del foco y la ubicación de su destino. A continuación, nos muestra las siguientes opciones:

- ▶ **Nombre**: ponemos nombre.
- ▶ **Intensidad**: con un valor de 0 es como si la luz estuviera apagada.
- ▶ **Haz de luz**: es el ángulo que define el cono de la luz. Por defecto, su valor es de 44 pero puede estar entre 0 y 160.
- ▶ **Difuminación**: es el espacio que hay entre la sombra y la luz, es decir, la penumbra.
- ▶ **Estado**: enciende o apaga la luz.
- ▶ **Sombra**: hace que la luz proyecte sombra. Sus opciones son: desactivada, con los bordes nítidos o con los bordes suaves (más realistas).
- ▶ **Atenuación**: si no aplicamos ninguna atenuación, el valor máximo de la intensidad será de 1 y los objetos se verán igual estén a la distancia que estén. Si le aplicamos una atenuación inversamente lineal, la intensidad es proporcional a la distancia a la que están las luces y disminuye con la distancia. Si aplicamos una atenuación inversa del cuadrado, la intensidad será la inversa del cuadrado de la distancia y disminuye con la distancia en esta misma proporción. Podemos delimitar la atenuación con los límites.
- ▶ **Color**: nos permite elegir el color de la luz.

Una vez creada la luz, podemos modificarla desde el panel de **Control de luces**.

22.4.5 Lista de luces

Menú	Icono
Ver → Render → Luz → Lista de luces	
Ficha Visualizar. Grupo Luces.	

Nos muestra una paleta con las luces que tenemos ubicadas en el dibujo. Un icono en la columna **Tipo** indica el tipo de luz (puntual, foco o distante) y si está activada o desactivada. Para suprimir una luz, la seleccionaremos en la paleta y, pulsando con el botón derecho del ratón, seleccionaremos **Suprimir**.

Para modificar las propiedades de una luz, la seleccionaremos en la paleta y con el botón derecho del ratón pulsaremos sobre **Propiedades**.

Desde aquí, podemos cambiarlas y activarlas o desactivarlas. Al seleccionar una propiedad, el panel de la parte inferior muestra una descripción de la misma.

22.5 PROPIEDADES DEL SOL

Menú	Icono
Ver → Render → Luz → Propiedades del sol	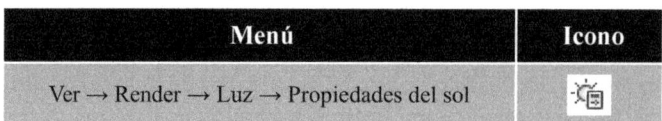

Abre el panel que nos permite establecer y modificar las propiedades del sol. Las opciones disponibles son:

▼ **General**:
- Estado: activa y desactiva el sol.
- Factor de intensidad: establece su intensidad o brillo. Cuanto más alto sea el valor, más brillante será la luz.
- Color: determina el color de la luz. Al pulsar sobre **Seleccionar color**, se abrirá un cuadro de diálogo desde donde podremos seleccionarlo.
- Sombras: activa y desactiva la visualización y el cálculo de sombras del sol.

▼ **Calculadora de orientación solar**:
- Fecha: permite seleccionar una fecha.
- Hora: permite seleccionar una hora.

- Cambios de hora: muestra el parámetro actual para el cambio de hora.
- Acimut: muestra el acimut, el ángulo del sol a lo largo del horizonte en sentido horario desde el norte. Este parámetro es de solo lectura.
- Altitud: muestra la altitud, el ángulo del sol verticalmente desde el horizonte. El máximo es 90 grados, o justo en lo más alto. Este parámetro es de solo lectura.
- Origen: muestra las coordenadas del vector de origen, la dirección del sol. Este parámetro es de solo lectura.

▼ **Detalles de sombras modelizadas**:
- Tipo: muestra el parámetro del tipo de sombra. Este parámetro es de solo lectura si la visualización de sombras está desactivada.
- Tamaño de mapa: muestra el tamaño del mapa de sombras. Este parámetro es de solo lectura si la visualización de sombras está desactivada.
- Suavidad: muestra el parámetro del aspecto de los bordes de las sombras. Este parámetro es de solo lectura si la visualización de sombras está desactivada.

22.5.1 Sistema de georrefenciación

AutoCAD 2019 permite la ubicación geográfica de un único punto. La nueva versión además permite asignar un sistema de coordenadas a todo el dibujo, pudiendo crear dibujos georreferenciados. Para poder realizarlo se necesita tener una cuenta en AutoCAD 360.

La georreferenciación se puede realizar tanto con un proyecto ya dibujado como el primer paso para poder dibujar un proyecto nuevo.

Para ello habrá que ir a la pestaña **Inserción** y a la opción de **Definir ubicación**, que podrá ser desde el mapa o desde un archivo de la red. Normalmente se realizará desde el mapa.

Aparecerá un buscador de cualquier dirección que se quiera introducir, puede introducirse por latitud y longitud, por ciudad, calle, etc.

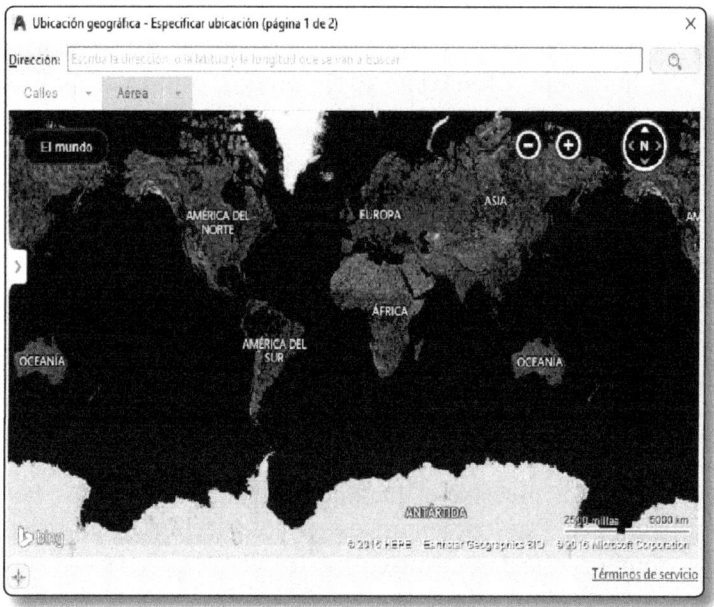

Una vez que se haya elegido la ubicación que se quiera insertar, hay diversos tipos de sistemas de coordenadas, que varían según la localización y el sistema utilizado por cada país. El sistema español aparece en la lista y es SPAIN-UTM.

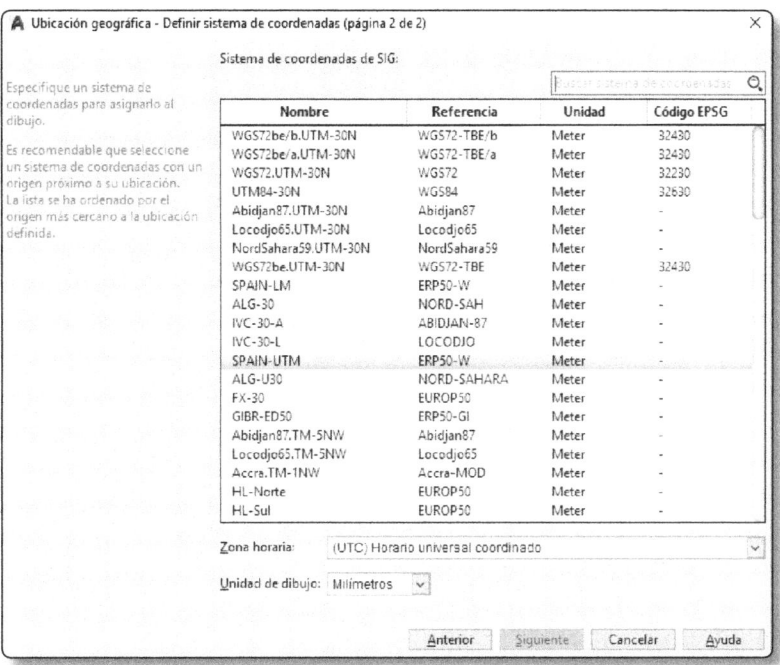

Una vez se hayan elegido las coordenadas a utilizar, se localizará el punto exacto donde se colocará la ubicación, que se podrá modificar posteriormente.

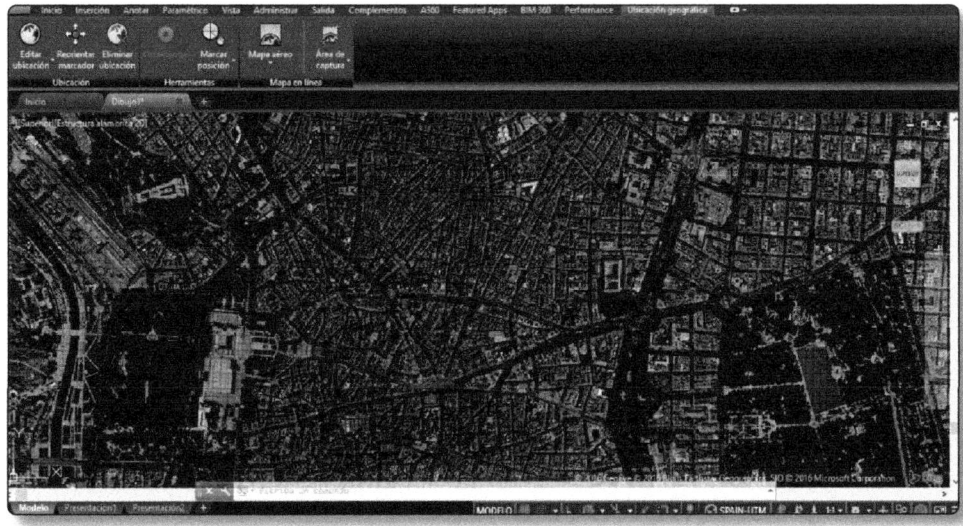

Las opciones de visualización del mapa pueden modificarse. Hay tres, que son: mapa aéreo, mapa de carreteras o uno mixto. Dependiendo de cuál sea el fin por el que se ha colocado la ubicación en AutoCAD, se podrán ir cambiando.

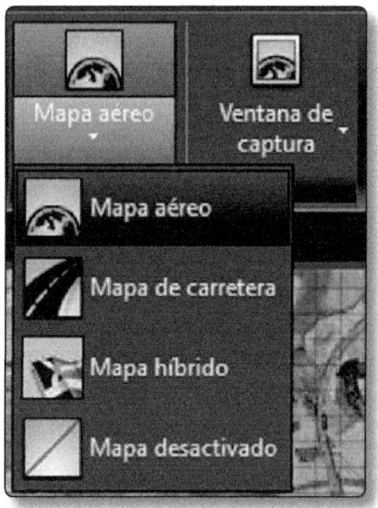

22.6 VER OPCIONES DE MODELIZADO

Menú	Icono
Ver → Render → Parámetros avanzados de modelizado	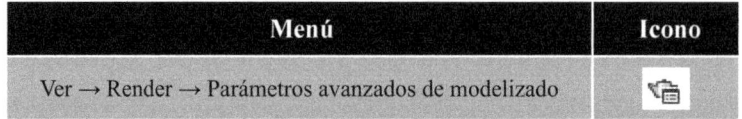

Aquí definiremos las preferencias de modelizado.

▶ **Lista de valores predefinidos de modelizado/Seleccionar valor predefinido de modelizado**: indica los valores predefinidos de modelizado originales, de menor a mayor calidad, y hasta cuatro valores predefinidos de modelizado personalizados. También permite acceder al **Administrador de valores predefinidos de modelización**.

▶ **Render(   ):** permite acceder directamente al renderizado del proyecto.

Contexto de modelización: contiene parámetros que afectan a la forma en que se modeliza el modelo.

Procedimiento de modelizado: existen tres: Vista, Recortar y Seleccionado.

Vista	Genera el modelizado de la vista actual sin mostrar el cuadro de diálogo **Render**.
Recortar	Debemos definir un área en la ventana que será la que se modelizará. Esta opción solo está disponible cuando se elige **Ventana gráf.** en el apartado **Destino**.
Seleccionado	Nos pide que designemos los objetos que se van a modelizar.

Destino: con la opción **Ventana**, modeliza en la ventana **Render** y con la opción **Ventana gráfica**, modeliza la ventana gráfica.

Nombre de archivo de salida: para indicar el nombre del archivo de imagen generado y el tipo. La lista **Tipo de archivo** muestra los siguientes formatos:

BMP (*.bmp)	Archivo de mapa de bits de imagen fija en el formato de mapa de bits de Windows (.bmp).
PCX (*.pcx)	Formato sencillo que ofrece una compresión mínima.
TGA (*.tga)	Formato de archivo que proporciona color verdadero de 32 bits (color de 24 bits más un canal alfa). Se utiliza normalmente como un formato de color verdadero.
TIF (*.tif)	Formato de mapa de bits multiplataforma.
JPEG (*.jpg)	Popular formato para la publicación de imágenes en Internet que ofrece un tamaño de archivo y un tiempo de descarga mínimos.
PNG (*.png)	Formato de imagen fija desarrollado para su uso en Internet y en la World Wide Web.

Tamaño de salida: muestra la resolución actual. Y un listado de opciones.

Materiales

Aplicar materiales: aplica los materiales de superficie definidos y enlazados a un objeto del dibujo.

Filtrado de textura: precisa el modo en el que se filtran los mapas de textura.

Forzar dos lados: controla si se modelizan ambos lados de las caras.

Muestreo

Mínimo de muestras: establece la tasa de muestras mínima. El valor representa el número de muestras por píxel. Un valor igual o mayor que 1 indica que se calculan una o más muestras por píxel.

Muestras máximas: indica la tasa de muestras máxima. Valor por defecto = 1.

Tipo de filtro: determina el modo en que se combinan varias muestras en un único valor de píxel. Los tipos de filtro son los siguientes:

Cuadrado	Suma todas las muestras del área del filtro con el mismo peso. Se trata del método de muestreo más rápido.
Gauss	Pesa las muestras mediante una curva de Gauss (tipo campana) centrada en el píxel.
Triángulo	Pesa las muestras mediante una pirámide centrada en el píxel.
Mitchell	Pesa las muestras mediante una curva centrada en el píxel.
Lanczos	Pesa las muestras mediante una curva centrada en el píxel, pero atenuando el efecto de las muestras en el borde del área del filtro.

Anchura de filtro y **Altura de filtro**: precisan el tamaño del área filtrada. El aumento de los valores de Anchura de filtro y Altura de filtro puede suavizar la imagen, pero incrementará el tiempo de modelizado.

Color de contraste: se abre el cuadro de diálogo **Seleccionar color** en el que se puede especificar de forma interactiva los valores de umbral de R,G,B.

Rojo, **Azul** y **Verde de contraste**: precisan los valores de umbral de los componentes rojo, azul y verde de las muestras. Estos valores están normalizados y oscilan entre 0,0 y 1,0, donde 0,0 indica que el componente de color está completamente insaturado (negro o bien, 0 en codificación de 8 bits) y 1,0 indica que el componente de color está totalmente saturado (blanco o bien, 255 en codificación de 8 bits).

Alfa de contraste: precisa el valor de umbral del componente alfa de las muestras. Este valor está normalizado y oscila entre 0,0 (completamente transparente o bien 0, en codificación de 8 bits) y 1,0 (completamente opaco o bien, 255 en codificación de 8 bits).

Sombras

Modo: el modo de sombras puede ser Simple, Ordenado o Segmentos.

Simple	Genera sombreadores en orden aleatorio.
Ordenado	Genera sombreadores en orden, desde el objeto hasta la luz.
Segmentos	Genera sombreadores en orden a lo largo del rayo de luz, desde los sombreadores de volumen hasta los segmentos del rayo de luz entre el objeto y la luz.

Mapa de sombras: determina si se utiliza un mapa de sombras para modelizar las sombras. Si se encuentra activado, modeliza sombras del mapa de sombras. Si se encuentra desactivado, todas las sombras son de trazado de rayos.

Trazado de rayos

Profundidad máxima: limita la combinación de reflexión y refracción.

Reflexiones máximas: establece el número de veces que un rayo se puede reflejar. Con el valor 0, no se produce reflexión. Con el valor 1, el rayo solo puede reflejarse una vez. Con el valor 2, el rayo puede reflejarse dos veces. Y así sucesivamente.

Refracciones máximas: establece el número de veces que un rayo se puede refractar. Con el valor 0, no se produce refracción. Con el valor 1, el rayo solo puede refractarse una vez. Con el valor 2, el rayo puede refractarse dos veces. Y así sucesivamente.

Iluminación indirecta

Iluminación global: afecta al modo en que se ilumina la escena.

Fotones/muestras: establece la cantidad de fotones utilizada para calcular la intensidad de la iluminación global. Si se aumenta este valor, la iluminación global presentará menos ruido, pero también será más borrosa. Si se disminuye este valor, la iluminación global presentará más ruido, pero será menos borrosa.

Utilizar radio: determina el tamaño de los fotones. Si está activado, el valor del control numérico establece el tamaño de los fotones. Si está desactivado, cada fotón se calcula como 1/10 del radio de la escena completa.

Radio: precisa el área dentro de la cual se utilizarán los fotones cuando se calcule la iluminancia.

Profundidad máxima: limita la combinación de reflexión y refracción. La reflexión y refracción de un fotón se detienen cuando el número total de ambos valores es igual al valor de Profundidad máxima. Por ejemplo, si Profundidad máxima es 3 y cada uno de los valores de profundidad de trazado es 2, un fotón puede reflejarse dos veces y refractarse una vez, o viceversa, pero no podrá reflejarse y refractarse cuatro veces.

Reflexiones máximas: establece el número de veces que un fotón se puede reflejar. Con el valor 0, no se produce reflexión. Con el valor 1, el fotón solo puede reflejarse una vez. Con el valor 2, el fotón puede reflejarse dos veces. Y así sucesivamente.

Refracciones máximas: establece el número de veces que un fotón se puede refractar. Con el valor 0, no se produce refracción. Con el valor 1, el fotón solo puede refractarse una vez. Con el valor 2, el fotón puede refractarse dos veces. Y así sucesivamente.

Final Gathering: calcula la iluminación global.

Rayos: establece el número de rayos que se utilizan en el cálculo de la iluminación indirecta con Final Gathering.

Modo de radio: determina el modo de radio para el procesamiento de Final Gathering. Las opciones son Activada, Desactivada o Vista.

Activada	Precisa que el parámetro Radio máximo se utilizará en el procesamiento de Final Gathering. El radio se especifica en unidades universales y el valor por defecto es el 10% de la circunferencia máxima del modelo.
Desactivada	Precisa que el radio máximo es por defecto el 10% del radio máximo del modelo, expresado en unidades universales.
Vista	Precisa el parámetro Radio máximo en píxeles, en lugar de hacerlo en unidades universales, y se utiliza en el procesamiento de Final Gathering.

Radio máximo: establece el radio máximo dentro del cual se realizará el proceso Final Gathering. Si se disminuye este valor, puede aumentar la calidad a costa de un aumento del tiempo de modelizado.

Radio mínimo: establece el radio mínimo dentro del cual se realizará el proceso Final Gathering. Si se aumenta este valor, puede mejorar la calidad, pero el tiempo de modelizado será mayor.

Propiedades de luz

Fotones/Luz: establece el número de fotones que emite cada luz para su uso en la iluminación global. Al aumentar este valor, se obtiene una mayor precisión de la iluminación global, pero también aumenta la cantidad de memoria utilizada y el tiempo de modelizado. Si este valor disminuye, mejora el uso de memoria y el tiempo de modelizado, y puede resultar útil para previsualizar efectos de iluminación global.

Multiplicador de energía: multiplica la iluminación global, la luz indirecta y la intensidad de la imagen modelizada.

Diagnóstico

Visual: ayuda a comprender el motivo por el que el modelizador se comporta de una manera determinada.

Rejilla: modeliza una imagen que muestra el espacio de coordenadas de objeto, universal o de cámara.

Objeto	Muestra coordenadas locales (UVW). Cada objeto tiene su propio espacio de coordenadas.
Universal	Muestra coordenadas universales (XYZ). Se aplica el mismo sistema de coordenadas a todos los objetos.
Cámara	Muestra coordenadas de cámara, que aparecen como una rejilla rectangular superpuesta en la vista.

Tamaño de rejilla: establece el tamaño de la rejilla.

Fotón: modeliza el efecto de un mapa de fotones. Modeliza, en primer lugar, la escena sombreada y, a continuación, la sustituye por la imagen en pseudocolor.

Densidad: modeliza el mapa de fotones tal y como se proyecta en la escena. Los valores de alta densidad se muestran en rojo y los inferiores se modelizan con colores progresivamente más fríos.

Irradiancia: similar al modelizado de densidad, pero sombrea los fotones en función de su irradiancia. La irradiancia máxima se modeliza en rojo y los valores inferiores, en colores progresivamente más fríos.

PEB

Profundidad: muestra la profundidad del árbol, con las caras superiores en color rojo intenso y utilizando colores cada vez más fríos para las caras a medida que estas aumentan su profundidad.

Tamaño: muestra el tamaño de las hojas del árbol, con hojas de diferentes tamaños para indicar colores distintos.

Procesando	
Tamaño de mosaico: determina el tamaño de mosaico para el modelizado. Para modelizar la escena, la imagen se divide en mosaicos. Cuanto menor es el tamaño de mosaico, mayor es la cantidad de actualizaciones de imagen que se generan durante el modelizado. Cuando se reduce el tamaño del mosaico, aumenta el número de actualizaciones de la imagen, lo que significa que el modelizado requiere más tiempo para completarse. Si aumenta el tamaño del mosaico, tendrán lugar menos actualizaciones de la imagen y el modelizado requerirá menos tiempo para completarse.	
Orden de mosaico: precisa el método utilizado para los mosaicos cuando se modeliza una imagen. Se puede elegir un método dependiendo de la preferencia de visualización de la imagen mientras esta se modeliza en la ventana **Render**.	
Hilbert	El próximo mosaico que se modeliza depende del coste de cambiar al siguiente.
Espiral	Los mosaicos se modelizan comenzando por el centro de la imagen y saliendo hacia fuera en espiral.
De izquierda a derecha	Los mosaicos se modelizan en columnas, de abajo a arriba y de izquierda a derecha.
De derecha a izquierda	Los mosaicos se modelizan en columnas, de abajo a arriba y de derecha a izquierda.
De arriba a abajo	Los mosaicos se modelizan en filas, de derecha a izquierda y de arriba a abajo.
De abajo a arriba	Los mosaicos se modelizan en filas, de derecha a izquierda y de abajo a arriba.
Límite de memoria: determina el límite de memoria para el modelizado. El modelizador mantiene un recuento de la memoria que se utiliza durante el proceso de modelizado. Si se alcanza el límite de memoria, la geometría de algunos objetos se descarta para asignar memoria a otros objetos.	

22.7 RENDERIZAR UN PROYECTO

Menú	**Icono**
Ver → Render → Render	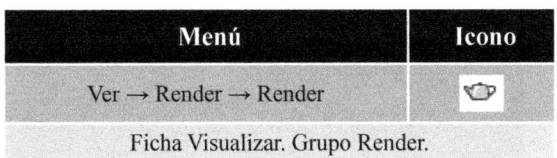
Ficha Visualizar. Grupo Render.	

En el apartado anterior, hemos definido las opciones de modelizado.

22.7.1 Ventana Render

AutoCAD 2019 ofrece nuevas opciones al proceso de renderización. Entre estas nuevas opciones está la de controlar el tiempo que tarda en realizarse el render.

Hasta ahora, el panel de selección de renderización únicamente permitía controlar la calidad del mismo, a más calidad más tiempo de renderizado. En están nueva versión se permite controlar la duración del render.

Al poder modificar el tiempo de duración del render, también se está modificando la cantidad de niveles de renderización, es decir, la calidad final del mismo. Cuando el tiempo es mayor, hay mayor cantidad de niveles, por lo que mejora la definición, los reflejos, los colores, los brillos y las transparencias.

El renderizado se puede aplicar del mismo modo que en las versiones anteriores, por lo que es posible de realizarlo de igual manera que hasta ahora.

Los distintos tipos de niveles de renderización que ofrece la nueva versión son:

- **Bajo**: aplica un nivel de renderizado (render más rápido con pequeño tamaño de imagen y de peor calidad).

- **Medio**: aplica cinco niveles de renderizado.

- **Alto**: aplica diez niveles de renderizado.

- **Calidad una pausa café**: dura diez minutos.

- **Calidad un almuerzo**: dura 60 minutos.

- **Calidad una noche**: dura 12 horas (render muy lento con gran tamaño de imagen y calidad superior).

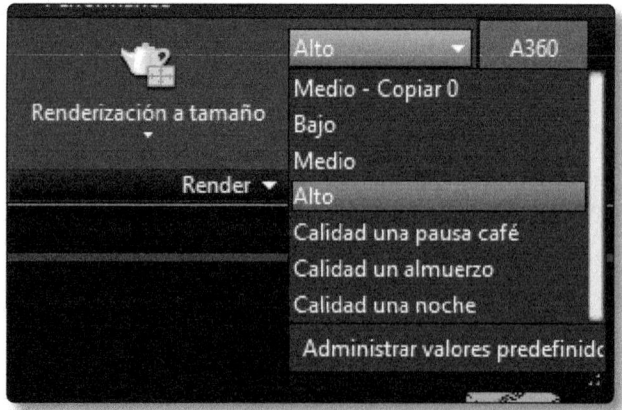

La ventana **Render** está dividida en tres paneles:

▼ **Panel de imagen**: nos muestra la imagen modelizada.

▼ **Panel de estadísticas**: está ubicado a la derecha y muestra los parámetros utilizados para el modelizado.

▼ **Panel de historial**: se encuentra en la parte inferior y nos proporciona un historial reciente de imágenes modelizadas del modelo actual y un medidor de progreso del modelizado.

Se puede abrir una ventana **Render** independiente para cada dibujo. Las opciones que tenemos en la ventana **Render** son:

▼ **Menú Archivo**: guarda imágenes modelizadas.

    ● **Salir**: cierra la ventana **Render**. Al volver a abrir la ventana **Render**, se conservará el historial de los modelizados anteriores.

▼ **Menú Ver**:

    ● **Barra de estado**: muestra la barra de estado debajo del panel **Historial**.

    ● **Panel de estadísticas**: muestra el panel de estadísticas completo.

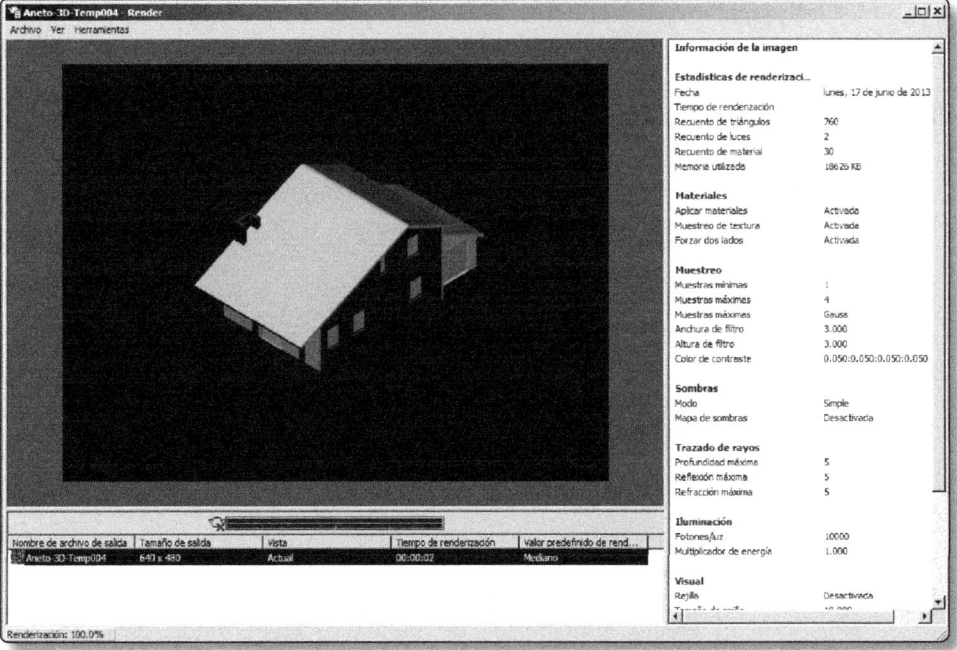

▼ **Menú Herramientas**: proporciona comandos para ampliar y reducir una imagen modelizada.

▼ **Panel Historial**: la parte inferior de la ventana **Render** alberga el panel **Historial**, en el que se puede examinar un historial reciente de imágenes modelizadas del modelo actual.

▼ **Menú contextual del Panel Historial**: al pulsar el botón derecho del ratón en una entrada de **Historial**, aparece un menú con las siguientes opciones:

- Volver a modelizar.
- Reiniciar el modelizador para la entrada de historial seleccionada.
- Guardar.
- Guardar copia.
- Convertir parámetros de modelizado en actuales.
- Eliminar de la lista.
- Suprimir archivo de salida.
- Eliminar la imagen modelizada del panel **Imagen**.

▼ **Panel de estadísticas**: proporciona un área, en la parte derecha de la ventana **Render**, en la que se pueden ver detalles sobre el modelizado y los parámetros de modelizado en vigor al crear la imagen.

22.8 ESTADÍSTICAS DE UNA RENDERIZACIÓN

Al renderizar un proyecto, nos mostrará una ventana que nos informará de la última renderización y de sus propiedades y valores.

22.9 APLICAR NIEBLA

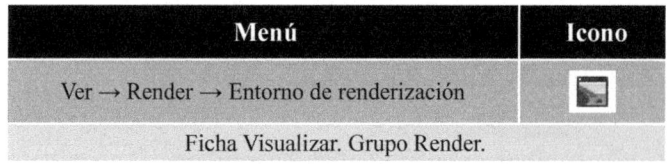

Menú	Icono
Ver → Render → Entorno de renderización	
Ficha Visualizar. Grupo Render.	

Nos hace el efecto atmosférico de niebla o, si el fondo es negro, de profundidad.

▼ **Activar niebla**: la activa o la desactiva.

▼ **Color**: configura el color para la niebla.

▼ **Fondo niebla**: efecto también sobre el fondo de la escena.

▼ **Distancia cercana o lejana**: indica dónde debe empezar la niebla y dónde debe acabar.

▼ **Porcentaje de niebla cercana o lejana**: adecua la densidad de la niebla de cerca y de lejos.

22.10 PASEO Y VUELO

Este comando simula un vuelo sobre un objeto en tres dimensiones. Para comenzar un paseo, entraremos en el menú **Ver → Paseo y vuelo → Paseo** y **Ver → Paseo y vuelo → Vuelo**.

Al iniciar el comando, nos indica que este solo puede estar activo cuando la vista está en perspectiva. Una vez que hayamos aceptado se abre el panel de **Trabajo de paseo** o de **Vuelo**, según el que hayamos elegido.

Tenemos los siguientes apartados:

▼ **Zoom ampliar**: aumenta la visualización en el localizador.

▼ **Zoom reducir**: disminuye la visualización en el localizador.

▼ **Extensión**: es como el *zoom* extensión.

▼ **Vista preliminar**: nos muestra la posición en el modelo.

▼ **Color de indicador de posición**: podemos indicar el color que queremos para el indicador de posición.

▼ **Tamaño de indicador de posición**: podemos indicar el tamaño que queremos para el indicador de posición. Podemos elegir **Pequeño**, **Mediano** o **Grande**.

▼ **Parpadeo de indicador de posición**: activa o desactiva el parpadeo.

▼ **Indicador de mira**: muestra un indicador para situar la mira de la vista.

▼ **Color de indicador de mira**: permite cambiar el color del indicador de mira.

▼ **Vista preliminar de transparencia**: podemos elegir un valor de transparencia entre 0 y 95.

▼ **Vista preliminar de estilo visual**: establece el estilo visual de la vista preliminar.

Por último, describiremos los parámetros de configuración de paseo y vuelo desde el menú **Ver → Paseo y vuelo → Parámetros de Paseo y vuelo**.

▸ **Mostrar ventana de instrucciones**: nos pide que elijamos cuándo debe abrirse la ventana de instrucciones: **Al iniciar los modos de paseo y vuelo**, **Una vez por sesión** o **Nunca**.

▸ **Mostrar ventana de localizador de posición**: nos indica si se abre la ventana de localizador de posición al iniciar el modo de paseo.

▸ **Parámetros de dibujo actual**: nos pide que especifiquemos estos parámetros para el dibujo actual.

▸ **Tamaño de paso de paseo/vuelo**: indica el tamaño de cada paso en unidades de dibujo.

▸ **Pasos por segundo**: indica el número de pasos que se producen por segundo.

22.11 CÁMARAS

A veces necesitamos tener distintas vistas de un diseño 3D en un mismo plano. Una manera de conseguirlo es creando vistas a partir de cámaras. Para crear una cámara entraremos en el menú:

Barra de comandos	Icono
Cámara	
Ficha Visualizar. Grupo Cámara.	

Vamos a definir algunos elementos que necesitamos para configurar la cámara.

En primer lugar nos pedirá la ubicación de la cámara y, a continuación, la ubicación de la mira. Después tenemos las siguientes opciones:

▸ **?**: muestra la lista de las cámaras que tenemos.

▸ **Nombre**: para asignar un nombre a la cámara.

▸ **Ubicación**: es el punto en el que situaremos la cámara.

▸ **Altura**: cambia la altura de la cámara.

▸ **Mira**: indica el punto hacia donde mira la cámara.

▼ **Distancia focal**: son las propiedades del factor de ampliación de la lente. Si la distancia focal es grande, el campo visual será más estrecho.

▼ **Planos delimitadores frontal y posterior**: se ocultará todo lo que se encuentra entre la cámara y el plano delimitador frontal y todo lo que se encuentra entre el plano delimitador posterior y la mira.

▼ **Ver**: establece la vista que tenemos en pantalla para que cambie por la de la cámara.

▼ **Salir**: acaba la orden.

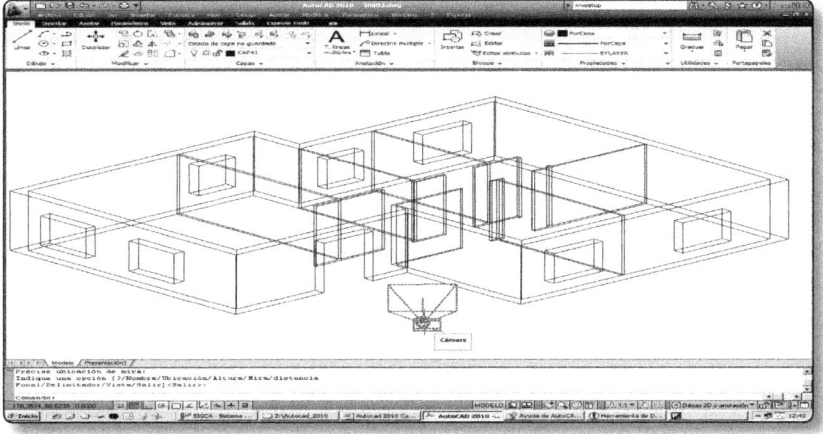

Al pulsar sobre una cámara, veremos la ventana de **Vista preliminar** de la misma.

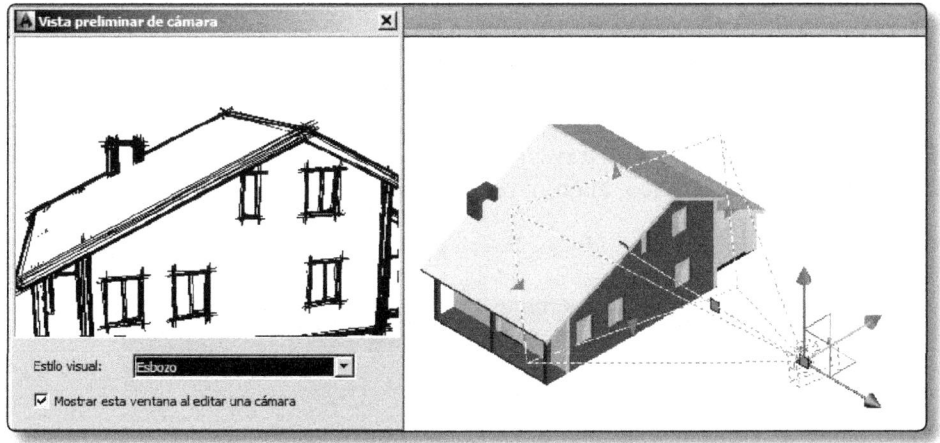

Tenemos también a nuestra disposición los pinzamientos de la cámara, que nos permitirán cambiar tamaños o reubicar la cámara o la mira. Si las cámaras no aparecieran en el dibujo, es porque no están activas. Para activarlas, entraremos en el menú 🎥 **Ver** → **Visualización** → **Cámaras**. Desde el menú de **Propiedades**, podremos cambiar el nombre o las propiedades de la cámara con medidas exactas.

22.12 ANIMACIÓN

Podemos generar dos tipos de animaciones: animación de vista preliminar y animación de trayectoria de movimiento.

22.12.1 Animación de vista preliminar

Podemos crear la animación de vista preliminar a partir de los comandos de **Órbita 3D** y de **Paseo y vuelo**.

Para comenzar la animación, pulsaremos sobre el botón **Iniciar grabación de animación**.

A continuación, nos moveremos por el dibujo; podemos utilizar el comando de **Paseo y vuelo**. Mientras ejecutamos este comando, podemos pulsar el botón derecho y seleccionar otro modo de navegación. También podemos pulsar sobre **Pausa de grabación de animación** para configurar otro modo de navegación o ajustar los parámetros de la animación.

Para ver el resultado, pulsaremos sobre **Reproducir animación**. Al acabar, podemos guardarla. Los tipos de archivo permitidos son: AVI, MPG, MOV o WMV.

22.12.2 Animación de trayectoria de movimiento

Este tipo de animación tiene la característica de que se puede vincular tanto la cámara como la mira a una trayectoria para crear el movimiento. Esta puede ser una línea, arco, arco elíptico, círculo, polilínea, polilínea 3D o spline.

Entraremos en:

Menú	Icono
Ver → Animaciones de trayectoria de movimiento	🎞
Ficha Visualizar. Grupo Animaciones.	

Tenemos las siguientes opciones para vincular la cámara o la mira:

- **Designar punto**: seleccionamos un punto en el dibujo que las ubicará.
- **Seleccionar trayectoria**: seleccionamos una trayectoria en el dibujo que las ubicará. Si ya existen trayectorias en el dibujo, nos las mostrará en una lista desplegable.

Después deberemos darle un nombre a la cámara y ajustar los parámetros de animación. A continuación, pulsaremos **Previsualizar** o bien, **Guardar**. Los parámetros de la animación son los siguientes:

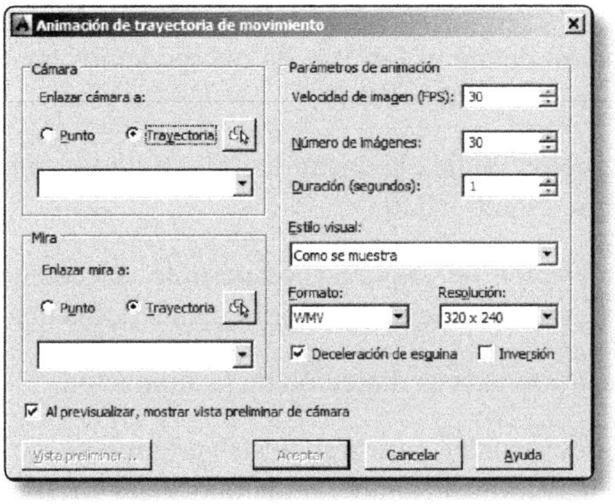

- **Cámara**:
  - Enlazar cámara a: debemos seleccionar si enlazamos la cámara a un punto o a una trayectoria y en cada caso seleccionar el objeto.
  - Lista de puntos/trayectorias: si existen previamente nos mostrará una lista.
- **Mira**:
  - Enlazar mira a: debemos seleccionar si enlazamos la mira a un punto o a una trayectoria y en cada caso seleccionar el objeto.
  - Lista de puntos/trayectorias: si existen previamente nos mostrará una lista.
  - Parámetros de animación: define las propiedades de la salida del archivo de animación.

432   ARGA03 - INTRODUCCIÓN AL DIBUJO 2D CON AUTOCAD   © RA-MA

- Velocidad de imagen (FPS): el valor va de 1 a 60; el valor por defecto es 30. Indica la velocidad a la que se ejecutará la animación en fotogramas por segundo.

- Número de marcos: define el número total de marcos (fotogramas) de la animación. En definitiva, determina la longitud de la animación, junto a la velocidad.

- Duración (segundos): precisa la duración (en secciones) de la animación.

- Estilo visual: muestra los estilos visuales predefinidos que podemos aplicar.

- Formato: define el formato en que podemos guardar una animación: AVI, MOV, MPG o WMV.

- Resolución: indica la anchura y altura de la animación. El valor, por defecto, es 320 x 240.

- Deceleración de esquina: nos permite seleccionar que la cámara se mueva a una velocidad inferior cuando dobla una esquina.

- Invertir: invierte la dirección de la animación.

- Al previsualizar, mostrar vista preliminar de cámara: activa la visualización del cuadro de diálogo **Vista preliminar de animación**, que permite previsualizar la animación antes de guardarla.

- Vista preliminar: nos muestra una vista preliminar de la animación.

22.13 STEERINGWHEELS (RUEDAS)

Las ruedas nos permiten tener un acceso rápido a las distintas opciones de navegación posibles, según en el contexto en que estemos.

Menú	Icono
Ver → Steeringwheels	
Ficha Vista. Herramientas de Ventana Gráfica.	

Para seleccionar una opción pulsaremos sobre el sector elegido de la rueda y, sin soltar el botón del ratón, lo arrastraremos hasta la ventana en la que queremos cambiar el punto de vista. Al soltar el botón del ratón volveremos a la rueda.

Si pulsamos sobre la rueda con el botón derecho del ratón nos aparecerá un menú contextual desde el que podremos personalizarla.

Desde **Parámetros de Steeringwheel**, tenemos acceso a otras opciones de configuración.

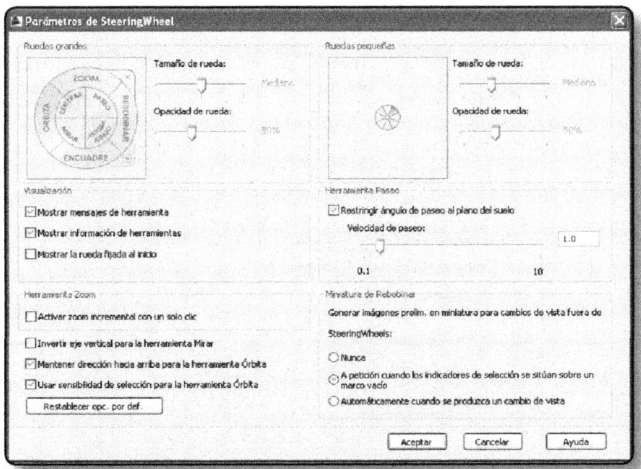

Con las teclas **Escape** o **Intro** o pulsando con el botón derecho en la rueda y seleccionando **Cerrar rueda**, cerraremos la misma.

22.14 VIEWCUBE

ViewCube nos permite cambiar de vistas 2D a 3D y viceversa.

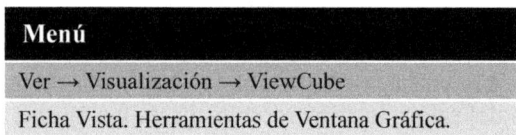

Menú
Ver → Visualización → ViewCube
Ficha Vista. Herramientas de Ventana Gráfica.

Si **ViewCube** está inactivo, se verá transparente en la ventana de dibujo; sin embargo, si está activo, se verá opaco tapando la vista de los objetos del modelo.

Para visualizarlo seleccionaremos **Visualización de ViewCube** en la ficha **Vista** del panel **Navegación**.

La dirección Norte de la brújula de **ViewCube** se basa en las direcciones Norte y Arriba definidas por el SCU del modelo.

Podemos controlar su tamaño, la posición en pantalla, la visualización del menú **SCP** y la brújula en el cuadro de diálogo **Parámetros de ViewCube**.

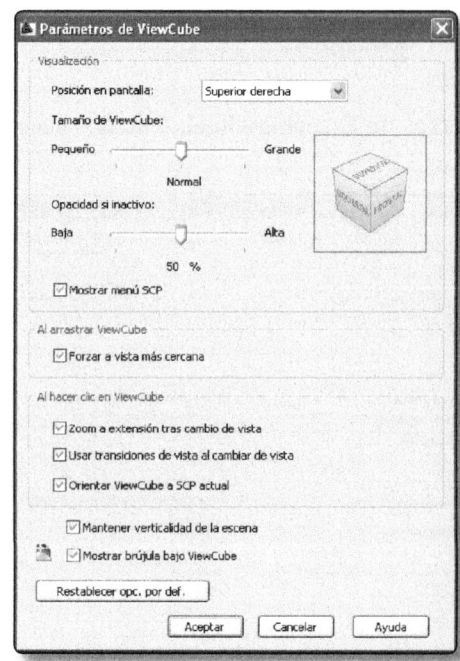

22.15 SHOWMOTION

ShowMotion nos permite crear y reproducir animaciones de cámara denominadas instantáneas, que luego se pueden modificar o colocar en secuencias.

Existen tres tipos de instantáneas:

▼ **Estáticas**: tienen una sola posición de la cámara guardada.

▼ **Cinemáticas**: utilizan una sola posición de la cámara y se les aplica movimientos adicionales de la cámara cinemática.

▼ **Paseo grabado**: le permite hacer clic y arrastrar el ratón a lo largo de la ruta de la animación deseada.

22.15.1 Crear una instantánea Estática

Para crear una instantánea Estática seleccionaremos el menú **Ver** → **ShowMotion** y haremos un clic en el icono de **Nueva instantánea**.

En el cuadro de diálogo **Propiedades de nueva vista/instantánea**, escribiremos un nombre en **Nombre de la vista** y seleccionaremos una **Categoría de vista** en la lista desplegable. En el **Tipo de vista** seleccionaremos **Estática**. En la ficha de **Propiedades de instantánea** elegiremos el **Tipo de transición** y la **Duración de la transición**. Al **Aceptar** aparecerá una nueva miniatura de instantánea.

22.15.2 Crear una instantánea Cinemática

En el cuadro de diálogo **Propiedades de nueva vista/instantánea**, escribiremos un nombre en **Nombre de la vista** y seleccionaremos una **Categoría de vista** en la lista desplegable. En el **Tipo de vista** seleccionaremos **Cinemática**. En la ficha de **Propiedades de instantánea** elegiremos el **Tipo de transición** y la **Duración de la transición**.

En la opción de **Movimiento** estableceremos la **Posición de la cámara** así como la **Duración de la instantánea** y la **Distancia de la cámara**.

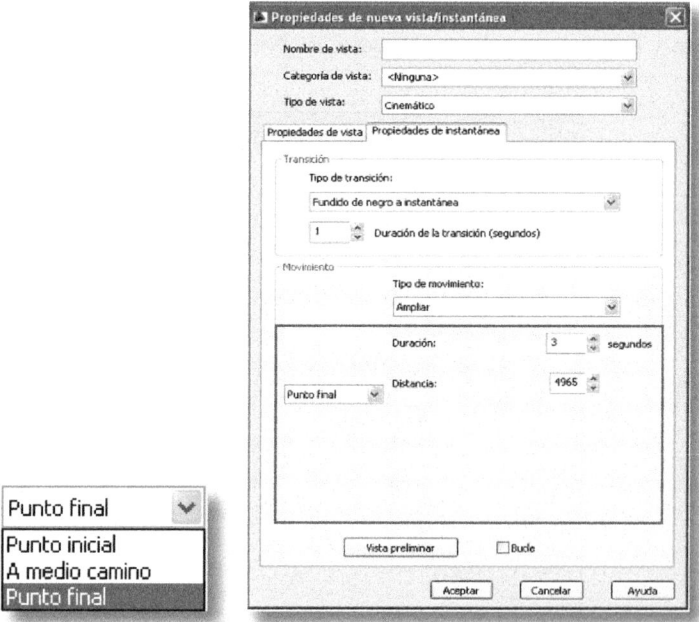

Al **Aceptar** aparecerá una nueva miniatura de instantánea.

22.15.3 Crear una instantánea de paseo grabado

En el cuadro de diálogo **Propiedades de nueva vista/instantánea**, escribiremos un nombre en **Nombre de la vista** y seleccionaremos una **Categoría de vista** en la lista desplegable. En el **Tipo de vista** seleccionaremos **De paseo grabado**.

En la ficha de **Propiedades de instantánea** elegiremos el **Tipo de transición** y la **Duración de la transición**. En **Movimiento**, haremos un clic en el botón **Iniciar grabación**. Haremos un clic en el **Lienzo 3D** y arrastraremos el ratón a lo largo de la ruta deseada de la animación. Para finalizar la grabación soltaremos el ratón.

Al **Aceptar** aparecerá una nueva miniatura de instantánea.

22.15.4 Modificar una instantánea

Para modificar una instantánea ya creada haremos un clic en el marco vacío situado a la derecha de la instantánea. Se abrirá el cuadro de diálogo **Propiedades de nueva vista/instantánea**. Escribiremos en el cuadro **Nombre de la vista**, el nombre de la instantánea que se desea modificar y en la ficha **Propiedades de instantáneas** cambiaremos los parámetros deseados. Haremos un clic en el botón **Vista preliminar** para asegurarnos de los cambios y pulsaremos **Aceptar**.

23

ACOTAR EN 3D

23.1 PREPARAR LOS OBJETOS PARA ACOTAR

Antes de acotar debemos saber dónde vamos a colocar la cota porque la acotación en 3D no existe. Nos tenemos que basar en lo que sabemos de 2D y de SCP y aplicarlo a los objetos tridimensionales.

23.2 CAMBIAR EL SCP

En la acotación lineal, haremos que la cota horizontal corresponda a la posición del eje X y la cota vertical, a la del Y. También tendremos en cuenta, como si trabajásemos en 2D, hacia qué lado mirará la cota. Para ello, debemos fijarnos en la posición del icono X, Y. A la altura en la que definamos el SCP la cota se situará.

24

UTILIDADES

24.1 REVISAR ARCHIVOS

Menú	Icono
Archivo → Ayudas al dibujo → Revisar	[?]

AutoCAD proporciona una descripción de cada error detectado y recomienda la acción apropiada para corregirlo.

24.2 COMPARATIVA DE DWG

Esta nueva función de AutoCAD permite realizar una comparativa gráfica entre dos versiones de un dibujo o XREF, identifica las diferencias entre ellas.

Permite ver rápidamente los cambios que existen, revisar la construcción, ver enfrentamientos, etc.

El primer paso para realizar la comparación será abrir uno de los dos archivos que se quieren comparar.

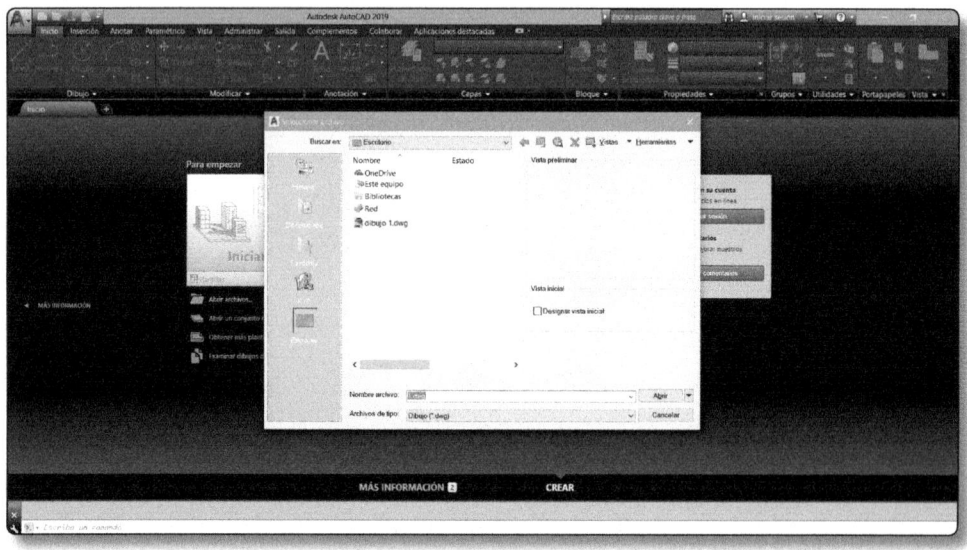

El dibujo 1 está formado por unas figuras geométricas determinadas, mientras que en el archivo 2 se habrán borrado alguna de estas figuras.

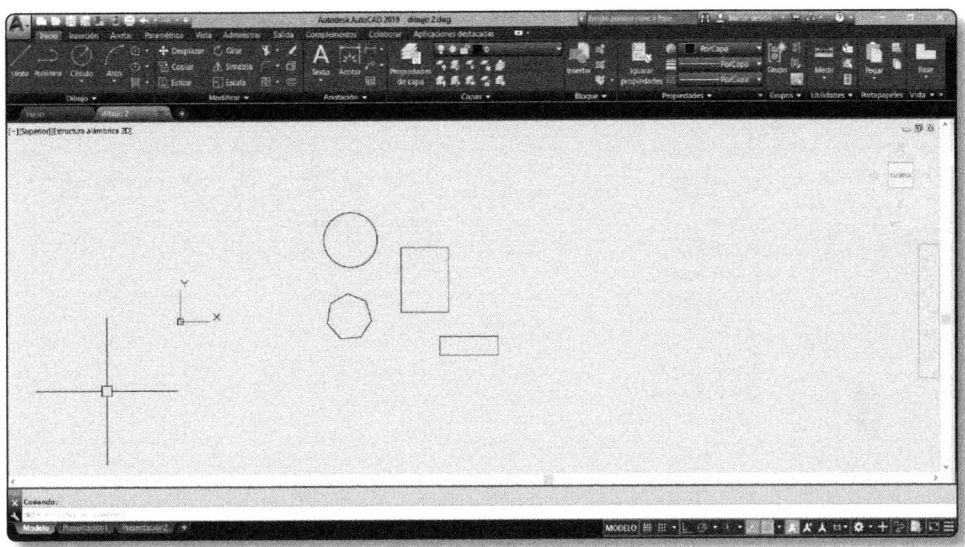

En el panel superior de selección existe una nueva pestaña que se llama "Colaborar", y una de las opciones es "Comparar DWG".

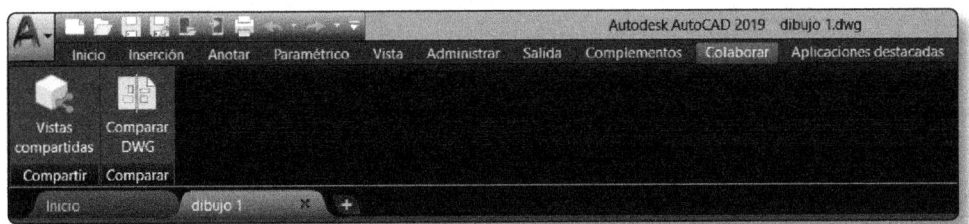

Al seleccionarla aparecerá una ventana de diálogo en la que pedirá que añadamos la ruta de un segundo archivo (DWG 2), que será el archivo con el que se realizará la comparación.

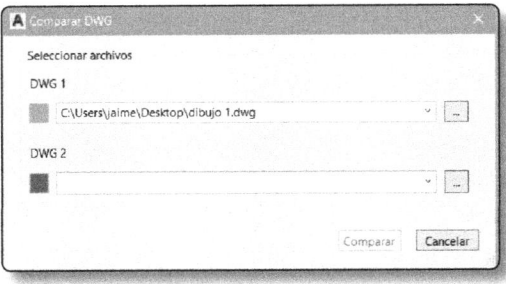

Se abrirá una nueva ventana de diálogo donde habrá que seleccionar el archivo de dibujo que se desee.

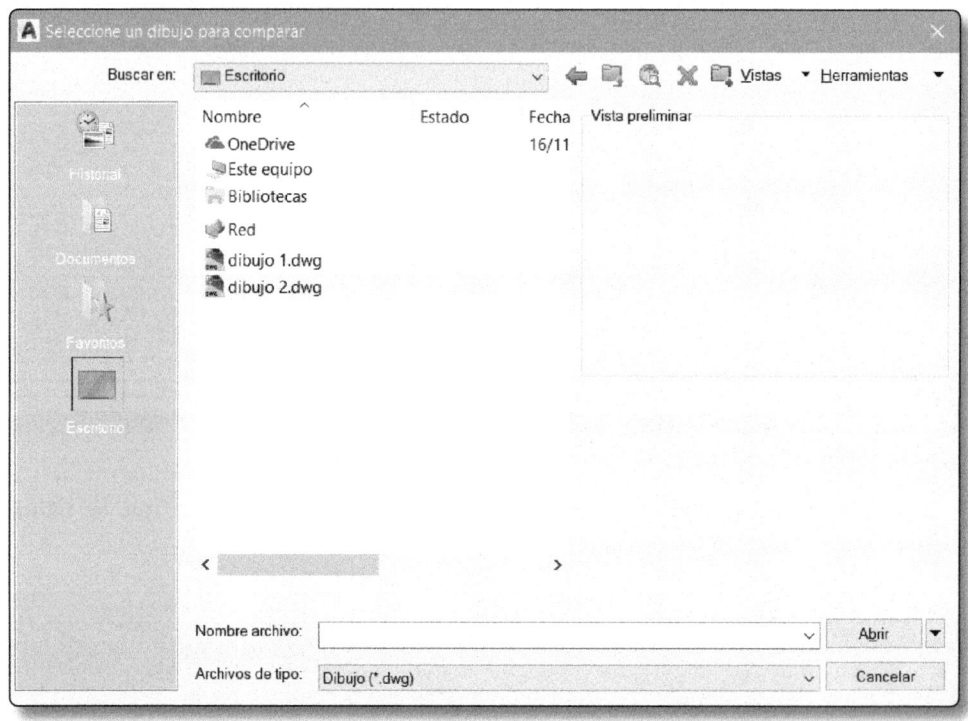

Una vez que se han seleccionado los dos archivos de dibujo para comparar, el botón "Comparar" aparecerá activado.

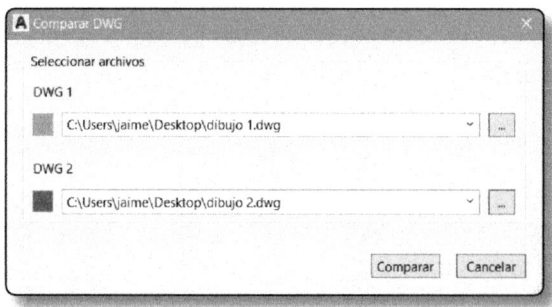

Una vez hecha la comparativa, en el propio dibujo aparece marcado con una nube de puntos los elementos que varían de un archivo al otro. Estos elementos aparecerán de un color determinado según el archivo en el que se encuentre, verde si pertenecen solo al archivo 1 o rojo si pertenecen al archivo 2. En color gris aparecerán los dibujos que son comunes a los dos.

24.3 RECUPERAR ARCHIVOS

Menú	Icono
Archivo → Ayudas al dibujo → Recuperar	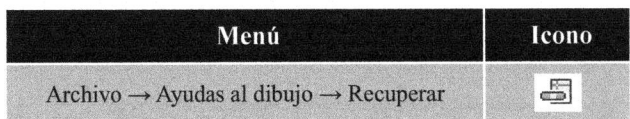

Restaura ficheros deteriorados.

Si AutoCAD chequea que el dibujo que se va a abrir está dañado, cuando ejecutamos el comando **Abre** se repara automáticamente y borra los archivos antiguos. Para saber si un archivo está dañado, AutoCAD se basa en la información que contiene la cabecera del dibujo.

Tenemos también la opción de recuperar archivos dañados a través del administrador.

Menú
Archivo → Ayudas al dibujo → Administrador de recuperación de dibujos

Esta acción recupera los dibujos que necesitamos restituir y que debido a un fallo del programa o del sistema se incluyen en **Archivos de copia de seguridad**. Al abrir el administrador, nos mostrará un listado con los archivos que pueden ser restituidos.

24.4 MACRO DE ACCIONES

La grabadora de acciones nos permitirá automatizar tareas repetitivas. Se grabarán los comandos y las entradas que sean ejecutadas en la barra de comandos, a excepción de las que abren o cierran archivos de dibujo. Si se abre un cuadro de diálogo solo se grabará la visualización del mismo, pero no los cambios realizados en el cuadro.

Para comenzar a grabar una macro de acciones seleccionaremos:

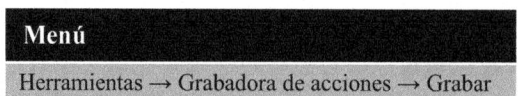

Menú
Herramientas → Grabadora de acciones → Grabar

Y desde la **Cinta de opciones** → **Administrar** → **Grabadora de acciones**.

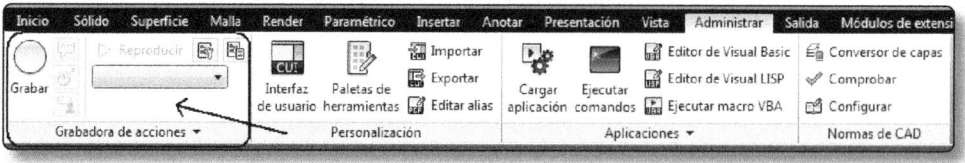

Durante la grabación de una macro de acciones, aparecerá junto al cursor un círculo rojo que nos indicará que la grabadora de acciones está activa y grabando.

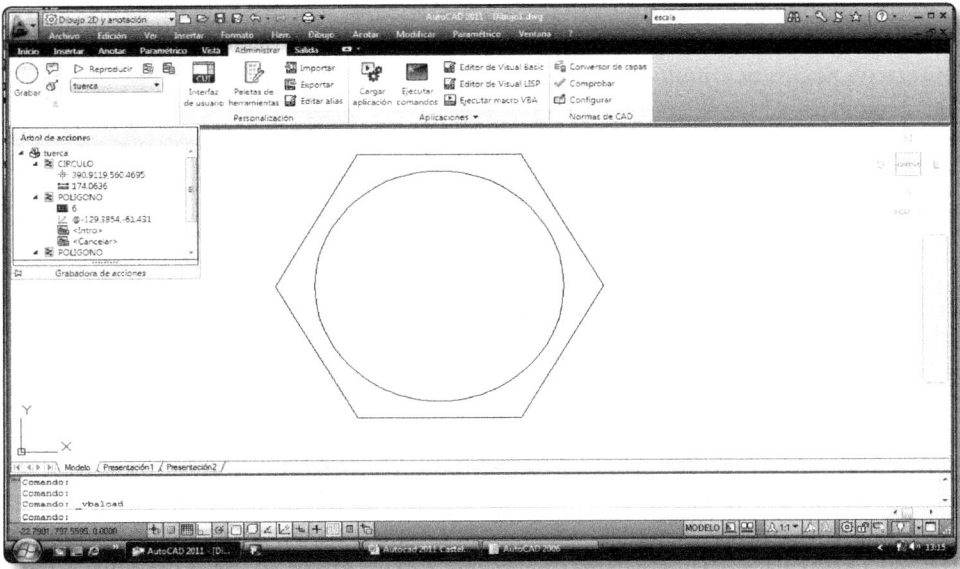

Durante la reproducción, la edición o la grabación de una macro de acciones, podemos acceder a una acción individual ampliando el panel **Grabadora de acciones** para abrir el **Árbol de acciones**. En él podemos modificar y suprimir los nodos de acción o valores de entrada grabados.

Para detener una grabación seleccionaremos el icono **Detener** del panel **Grabadora de acciones** de la ficha **Herramientas** de la **Cinta de opciones**.

Automáticamente se nos abrirá el cuadro de diálogo **Macro de acciones**. Ahora escribiremos el nombre en el cuadro de texto **Nombre de comando de macro de acciones**. También podemos añadir una observación en el cuadro de texto **Descripción**.

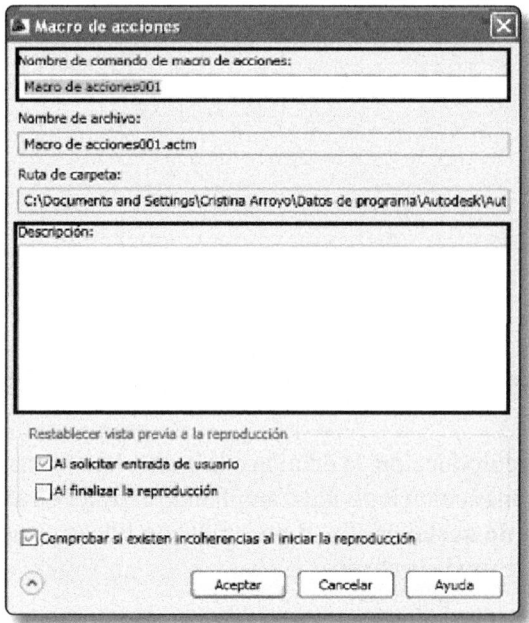

Los distintos criterios que podemos seleccionar son:

Restablecer vista a la reproducción, debemos indicar en qué momento vuelve a la vista normal:

▸ Al solicitar entrada de usuario.
▸ Al finalizar la reproducción.

Comprobar si existen incoherencias al iniciar la reproducción para que la grabadora de acciones valide la macro de acciones antes de reproducirla.

Para finalizar la grabación de la macro de acciones pulsaremos **Aceptar**. Si queremos detener la grabación de una macro de acciones, seleccionaremos el icono **Detener** del panel **Grabadora de acciones** de la ficha **Herramientas** de la **Cinta de opciones**. Automáticamente se nos abrirá el cuadro de diálogo **Macro de acciones**. Ahora pulsaremos **Cancelar**.

24.4.1 Copiar una macro para crear otra nueva

Si queremos copiar una macro de acciones ya existente para crear una nueva seleccionaremos el panel **Grabadora de acciones** y haremos un clic en el desplegable de la lista de macros de acciones seleccionando la que deseamos copiar.

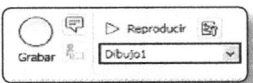

A continuación, en el **Árbol de acciones**, nos situaremos sobre la macro seleccionada y haremos un clic con el botón derecho del ratón seleccionando la opción **Copiar**.

Automáticamente se nos abrirá el cuadro de diálogo **Macro de acciones**. Ahora escribiremos el nombre en el cuadro de texto **Nombre de comando de macro de acciones** y seleccionaremos de forma opcional los criterios explicados anteriormente. Para finalizar pulsaremos **Aceptar**.

24.4.2 Insertar o borrar una acción

Desde el árbol de acciones podemos suprimir, insertar o cambiar el orden de una acción pulsando con el botón derecho del mismo sobre la acción deseada.

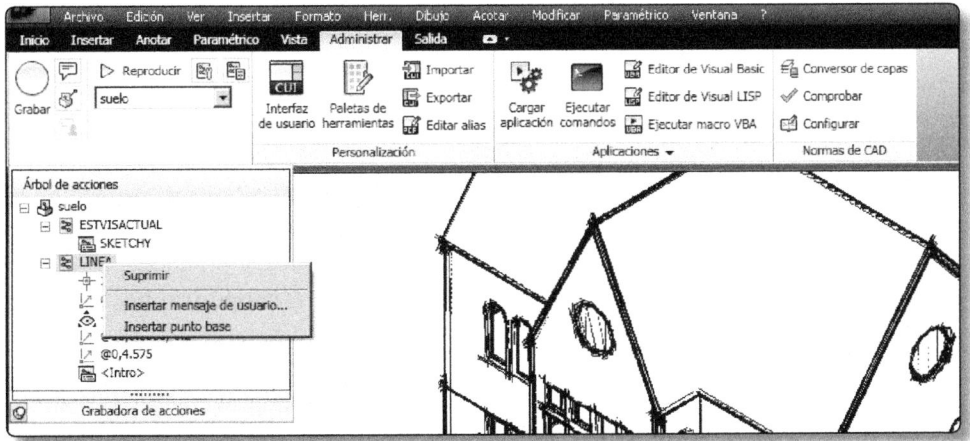

24.4.3 Guardar una macro de acciones grabada

La extensión de los archivos de las macros será ACTM.

Para cambiar la ubicación del fichero de macros seleccionaremos el menú **Herramientas → Opciones**. Automáticamente se nos abrirá el cuadro de diálogo **Opciones**. Dentro de la ficha **Archivos**, en la lista de nodos, haremos un clic con el botón izquierdo del ratón en el signo más (+) situado junto a **Parámetros de la grabadora de acciones**.

A continuación haremos un clic con el botón izquierdo del ratón en el signo más (+) que aparece junto a **Ubicación del archivo de grabación de acciones** y especificaremos la nueva ruta de la carpeta. Para finalizar pulsaremos **Aceptar**.

24.4.4 Preferencias de la grabadora de acciones

Para cambiar las preferencias de la grabadora de acciones seleccionaremos el icono **Preferencias ( )** del panel **Grabadora de acciones** de la ficha **Herramientas** de la **Cinta de opciones**. Se nos abrirá el cuadro de diálogo **Preferencias de la grabadora de acciones**.

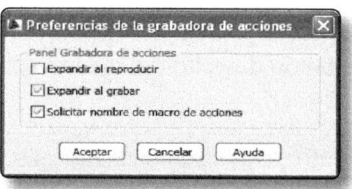

Tenemos las siguientes opciones:

▼ Expandir al reproducir, que ampliará el panel **Grabadora de acciones** cuando se reproduzca una macro.

▼ Expandir al grabar, que ampliará el panel **Grabadora de acciones** cuando grabemos.

▼ Solicitar nombre de macro de acciones para mostrar el cuadro de diálogo **Macro de acciones**. Si esta opción está desactivada, se utiliza el nombre por defecto para guardar la macro de acciones grabada.

Para finalizar pulsaremos **Aceptar**.

24.5 CONVERTIR AME

Escribir en la línea de comandos "Convertame". Convierte Ame de las versiones 11 y 12 de la Extensión de Modelado Avanzado en sólidos. Los objetos designados deben ser regiones o sólidos de *Advanced Modeling Extension*® (AME®) versión 2 o 2.1. AutoCAD ignorará los demás objetos.

24.6 CONSULTAR ÁREA

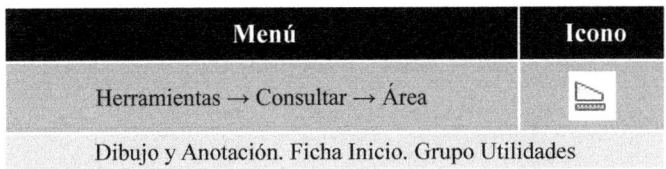

Menú	Icono
Herramientas → Consultar → Área	
Dibujo y Anotación. Ficha Inicio. Grupo Utilidades	

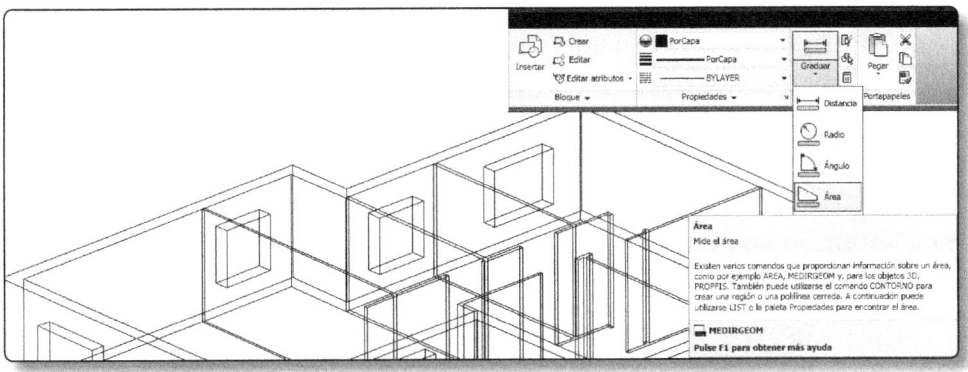

Hay que señalar el **Primer punto de esquina** e ir designando los otros que forman el área. Nos dará información sobre el área y el perímetro.

Si es un objeto, hay que designarlo. Dependiendo del tipo de objeto nos indicará:

- ► En el círculo, el área y la longitud de la circunferencia.
- ► En una polilínea cerrada, el área y el perímetro.
- ► En una polilínea abierta, el área (une el último punto y el primero imaginariamente) y la longitud.
- ► Si es una región o una spline, el área y la longitud.
- ► Si es un sólido, el área y la longitud.

Otras opciones son:

▶ **Objeto**: calculará el área del objeto seleccionado.
▶ **Añadir**: se selecciona al inicio y va sumando todas las superficies.
▶ **Diferencia**: se selecciona primero el área mayor con **Añadir** y después el resto con **Diferencia**.

24.7 CONSULTAR LA DISTANCIA ENTRE DOS PUNTOS

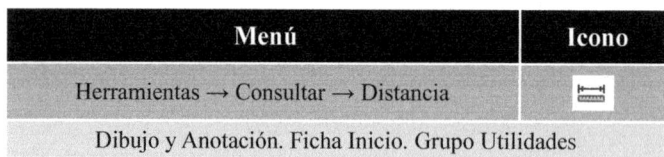

Menú	Icono
Herramientas → Consultar → Distancia	
Dibujo y Anotación. Ficha Inicio. Grupo Utilidades	

Se seleccionan el **Primer punto** y el **Segundo punto** y nos da la distancia entre ellos. Los datos que nos proporciona son:

▶ La distancia entre los puntos.
▶ El ángulo formado por los puntos en el plano XY.
▶ El ángulo de los puntos del plano XY.
▶ El incremento o el cambio de distancias X, Y y Z entre ellos.

24.8 IDENTIFICAR LAS COORDENADAS DE UN PUNTO

Menú	Icono
Herramientas → Consultar → Coordenadas punto	
Dibujo y Anotación. Ficha Inicio. Grupo Utilidades	

Averigua las coordenadas de un punto en el plano.

Podemos seleccionar un punto en el plano y nos devuelve su valor.

O también al escribir un valor en la zona de comandos y nos indicará dónde está ese punto en el plano.

Para poder visualizarlo, tendremos que cambiar el valor de la variable *Blipmode* a 1.

24.9 CONSULTAR LOS DATOS GEOMÉTRICOS

Menú	Icono
Herramientas → Consultar → Lista	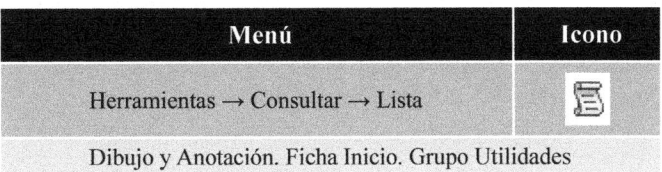
Dibujo y Anotación. Ficha Inicio. Grupo Utilidades	

Nos da datos de una o varias entidades:

Si es una línea, nos da las coordenadas, la longitud, la dirección y su proyección.

Si es un círculo, el centro, el radio, la circunferencia y el área.

24.10 CONSULTAR EL ESTADO DE UN PLANO

Menú	Icono
Herramientas → Consultar → Estado	
Dibujo y Anotación. Ficha Inicio. Grupo Utilidades	

La información que nos da es la siguiente:

▸ Número de objetos del dibujo.
▸ Límites del papel.
▸ Caja de abarque, si es mayor que los límites.
▸ Extensión de la visualización.
▸ Base de inserción.
▸ Paso de resolución (el forzamiento del cursor).
▸ Espacio actual (modelo/papel).
▸ Capa, color, línea y elevación actuales.
▸ Relleno, rejilla, referencia a objetos (si las hay por defecto).
▸ Espacio libre en disco (*bytes*).
▸ Memoria física libre (*Mbytes*).

24.11 CONSULTAR EL TIEMPO DE EJECUCIÓN

Menú	Icono
Herramientas → Consultar → Fecha/hora	🕐
Dibujo y Anotación. Ficha Inicio. Grupo Utilidades	

Nos muestra los siguientes datos:

- ▶ Hora actual.
- ▶ Tiempo para este dibujo.
- ▶ Fecha de creación.
- ▶ Última actualización.
- ▶ Tiempo de edición total.
- ▶ Cronómetro usuario.
- ▶ Guardado automático.
- ▶ Visualizar: permite volver a ver los datos.
- ▶ Act/des: activa/desactiva el cronómetro.
- ▶ Redefinir: pone el cronómetro a 0.

24.12 CONFIGURAR EL TAMAÑO DE APERTURA.

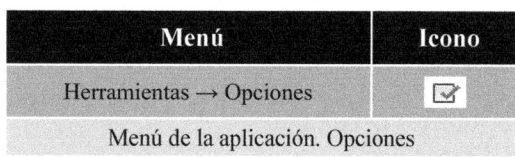

Menú	Icono
Herramientas → Opciones	☑
Menú de la aplicación. Opciones	

En la pestaña de **Dibujo** seleccionaremos **Apertura**.

Es el tamaño del cuadrado y el color que aparece cuando nos referimos a un punto concreto con referencia a objetos

24.13 CONFIGURAR EL ARRASTRE

Si su valor es 2, aparece de forma interactiva cuando dibujamos un círculo. Si desactivamos la opción **Arrastre** y le damos el radio o el diámetro, aparecerá el círculo.

Para abrir esta orden, escribiremos "Arrastre" en la línea de comandos.

24.14 PREFERENCIAS DE CONFIGURACIÓN

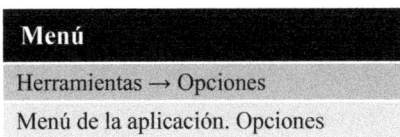

Menú
Herramientas → Opciones
Menú de la aplicación. Opciones

Aquí nos aparecerán las opciones para configurar el programa, por ejemplo, la impresora, el tiempo de guardado automático, los colores de la ventana de AutoCAD, las rutas de búsqueda...

24.15 LIMPIAR DIBUJOS

Elimina capas, tipos de línea, bloques... que no hemos utilizado. Sirve para que el fichero ocupe menos espacio.

Menú	Icono
Archivo → Ayudas al dibujo → Limpiar	

24.16 RENOMBRAR ELEMENTOS

Menú	Icono
Formato → Cambiar nombre	

Podemos cambiar el nombre de cualquiera de los siguientes elementos: bloque, capa, estilos de texto, vista, estilo de acotación, tipo de línea, SCP, ventanas, estilos de impresión, estilos de tablas y materiales. Se pueden utilizar caracteres comodines para renombrar varios elementos a la vez.

Caracteres comodín	
Carácter	**Definición**
# (Almohadilla)	Equivale a cualquier número.
@ (Arroba)	Equivale a cualquier carácter alfabético.
. (Punto)	Equivale a cualquier carácter no alfanumérico.
* (Asterisco)	Equivale a cualquier cadena y puede ser utilizado en cualquier lugar de la cadena de búsqueda.
? (Signo de interrogación)	Equivale a cualquier carácter. Por ejemplo, ?BC equivale a ABC, 3BC, etc.
~ (Tilde)	Equivale a cualquier cosa que no sea lo precisado. Por ejemplo, ~*AB* equivale a todas las cadenas que no incluyan AB.
[ ]	Equivale a uno cualquiera de los caracteres delimitados por corchetes. Por ejemplo, [AB]C es igual a AC y BC.
[~]	Equivale a cualquier carácter que no sean los delimitados por corchetes. Por ejemplo, [~AB]C puede ser XC pero nunca AC.
[-]	Precisa un intervalo. Por ejemplo, [A-G]C es igual a AC, BC, etc., hasta GC, pero no HC.
` (Acento grave)	La cadena siguiente se toma literalmente. Por ejemplo, `*AB es igual a *AB.

24.17 CALCULADORA

Podemos utilizar esta herramienta para calcular los valores de un punto que sea útil para aplicarlo a un comando. Ejecuta distintos tipos de cálculos, tanto matemáticos como científicos y geométricos. Además, convierte distintas unidades de medida.

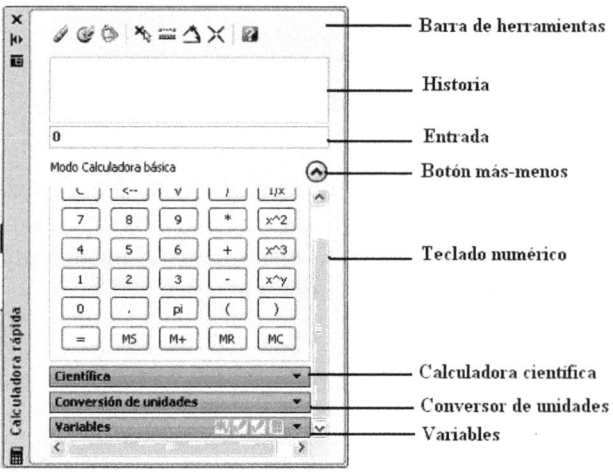

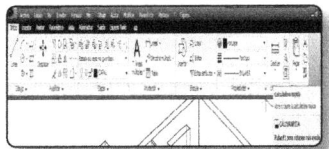

Herramientas → **Paletas** → **Calculadora rápida**. O bien, desde la ventana de comandos escribir "cr". Si queremos utilizarla en modo transparente, escribiremos "'cr".

Barra de herramientas
Borrar: borra el contenido de la entrada.
Borrar historial: borra el historial.
Pegar valor en línea de comandos: pega el valor que dé entrada en la ventana de comandos. Si se utiliza la calculadora en modo transparente, este botón es sustituido por el botón aplicar en la parte inferior de la calculadora. Pega el valor del cuadro de entrada en la línea de comandos.
Obtener coordenadas: al seleccionar esta opción, nos pide que designemos un punto. Las coordenadas del mismo se pegarán en el cuadro de entrada.
Distancia entre dos puntos: calcula la distancia entre dos puntos.
Ángulo de línea definido por dos puntos: calcula el ángulo formado por dos puntos de un mismo objeto.
Intersección de dos líneas definida por cuatro puntos: calcula la intersección formada por cuatro puntos en el espacio.
Ayuda: muestra la ayuda de la calculadora rápida.
Área de historial
Muestra un listado de las últimas acciones efectuadas. Tiene un menú contextual con el que podremos copiar el contenido de esta área en el portapapeles.
Cuadro de entrada: en este apartado se introducen y recuperan las expresiones.
Botón Más/Menos: muestra u oculta las funciones de la calculadora.
Teclado numérico: es un teclado de calculadora estándar donde deberemos introducir números y símbolos de las expresiones aritméticas. Para obtener un resultado, deberemos pulsar la tecla igual (=) o **Intro**.
C (Borrar): borra cualquier dato del cuadro de entrada y restablece su valor en 0.
<-- (Retroceso): mueve el cursor un espacio a la izquierda en el cuadro de entrada, eliminando un lugar decimal o un carácter de la pantalla.
sqt (Raíz cuadrada): obtiene la raíz cuadrada de un valor.
1/x (Inverso): invierte cualquier número o expresión introducidos en el cuadro de entrada.
x^2 (X elevado a 2): calcula el cuadrado de un valor.
x^3 (X elevado a 3): eleva al cubo cualquier número o expresión introducidos en el cuadro de entrada.

x^y (X elevado a Y): eleva a la potencia especificada cualquier número o expresión introducidos en el cuadro de entrada.

pi: introduce el valor de pi con 14 decimales en el cuadro de entrada.

((Paréntesis de apertura)) (Paréntesis de cierre): cuando se combinan en pares, agrupan parte de la expresión. Los elementos contenidos en un grupo entre paréntesis se evalúan antes que el resto de la expresión.

= (Igual): evalúa la expresión introducida actualmente en el cuadro de entrada.

MS (Almacenar en memoria): almacena el valor actual en la memoria de la calculadora rápida.

M+ (Añadir a valor almacenado en memoria): añade el valor actual al valor almacenado en la memoria de la calculadora rápida.

MR (Restituir valor de memoria): si hay un valor almacenado actualmente en la memoria de la calculadora rápida, dicho valor se restituye en el cuadro de entrada.

MC (Borrar memoria): borra el valor actualmente almacenado en la memoria de la calculadora rápida.

Calculadora científica

Calcula las expresiones trigonométricas, logarítmicas y exponenciales.

sin (Seno): calcula el seno de un ángulo.

cos (Coseno): calcula el coseno de un ángulo.

tang (Tangente): calcula la tangente de un ángulo.

Log (Logaritmo de base 10): calcula el logaritmo del valor indicado.

10^x (Exponente de base 10): calcula el exponente de base 10 del valor indicado.

asin (Arcoseno): calcula el arcoseno del número indicado. El número debe encontrarse entre -1 y 1.

acos (Arcocoseno): calcula el arcocoseno del número indicado en el cuadro de entrada. El valor debe encontrarse entre -1 y 1.

atan (Arcotangente): calcula el arcotangente de un número.

ln (Logaritmo natural): calcula el logaritmo natural de un número.

e^x (Exponente natural): calcula el exponente natural de un número.

r2d (Convertir radianes en grados): convierte a grados ángulos expresados en radianes.

d2r (Convertir grados en radianes): convierte a radianes ángulos expresados en grados.

abs (Valor absoluto): devuelve el valor absoluto de un número.

rnd (Redondear): redondea el número indicado en el cuadro de entrada al entero más cercano.

trunc (Truncar): devuelve la parte entera del número indicado en el cuadro de entrada.

Conversor de unidades

Convierte unidades de medida de un tipo de unidad a otro.

Tipo de unidades: seleccionaremos longitud, área, volumen o ángulo.

Convertir desde: muestra el listado de las unidades de medida que se pueden convertir.

Convertir a: muestra el listado de las unidades de medida a las que se puede realizar la conversión.

Valor para convertir: aquí introduciremos el valor que queremos convertir.

Valor convertido: muestra el resultado de la conversión.

Icono de calculadora: copia el resultado de la conversión en el cuadro de entrada de la calculadora.

Área de variables

En este apartado, tenemos acceso a constantes y funciones predefinidas. Podemos personalizarlo añadiendo nuevas.

Árbol de variables: almacena las funciones de método abreviado predefinidas y variables definidas por nosotros.

Función de método abreviado	Método abreviado para	Descripción
dee	dist(end,end)	Calcula la distancia entre dos puntos finales.
ille	ill(end,end,end,end)	Calcula la intersección de dos líneas definidas por cuatro puntos finales.
mee	(end+end)/2	Calcula el punto medio entre dos puntos finales.
nee	nor(end,end)	Calcula el vector unitario en el plano XY y normal a dos puntos finales.
rad	rad	Calcula el radio de un círculo, arco o arco de polilínea seleccionado.
vee	vec(end,end)	Calcula el vector entre dos puntos finales.
vee1	vec1(end,end)	Calcula el vector unitario entre dos puntos finales.

Botón Variable nueva: abre el cuadro de diálogo para definir una nueva variable.

Botón Editar variable: abre el cuadro de diálogo para poder realizar cambios en la variable seleccionada.

Botón Suprimir: suprime la variable seleccionada.

Botón Calculadora: devuelve la variable seleccionada al cuadro de entrada.

24.18 CORREGIR LA ORTOGRAFÍA

Hay que seleccionar la palabra o frase a corregir. Si está mal escrita, el diccionario del programa nos propondrá una palabra para sustituirla.

Menú	Icono
Herramientas → Ortografía	ABC
Ficha texto. Grupo Anotar.	

Tenemos las siguientes opciones:

▼ **Diccionario actual**: nos muestra el nombre del diccionario que tenemos en uso.

▼ **Palabra actual**: muestra la palabra que se está revisando.

▼ **Sugerencias**: muestra las sugerencias para el cambio.

▼ **Ignorar**: ignora la palabra seleccionada.

▼ **Ignorar todo**: ignora todas las palabras restantes que coincidan con la palabra seleccionada.

▼ **Cambiar**: sustituye la palabra seleccionada por la palabra del cuadro **Sugerencias**.

▼ **Cambiar todo**: sustituye la palabra seleccionada en todos los objetos de texto designados.

▼ **Añadir**: añade la palabra seleccionada al diccionario personalizado actual.

▼ **Buscar**: muestra una lista de palabras similares a la palabra seleccionada.

▼ **Cambiar diccionarios**: nos permite, por medio de un cuadro de diálogo, cambiar el diccionario.

▼ **Contexto**: muestra la frase en la que aparece la palabra actual.

24.19 VISTAS CON NOMBRE

Esta orden la utilizaremos cuando tengamos que cambiar constantemente los puntos de vista. Podemos guardar, además de los puntos de vista, vistas de cámara, de presentación, predefinidas y otras características.

Menú	Icono
Ver → Vistas guardadas	
Ficha Vistas. Grupo Visualizar.	

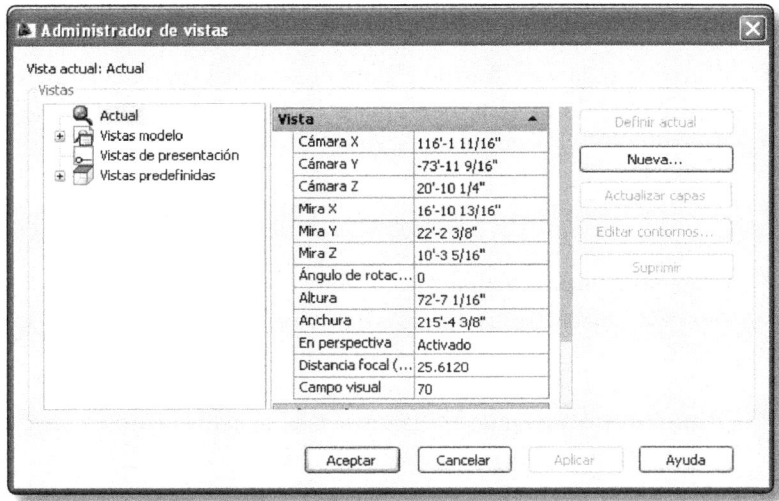

En el apartado **Vistas**, nos mostrará las que tengamos guardadas. Disponemos de las siguientes alternativas:

Modo	Descripción
Actual	Nos muestra la vista que tenemos en ese momento en la pantalla.
Vistas modelo	En este apartado, nos indica las vistas que hemos guardado en el espacio modelo.
Vistas de presentación	En este apartado, nos indica las vistas que hemos guardado en el espacio papel.
Vistas predefinidas	Muestra una lista de las vistas predefinidas en el programa.

En la parte central de la ventana, nos muestra las propiedades de la vista que tenemos seleccionada en el apartado **Vistas**. La información que nos proporciona es la siguiente:

▼ **General**: establece el sistema de coordenadas.

▼ **Vistas**: muestra la distancia focal y si la perspectiva está activada o desactivada. Indica la dirección de la vista.

▼ **Delimitador**: nos muestra la distancia de los delimitadores. Esta información no existe en las vistas de presentación.

En la parte derecha, disponemos de las siguientes opciones:

▼ **Nueva**: le ponemos **Nombre**, para crear una vista nueva que tendrá las propiedades de la vista que aparezca en pantalla como actual en esos momentos.

▼ **Definir actual**: la vista seleccionada es la que aparecerá en pantalla.

▼ **Actualizar capas**: actualiza la información de capa guardada para que coincida con la visibilidad de capa en el espacio modelo o la ventana gráfica.

▼ **Editar contornos**: muestra la vista seleccionada centrada y reducida. El resto del área de dibujo estará más tenue.

▼ **Suprimir**: elimina la vista seleccionada.

25

TRANSFERENCIA DE FICHEROS

25.1 INTERCAMBIO DE FICHEROS

Si queremos enviar una copia de un dibujo de AutoCAD a una empresa y no sabemos qué programa de diseño utiliza, debemos recurrir a los diversos formatos de exportación disponibles en AutoCAD.

Como formato de intercambio, hay que destacar Dxf, que se ha convertido en estándar. AutoCAD permite exportar o recuperar ficheros de este tipo.

25.2 HERRAMIENTAS DE MIGRACIÓN (MEJORADO)

Es posible migrar la configuración y los archivos de versiones anteriores a las nuevas de forma más sencilla. Las opciones de la configuración aparecen automáticamente y el usuario decide cuáles desea migrar.

25.3 REFERENCIAS EXTERNAS

No se trata de un proceso de intercambio de dibujos, sino de la posibilidad de incorporar información de otros dibujos designados por el usuario. Este procedimiento puede resultar útil cuando deseamos coordinar diversos dibujos realizados por diferentes usuarios y crear uno nuevo que contenga las referencias de los otros. Una de sus características es que si tenemos una modificación en el dibujo a insertar, cuando abrimos el que lo contiene, este se actualizará. Si tenemos capas, bloques... AutoCAD los llamará **Nombre del dibujo/capa** (excepto a la capa 0 que se integra en la 0 actual). La capa no se puede renombrar a menos que se una definitivamente al dibujo.

Es parecido a Insert, pero en este caso no se duplica la información. Aunque el resultado es el mismo, no se podrá descomponer la referencia a menos que se una definitivamente al dibujo actual.

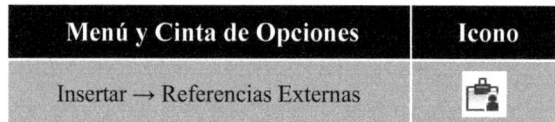

Menú y Cinta de Opciones	Icono
Insertar → Referencias Externas	

Aparece la paleta de referencias externas del dibujo. Las opciones de los iconos de la parte superior de la paleta son:

- **Enlazar**: vincula una referencia externa al dibujo actual.
  - Enlazar dwg.
  - Enlazar imagen.
  - Enlazar dwf.
  - Enlazar dgn.
  - Enlazar pdf.
  - Enlazar nube de puntos.
- **Actualizar**:
  - Renovar.
  - Volver a cargar todas las referencias.

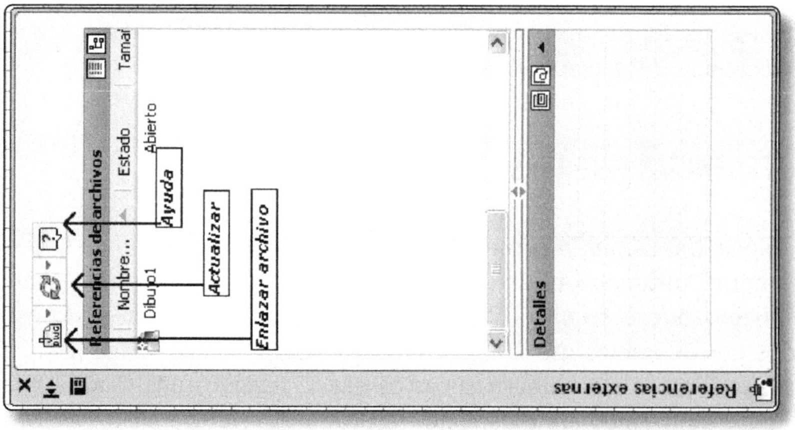

En el apartado **Referencia de archivos**, nos muestra una lista con todos los archivos enlazados al dibujo actual. Los tipos de iconos nos indicarán lo siguiente:

▶ **Estado**:

- Cargada: la referencia externa está cargada.
- Descargada: la referencia externa está preparada para su descarga.
- No encontrada: no se encuentra en las rutas habilitadas para referencias externas.
- No resuelta: la referencia no se puede leer.
- No referenciada: la referencia está enlazada a otro archivo y su estado es de No resuelta.

▶ **Icono**:

- Indica el icono de dibujo actual.
- Enlace de un calco subyacente DWF.
- Enlace de DWG (refX).
- Superposición de DWG (refX).
- Enlace de una imagen ráster.

Si pulsamos con el botón derecho del ratón sobre el área vacía de esta ventana tendremos las siguientes opciones:

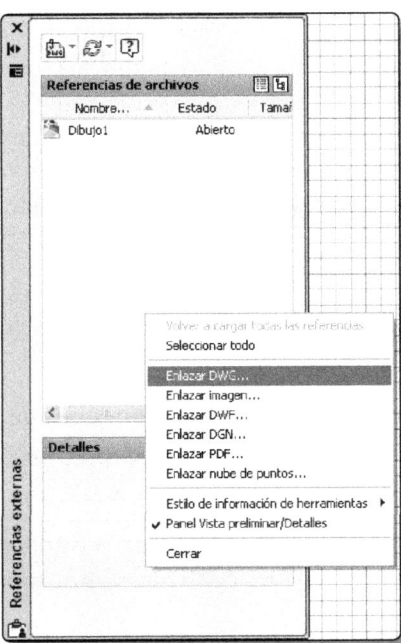

▶ **Volver a cargar todas las referencias**.
▶ **Seleccionar todo** (excepto el dibujo actual).
▶ **Enlazar DWG**.
▶ **Enlazar imagen**.
▶ **Enlazar DWF**.
▶ **Enlazar DGN**.
▶ **Enlazar PDF**.
▶ **Enlazar nube de puntos**.
▶ **Asociar desde Vault**: solamente estará visible si está instalado el cliente Vault.
▶ **Iniciar sesión**: para conectarse al servidor Vault.
▶ **Cerrar sesión**: para desconectarse el cliente Vault.
▶ **Cerrar**.

Si seleccionamos una referencia externa cargada, al pulsar con el botón derecho del ratón tendremos las siguientes opciones:

▶ **Abrir**: cuando tengamos una referencia externa enlazada podremos abrir el dibujo original para modificarlo.
▶ **Enlazar**: la guarda en el dibujo actual.
▶ **Descargar**: descarga las referencias seleccionadas.
▶ **Recargar**: vuelve a cargar las referencias seleccionadas.
▶ **Desenlazar**: si no ha sido unida, la suprime.
▶ **Unir**: la referencia pasa a formar parte del dibujo actual.
▶ **Consignar**: devuelve un archivo modificado que se ha extraído. Depende de la funcionalidad Vault.
▶ **Extraer**: recupera una copia de lectura/escritura de un archivo guardado. Depende de la funcionalidad Vault.
▶ **Deshacer check-out**: libera un archivo extraído.

Al enlazar un archivo debemos indicar la posición, tamaño y escala al igual que si insertáramos un bloque. Sin embargo la pantalla de inserción tiene algunas diferencias con respecto a los bloques.

Podemos indicar el tipo de ruta, **Completa** que equivaldría a absoluta, **Relativa** y **Sin ruta**, si se utiliza esta última la refx debe guardarse en la misma carpeta que el dibujo que la contiene.

El tipo de referencia puede ser **Enlazar** o **Superponer**. La superposición ignora la refx cuando el dibujo que las contiene se utiliza como refx de otro plano.

Desde el menú inserción, en la opción referencia, se pueden enlazar referencias externas en un archivo de AutoCAD.

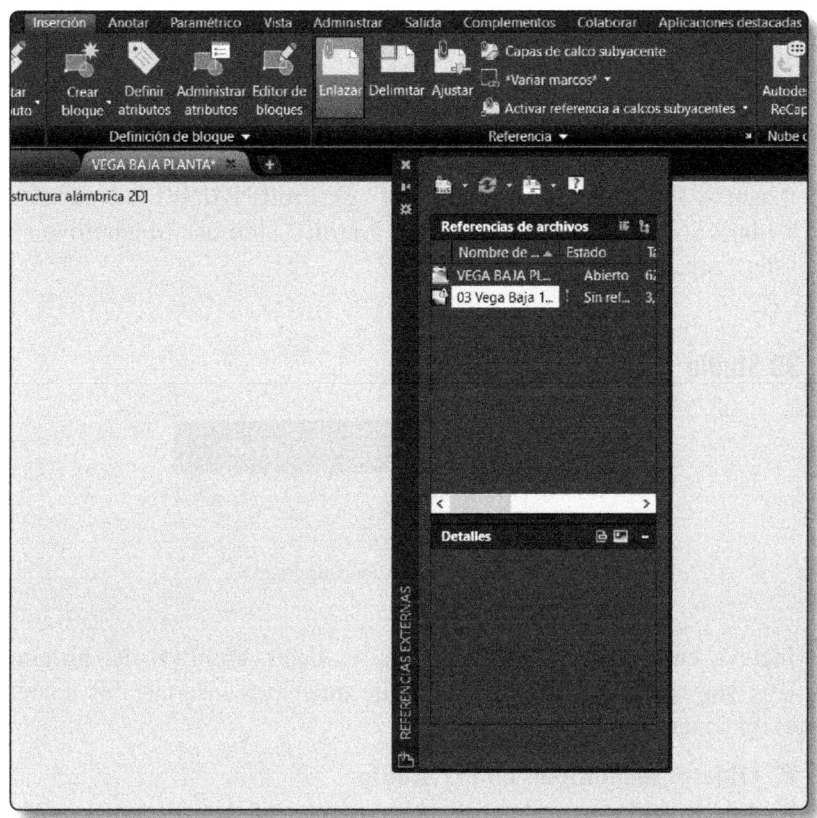

Con la nueva versión 2019, existen dos nuevas opciones de ruta: Seleccionar nueva ruta o Buscar y reemplazar. Estas opciones incluyen nuevas funciones:

Cuando no se encuentra la ruta de una referencia externa se puede corregir y aplicar esta nueva ruta a los demás archivos de referencia sin ruta conocida.

Al guardar el dibujo en una nueva ubicación, las rutas de las referencias externar se podrán actualizar.

Se pueden enlazar referencias relativas a los archivos que no tengan nombre.

Se puede conocer el tipo de ruta que se ha establecido como actual si la ruta anterior no está accesible. La opción Cambiar tipo de ruta muestra la ruta actual de la referencia externa.

25.4 IMPORTAR ARCHIVOS

Inserta en el dibujo actual dibujos de formatos diferentes: 3D Studio (*.3ds), ACIS (*.sat), Archivo de objetos sólidos, Autodesk Inventor (*.ipt), (*.iam), Archivos de pieza y de ensamblaje, CATIA V4 (*.model; *.session; *.exp; *.dlv3), CATIA V5 (*.CATPart; *.CATProduct), DGN (*.dgn), incluidos los archivos DGN con extensiones de archivo definidas por el usuario, como .sed para archivos semilla, FBX (*.fbx), IGES (*.iges; *.igs), JT (*.ij), Parasolid (*.x_b) (*.x_t), Pro/ENGINEER (*.prt*; *.asm*), Pro/ENGINEER Granite (*.g), Pro/ENGINEER Neutral (*.neu), Rhino (*.3dm), SolidWorks (*.prt; *.sldprt; *.asm; *.sldasm), Metarchivo (*.wmf), STEP (*.ste; *.stp; *.step).

25.4.1 3D Studio

Menú	Icono
Insertar → 3D Studio	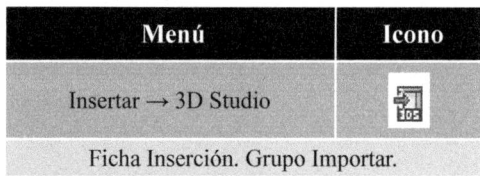
Ficha Inserción. Grupo Importar.	

Incluye en el dibujo formatos .3ds, es decir, archivos del programa 3D Studio. Una vez seleccionado el archivo que queremos insertar, nos aparecen las siguientes opciones:

▶ **Objetos disponibles en 3D Studio**.

▶ **Añadir todo**: permite añadir objetos a los ya designados.

▶ **Designar objetos**: para designar objeto a objeto.

▶ **Suprimir**: para deseleccionar objetos.

▶ **Suprimir todo**: para deseleccionar todos los objetos.

▶ **Guardar en capas**: es el mismo comando que **Guardar** de AutoCAD. Podemos guardar por objeto, por material, por color y en una capa única.

▶ **Objetos de múltiples materiales**: esta opción permite importar algún objeto sobre el que estén aplicados varios materiales. Para importarlo hay que elegir entre:

- **Mensaje permanente**: nos va indicando la asignación de cada material.
- **Dividir por materiales**.
- **Designar el primer material a todo**.
- **Designar un material**.
- **No asignar material**.

25.4.2 Sólidos ACIS

Menú	Icono
Insertar → Archivos ACIS	
Ficha Inserción. Grupo Importar.	

Para formatos .Sat generados por el modelador de sólidos producido por Spatial Technology, Inc.

25.4.3 Intercambio binario de dibujos

Menú	Icono
Insertar → Intercambio binario de dibujos	
Ficha Inserción. Grupo Importar.	

Formatos .Dxb. Son formatos de dibujo resultado de convertir en 2D escenas de 3D con el punto de vista definido por nosotros.

25.4.4 Metaarchivo de Windows

Menú	Icono
Insertar → Metaarchivo de Windows	
Ficha Inserción. Grupo Importar.	

Formatos .Wmf y .Clp.

A diferencia de los archivos de mapa de bits o de trama, los metaarchivos contienen información vectorial que puede ampliarse, reducirse e imprimirse sin pérdida de resolución.

25.4.5 Marcas de revisión

Menú	Icono
Herramientas → Paletas → Administrador del conjunto de marcas de revisión	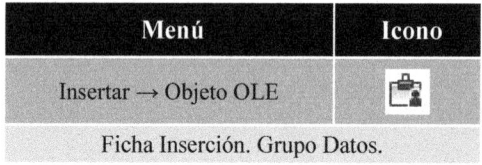
Ficha Vista. Grupo Paletas.	

Muestra información sobre los conjuntos de marcas de revisión cargados y su estado.

Podemos ocultar o mostrar las marcas y, además, añadir notas a las mismas.

25.4.6 Objetos OLE

Menú	Icono
Insertar → Objeto OLE	
Ficha Inserción. Grupo Datos.	

Inserta archivos con formatos de programas como Corel Draw, Power Point...

25.4.7 Imágenes de trama

Menú	Icono
Insertar → Referencias de imágenes ráster	

Inserta en el dibujo archivos de imagen tipo Bmp, Tif. Estas imágenes se pueden utilizar como base para dibujar sobre ellas.

25.4.8 Diseño

Menú
Insertar → Presentación

Inserta diseños de página que utilizaremos para imprimir. Podemos elegir entre crearlos nuevos (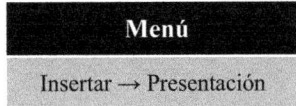), importar desde una plantilla o utilizar un asistente (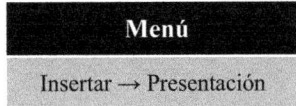).

25.4.9 Hipervínculo

Menú	Icono
Insertar → Hipervínculo	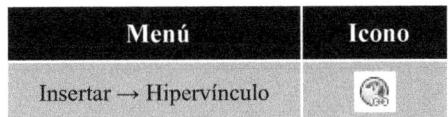

Inserta un vínculo con una página web.

25.4.10 Calco subyacente

Tenemos tres tipos de archivos para insertar como calcos:

▶ **Dwf**: es un archivo de compresión creado a partir del Dwg.
▶ **Pdf**: es el formato de Adobe Acrobat.
▶ **Dgn**: formato creado por Bentley System para Microstation.

Una vez que entramos en el comando tenemos que seleccionar el archivo y, al hacerlo, nos mostrará un cuadro de diálogo similar al que aparece cuando insertamos un bloque. Después, desde la cinta de opciones podemos modificar los parámetros para ajustar la transparencia, las capas de los calcos,…

25.4.11 Importar archivos PDF

Al igual que en versiones anteriores, AutoCAD permite insertar en el dibujo archivos PDF. De la nueva versión se incluyen varias opciones. De estos archivos PDF insertos en el dibujo se puede importar la geometría, texto "TrueType" e imágenes de mapas bits para poder usarlos como objetos de AutoCAD. Si estos archivos PDF han sido creados por AutoCAD, además se podrán usar todas las propiedades de un dibujo de AutoCAD, como las polilíneas, las capas, etc.

Para poder introducir un PDF en el dibujo se puede realizar de dos maneras. Desde el menú **Inicio**> **Importar y PDF**.

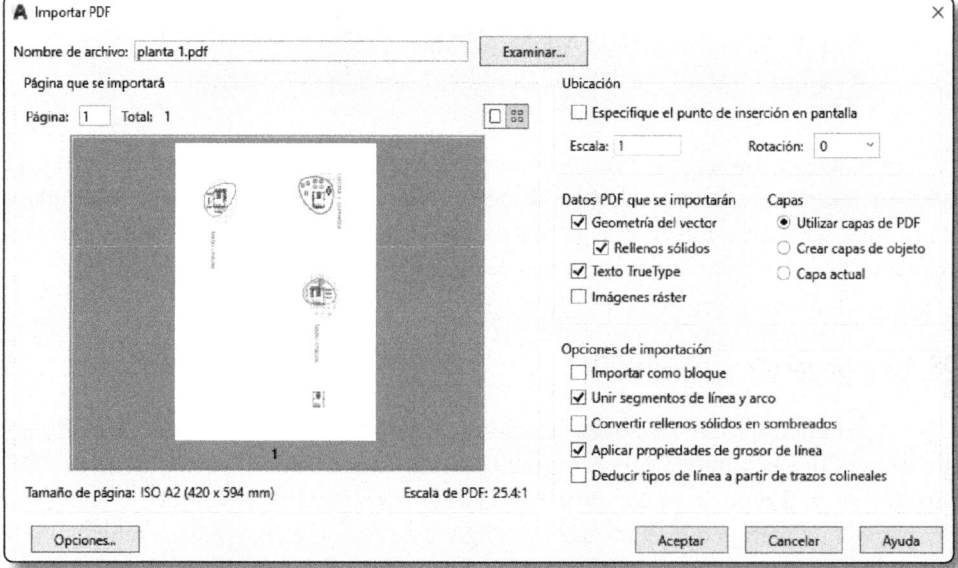

De este PDF insertado se pueden modificar varias opciones. Entre ellas están:

▼ Si el archivo PDF tiene varias páginas se permite seleccionar la que queramos. Se puede modificar la escala y la rotación del archivo una vez inserto. Además, se podrán modificar muchos otros parámetros relacionados con las propiedades de AutoCAD en relación a la creación de PDF.

▼ La otra opción es desde la pestaña **Insertar** y seleccionar calco subyacente de PDF. Una vez pulsado el botón en la barra de comando, aparecerá una línea informativa donde habrá que pulsar sobre **Archivo** y se abrirá una ventana del PC donde se podrá el elegir el archivo que se desee.

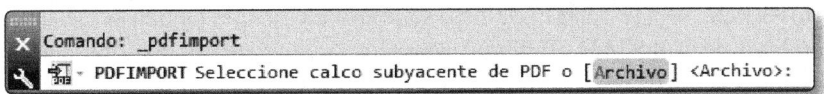

Desde versiones anteriores se permite la importación de archivos PDF en el archivo de dibujo de AutoCAD. Desde el botón de inicio de AutoCAD, y desde la opción de importar, se puede seleccionar el archivo PDF que se desee.

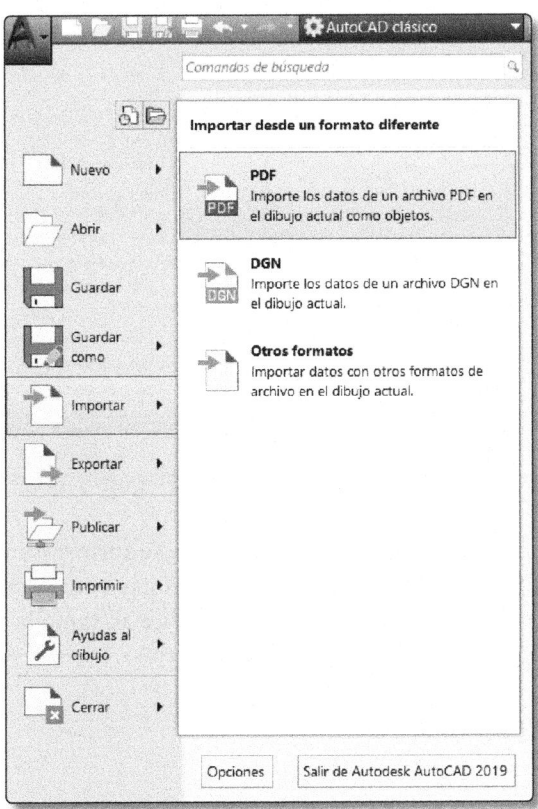

En la barra de comando aparecerá un cuadro de diálogo donde habrá que seleccionar Archivo, o escribir una "a". Al hacer esto, se abrirá un nuevo cuadro de diálogo donde habrá que seleccionar el archivo .PDF que se quiera.

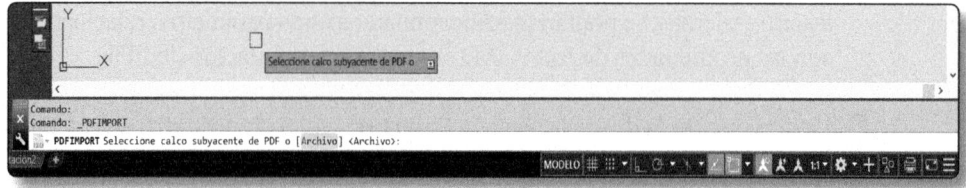

Una nueva ventana se abrirá. En ella aparecerá una miniatura del contenido del archivo PDF, si hay varias páginas, se podrá elegir que página se desea insertar en el archivo de AutoCAD. También aparecerán las distintas opciones disponibles para modificar el PDF, como el texto, la geometría, las capas de destino, etc. Una vez seleccionadas las opciones que se quieran se pulsa en Aceptar.

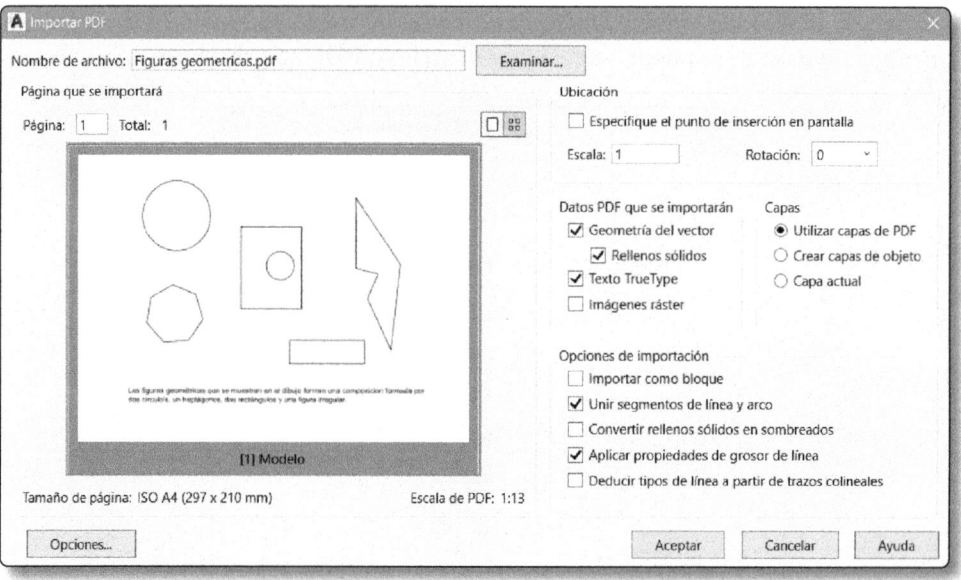

Al aceptar las opciones que se han marcado, se abrirá un archivo de AutoCAD con el contenido del PDF. Todos los elementos que haya en él, siempre y cuando se haya configurado en las opciones, se podrán seleccionar, tanto la geometría, el texto SHX e imágenes ráster, además de poder modificarlo.

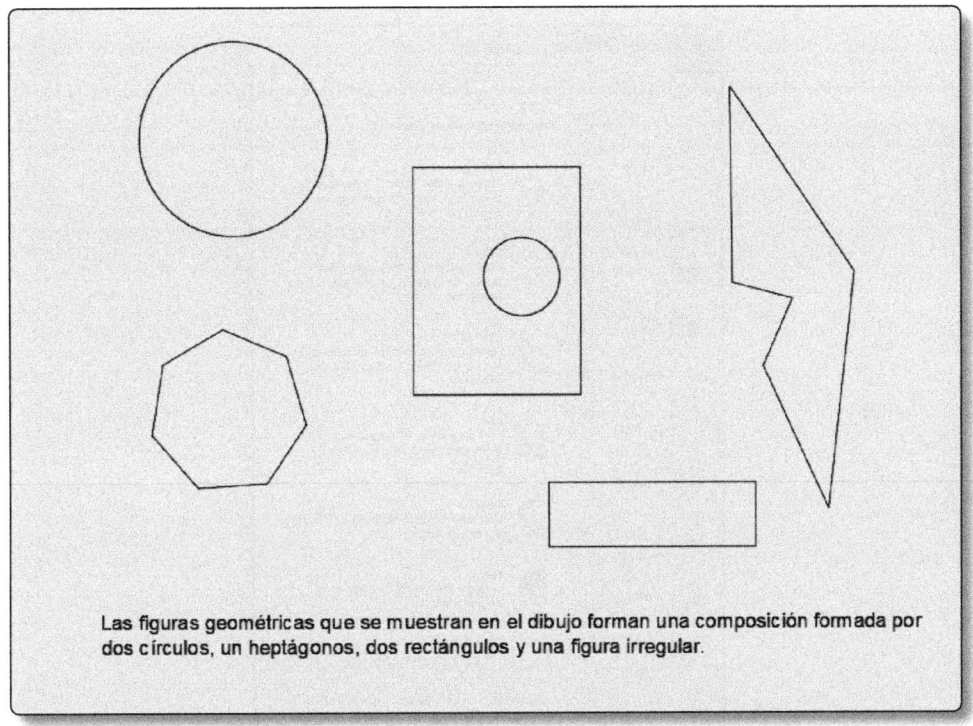

Las figuras geométricas que se muestran en el dibujo forman una composición formada por dos círculos, un heptágonos, dos rectángulos y una figura irregular.

25.4.12 Modelo de coordinacion mejorado

En la nueva versión, AutoCAD permite que se enlacen y se visualicen modelos de BIM 360 Glue y Naviswork directamente. Se puede forzar el cursor a ubicaciones precisas de un modelo BIM de coordinación enlazado mediante la referencia a objetos y a puntos finales 2D estándar.

25.5 EXPORTAR ARCHIVOS

Menú	Icono
Archivo → Exportar	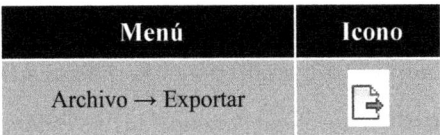

Guarda la información del dibujo actual en el formato de otro programa.

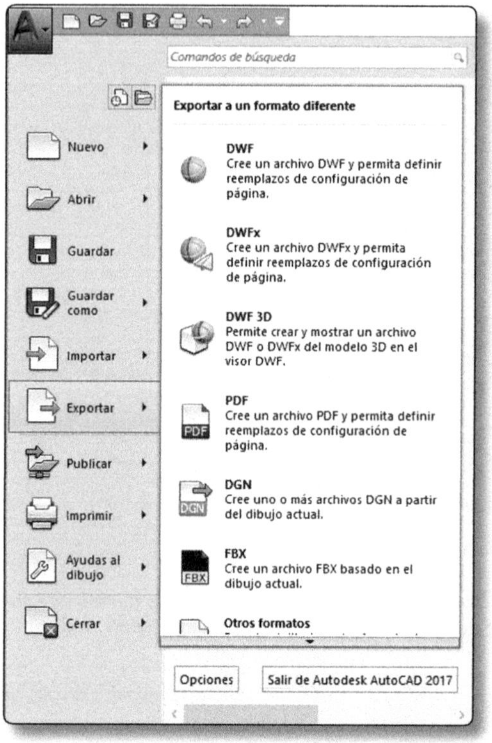

Por defecto tenemos las opciones que se muestran en la imagen, pero si seleccionamos **Otro formato**, pulsando en la flecha inferior, disponemos de más:

- **3D DWF, DWFX**: Design Web Format de Autodesk.
- **Metaarchivo = WMF**: formatos .wmf y .clp. A diferencia de los archivos de mapa de bits o de trama, los metaarchivos contienen información vectorial que puede ampliarse, reducirse e imprimirse sin pérdida de resolución.
- **Acis (SAT)**: para el modelador de sólidos producido por Spatial Technology, Inc.
- **Litografía (stl)**: se utiliza para estereolitografía.
- **PSencapsulado (EPS)**: archivo PostScript encapsulado.
- **Mapa de bits BMP**: archivo de mapa de bits independiente de dispositivo.
- **Bloque (DWG)**: archivos de dibujo de AutoCAD.
- **DGN (V.7, V.8)**: archivo DGN de MicroStation.

Menú
Archivo → Guardar como

▸ **Dwg**: formato nativo de AutoCAD en diferentes versiones.

▸ **Dxf**: formato de intercambio de AutoCAD, aunque ya hay muchos programas que aceptan DWG. Permite guardar en diferentes versiones.

25.6 EXPORTAR PRESENTACIÓN A ESPACIO MODELO

Menú	Icono	Barra de comandos
Archivo → Exportar → Presentación a modelo	🔳	exportarpresentacion

Con esta orden podemos guardar una presentación en el espacio modelo que esté formada por las ventanas creadas en el espacio papel. Se guardará en un archivo dwg.

Los siguientes objetos no se pueden exportar:

▸ Materiales.

▸ Cámaras.

▸ Luces.

▸ Vistas guardadas.

▸ Objetos de capas que están desactivadas o inutilizadas.

▸ Objetos del espacio modelo no visibles en una ventana gráfica determinada.

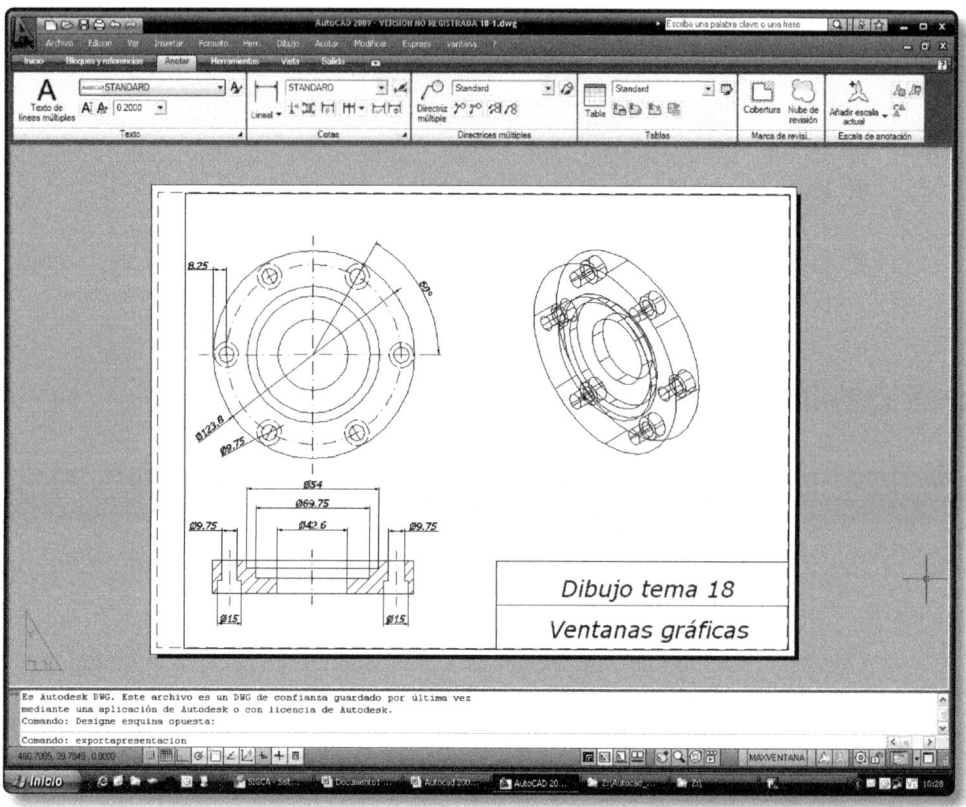

Cuando hemos exportado los objetos, estos cambian de naturaleza para intentar mantener el mismo efecto visual que tenían en la presentación.

▸ **Cotas**: las cotas que superan los contornos de la ventana gráfica de presentación se descomponen.

▸ **Bloques**: si superan los contornos de la ventana se convertirán en un nuevo bloque anónimo. Los atributos se convertirán en texto del bloque.

▸ **Objetos anotativos**: los objetos se convierten en no anotativos.

▸ **Referencia externa (refx)**: si superan los contornos de la ventana gráfica de presentación se descomponen.

▸ **Ventana gráfica de presentación**: se convierte en una polilínea.

▸ **Estilos visuales**: se utiliza el estilo visual de estructura alámbrica 2D.

▼ **Ventanas gráficas en perspectiva**: los objetos incluidos en una ventana gráfica en perspectiva tendrán una proyección paralela.

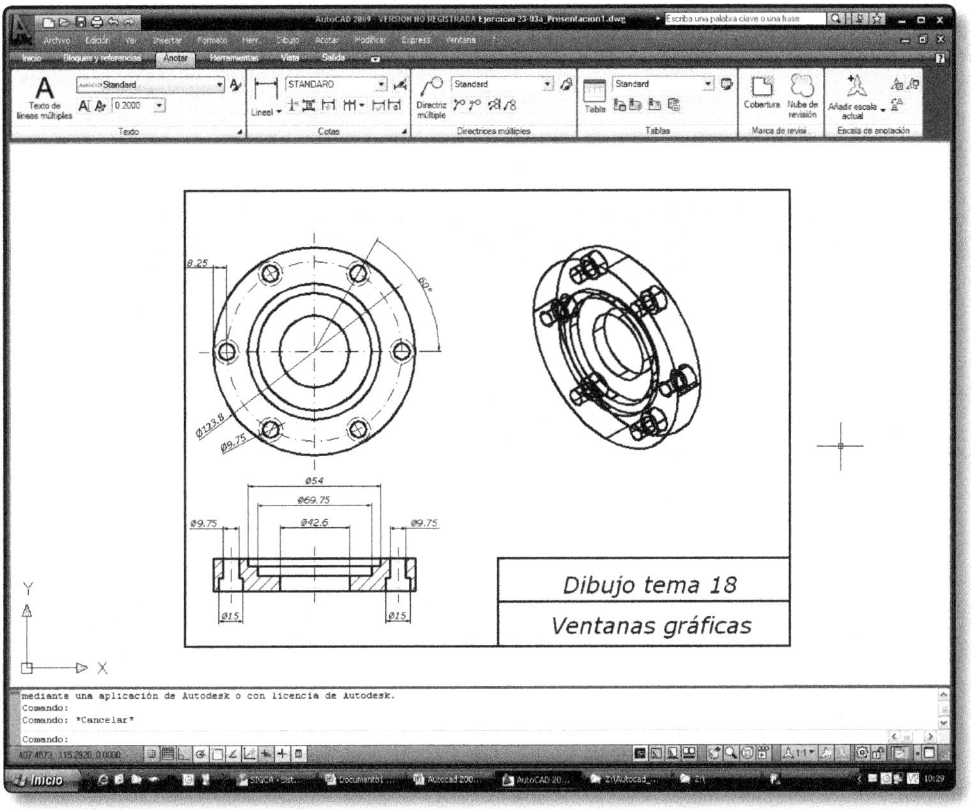

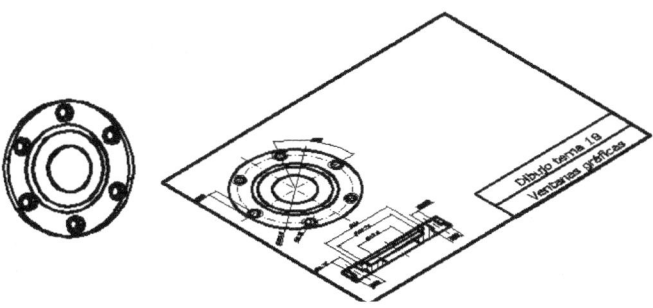

Presentación

Exportado a modelo

25.7 EXPORTACIÓN A 'IMPRESSION'

Existe la opción de exportación al *software* llamado **Impression**. Este *software* de Autodesk puede convertir dibujos precisos hechos en AutoCAD en dibujos de diseño que pueden simular dibujos coloreados, difuminados, bosquejados o dibujos a mano, entre otras opciones. El *software* no viene incluido en el paquete de AutoCAD 2019, por lo que es necesario descárgaselo a parte.

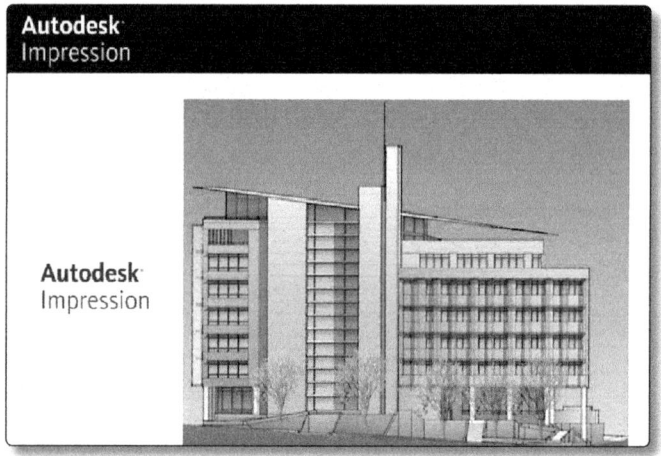

25.8 GEOPLANA

Crea una vista plana de los objetos 3D que tenemos en la vista actual. Para activar la orden, escribiremos en la ventana de comandos "Geoplana". Una vez solicitado el comando, se abrirá una ventana con las siguientes opciones:

▶ **Destino**: en este apartado, indicaremos el lugar en el que se creará la representación aplanada.

▶ **Insertar como bloque nuevo**.

▶ **Reemplazar bloque existente**.

▶ **Designa bloque**: deberemos designar el bloque que queremos reemplazar.

▶ **Bloque seleccionado**: nos informa del bloque que está seleccionado.

▶ **Exportar a un archivo**.

▶ **Líneas de primer plano**: establece el color y el tipo de línea de la vista aplanada.

▶ **Líneas sombreadas**: controla si las líneas sombreadas del dibujo se muestran en la vista.

- **Crear**: crea la vista aplanada.

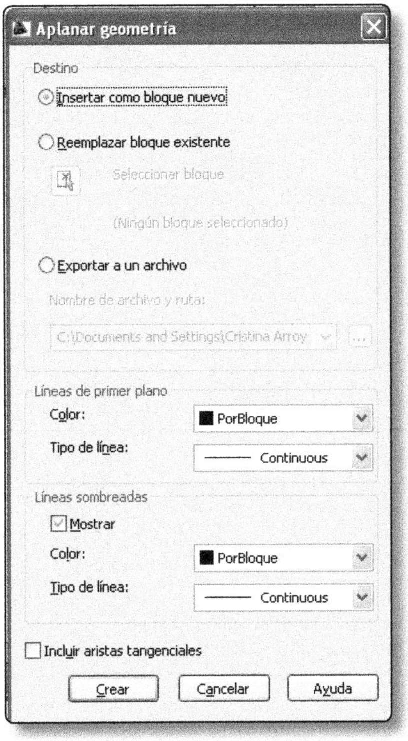

PERSONALIZACIÓN DEL PROGRAMA

26.1 CARGAR MENÚ

Nos permite modificar el menú, visualizarlo o modificar algún elemento. Mostrando, para ello, una estructura en árbol de los elementos de la interfaz de usuario.

Menú	Icono
Herramientas → Personalizar → Interfaz	
Ficha Administrar. Grupo Interfaz de Usuario.	

Los archivos más importantes que podemos personalizar son los siguientes:

▼ *Simple.cus*: es el fichero de personalización del diccionario.

▼ *Acad.pgp*: fichero que permite crear teclas de acceso rápido, es decir, el método abreviado del teclado, llamado también *alias*.

▼ *Acad.cuix*: fichero de personalización de AutoCAD.

▼ *Acadiso.lin*: fichero de definición de tipos de línea.

Cuando queramos modificar cualquiera de estos ficheros deberemos tener la precaución de hacer una copia de seguridad de los mismos, así en caso de que cometamos algún error al manipularlos siempre tendremos los ficheros originales. Además también deberemos modificar los ficheros desde un editor de textos ASCII, por ejemplo desde el Bloc de notas que incorpora Windows.

26.1.1 Personalización de todos los archivos CUI

Nos muestra la lista de los menús CUI disponibles en el dibujo actual. Podemos abrir, guardar o cargar este tipo de archivos desde los iconos de la zona superior.

26.1.2 Lista de comandos

Nos aparecen los comandos que están incluidos en el menú seleccionado. Si pulsamos dos veces con el botón izquierdo del ratón sobre un comando, nos aparecerá a la derecha el icono del comando así como configuraciones de la orden.

26.2 PERSONALIZAR LAS BARRAS DE HERRAMIENTAS

Menú
Herramientas → Personalizar → Interfaz
Ficha Administrar. Grupo Interfaz de Usuario.

En **Personalización de todos los archivos CUI**, seleccionaremos **Barras de herramientas**.

Para añadir iconos a la barra de herramientas, pulsaremos sobre los comandos donde aparecen todas las opciones de las barras de herramientas. Lo que debemos hacer es pulsar, primero, sobre la opción que queramos: **Acotación**, **Modificación**... y, después, pulsar y arrastrar el botón que necesitemos hasta la nueva barra de herramientas.

Para crear un botón con una nueva función en la barra de herramientas, pulsaremos con el botón derecho del ratón sobre una de las barras visibles en la cual queremos insertar el nuevo botón. Seleccionaremos **Personalizar → Propiedades** o **Ver → Barras de herramientas**. Pulsaremos sobre cualquier icono de cualquier barra de herramientas para tener una base con la que trabajar. Seleccionamos **Editar**, modificamos lo que queremos del icono seleccionado y guardamos y cerramos el editor. Con las opciones de edición, dibujaremos la imagen del icono y en **Nombre**, pondremos un nombre. También podemos poner una descripción y en **Macro asociada a este botón**, escribiremos una macro de la acción que debe realizar. Si para crear una macro necesitamos conocer el nombre de algún comando, podremos averiguarlo ejecutándolo desde el menú clásico y, a continuación, al pulsar la tecla **Escape**, aparecerá en la línea de comando.

PRÁCTICA 26.1

1. **Ver → Barras de herramientas → Nueva**.

2. En **Nombre**, pondremos el nombre del botón, por ejemplo, "sombra".

3. En **Descripción**, escribiremos "sombra gouraud".

4. En **Macro**, después de "^C^C", escribiremos el comando que efectúa la orden. Si lo hacemos en inglés, irá precedido de un carácter de subrayado, en nuestro ejemplo "_shademode Gouraud", y pulsaremos **Aplicar**.

Si queremos asignar una tecla como método abreviado, entraremos en **Ver → Barras de herramientas → Métodos abreviados de teclado**.

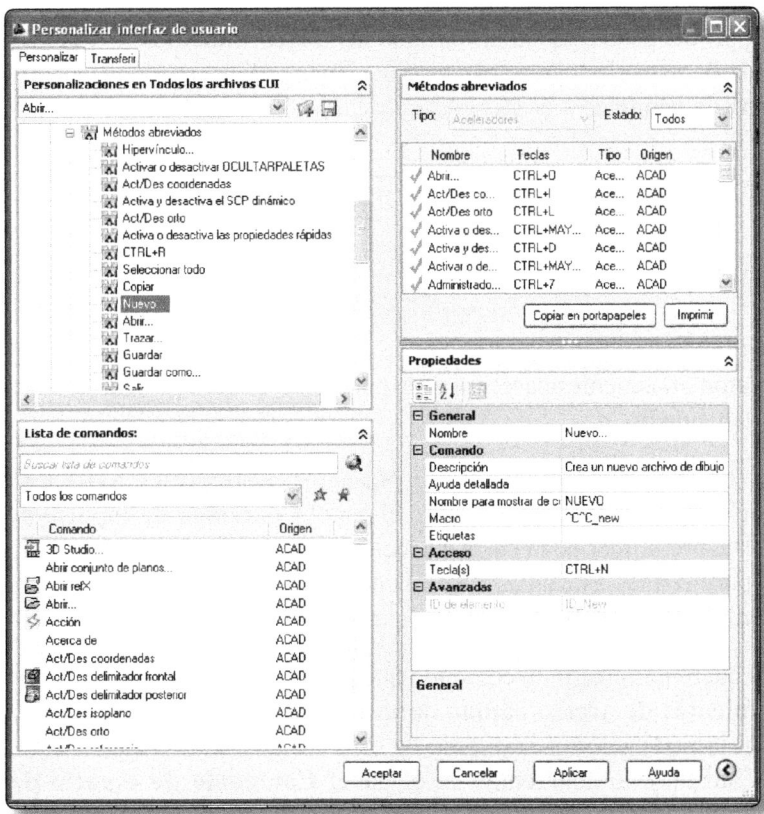

▼ **Todos los archivos de personalización**: muestra una lista de los menús estándar.

▼ **Todos los comandos**: tenemos una lista de los comandos que están disponibles en el menú seleccionado.

▼ **Teclas**: son las teclas asignadas. Al seleccionar un comando, nos mostrará la que tiene asignada. La podemos cambiar o asignar una nueva si no tiene ninguna asignada.

26.3 PERSONALIZACIÓN DE LA BARRA DE HERRAMIENTAS DE ACCESO RÁPIDO

Podremos añadir o eliminar tantos comandos como deseemos, o bien, cambiar la posición de los mismos dentro de la barra de herramientas de acceso rápido. Para añadir un comando a la **Barra de herramientas de acceso rápido** seguiremos las siguientes operaciones.

El primer paso será situarnos en la ficha **Herramientas** → **Personalización** → **Interfaz de usuario** o bien seleccionar el menú **Herramientas** → **Personalizar** → **Interfaz de usuario**.

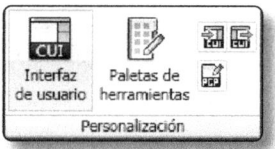

Automáticamente aparecerá en la pantalla el cuadro de diálogo **Personalizar interfaz de usuario**.

Si en la pestaña **Personalizar** pulsamos sobre **AutoCAD Clásico**, en la parte derecha de la ventana se mostrará el panel **Contenido de espacio de trabajo** con una vista preliminar de la barra seleccionada y en el panel de debajo aparecerán todas las propiedades asociadas a la misma, pulsaremos sobre ( ) de la **Barra de herramientas de acceso rápido** para expandirlo.

Si queremos añadir un comando que por defecto no está incluido en la **Barra de herramientas de acceso rápido**, arrastraremos del panel **Lista de comandos**, ubicado en la parte inferior izquierda de esta ventana de diálogo, el comando que deseamos añadir y lo soltaremos en el panel **Contenido de espacio de trabajo** situando el cursor del ratón en la posición deseada hasta que aparezca una barra divisoria horizontal azul. Automáticamente se mostrará la imagen del botón junto con el de [Editar...], que nos permitirá editarlo y así adaptarlo a nuestras preferencias.

Podremos localizar fácilmente el comando deseado aplicando un filtro, en la parte superior del panel **Lista de comandos**, situándonos en la barra donde, por defecto, pone **Todos los comandos** y desplegando el menú por medio de la flecha.

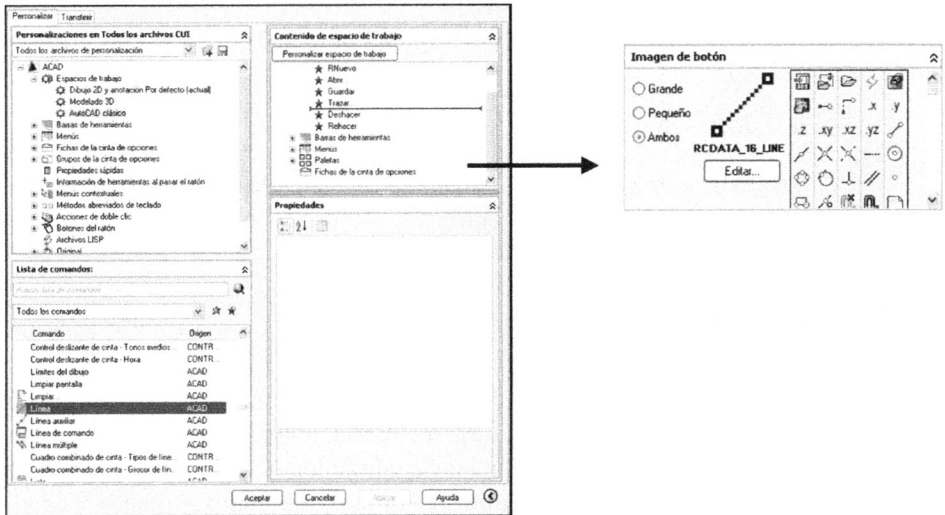

Si lo que deseamos es eliminar un comando de la **Barra de herramientas de acceso rápido**, pulsaremos con el botón izquierdo del ratón sobre el signo más (+) ubicado junto a la barra de herramientas para, de esta forma, expandirla. Después pulsaremos el botón derecho del ratón sobre el nombre del botón que deseamos eliminar y seleccionaremos **Eliminar**.

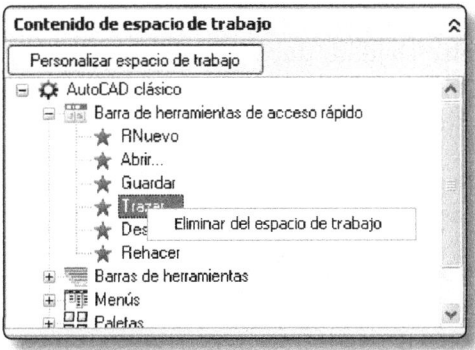

Otra opción que nos permite la **Barra de herramientas de acceso rápido** es cambiar la ubicación de un botón. Para ello lo seleccionamos y, sin soltar, lo arrastraremos dentro del panel **Contenido de espacio de trabajo** hasta la nueva ubicación, la barra divisoria azul aparecerá para indicarnos la posición.

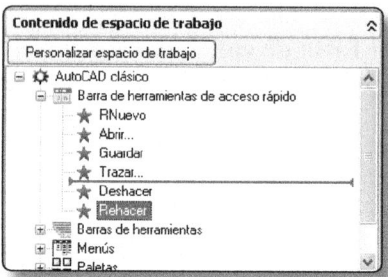

Una vez realizados los cambios deseados en el panel **Propiedades** pulsaremos **Aceptar** para que los cambios queden validados.

26.4 NUEVOS TOOLSET

Con la suscripción a AutoCAD 2019 se incluyen 7 conjuntos de herramientas que están especializados en arquitectura e instalaciones. Contienen múltiples herramientas, objetos inteligentes, funciones, símbolos y estilos. Con ellas se pueden realizar dibujos de tuberías, equipos eléctricos, automatizar planos y añadir información de GIS, entre otras cosas.

Los 7 conjuntos de herramientas que incluye la suscripción son:

▼ **Toolsets arquitectura**: Contiene más de 8000 objetos de dibujos arquitectónicos y funciones especializadas en diseño de edificios. Algunos elementos son puertas, paredes, ventanas, etc. Lo que permite ahorrar comandos y tiempo de dibujo.

▼ **Toolsets electricidad**: Incluye más de 65.000 símbolos de dibujos eléctricos. Además, permite documentar y modificar los sistemas de controles eléctricos.

▼ **Toolsets mecánica**: Contiene comandos de diseño mecánico, además de herramientas y símbolos para el diseño de productos.

▼ **Toolsets ingeniería MEP**: Incluye más de 10.500 objetos CAD eléctricos, mecánicos y de plomería. Permite el diseño y la documentación de sistemas constructivos.

▼ **Toolsets raster**: Permite la conversión de la información raster a vectorial para poder editar y convertir las imágenes a formato DWG.

▼ **Toolsets mapa 3D**: Incorpora comandos GIS para ayudar a la planificación, diseño y gestión de datos. Permite el acceso a datos espaciales de archivos, bases de datos y servicios web.

▼ **Toolsets plant 3D**: Herramientas especializadas en diseño de plantas industriales y de ingeniería. Produce tableros P & IDs y permite integrarlos en el diseño de plantas en 3D.

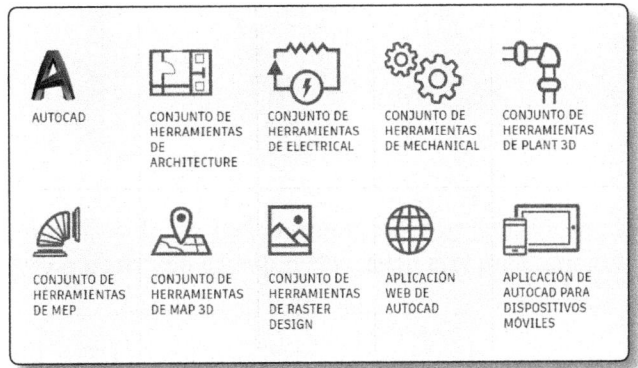

26.5 PERSONALIZACIÓN DE LA CINTA DE OPCIONES

Podemos personalizar la cinta de opciones en función de nuestras necesidades de la siguiente manera:

En primer lugar seleccionaremos el icono **Interfaz de usuario** del panel **Personalización** de la ficha **Herramientas** de la cinta de opciones. Automáticamente aparecerá en la pantalla el cuadro de diálogo **Personalizar interfaz de usuario**. En la pestaña **Personalizar**, en el panel **Personalizaciones en todos los archivos CUI** podremos realizar las siguientes operaciones:

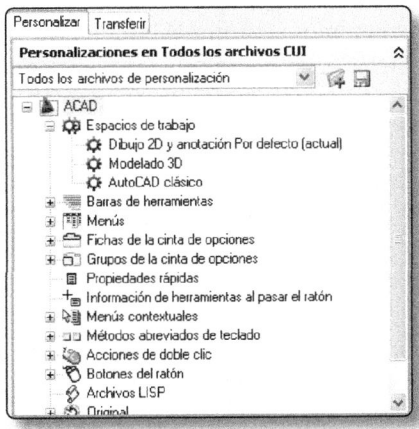

Para añadir una ficha a la cinta de opciones pulsaremos con el botón derecho del ratón sobre **Fichas** de la cinta de opciones y seleccionaremos **Nueva ficha** que se ubicará al final del nodo **Fichas de la cinta de opciones**.

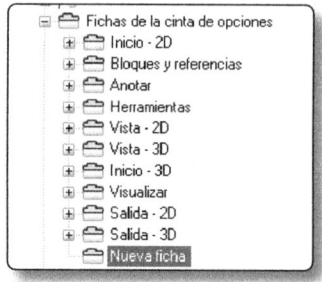

Ahora pulsaremos sobre **Nueva ficha** y escribiremos en el panel **Propiedades** un nuevo nombre para esta ficha, así como una descripción de la misma y su alias.

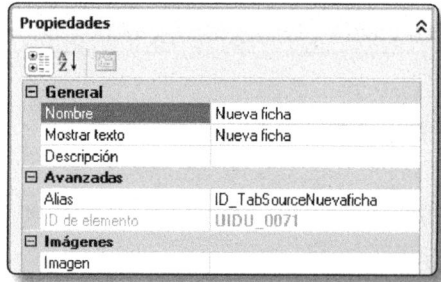

Para finalizar la creación de la ficha, pulsaremos el botón **Aplicar** y seguidamente **Aceptar**.

Para eliminar una ficha o un grupo de fichas pulsaremos con el botón derecho del ratón sobre **Fichas** o sobre **Grupos** de la cinta de opciones, y seleccionaremos aquella ficha o grupo que queremos suprimir. A continuación pulsaremos con el botón derecho del ratón sobre dicha ficha o grupo y escogeremos la opción **Eliminar** o la opción **Suprimir** según el objeto seleccionado. Para finalizar pulsaremos **Aceptar**.

Para añadir un grupo a la cinta de opciones pulsaremos con el botón derecho del ratón sobre **Grupos** de la cinta de opciones y seleccionaremos **Nuevo panel**. A continuación podemos seguir añadiendo comandos como ya se ha explicado.

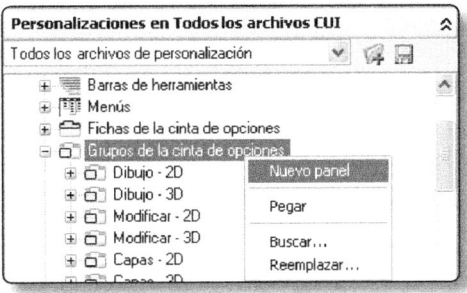

Para especificar qué fichas y paneles queremos que muestre la cinta de opciones pulsaremos con el botón derecho del ratón sobre la cinta de opciones y, en el menú contextual, activaremos o desactivaremos los nombres de las fichas o paneles.

Podemos asociar un grupo de paletas de herramientas personalizable a cada panel de la cinta de opciones pulsando con el botón derecho sobre el panel de la cinta de opciones para ver la lista de los grupos de paletas de herramientas disponibles.

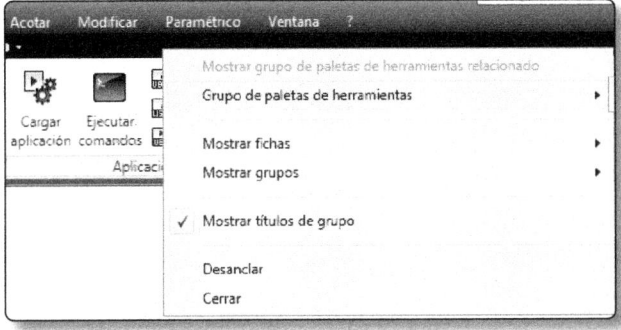

Podremos copiar un panel de una ficha de la cinta de opciones a otra, seleccionándola y manteniendo pulsada la tecla **Control** lo arrastraremos hasta la ficha deseada.

También es posible convertir las barras de herramientas en paneles de la cinta de opciones. Para ello, pulsaremos sobre el signo más (+) adyacente a **Barras de herramientas** para expandirlo.

Ahora pulsaremos con el botón derecho del ratón sobre la barra de herramientas que deseamos copiar en los grupos y escogeremos la opción **Copiar en los grupos de la cinta de opciones**.

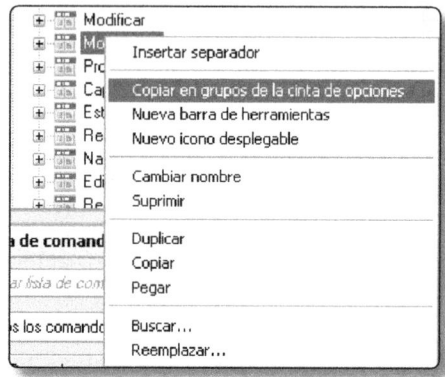

Para finalizar pulsaremos **Aceptar**.

Por último, podemos cambiar la posición de las fichas de la cinta de opciones situando el cursor del ratón sobre una de ellas y, una vez pulsado y sin soltarlo, arrastraremos la ficha hasta la posición deseada.

26.6 PERSONALIZAR EL MENÚ

Para crear o modificar un menú, entraremos en **Herramientas** → **Personalizar** → **Interfaz**.

En el apartado **Menú**, pulsaremos con el botón derecho del ratón y seleccionaremos **Nuevo** → **Menú**.

Escribiremos el nombre que queramos e iremos insertando las órdenes seleccionándolas en la ventana inferior y arrastrándolas hasta el nuevo menú creado. Si pulsamos con el botón derecho en el título del nuevo menú, también tenemos la opción de insertar un nuevo separador.

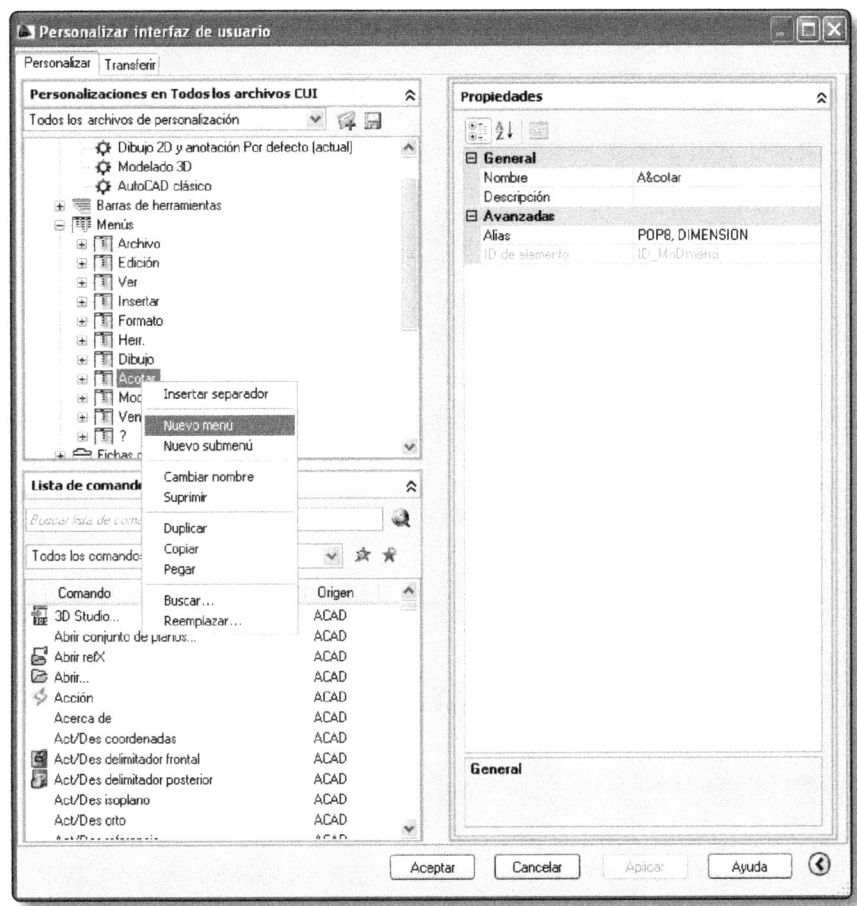

26.7 PERSONALIZACIÓN DE LA INFORMACIÓN DE HERRAMIENTAS

Las propiedades y los valores que muestran se pueden personalizar por tipo de objeto. Para ello seguiremos los siguientes pasos.

El primero será situarnos en la ficha **Herramientas → Personalización → Interfaz de usuario**. Automáticamente aparecerá en la pantalla el cuadro de diálogo **Personalizar interfaz de usuario**. En la pestaña **Personalizar** pulsaremos sobre **Información de herramientas al pasar el ratón**. El panel de la derecha nos mostrará el listado de objetos que pueden incluirse en la **Información de herramientas**.

Si pulsamos sobre un tipo de objeto se mostrarán todas sus propiedades, las cuales podremos incluir en **Información de herramientas**.

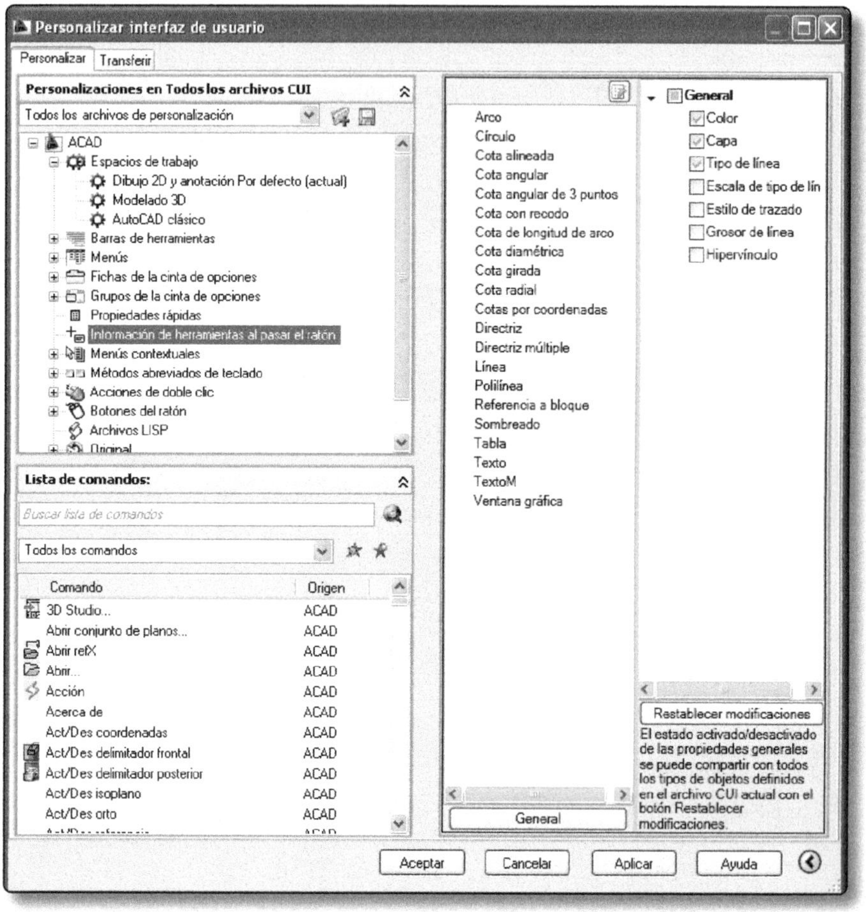

26.8 CREACIÓN DE FOTOTECAS

Una foto es una instantánea de un dibujo aunque no se considera un archivo de dibujo. En AutoCAD no se pueden importar archivos de fotos (no debemos confundirlas con imágenes) en el dibujo actual, ni editar o imprimir. Solo podemos visualizarlos.

Podemos utilizar las fotos para:

▹ Realizar presentaciones con AutoCAD.
▹ Visualizar una instantánea de un dibujo mientras se trabaja en otro.
▹ Crear menús de mosaicos de imágenes dentro de un cuadro de diálogo.

Para crear una fototeca, pondremos en la pantalla el dibujo del que queremos hacer una foto y, a continuación, en la línea de comandos, escribiremos "Sacafoto: Nombre.sld", "nombre" se sustituirá por el que nosotros le queramos asignar. Cuando ya tengamos las fotos de todos los dibujos haremos lo siguiente:

En el **Bloc de notas**, crearemos una lista de las fotos con su trayectoria y le pondremos nombre al listado, por ejemplo "mi_fototeca". Escribiremos desde msdos y desde el directorio donde tengamos instalado AutoCAD: "Slidelib. <nombre fototeca> < <nombre archivo que hemos creado en el Bloc de notas>". Guardaremos la fototeca y el listado en la carpeta *Support*.

PRÁCTICA 26.2

---

1. Primero crearemos una copia del menú original de AutoCAD para no modificarlo.

2. **Herramientas** → **Personalizar** → **Interfaz**.

3. Seleccionamos la pestaña **Transferir**. Y en el apartado **Personalizaciones** seleccionaremos **Nuevo**.

4. Nos pedirá que lo guardemos y le pongamos nombre. Por ejemplo "Mi_menú".

5. Al abrir **Todos los archivos de personalización** desplegamos **Archivos parciales** y ahí debe estar "Mi_menú".

6. Crearemos nuevos comandos para insertar los bloques de nuestra fototeca. Desde la lista de comandos seleccionaremos **Nuevo**, en la ventana de la derecha escribiremos un nuevo nombre para este comando y en **Macro** escribiremos: "^C^C_.-insert mesa:\1;"; y así lo haremos con todos los elementos de la fototeca.

7. A continuación crearemos las imágenes. En el menú parcial que hemos creado lo expandimos y pulsamos con el botón derecho del ratón sobre **Menú**

de símbolos y seleccionaremos **Nuevo menú de símbolos**. Le indicamos un nombre que será el que aparezca en el título de la ventana de bloques.

8. Después seleccionaremos los comandos creados anteriormente y seleccionándolos los arrastraremos hasta este menú de símbolos.

9. Después seleccionaremos cada comando y en la ventana **Propiedades** dentro del campo **Fototeca** escribiremos el nombre de la nuestra, y en el nombre de la foto le pondremos el que le corresponda.

10. A continuación debemos integrar estos comandos al menú. Seleccionamos el menú parcial que hemos creado y en el apartado **Menú** seleccionaremos pulsando el botón derecho del ratón sobre **Nuevo menú**. Y será el que aparecerá en la barra de menús.

11. En **Nombre de comando** seleccionamos **Nuevo** y en **Propiedades** podremos cambiar el nombre y también debemos escribir la macro que llamará a este elemento, por ejemplo: "$I=Mi_menú.bloques $I=*" (después del asterisco dejaremos un espacio en blanco). **Mi menú** es el menú parcial que hemos creado y **Bloques** es el nombre del menú de imágenes.

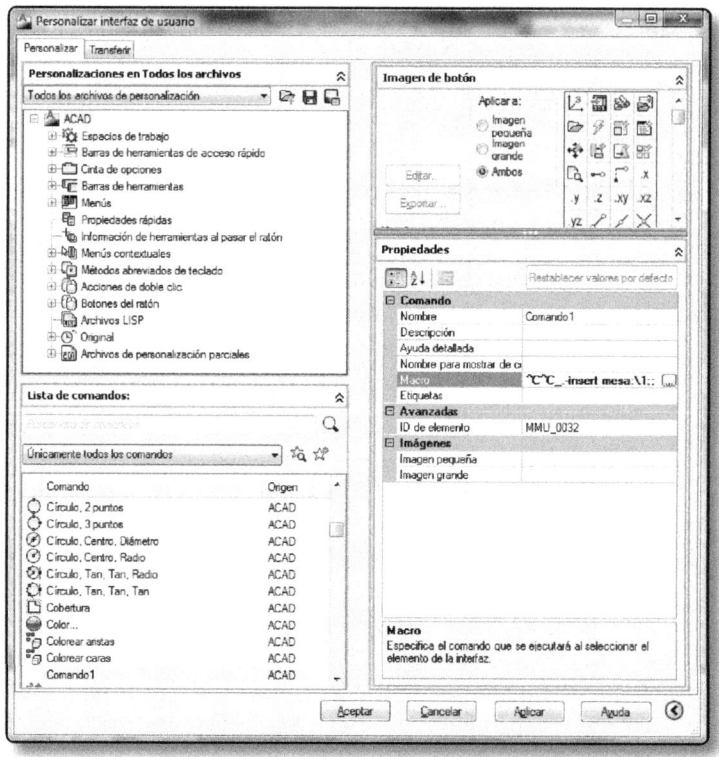

26.9 CONFIGURAR EL FICHERO ACAD.PGP

Este fichero de configuración se encuentra en **Herramientas** → **Personalizar** → **Editar parámetros del programa (acad.pgp)**. Contiene abreviaturas o alias de las órdenes: las abreviaturas se configuran siguiendo el siguiente formato: abreviatura,*comando. Desde la cinta de opciones podemos acceder a Ficha Administrar → Grupo Personalización.

Algunas de las abreviaturas más importantes son:

A,	*ARCO	DI,	*DIST	IN,	*INSERT
Q,	*BLOQUE	DIV,	*DIVIDE	L,	*LÍNEA
P,	*PARTE	AR,	*ARANDELA	SMB,	*SOMBREA
C,	*CÍRCULO	OC,	*OCULTA	E,	*ENCUADRE
CH,	*CHAFLÁN	IN,	*INSERT	IM,	*IMPORTAR
CP,	*COPIA	LG,	*LONGITUD	CA,	*CAPA
DI,	*DIST	D,	*DESPLAZA	B,	*BORRA
T,	*TEXTO	SI,	*SIMETRÍA	EQ,	*DESFASE

26.10 ARCHIVOS DE GUIÓN

Entre otras cosas, podemos utilizar los archivos de guión para automatizar procesos repetitivos de nuestro trabajo.

Debemos escribir el archivo de guión en cualquier editor de textos que permita guardar el archivo como texto ASCII, por ejemplo, el Bloc de notas (Notepad) de Windows. Es muy importante que, al guardar el archivo de guión, pongamos la extensión .SCR.

Si en el archivo de guión queremos incluir algún comentario, deberá ir precedido de un ";" (punto y coma).

Podemos escribir las órdenes en inglés precedidas de un subrayado (_) o bien, en español.

Después de cada orden que queramos que se ejecute, hay que pulsar la tecla **Intro**, el valor que queramos que tenga dicha orden (si debe tener algún valor) e **Intro**.

Para cargar el archivo pulsaremos **Herramientas** → **Ejecutar comandos**.

PRÁCTICA 26.3

```
; Con la siguiente orden haremos los límites del papel
límites
0,0
210,297
; ahora haremos zoom todo
zoom
todo
; activamos la rejilla y le damos un valor de 10
rejilla
10
; haremos una línea por los límites de un A-4
línea
0,0
210,0
210,297
0,297
c
Intro
```

26.11 INTRODUCCIÓN DE ÓRDENES

Algunas funciones están disponibles tanto en la línea de comandos como en los cuadros de diálogo.

En muchos casos, se puede escribir un guión delante del comando para suprimir el cuadro de diálogo y mostrar los mensajes en la línea de comandos. Por ejemplo, Unidades sería igual a –Unidades.

Las siguientes variables también afectan a la visualización de los cuadros de diálogo:

▸ **Filedia**: controla la visualización de los cuadros de diálogo que afectan a la lectura y escritura de archivos.
▸ **Attdia**: afecta al comando *Insert* cuando utilizamos atributos.
▸ **Expert**: controla los cuadros de diálogo de advertencia.

26.12 MONITOR DE VARIABLES DE SISTEMA

El monitor de variables del sistema contiene todas las variables del sistema y permite ver y cambiar los valores.

Supervisa los informes del sistema y las variables al cambiarse su valor predefinido. Los valores que se hayan cambiado pueden ser restablecidos a través del comando SYSVARMONITOR, o desde el icono donde ha aparecido la notificación.

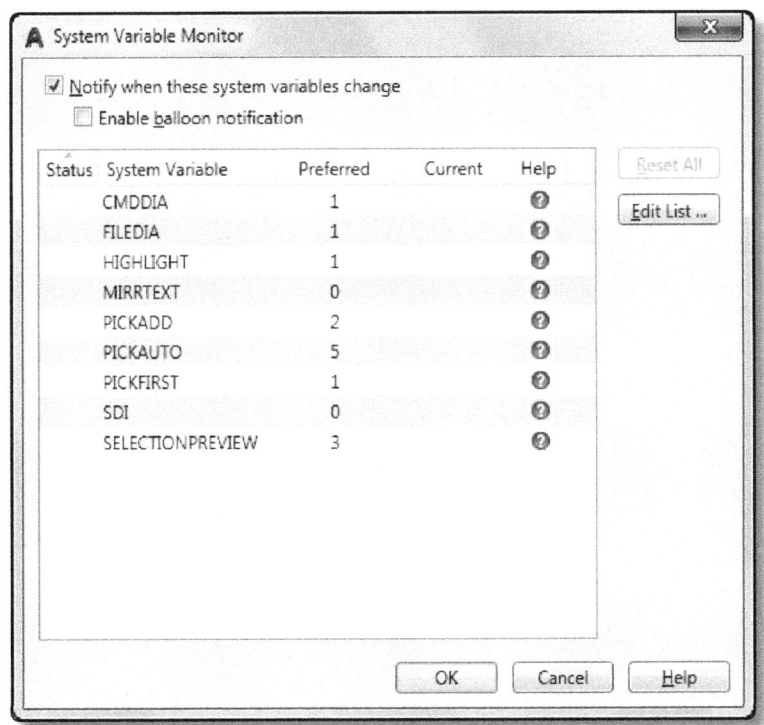

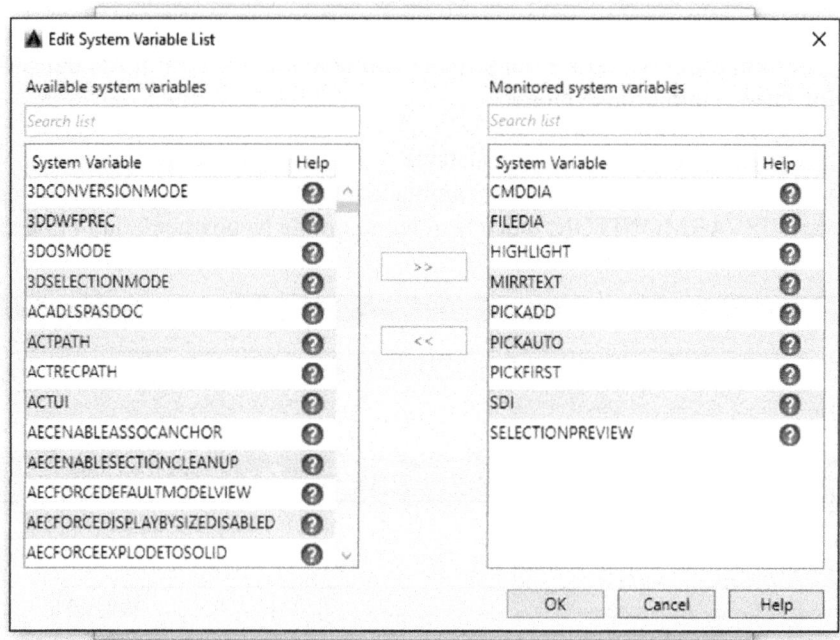

27

CONJUNTO DE PLANOS

27.1 CONJUNTO DE PLANOS

El **Administrador del conjunto de planos** permite organizar los proyectos de dibujo para tener siempre la seguridad de disponer de todos los elementos que lo componen.

Podemos utilizar un asistente para crear el conjunto de planos. Para ello, pulsaremos sobre **Herramientas → Paletas → Administrador del conjunto de planos**. Y desde la cinta de opciones Ficha Vista → Grupo Paletas.

También podemos escribir el comando "CONJUNTOPLANOS" en la línea de comandos.

▶ En el **Administrador**, tenemos tres fichas disponibles:

- Lista de planos: muestra una lista ordenada de los planos. También tenemos las opciones **Publicar** y **Vista preliminar**.

- Vistas de planos: muestra una lista ordenada de las vistas.

- Vistas modelo: muestra una lista ordenada de las carpetas y archivos.

▶ En la parte superior, tenemos el **Control de la lista de planos** que nos muestra el nombre del conjunto de planos actual y si no existe, nos ofrece la opción **Abrir**. Pulsando la flecha de la derecha de este apartado se despliega su contenido:

- Conjunto de planos abierto: si lo hay.

- Reciente: listado de los últimos conjuntos de planos utilizados.

- Nuevo conjunto de planos: inicia el asistente para crear nuevos conjuntos de planos.

- Abrir: abre un conjunto de planos existente.

▶ En la pestaña **Lista de planos**, tenemos las siguientes opciones:

- Publicar en DWF: publica los planos seleccionados o un conjunto de planos en un archivo DWF.

- Publicar: nos mostrará las opciones de publicación.

- Selecciones de planos: esta opción permite guardar, administrar y restaurar selecciones de planos por nombre.

- Detalles (en la parte inferior de la ventana): nos muestra información del conjunto de planos seleccionado.

- Vista preliminar (parte inferior de la ventana): muestra una vista preliminar del plano seleccionado.

▶ **Menú contextual**:

- Archivo: muestra un cuadro de diálogo para archivar el conjunto de planos creado.

- Cerrar conjunto de planos: cierra el conjunto de planos.

- Nuevo plano: a partir de un cuadro de diálogo, podremos añadir planos al conjunto de planos actual.

- Cambiar nombre y número: muestra un cuadro de diálogo para cambiarlos.

- eTransmit: muestra el cuadro de diálogo para que podamos enviar por Internet un conjunto de planos.

- Importar presentación como plano: muestra el cuadro de diálogo para importar presentaciones y especificar cuál queremos utilizar como plano.

- Incluir sello de impresión: activa o desactiva el sello de impresión para el conjunto de planos.

- Parámetros de sello de impresión: muestra el cuadro de diálogo para definir qué datos deben aparecer en el sello.

- Insertar tabla de lista de planos: muestra el cuadro de diálogo que nos permite insertar un listado en forma de tabla de los planos utilizados.

- Administrar configuración de página: muestra el cuadro de diálogo para poder configurar las presentaciones.

- Nuevo subconjunto: muestra el cuadro de diálogo que nos permitirá crear un nuevo subconjunto de planos y organizarlos.

- Abrir: abre el archivo de dibujo del plano seleccionado y muestra la presentación.

- Abrir como solo lectura: abre el archivo de dibujo del plano seleccionado en modo de solo lectura y muestra la presentación.

- Propiedades (conjunto, subconjunto y planos): cuando seleccionamos el modo del conjunto de planos, se muestra el cuadro de diálogo **Propiedades**.

▛ En la pestaña **Vistas de planos**, tenemos las siguientes opciones:

- Categoría de vistas de plano.

- Nombre de categoría: especificaremos el nombre de una nueva categoría de vista.

- Seleccionar los bloques de referencia que se utilizarán en esta categoría: proporciona un método para obtener una lista de los bloques de referencia adecuados para la categoría de vista actual.

- Añadir bloques: muestra el cuadro de diálogo **Lista de bloques**.

- Ver por categoría, ver por plano: nos muestra las vistas según la opción elegida.

▛ En la pestaña **Vistas modelo**, tenemos las siguientes opciones:

- Renovar: actualiza la lista de archivos.

- Añadir ubicación nueva: nos permite cambiar la ubicación del conjunto de planos.

27.2 CREAR UN CONJUNTO DE PLANOS

Menú
Archivo → Nuevo conjunto de planos

Crea un nuevo conjunto a partir de plantillas o de dibujos que ya existen. Si elegimos **Dibujos existentes**, nos encontraremos con las siguientes opciones:

▼ **Detalles del conjunto de planos**: pondremos **Nombre**, **Descripción** y seleccionaremos la carpeta en la que vamos a guardar el conjunto de planos. Pulsando sobre el botón de **Propiedades del conjunto de planos**, las veremos.

▼ **Seleccionar presentaciones**: seleccionaremos las carpetas que contienen las presentaciones que vamos a añadir.

▼ **Confirmar**: contiene un informe sobre los elementos del conjunto de planos.

▼ **Finalizar**: pulsaremos este botón para generar el conjunto de planos.

Para añadir planos, pulsaremos dentro del **Administrador del conjunto de planos** con el botón derecho del ratón sobre el nombre del conjunto y seleccionaremos **Nuevo plano**. Para borrar algún plano, pulsaremos sobre su nombre y, con el botón derecho, seleccionaremos **Eliminar plano**.

28

PUBLICAR DIBUJOS

28.1 AUTOCAD WS

AutoCAD en línea nos permite almacenar archivos para trabajar desde casa, oficina e incluso desde dispositivos móviles. Podemos, también, compartir nuestros diseños dando permisos para modificarlos o no. Desde la cinta de opciones se accede a **AutoCAD en línea** para gestionar archivos, primero debemos guardarlos y después, seleccionamos **Cargar**. Con el **Administrador de carga** obtendremos un listado de todos los dibujos, podemos acceder al servicio de mensajería y al editor de AutoCAD. Por último, en la pestaña **Compartir** deberemos gestionar los permisos de edición.

28.2 COMPARTIR ARCHIVOS

AutoCAD tiene las herramientas necesarias para publicar y acceder a dibujos de Internet. Con eTransmit, agrupamos todos los elementos que forman parte de un proyecto y lo convertimos en un solo archivo. Junto a este archivo, se incluye un informe con todos los datos necesarios para su publicación.

Menú	Icono
Archivo → eTransmit	
Archivo → Publicar	

Los apartados de esta ventana son:

▼ **Árbol de archivos/Tabla de directorios**: nos muestra una vista en forma de árbol o un listado de los archivos que estamos incluyendo en la transferencia.

▼ **Añadir archivos**: pulsaremos este botón para incluir nuevos archivos para transferir.

▼ Si queremos **eliminar** algún archivo, lo seleccionamos en el apartado **Árbol de archivos/Tabla de directorios** y desactivamos la casilla de verificación que aparece a su izquierda.

▼ **Introduzca las notas a incluir con paquete de transferencia**: incluirá notas aclaratorias sobre los planos que queramos transferir.

▼ **Configuraciones de transferencias**: abre el cuadro de diálogo que nos permite **Crear, Renombrar, Eliminar** o **Modificar** transferencias. Nos centraremos en el cuadro de diálogo de la opción **Modificar**.

▼ **Tipo de paquete de transferencia**: elegiremos el formato para el paquete de transferencia creado: **Plegadora, Ejecutable de extracción automática o Zip** (archivo ZIP comprimido).

▼ **Formato de archivo**: crearemos el formato del archivo al que se convertirán todos los dibujos incluidos en un paquete de transferencia.

▼ **Carpeta de archivo de transferencia**: indica dónde se va a crear el paquete de transferencia.

▼ **Nombre de archivo de transferencia**: nos muestra el nombre del paquete de transferencia y la posibilidad de cambiarlo.

▼ **Opciones de transferencia**: nos muestra opciones para organizar los archivos, como solicitar contraseña, enviar *e-mail* con la transferencia…

▼ **Ver informe**: nos muestra una ventana en la que se incluyen todos los datos relativos al paquete de transferencia. Nos permite guardarlo. Si hay algún archivo que no ha podido localizar, también nos lo indica.

Una vez configurado y preparado, pulsaremos **Aceptar** y eTransmit preparará todos los archivos para poder transferirlos.

28.3 PROTECCIÓN DE ARCHIVOS

Podemos proteger los archivos para controlar si alguien los modifica.

Para ello, tenemos una configuración básica por medio de **Archivo →
Guardar como**. Pulsaremos sobre **Herramientas → Opciones → Opciones de
seguridad**. Introduciremos la contraseña y aceptaremos. El programa nos pide
confirmación para la contraseña y la introduciremos. En ese momento, volveremos
al cuadro de diálogo, **Guardar como** y pulsaremos **Guardar**. Ya tenemos el archivo
protegido. Para abrirlo, se necesitará la contraseña.

También podemos incluir una firma digital para poder controlar si un archivo
ha sido manipulado. En este caso, debemos obtener un ID Digital (certificado).

Desde **Archivo → Guardar como**. Pulsaremos sobre **Herramientas →
Opciones → Opciones de seguridad → Firma digital**.

Al entrar en esta ventana, si no tenemos el ID Digital, podemos pulsar sobre
Obtener ID Digital. Esta opción nos llevará a la página web de VeriSign y nos
informará del proceso y condiciones para obtener un certificado.

Si ya tenemos certificado, lo seleccionaremos, pulsaremos **Adjuntar firma
digital** y ya podremos guardar el dibujo. Cuando lo abramos, aparecerá la ventana
de **Contenido de firma digital**, que nos indicará si el dibujo ha sido manipulado.

Podemos asociar varios dibujos a una firma digital. Para ello, entraremos
en **Inicio → Todos los programas → Autodesk → AutoCAD 2019 español →
Adjuntar firmas digitales**. Pulsando **Añadir archivos**, iremos insertando dibujos.
Después, seleccionaremos **ID Digital** y pulsaremos **Firmar archivos**.

Debemos tener en cuenta que si guardamos un dibujo con una versión 2002
o anterior, la firma digital desaparecerá.

28.4 PUBLICAR ARCHIVOS

Para usuarios que no dispongan del programa pero que necesiten ver o
imprimir los planos, utilizaremos el formato .Dwf.

El primer paso será instalar el programa Autodesk DWF Viewer. Es un
programa gratuito que distribuye la firma Autodesk.

Menú

Archivo → Publicar

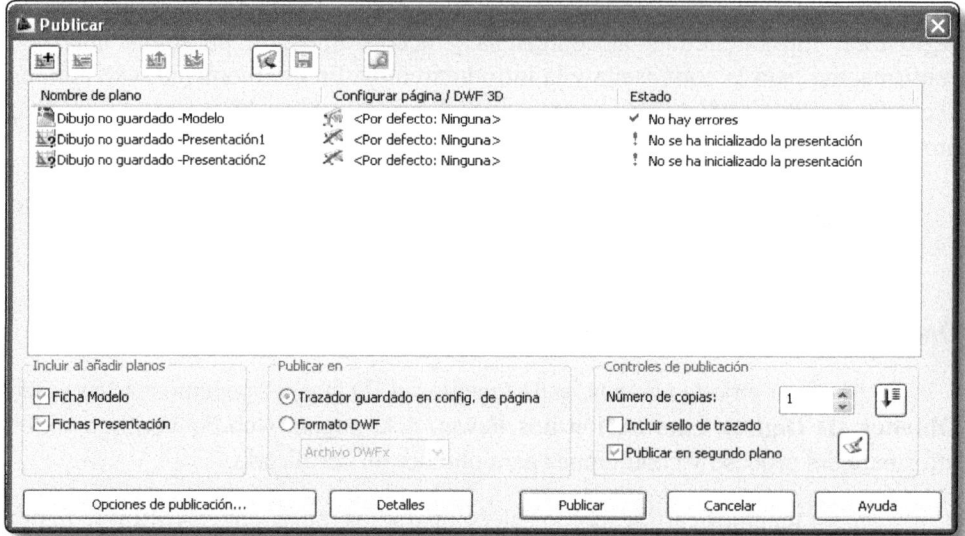

En el apartado **Planos para publicar**, veremos el listado de archivos de las vistas **Presentación** y **Modelo** de los archivos seleccionados.

Los iconos situados en la parte inferior de este apartado son, de izquierda a derecha, los siguientes:

▶ **Vista**: muestra una vista preliminar.

▶ **Añadir hojas**: nos muestra la ventana de diálogo **Seleccionar dibujos** para que podamos incluir nuevos planos.

▶ **Eliminar planos**: elimina los planos seleccionados.

▶ **Subir plano**: mueve el plano una posición hacia arriba.

▶ **Bajar plano**: desplaza el plano a una posición inferior en la lista.

▶ **Cargar lista de planos**: carga una lista de planos; incluye la posibilidad de seleccionar un archivo DSD o BP3 (impresión por lotes).

▶ **Guardar lista de planos**: guarda la lista actual.

▼ **Parámetros de sello de impresión**: podemos especificar la información que deseamos aplicar al sello de impresión.

▼ **Incluir sello de impresión**: imprime un sello de impresión en la esquina indicada en cada dibujo y lo registra en un archivo.

▼ **Número de copias**: permite seleccionar el número de copias que se deben publicar.

▼ **Publicar en**: seleccionaremos cómo se deben publicar los planos.

▼ **Incluir al añadir planos**: elegiremos qué espacio debemos incluir en la publicación.

▼ **Opciones de publicación**: especificaremos las opciones para la publicación como dónde debe guardarse, el tipo de Dwf o el tipo de seguridad que queremos.

▼ **Detalles**: muestra información del plano y de la página seleccionada.

▼ **Publicar**: inicia la publicación de los planos.

28.5 PUBLICAR ARCHIVOS EN UNA PÁGINA WEB

A partir del comando **Archivo** → **Publicar en sitio web** (🖨), nos aparecerá un asistente con toda la información necesaria para poder crear una página web que contenga archivos .DWF y DWFx.

Podemos elegir en el paso **Inicio** entre **Crear nueva página web** o **Editar página web existente**. Si elegimos la segunda opción, el asistente pasará directamente al paso **Editar página**. Vamos a indicar las opciones a partir de **Crear nueva página web**.

▼ **Crear página**: debemos indicar el nombre de la página, la ubicación de la carpeta que contendrá los archivos y una breve descripción.

▼ **Tipo de imagen**: elegiremos el tamaño de la imagen y su formato, que puede ser dwf, jpg o png.

▼ **Seleccionar plantilla**: en una previsualización, debemos elegir una de las plantillas predeterminadas del programa.

▼ **Aplicar tema**: elegiremos el diseño de las páginas.

▼ **Activar i-drop**: es un método que nos permite arrastrar y colocar en el dibujo actual dibujos de la web, por ejemplo, bloques.

▼ **Seleccionar dibujos**: permite seleccionar los dibujos que queremos incluir y crear descripciones sobre los mismos.

▼ **Generar imágenes**: en este apartado, generamos los dibujos que queremos colocar en nuestra página.

▼ **Ver y enviar**: podemos obtener una vista preliminar de la página creada o elegir **Enviar ahora**.

28.6 APLICACIÓN MOVIL AUTOCAD 360

Con la suscripción al *software* se incluye la licencia de la aplicación móvil AutoCAD 360 Pro. La aplicación permite disfrutar de todas las prestaciones de AutoCAD desde el teléfono móvil en cualquier lugar. Permite diseñar, editar y visualizar dibujos 2D, medir los dibujos con alta precisión, acceder a los dibujos desde el almacenamiento de la nube y trabajar sin conexión con sincronización posterior.

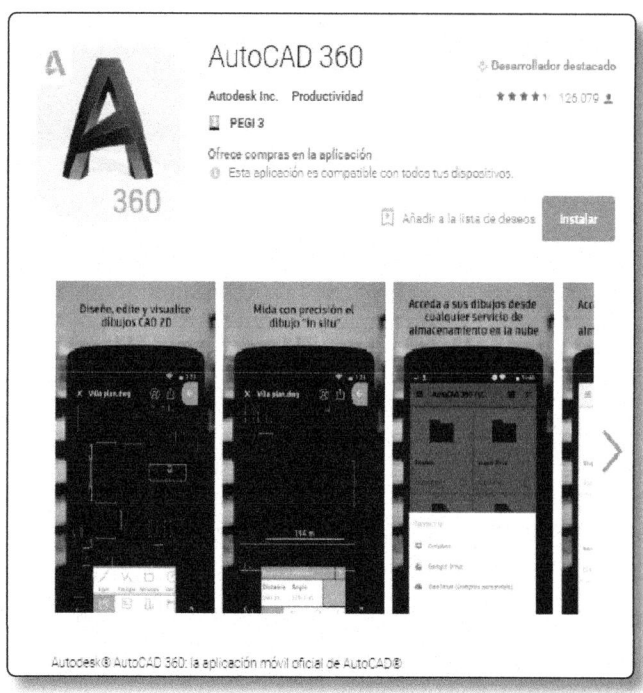

Se ha creado una nueva aplicación móvil, donde es posible ver, crear, editar y compartir los dibujos CAD. Esta aplicación está disponible para las tabletas y teléfonos de Windows, Android y iOS.

28.6.1 Acceso a la cuenta de Autodesk 360

Accederemos pulsando en la cinta de opciones la ficha **En línea**.

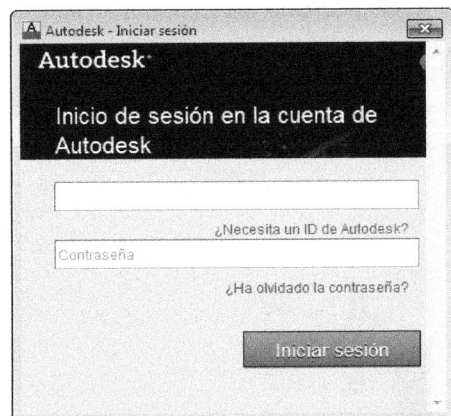

Si ya tenemos una cuenta creada pulsaremos sobre **Iniciar sesión** y escribiremos el nombre y la contraseña. Si no tenemos cuenta de Autodesk, seleccionaremos **Necesita un ID de Autodesk** y seguiremos las instrucciones.

Si queremos compartir el dibujo actual seleccionaremos **Compartir documento**.

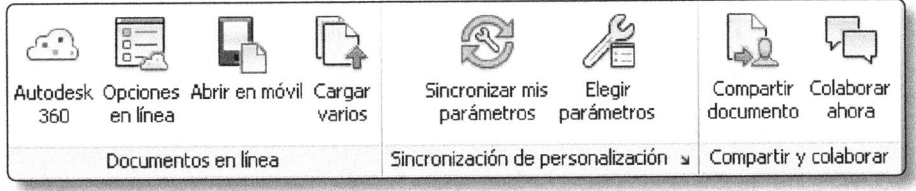

Si el dibujo actual no lo hemos guardado en la cuenta de Autodesk 360, aparecerá el cuadro de diálogo **Guardar dibujo como**. También debemos definir los permisos de acceso para cada usuario y pulsaremos sobre **Compartir**.

AutoCAD 2019 cuenta con el agregado de una pestaña en línea donde se puede acceder directamente a la herramienta **Autodesk 360**, la cual ya hizo su debut en la edición anterior de este software. A través de ella, se pueden **subir a la nube** con facilidad todo tipo de diseños y mapas, pudiéndolos compartir con colegas de cualquier parte del planeta que estén interesados en el trabajo.

28.6.2 Aplicación de escritorio de Autodesk

Con la aplicación de escritorio de Autodesk se podrán recibir alertas sobre actualizaciones del *software* sin interrumpir el flujo de trabajo. La aplicación de escritorio puede sugerir videos para aprender nuevas funciones de AutoCAD y de los demás programas de Autodesk.

Permite ver, actualizar, desinstalar y obtener ayuda desde el sitio web de Autodesk Exchange Apps.

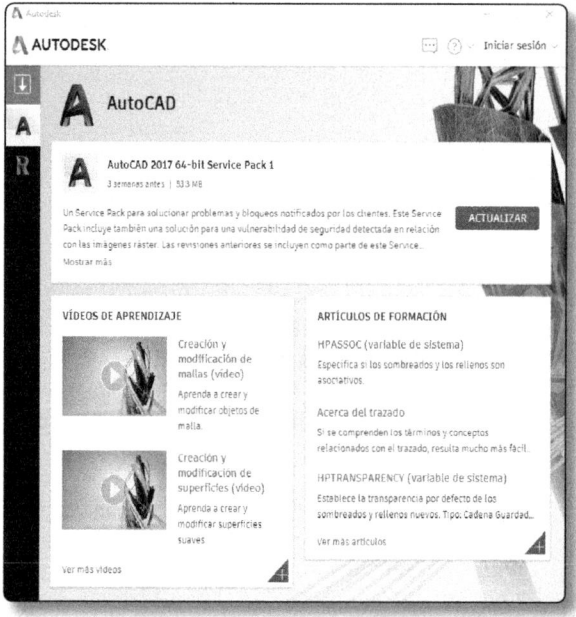

28.7 APLICACIÓN WEB DE AUTOCAD

La suscripción a AutoCAD 2019 incluye una nueva aplicación web. Desde el navegador web de Internet se puede acceder a la versión original de AutoCAD. Con esta aplicación se permite la creación, edición y visualización de los dibujos CAD.

Desde el buscador del navegar de internet será necesario realizar la búsqueda de la aplicación web de AutoCAD. Una vez allí, habrá que iniciar sesión en la web con el nombre de usuario de AutoDesk que se tenga.

Una vez iniciada la sesión, aparecerá un menú con todos los archivos de AutoCAD disponibles para ver en línea. Por defecto, aparecen algunos ejemplos, pero se puede cargar y subir a la nube cualquier otro archivo que se tenga en el ordenador.

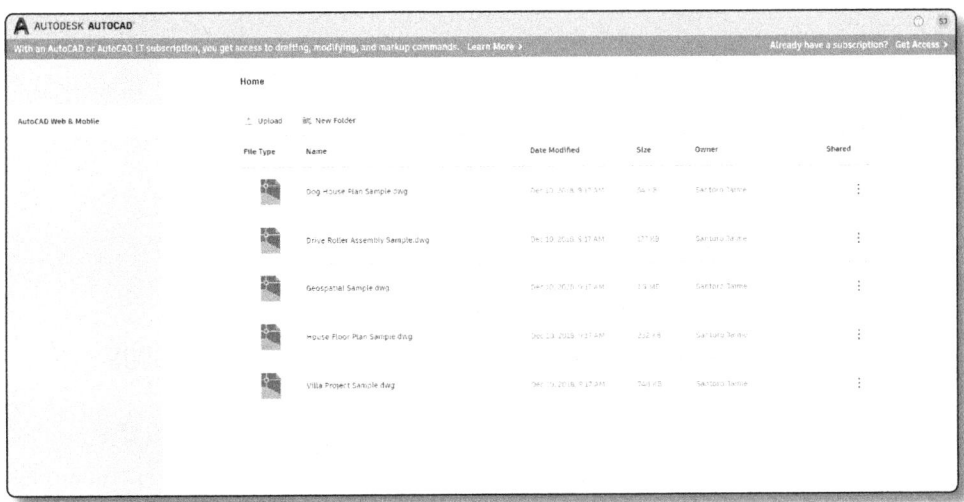

Al seleccionar cualquier archivo, este se abre. Existen diferentes opciones y comandos que se pueden realizar, como visualizar las capas del archivo, las propiedades de cada uno de los elementos que forman el dibujo y realizar algunas acciones de dibujo.

28.8 ALMACENAMIENTO EN LA VERSION WEB Y PARA LOS DISPOSITIVOS MÓVILES

Con la nueva versión de AutoCAD 2019 se incluyen nuevas funciones relacionadas con los dispositivos móviles. Dos nuevos comandos, "Guardar en la versión web y para dispositivos móviles" y "Abrir desde la versión web y para dispositivos móviles", permiten la apertura y modificación entre los archivos del escritorio, la versión web y los dispositivos móviles.

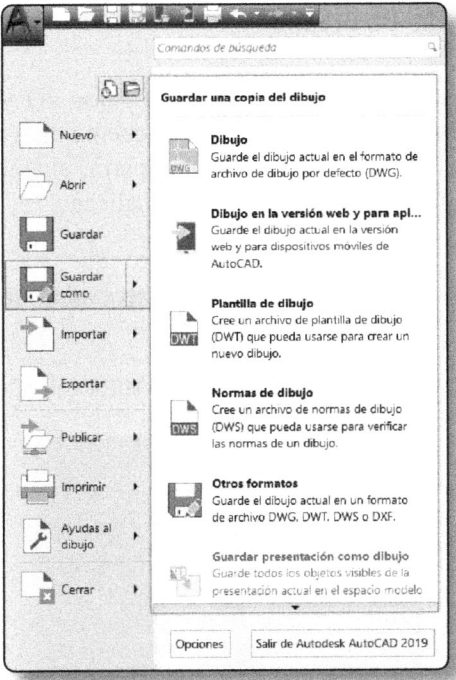

También se puede acceder a esta opción desde la barra superior izquierda.

Al realizar por primera vez esta acción aparecerá un nuevo cuadro de dialogo que nos pedirá la instalación de una extensión de AutoCAD, que hará que se puedan modificar los archivos desde el dispositivo móvil y desde la versión web.

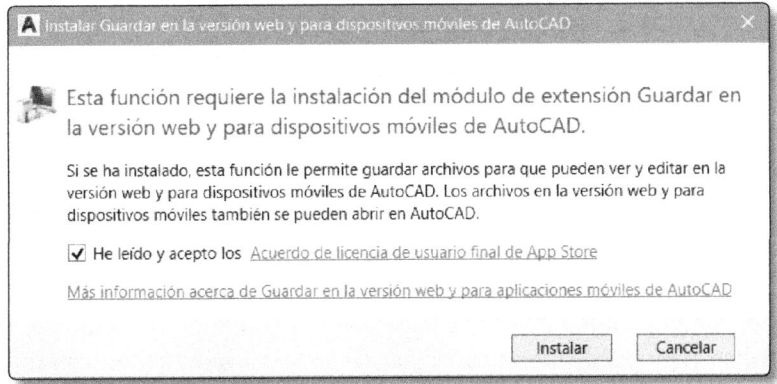

28.9 COMPARTIR VISTAS DE DISEÑO

Se pueden compartir los archivos de dibujos 2D y 3D en la nube. Los revisores de los archivos no necesitan tener una cuenta de Autodesk para acceder a los dibujos. A pesar de que se pueden ver y compartir, el archivo original.DWG no puede ser modificado por las personas que lo visualicen.

El comando "Vistas compartidas" hace que sea mucho más sencillo compartir los archivos con otros usuarios, sin necesidad de publicar ni enviar el archivo original .DWG.

Será necesario conectarse a la cuenta de Autodesk

El archivo que se envía se crea en AutoCAD, pero se distribuye de manera compatible para que se pueda ver en el navegador de Internet. Desde este nuevo vínculo, se puede medir, revisar y añadir comentarios al diseño, que el autor podrá ver y acceder desde AutoCAD.

La configuración automática hace que el periodo de duración de las vistas sea de 30 días, pero puede modificarse y cancelarse en cualquier momento.

29

CONFIGURACIÓN

29.1 CONFIGURACIÓN DEL PROGRAMA

Para entrar en las ventanas de configura

Menú
Herramientas → Opciones
Menú de la Aplicación → Opciones

Nos permite modificar los parámetros y variables del entorno del dibujo: frecuencia del guardado automático, colores de la ventana, uso de los botones del ratón, etc. Nos aparecen las siguientes pestañas:

- ▶ **Archivos**.
- ▶ **Visual**.
- ▶ **Abrir y guardar**.
- ▶ **Trazar y publicar**.
- ▶ **Sistema**.
- ▶ **Preferencias de usuario**.
- ▶ **Dibujo**.
- ▶ **Modelado 3D**.
- ▶ **Selección**.
- ▶ **Perfil**.
- ▶ **En línea**.

29.2 ARCHIVOS

En esta pestaña, definiremos las carpetas y la ubicación de las rutas que AutoCAD necesita para buscar los archivos de soporte, de controladores… Tenemos las siguientes opciones:

▸ **Examinar**: por si queremos cambiar una ruta. Pulsaremos sobre el botón y localizaremos la nueva ubicación.

▸ **Añadir**: permite incluir una ruta a las ya existentes.

▸ **Eliminar**: nos permite borrar las rutas que ya no necesitamos.

▸ **Subir/Bajar**: modifica el nivel en el que están ubicadas las rutas. Es importante ya que AutoCAD busca las ubicaciones siguiendo estos niveles, desde arriba hacia abajo.

▸ **Seleccionar**: convierte el proyecto seleccionado en el actual.

29.3 VISUAL

Configura la pantalla de AutoCAD.

▸ **Elementos de ventana**: personaliza los parámetros de visualización.

- Esquema de color nos permite elegir el tema de color entre claro u oscuro.

- Mostrar barras de desplazam. en la ventana de dibujo: permite la visualización de las barras de desplazamiento en la zona inferior y derecha del área de dibujo.

- Usar botones grandes para barras de herramientas: muestra los botones en un formato más grande, de 32 x 30 píxeles, en vez de 16 x 15.

- Cambiar los iconos de la cinta de opciones a tamaño estándar.

- Mostrar información de herramientas: muestra información de la herramienta si colocamos el cursor sobre un botón de la barra de herramientas.

- Mostrar métodos abreviados en información de herra.: muestra la tecla de método abreviado si colocamos el cursor sobre un botón de la barra de herramientas.

- Colores: seleccionaremos los colores de los elementos de la ventana de AutoCAD.

- Tipos: seleccionaremos el tipo de texto de la línea de comandos.

- Visualización de fichas de archivo: muestra las fichas de archivo en la parte superior del área de dibujo.

▼ **Elementos de presentación**:

- Mostrar fichas Presentación y Modelo: muestra las pestañas de **Presentación** y **Modelo** en la parte inferior de la ventana de trabajo.

- Mostrar área de impresión: muestra el espacio en el papel, del tamaño de impresión.

- Mostrar fondo de papel: muestra el tamaño de papel especificado en una presentación.

- Mostrar sombreado de papel: muestra una sombra alrededor del fondo del papel en una presentación.

- Mostrar Administrador confg. pág. nuevas present.: establece las opciones de los parámetros de papel y trazado.

- Crear ventana en nuevas presentaciones: crea una ventana automáticamente cuando se crea una nueva presentación.

- Tamaño de puntero en cruz: controla el tamaño del puntero en cruz. Los valores van del 1 al 100% de la pantalla total. 100 es el tamaño mayor.

▼ **Resolución de visualización**:

- **Suavidad de arcos y círculos**: controla la suavidad de la línea que forman los círculos, arcos y elipses.

- **Segmentos de una curva de polilínea**: establecemos el número de segmentos de línea que se generan para cada curva de polilínea.

- **Suavidad de objeto modelizado**: controla el suavizado de los sólidos curvos sombreados y modelados.

- **Líneas de contorno por superficie**: si indicamos un número alto, disminuye la velocidad de visualización y aumenta el tiempo de modelizado.

▼ **Opciones de visualización**:

- **Encuadre y zoom con ráster y OLE**: controlaremos cómo se verán las imágenes de trama y objetos OLE cuando utilicemos los comandos **Encuadre** y **Zoom en Tiempo real**.

- **Resaltar solo marco de imagen ráster**: controlaremos cómo se verán las imágenes de trama cuando las designemos.

- **Aplicar relleno sólido**: muestra los objetos con relleno sólido.

- **Mostrar solo marco de contorno de texto**: mostrará un recuadro en los objetos de texto en vez del texto.
- **Mostrar siluetas reales para sólidos y superficies**: controla la visualización de las curvas de siluetas de objetos sólidos 3D en la representación alámbrica.

- **Control de difuminado**:
  - **Visualización de refX**: precisa el valor de intensidad de difuminado de los objetos durante la edición de referencias externas.
  - **Edición in situ y representaciones anotativas**: precisa el valor de intensidad de difuminado de los objetos durante la edición de referencias *in situ*.

- **Compatibilidad con monitores de alta resolución (4K)**

Desde la actualización de AutoCAD 2018.1 Update, se ha mejorado la compatibilidad con monitores 4K (alta resolución).

Los elementos de la interfaz del usuario se muestran correctamente en los monitores e alta resolución. Algunos elementos como la barra de navegación, el icono de SCP, los cuadros de diálogos y las paletas, entre otros, se ajustan a la configuración de visualización de Windows. Para los mejores resultados es preferible la utilización de Windows 10 y una tarjeta gráfica compatible con DX11.

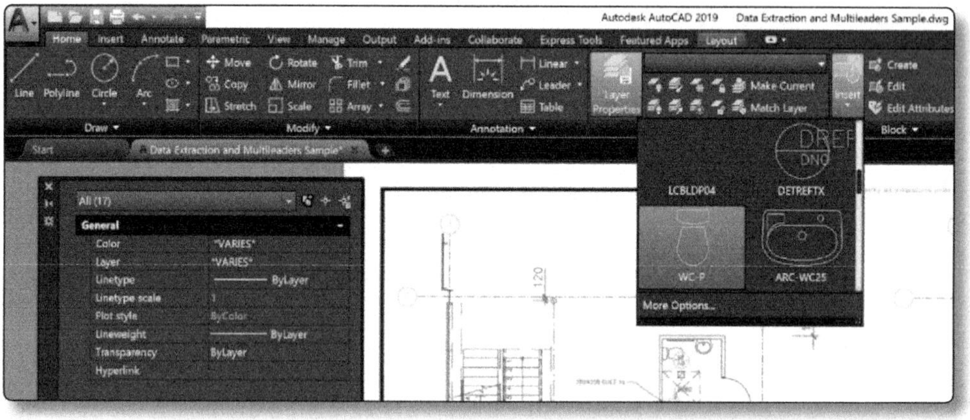

- **Gráficos 2D**

En ocasiones, hay algunas operaciones de AutoCAD que requieren de volver a dibujar o regenerar algunos gráficos, como realizar zoom, imágenes raster o propiedades de capa (que AutoCAD los simplifica automáticamente para optimizar su rendimiento). Desde la nueva versión, estas nuevas operaciones han mejorado su rendimiento, haciendo que sea más rápido.

Desde el cuadro de dialogo "Rendimiento gráfico" se puede modificar la configuración de los gráficos 2D.

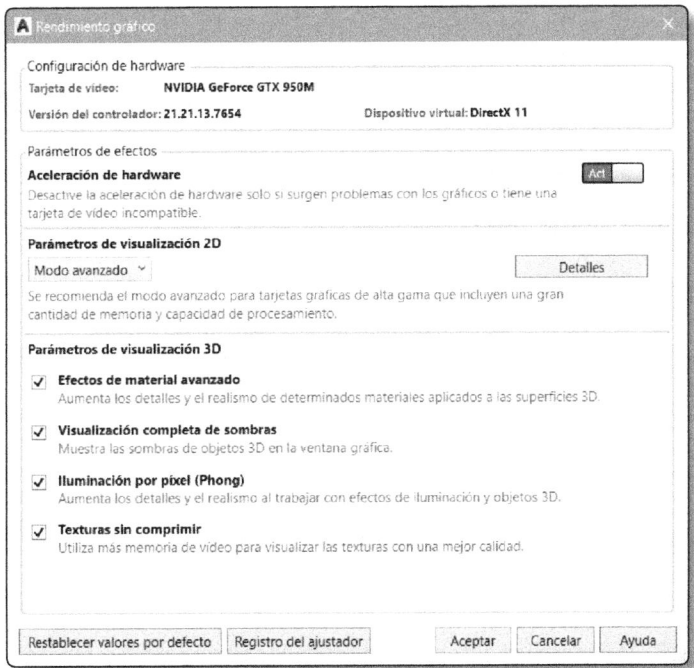

29.4 ABRIR Y GUARDAR

▶ Guardado de archivos:

- Guardar como: especificamos el tipo de archivo que guardaremos por defecto.

- Parámetros de vista preliminar en miniatura: establece la configuración de la vista en miniatura.

- Porcentaje de guardado progresivo: cuando se alcanza el porcentaje especificado en este apartado, AutoCAD realiza un guardado completo en vez de uno progresivo.

▶ Precauciones de seguridad en archivos:

- Guardado automático: indica cada cuándo debe hacer un guardado automático.

- Crear copia de seguridad con cada guardado.

- Validación CRC continua: activa la Comprobación Cíclica de Redundancia (CRC) cada vez que se lee un objeto en el dibujo.

- Mantener archivo de registro: escribe el contenido de la ventana de texto en un archivo.

- Extensión de los archivos temporales: por defecto, es Ac$.

- Opciones de seguridad: son opciones de configuración de la contraseña y de la firma digital.

- Mostrar información de firma digital.

▼ Apertura de archivos:

- Número de archivos recientes: indica el número de archivos recientes que deben aparecer en el menú Archivo. Podemos indicar de 0 a 9.

- Mostrar ruta completa en el título: en la barra de título, aparecerá la ruta completa del dibujo.

▼ Menú aplicación:

- Número de archivos recientes: controla el número de archivos usados recientemente que deben aparecer en el menú rápido Documentos recientes del explorador de menús. Los valores válidos están comprendidos entre 0 y 50.

▼ Referencias externas: controla los parámetros relacionados con la edición y carga de referencias externas.

- Solicitar carga de ref. externas: en este apartado, controlaremos la carga de las referencias externas. Puede estar Desactivada, Activada o Activada con copia, que utiliza una copia del dibujo al que se hace referencia.

- Mantener cambios en capas de Refx: guarda los cambios realizados.

- Permitir que otros usuarios editen una referencia externa en el dibujo actual.

▼ Aplicaciones ObjectARX: controla los parámetros relacionados con las aplicaciones de extensión en tiempo de ejecución de AutoCAD y gráficos proxy.

- Solicitar carga de aplic. Object ARX: permite cargar aplicaciones de terceros.

- Imágenes proxy para objetos personalizados: controla la visualización de los objetos personalizados.

- Mostrar cuadro de diálogo Información proxy.

29.5 TRAZAR Y PUBLICAR

▼ **Parámetros por defecto de trazado para nuevos dibujos**:

- Usar como dispositivo de salida por defecto: indicaremos el dispositivo de salida.

- Usar últimos parámetros de trazado correctos.

- Añadir o configurar trazadores: modificaremos o añadiremos trazadores utilizando el **Administrador de trazadores**.

▼ **Trazar en archivo**:

- Ubicación por defecto de las operaciones de trazado en archivo: indica dónde debe guardarse el archivo de impresión.

▼ **Opciones de procesamiento en segundo plano**: activar trazado en segundo plano al **Trazar** o al **Publicar**.

- Archivo de registro de trazado y publicación: permite guardar un archivo de registro de trazado y publicación y visualizarlo en una hoja de cálculo. Tendremos en ese archivo información sobre: Nombre de conjunto de planos, Nombre de categoría, Nombre de plano, Fecha y hora de inicio y finalización…

▼ **Opciones generales de trazado**, al cambiar el dispositivo de trazado:

- Mantener el tamaño de papel en presentación: utiliza el tamaño de papel especificado en el apartado **Configurar página**

- Usar tamaño de papel de dispositivo de impresión: utiliza el tamaño de papel especificado en **Archivo de configuración del trazador** (PC3).

- Alerta de tratamiento diferido de impresión del sistema: tenemos diferentes opciones: Advertir siempre (y registrar errores), Advertir solo la primera vez (y registrar errores), No advertir (y registrar primer error) y No advertir (no registrar errores).

- Calidad de trazado OLE: indica la calidad para la impresión de los objetos OLE.

- Iniciar aplicación principal al trazar objetos OLE.

- Ocultar impresoras del sistema.

- Especificar desfase de trazado relativo a: especifica desde dónde debemos definir el desfase del área de trazado.

- Parámetros de tabla de estilos de trazado: especificaremos los parámetros de impresión de la tabla.

- Parámetros de sello de impresión: especificaremos los parámetros del sello de impresión.

29.6 SISTEMA

▶ Controla los parámetros del sistema de AutoCAD:

- Rendimiento 3D: controla los parámetros de la visualización de gráficos en 3D.

- Dispositivo señalador actual: establece el dispositivo señalador y sus propiedades.

▶ Experiencia táctil:

- Mostrar opciones de modo táctil en la cinta.

▶ **Opciones para regenerar la presentación**:

- Regenerar al cambiar de presentación.

- Ficha Modelo y última presentación en caché.

- Ficha Modelo y todas las presentaciones en caché.

▶ **Opciones de conexión a base de datos**:

- Almacenar índice de vínculos en archivo dibujo.

- Abrir tablas en modo de solo lectura.

▶ **Opciones generales**:

- Parámetros de mensajes ocultos: podemos indicar en la ventana que aparece los cuadros de diálogo que no queremos mostrar de nuevo y también indicar que queremos que utilice siempre una opción especificada en ellos.

- Mostrar todos los mensajes de advertencia: muestra todos los diálogos de advertencia.

- Sonido en caso de error: si introducimos un dato o una orden de forma incorrecta activará un sonido.

- Permitir nombres largos de símbolos: permite introducir nombres para los objetos creados de hasta 255 caracteres.

▼ **Ayuda**: controla las opciones relacionadas con el sistema de ayuda.

- Usar ayuda en línea del sitio web de Autodesk cuando esté disponible: especifica si se accede a la ayuda desde el sitio web de Autodesk o si se usan archivos locales.

- InfoCenter: define las características de las notificaciones de InfoCenter.

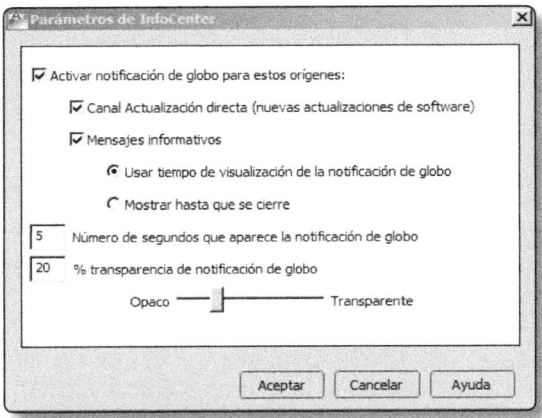

29.7 PREFERENCIAS DE USUARIO

Controla las preferencias personales para trabajar.

▼ **Comportamiento estándar de Windows**:

- Edición con doble clic: permite establecer como método de edición el doble clic del ratón.

- Menús contextuales en área de dibujo: activa la utilización de menús contextuales utilizando el botón derecho del ratón.

- Personalización del botón derecho: pulsando este botón, seleccionamos el comportamiento del botón derecho del ratón.

▼ **Escala de inserción**: controla la escala que tendrán los objetos si los arrastramos y colocamos mediante DesignCenter, i-drop y bloques.

- Unidades de contenido de origen: indica, por defecto, las unidades que utilizaremos al insertar un objeto en el dibujo.

- Unidades de dibujo de destino: indica, por defecto, las unidades del dibujo actual.

▼ **Campos**: configura las preferencias relacionadas con los campos.

▼ **Parámetros del editor de bloques**: abre una ventana en la que podemos configurar todos los parámetros relacionados con los bloques.

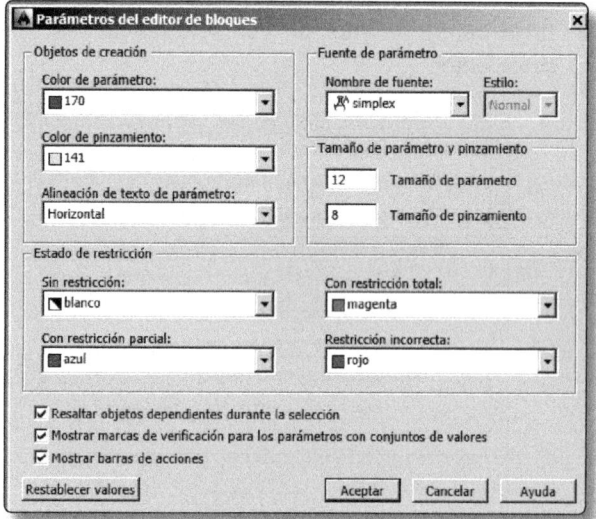

▼ **Lista de escala**: es el administrador de las escalas para la impresión y presentación.

29.8 DIBUJO

Configura nuestras preferencias de edición de dibujos.

▼ **Parámetros de AutoSnap**: son los parámetros de configuración de los pinzamientos.

- Marcador: activa la visualización del símbolo geométrico que aparece cuando pasamos por encima de un punto de referencia.

- Atracción: activa el bloqueo hacia el punto de referencia más próximo.

- Mostrar información de herramienta AutoSnap: activa la visualización de información al acercarnos a un punto.

- Mostrar mira para referencia AutoSnap: la mira para referencia es una casilla que aparece en el interior de los punteros en cruz cuando se selecciona una referencia a objetos. Con esta opción, activaremos su visualización.

- Color de marcador AutoSnap.

▼ **Tamaño de marcador AutoSnap**.

▼ **Opciones de referencia a objetos**: activa la opción de que las referencias a objetos pasen por alto los patrones de sombreado.

▼ **Parámetros de AutoTrack**:

  ● Mostrar vector de rastreo polar: activa la visualización del vector de rastreo polar.

  ● Mostrar vector de rastreo en pantalla completa.

  ● Mostrar información de herramienta AutoTrack.

▼ **Adquisición de punto de alineación**: indica el método de visualización de los vectores de alineación en un dibujo. Puede ser **Automática** o **Mayús** para adquirir.

▼ **Tamaño de apertura**: establece el tamaño de visualización de la apertura de AutoSnap.

▼ **Parámetros de información de las herramientas de dibujo**: determina el color, tamaño y transparencia de la información de herramientas de dibujo.

▼ **Parámetros de glifos de luces**: configura los glifos de las luces.

▼ **Parámetros de glifos de cámaras**: configura los glifos de las cámaras.

29.9 MODELADO 3D

Establece las opciones para sólidos y superficies en 3D.

▼ **Cursor en cruz 3**: permite configurar el tipo de visualización del puntero de cursor en cruz en operaciones 3D.

  ● Mostrar eje Z en cursor en cruz: activa o desactiva la visualización del eje Z en el cursor en cruz.

  ● Etiquetar ejes en cursor en cruz estándar: activa o desactiva la visualización de las etiquetas de eje en el cursor.

  ● Mostrar etiquetas para SCP dinámico.

- Etiquetas de cursor en cruz: podemos indicar el tipo de etiquetas para el cursor.

▶ **Mostrar icono SCP** y **ViewCube**: controla cómo debe mostrarse el icono SCP.

- Mostrar en espacio modelo 2D.

- Mostrar en proyección paralela 3D.

- Mostrar en proyección en perspectiva 3D.

▶ **Entrada dinámica**: controla la visualización de campos de entrada dinámica cuando queremos introducir coordenadas.

- Mostrar campo Z para entrada de puntero: activa o desactiva el campo para la coordenada Z.

▶ **Objetos 3D**: configura la visualización de superficies y sólidos 3D.

- Estilo visual al crear objetos 3D: elegimos el estilo visual cuando creamos primitivas de sólidos 3D.

- Control de supresión al crear objetos 3D: configuraremos si una vez creado el objeto 3D, el programa nos solicita suprimir los objetos.

- Isolíneas U en superficies y mallas: configura las isolíneas en la dirección U para superficies y mallas.

- Isolíneas V en superficies y mallas: configura las isolíneas en la dirección V para superficies y mallas.

▶ **Análisis de superficies**: abre el cuadro de diálogo **Opciones de análisis**, que permite definir las opciones para los análisis cebra, de curvatura y de ángulo de inclinación.

▶ **Navegación 3D**: establece las opciones de paseo, vuelo y animación para mostrar modelos 3D.

- Invertir *zoom* de rueda de ratón: invierte la dirección de *zoom* para la rueda del ratón.

- Parámetros de paseo y vuelo: permite configurar los parámetros de paseo y vuelo.

- Parámetros de animación: permite configurar los parámetros de animación.

29.10 SELECCIÓN

Gestiona la forma de seleccionar los objetos.

▼ **Tamaño de caja de selección**: indica el tamaño del rectángulo de selección.

▼ **Vista preliminar de selección**: resalta los objetos haciéndolos más visibles cuando el cursor pasa sobre ellos.

▼ **Modos de selección**:

- Designación Nombre/Verbo: si activamos esta opción, podremos designar un objeto antes de iniciar un comando.

- Usar Mayúscula para añadir a selección: añadiremos o eliminaremos la selección de los objetos pulsando sobre la tecla **Mayúsculas**.

- Pulsar y arrastrar: dibuja una ventana cuando se designa un punto y arrastramos el ratón.

- Ventana implícita: inicia el dibujo de una ventana de selección cuando se designa un punto situado fuera de un objeto.

- Agrupación de objetos: si la activamos, seleccionaremos todos los objetos de un grupo al designar uno de ellos.

▼ Sombreado asociativo: si se activa esta opción, cuando se designe un sombreado asociativo también se designarán objetos de contorno.

▼ **Opciones de la cinta de opciones**: nos muestra el cuadro de diálogo **Opciones de estado de ficha contextual** de la cinta de opciones, para poder modificar los parámetros de selección de objetos para su visualización en las fichas contextuales de la cinta de opciones.

▼ **Tamaño de pinzamiento**: controla el tamaño de visualización de los pinzamientos.

▼ **Pinzamientos**:

- Colores de pinzamiento: abre el cuadro de diálogo para elegir los colores al seleccionar un objeto.

- Color de pinzamiento sin seleccionar.

- Color de pinzamiento seleccionado.

- Color de pinzamiento flotante: es el color del pinzamiento cuando nos situamos sobre él.

- Mostrar pinzamientos: muestra los pinzamientos cuando designamos un objeto.

- Mostrar pinzamientos en bloques.

- Mostrar sugerencias de pinzamientos: controla la visualización de las sugerencias de pinzamientos y la información de herramientas controlada con ciclo mediante la tecla **Control**.

- Mostrar menú de pinzamiento dinámico.

- Permitir ciclo mediante Control: permite utilizar la selección en ciclo mediante la tecla **Control**.

29.11 PERFIL

Controla las configuraciones definidas por el usuario.

▼ **Perfiles disponibles**: nos muestra el listado de los perfiles disponibles.

▼ **Definir actual**: designa el perfil que hemos seleccionado como actual.

▼ **Añadir a la lista**: guardar el perfil seleccionado.

▼ **Cambiar nombre**: cambia el nombre del perfil seleccionado.

▼ **Suprimir**: elimina el perfil seleccionado, excepto si lo tenemos activado como actual.

▼ **Exportar**: guarda un perfil con la extensión .Arg para poder compartirlo.

▼ **Importar**: importa un perfil creado con **Exportar**.

▼ **Valores originales**: restituye los valores del perfil seleccionado con los parámetros que tiene el sistema por defecto.

29.12 EN LÍNEA

Nos permite acceder a la cuenta de Autodesk 360. Primero nos pedirá que indiquemos el nombre de usuario y contraseña. Así se abrirá la ventana de servicios de la nube.

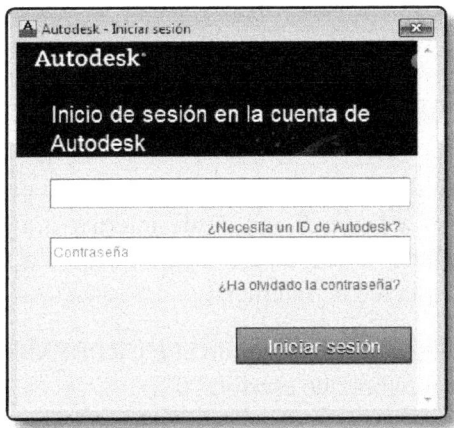

Las opciones disponibles son:

▼ **Uso del almacenamiento de nube**: muestra los recursos que estamos utilizando.

▼ **Haga clic aquí para obtener mis parámetros de cuenta**.

▼ **Activar sincronización automática**: nos permite abrir y guardar archivos de dibujo directamente en nuestra cuenta de Autodesk 360.

▼ **Guardar copias nuevas en**: indicamos en qué carpeta de Autodesk 360 almacenaremos las copias de nuevos dibujos cargados automáticamente.

▼ **Autodesk 360**: abre un explorador con la lista de documentos y las carpetas de Autodesk 360.

▼ **Sincronizar la configuración con la nube**: inicia o detiene la sincronización de los parámetros personalizados con la cuenta de Autodesk 360. Podemos activar **Mantener todos mis parámetros sincronizados** o **Sincronizar solo los parámetros seleccionados**. En este último caso debemos especificar qué parámetros queremos.

29.13 ACTUALIZACION DEL FORMATO DWG

Con la nueva versión, el formato DWG se ha actualizado y mejorado. Funciones como abrir y guardar en dibujos con muchas ventanas gráficas se realizan con mejor rendimiento. También, funciones del dibujo 3D utilizan ahora un modelador geométrico (ASM) muy reciente, que hace que la estabilidad y la seguridad sea mayor.

29.14 SEGURIDAD CIBERNÉTICA

El nuevo comando "SECUREREMOTEACCESS" permite la configuración para restringir el acceso a los archivos desde internet o a las ubicaciones en los productos de AutoCAD. Se ha creado esta opción debido a las vulnerabilidades de seguridad que existen en la red de internet.

Esta opción se activa con el comando SECUREREMOTEACCESS y tecleando "1". Si se desea bloquear habrá que escribir "0".

```
Comando: SECUREREMOTEACCESS
  X  ⚒    ▾ SECUREREMOTEACCESS Indique nuevo valor para SECUREREMOTEACCESS <1>:
```

30

HERRAMIENTAS EXPRESS

30.1 MENÚ EXPRESS

Previamente, habrá que instalarlo. La opción de instalación se muestra en la ventana principal que aparece al insertar el CD de instalación de AutoCAD en el lector de CD.

Para llamarlo, escribiremos en la ventana de comandos "Expresstools" o "Expressmenu".

Este menú nos proporciona herramientas para modificar los objetos de una forma muy rápida. Se integra en la barra de menús y en la cinta de opciones.

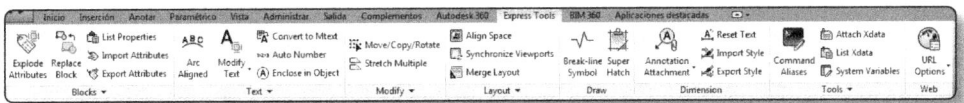

30.2 MODIFICAR EXPRESS

Menú
Express → Modificación (*Modify*)

▼ **Multiple object strech**: estira de una vez todos los objetos seleccionados. Se pueden seleccionar con varias ventanas y polígonos.

▼ **Move/copy/rotate**: con una sola entrada en la orden, podemos mover, copiar y girar los objetos seleccionados.

▼ **Extended clip**: elimina la parte del dibujo que quede fuera o dentro de un bloque o de una referencia externa designados como límite.

▼ **Convert shape to block**: convierte objetos del tipo **Forma** en bloques.

▼ **Flatten objects**: elimina la altura de los objetos convirtiéndolos en planos.

▼ **Extended offset**: es un desfase múltiple y solo debemos indicar el objeto original una vez.

30.3 DIBUJO EXPRESS

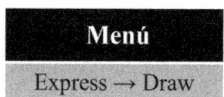

Menú
Express → Draw

▼ **Super-hatch**: permite utilizar un bloque o una referencia externa como patrón de sombreado.

▼ **Break line symbol**: crea una línea con un símbolo de ruptura.

30.4 TEXTO EXPRESS

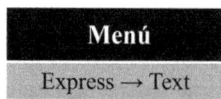

Menú
Express → Text

▼ **Remote text**: con esta opción, podemos insertar o editar un texto ASCII en el dibujo.

▼ **Text fit**: podemos ajustar la longitud de un texto entre dos puntos indicados por nosotros.

▼ **Text mask**: sitúa una máscara alrededor de un texto, por ejemplo, para que los sombreados o las líneas no se sitúen por encima de él. Deberemos indicar la distancia a la que se situará el rectángulo ficticio alrededor del texto.

▼ **Unmask text**: elimina la máscara de texto.

▼ **Explode text**: convierte el texto en polilíneas.

▼ **Convert text to Mtext**: convierte el texto de una línea en texto en líneas múltiples.

▼ **Arc-aligned text**: alinea el texto con un arco. Dibujaremos el arco y después entraremos en esta orden, escribiremos el texto y seleccionaremos las opciones que deseemos.

▼ **Justify text**: permite cambiar la justificación de un texto.

▼ **Rotate text**: nos permite indicar un ángulo de giro distinto del que tiene.

▼ **Enclose text with object**: rodea el texto con una forma geométrica según la distancia indicada.

▼ **Automatic text numbering**: numera el texto automáticamente.

▼ **Change text case**: cambia el formato de texto a mayúscula, tipo oración...

30.5 ACOTAR EXPRESS

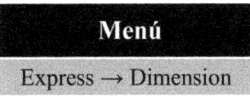

Menú
Express → Dimension

▼ **Dimstyle export**: guarda el estilo de acotación designado para poder ser utilizado en otros planos.

▼ **Dimstyle import**: importa estilos de acotación previamente guardados.

▼ **Reset dim text value**: vuelve a escribir el texto original de una cota modificada.

▼ **Leader tools → Detach leaders from anotation**: separa en una directriz el texto de la línea.

▼ **Leader tools → Attach leader to anotation**: une la directriz en la que hemos separado el texto de la línea.

▼ **Leader tools → Global attach leader to anotation**: une varias directrices en las que hemos separado los textos de las líneas.

30.6 BLOQUE EXPRESS

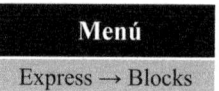

Menú
Express → Blocks

▼ **List xref/blocks properties**: nos pedirá que seleccionemos un bloque o una referencia externa y nos mostrará sus propiedades.

▼ **Copy nested objects**: permite copiar entidades individuales pertenecientes a un bloque, sin descomponerlo.

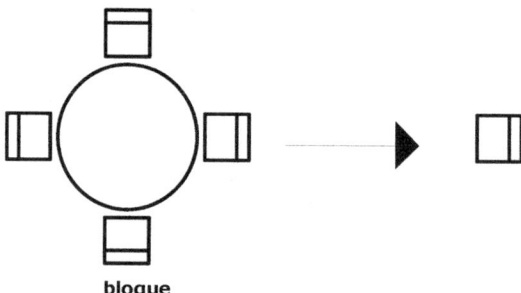

bloque

▼ **Trim to nested objects**: recorta entidades usando los bloques como límites.

▼ **Extend to nested objects**: alarga entidades usando bloques como límites.

▼ **Explode attributes to text**: descompone bloques con atributos y los convierte en objetos de texto.

▼ **Convert shape to block**: convierte objetos de forma en bloques.

▼ **Export attribute information**: exporta los atributos de un bloque convirtiéndolos en formato ASCII.

▼ **Import attribute information**: importa los atributos de un bloque exportados en formato ASCII.

▼ **Convert block to xref.**: convierte un bloque en referencia externa y reemplaza todas las copias del dibujo por esta referencia.

▼ **Replace block with another block**: reemplaza un bloque insertado en el dibujo por otro que designemos.

30.7 DISEÑO EXPRESS

Menú
Express → Diseño (Layout)

▼ **Align space ms/ps**: se alinean los puntos especificados en el espacio modelo con los puntos especificados en el espacio papel.

▼ **Synchronize viewports**: ajusta el factor de escala de una o varias ventanas al de otra ventana seleccionada.

▼ **List viewport scale**: muestra la escala de los objetos de la ventana seleccionada.

▼ **Merge layout**: cambia todos los objetos de una o varias presentaciones a otra.

30.8 HERRAMIENTAS EXPRESS

Menú

Express → Herramientas (*Tools*)

▰ **Comand alias editor**: cambia, modifica o borra los alias de AutoCAD.

▰ **Make linetype**: crea tipos de línea basados en objetos seleccionados.

▰ **Make shape**: crea sombreados basándose en los objetos seleccionados. Se insertan con el comando Shape.

▰ **System variable editor**: permite ver y editar todas las variables del programa.

▰ **Xdata Attachment**: une los datos xdata a un objeto seleccionado.

▰ **List Object Xdata**: muestra los datos unidos a un objeto.

▰ **Extended plan**: podemos seleccionar objetos y hacer un *zoom* con un punto de vista de los disponibles.

30.9 WEB TOOLS EXPRESS

Menú

Express → Herramientas web (*Web tools*)

▰ **Show URL**: muestra la dirección web.

▰ **Change URL**: permite cambiar la dirección web.

▰ **Find and replace URL**: es la función de buscar y reemplazar aplicada a una dirección web.

MATERIAL ADICIONAL

El material adicional de este libro puede descargarlo en nuestro portal web: *http://www.ra-ma.es*.

Debe dirigirse a la ficha correspondiente a esta obra, dentro de la ficha encontrará el enlace para poder realizar la descarga. Dicha descarga consiste en un fichero ZIP con una contraseña de este tipo: XXX-XX-XXXX-XXX-X, la cual se corresponde con el ISBN de este libro.

Podrá localizar el número de ISBN en la página IV (página de créditos). Para su correcta descompresión deberá introducir los dígitos y los guiones.

Cuando descomprima el fichero obtendrá los archivos que complementan al libro para que pueda continuar con su aprendizaje.

INFORMACIÓN ADICIONAL Y GARANTÍA

- ▶ RA-MA EDITORIAL garantiza que estos contenidos han sido sometidos a un riguroso control de calidad.

- ▶ Los archivos están libres de virus, para comprobarlo se han utilizado las últimas versiones de los antivirus líderes en el mercado.

- ▶ RA-MA EDITORIAL no se hace responsable de cualquier pérdida, daño o costes provocados por el uso incorrecto del contenido descargable.

- ▶ Este material es gratuito y se distribuye como contenido complementario al libro que ha adquirido, por lo que queda terminantemente prohibida su venta o distribución.

A

Abrir, 72
Abrir y guardar, 521
Acceso al programa, 21
Acotación alineada, 215
Acotación con línea de base, 216
Acotación continua, 217
Acotación en espacio papel, 239
Acotación rápida, 239
Acotar con coordenadas, 223
Acotar con oblicuidad, 226
Acotar con tolerancia, 224
Acotar en 3D, 439
Acotar express, 535
Acotar la longitud de un arco, 218
Acotar los ángulos, 217
Alargar, 109
Alinea 3D, 332
Alinear, 113
Animación, 430
Arandela, 96
Archivos, 518
Archivos de guión, 497
Archivos pc3, 349
Arco, 90
Arrastre, 454
Autocad ws, 505

Autodesk 360, 510
Ayuda, 23

B

Barra de herramientas de acceso rá-
    pido, 28, 29, 486
Barra de menús, 29
Barras de herramientas, 139
Barrer, 371
Bloque express, 536
Boceto, 100
Borra, 58
Botones del ratón, 48

C

Calculadora, 456
Calibrar trazador, 348
Cámaras, 428
Cambiar el sistema de coordenadas
    (SCP), 314
Cambiar objetos de capa, 128
Capas, 117
Cargar menú, 483
Centro de diseño, 129
Chaflán, 106, 375
Cinta de opciones, 32, 33, 447, 448,
    450, 489, 490, 491, 492

Círculo, 65
Cobertura, 159
Color, 127
Compartir archivos, 505
Configurar dibujo, 386
Configurar perfil, 387
Configurar vistas, 386
Conjunto de planos, 501
Consultar área, 451
Content explorer, 130
Contorno, 210
Conversor de capas, 131
Convertir ame, 451
Convertir en sólido, 387
Convertir en, superficie, 388
Coordenadas absolutas, 77, 79
Coordenadas relativas polares, 80
Copiar, 103
Cotas de inspección, 240
Crear un bloque, 251
Crear un conjunto de planos, 504
Cuadro de diálogo, 136
Cuña, 368

D
Dar altura a los objetos, 302
Definir atributos, 259
Deseleccionar entidades, 48
Desfase, 108
Desplazamiento en 3D, 335
Dibujar a mano alzada, 100
Dibujar en 3D, 299
Dibujo, 526
Dibujo express, 534
Diseño express, 537
Divide, 170
Dividir cara, 339
Dividir la pantalla en ventanas, 327

E
Editar caras, 379

Editar en fusión, 385
Editar líneas múltiples, 149
Editor de, materiales, 400
Elev, 303
Elipse, 98
Empalme, 105
Encuadre, 89
Engrosar, 387
En línea, 531
Entrada dinámica, 81, 83
Entrada directa, 84
Esc, 58
Escala de anotación, 350
Escalar, 111
Espaciado de cotas, 242
Espacio modelo, 343
Estadísticas de una renderización, 426
Estilo líneas múltiples, 148
Exportar presentación a espacio modelo, 477
Extensión, 85
Extracción de curvas de superficie, 340
Extraer aristas, 389
Extruir, 358
Extrusión, 340, 358, 359, 360

F
Filtros, 85, 120
Filtros, para modificar, 129
Filtros, .X, .Y, 85
Foco, 412
Forzamiento del cursor, 56
Fototecas, 494

G
Geoplana, 480
Girar, 112
Gradúa, 171
Grosor de la línea, 128

Grupos, 114
Guardar, 61
Guardar como, 74
Guardar un bloque, 257

H

Hélice, 334
Herramientas de capas, 132
Herramientas express, 538

I

Icono x, y, 316
Identificar las coordenadas, 452
Igualar las propiedades, 128
Importar archivos, 468
Importar archivos pcp o pc2, 350
Imprimir a escala, 283
Imprimir un plano, 279
Información de herramientas, 493
Insertar un archivo, 256
Insertar un bloque, 255
Insertar un bloque como matriz, 256
Insertar un bloque con divide o gra-
    dúa, 256
Intercambio de ficheros, 463
Introducción de órdenes, 498
Introducir órdenes, 40

J

Juntar, 172

L

Límites del dibujo, 51
Línea, 57
Líneas múltiples, 148
Lista de, luces, 414
Longitud, 172, 173
Luces, 409
Luz ambiental, 410
Luz distante, 411
Luz puntual, 410

M

Macro de acciones, 446
Mapeado, 408
Medidas, 77
Menú express, 533
Menús contextuales, 49
Modelado 3D, 527
Modelizado, 418
Modificaciones de mallas, 335
Modificar elementos de cota, 240

N

Niebla, 426
Normas de capas, 131
Nube de revisión, 158
Nuevo, 75

O

Orto, 55
Ortografía, 459

P

Paleta de herramientas, 139, 212, 261
Pantalla, 26
Paralelo, 85
Partir, 70
Paseo y vuelo, 427
Perfil, 530
Perspectiva caballera, 296
Perspectiva cónica, 297
Perspectiva isométrica, 293
Pinzamientos, 154
Pirámide, 369
Plantilla, 138
Plantilla de presentación, 344
Polígono, 97
Polilínea 3D, 334
Polisólido, 370
Poner pliegue, 338
Preferencias de usuario, 525
Presentación preliminar, 289

Prisma recto, 365
Propiedades, 124
Propiedades del sol, 414
Propiedades físicas, 374
Protección de archivos, 507
Publicar archivos, 507
Publicar archivos en una página web, 509
Pulsar y tirar, 376

Q
Quitar pliegue, 338

R
Rastreo polar, 55
Rastreo temporal, 86
Rayo, 94
Reasociar cotas, 220
Recodo, 219
Recortar, 109
Referencia a objetos, 66
Referencias externas, 463
Refinar malla, 338
Regenerar, 99
Región, 357
Rejilla, 53
Rellenar postscript, 211
Repetir la última orden, 49
Restricciones, 263

S
Selección, 529
Seleccionar entidades, 42
Showmotion, 435
Simetría 3D, 333
Sistema, 524
Solevar, 372
Sólido2D, 94
Sólidos, 357
Sombreado, 203
Splines, 145

Steeringwheels, 432
Suavizar más, 337
Suavizar menos, 337
Superficie definida por lados, 321
Superficie de revolución, 322
Superficie reglada, 308
Superficies., 304
Superficies planas, 370
Superficie tabulada, 320

T
Tablas, 181
Tamaño de papel, 51
Texto de líneas múltiples, 178
Texto express, 534
Tiempo de ejecución, 454
Tipos de impresión, 277
Trazar y publicar, 523

U
Unión, 363

V
Ventana render, 424
Ventanas flotantes, 345
Viewcube, 434
Visión, 54
Vistas con nombre, 460
Visual, 518
Visualizar atributos, 260

W
Web tools express, 538

X
Xplode, 258

Z
Zoom, 87

SÍGUENOS EN INSTAGRAM Y ACCEDE GRATIS A NUESTRA BIBLIOTECA DIGITAL DURANTE 30 DÍAS.

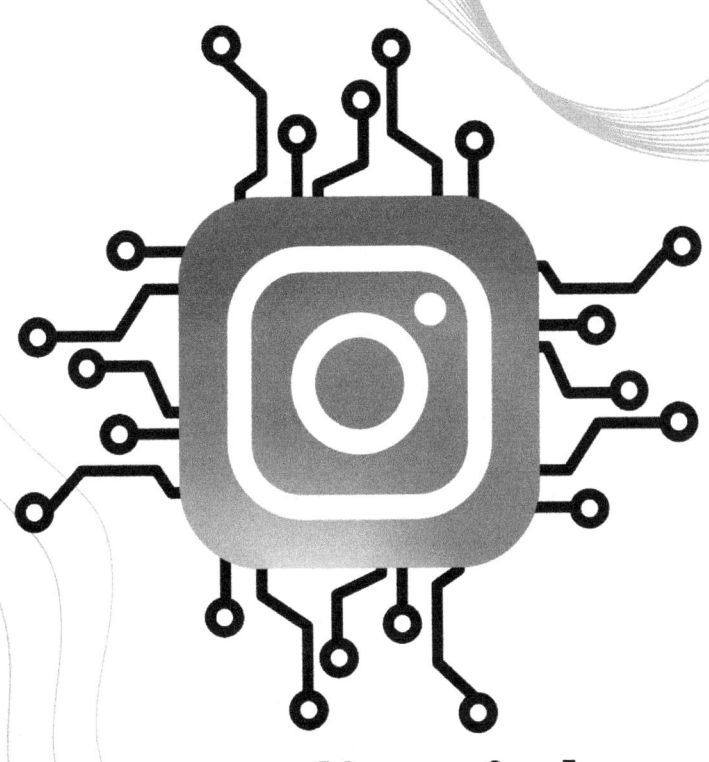

@grupoeditorialrama

¡ENVÍANOS TU MAIL POR PRIVADO!

Grupo Editorial
ra-ma

40 ANIVERSARIO